György Dalos
GORBATSCHOW

György Dalos

GORBATSCHOW
Mensch und Macht   EINE BIOGRAFIE

*Deutsche Bearbeitung von
Elsbeth Zylla*

Verlag C.H.Beck

Für Miklós Haraszti in Budapest

Mit 12 Abbildungen im Text
Frontispiz: © Corbis Corporation
Abb. Seite 49: © Tass
Abb. Seite 75: © Ullstein Bild-Nowosti
Die restlichen Abbildungen
stammen aus dem Archiv des Verfassers.

© Verlag C.H.Beck oHG, München 2011
Satz: Fotosatz Reinhard Amann, Aichstetten
Druck und Bindung: CPI – Ebner & Spiegel, Ulm
Gedruckt auf säurefreiem, alterungsbeständigem Papier
(hergestellt aus chlorfrei gebleichtem Zellstoff)
Printed in Germany
ISBN 978 3 406 61340 1

www.beck.de

Inhalt

1. Prolog — 9

2. Ante portas — 23
Moskau – Stawropol – Moskau — 23
Dynastische Geheimnisse — 24
Die Geförderten — 26
Lehrjahre — 29
Die Freundschaft — 30
Liebe und Ehe — 31
Am Scheideweg — 33
Die langsame Ankunft — 35
Frühe Zweifel — 37
Lehr- und Meisterjahre — 39
Die Macht und ihre Grenzen — 41
Weder Asket noch Epikureer — 45
Die Patienten des Doktor Tschasow — 49
Agonie und Hoffnung — 54

3. Der Aufbruch — 55
Der Hoffnungsträger — 55
Die wirtschaftliche Erbmasse — 58
Unerwartete Schwierigkeiten — 61
Die Antialkoholkampagne: eine vergeigte Ouvertüre — 63
Friedenssignale — 68
Gipfel in Genf — 72
Der Weg nach Reykjavík und weiter — 74
Entstehung eines Images — 79
Schachzüge — 81

4. Am Scheideweg   **86**
Tschernobyl – Fragen nach der Katastrophe   86
Die Rückkehr eines Verbannten   93
Altlasten   98
Die Last der Verbündeten   103
Die Militärs   108
Tagesordnungspunkt Sonstiges   110

5. Prozes poschjol – der Prozess ist in Gang gekommen   **118**
Dilemma um ein Jubiläum   118
Risse in der Fassade   121
Jelzin – ein unbeschriebenes Blatt   125
Mathias Rust – ein Geschenk des Himmels   132
Glasnost – Untergang der Zensur   136
Gorbatschows Geister   142

6. Der gordische Knoten   **150**
Eine frühe Überraschung   150
Entstehung eines Flächenbrands   155
Der kaukasische Kreidekreis   160
Unterwegs zwischen Inland und Ausland   166
Schattenboxen um die Partei   172

7. Das Jahr der Wende   **181**
Pluralismus – aber mit wem?   181
Das Pluralisierungswerk   192
Weg von den Satelliten   197
Denkzettel für Prag   200
Das Desaster von Bukarest   202
Kádárs Sturz   204
Nichteinmischung als Einmischung   207
Noch ein Dominostein: Bulgarien   212
Das deutsche Finale   212

8. Die einsame Supermacht	**219**
Das Elend rückt näher	219
Massaker in Tiflis	222
Die Tragödie von Baku	224
Die Sezession des Baltikums	226
Die russische Karte	230
Stilübungen um eine Machtabgabe	232
Boris Jelzin oder Der Beginn einer Doppelherrschaft	236
Vilnius: der Tiefpunkt	240
9. Zwischen Amt und Würde – ein Abgang	**247**
Ein Volk mit zwei Präsidenten	247
Geldnot und Brotmangel	250
Die Partei	253
Auf Geldsuche	255
Die Befreiung aus Foros	262
Der Weg in die Ohnmacht	264
10. Epilog	**274**
Zeittafel	277
Literaturverzeichnis	280
Namensregister	282

Prolog

Als Michail Gorbatschow mit seiner Familie im Jahr 1988 die neue staatliche Datscha auf der Halbinsel Krim bezog, an der Küste des Schwarzen Meeres, ein paar Kilometer entfernt von der Ortschaft Foros, reagierte die damals bereits freie sowjetische Öffentlichkeit auf diese Nachricht deutlich gereizt, wenn nicht geradezu empört. Man erinnerte den Parteichef nicht nur daran, dass er bereits ein ähnliches Sommerhaus in der Nähe Moskaus zur Verfügung hatte, sondern munkelte auch darüber, welche Rolle Raissa Gorbatschowa bei der Wahl des Ortes wohl gespielt habe. Die Fama meinte zu wissen, dass die anspruchsvolle Gattin sich in keinem Fall mit Leonid Breschnews ehemaliger hübscher Villa im nahe gelegenen Oreanda zufriedengeben wollte, und das luxuriöse Bauwerk nahe Foros, von Militärs erbaut, habe sie vor der Einweihung einer peinlichen Qualitätsprüfung unterworfen. Auch blieben vor allem in der Regenbogenpresse alle früheren «Sünden» der First Lady nicht unerwähnt, namentlich ihre ausgiebigen Einkaufstouren in London, Paris und anderen Städten, wohin sie ihren Mann bei Staatsbesuchen begleitet hatte. Die Kampagne wurde von den politischen Gegnern gestartet – Öl ins Feuer einer ohnehin unzufriedenen, immer labiler werdenden Gesellschaft.

Dabei weckte die Prachtvilla auf der Krim auch im engen Umfeld Gorbatschows mancherlei Zweifel. Die in eine Felswand hineingebaute einstöckige Residenz war von weiteren Gebäuden und Anlagen umgeben: Es gab ein Gästehaus, Wohnungen für das Personal, daneben Tennisplatz, Billardraum, Schwimmbad, Sauna und einen Kinosaal. Zum Anwesen gehörte noch ein Hubschrauber, der das Präsidentenpaar jederzeit zum Flughafen «Belbek» befördern konnte. Der treue Gorbatschow-Berater Anatolij Tschernjajew bezeichnete die Erholungsgewohnheiten seines Chefs als dessen «Achillesferse». Seinen Tagebuchaufzeichnungen zufolge wollte er bereits im Herbst 1988 gegenüber Gorbatschow die spitze Bemerkung gemacht haben: *Will er all das, was dem Präsidenten*

Das staatliche Sommerhaus am Kap Foros auf der Krim. Hier wurde Gorbatschow im August 1991 samt seiner Familie von den Putschisten isoliert.

einer Supermacht im Grunde genommen zusteht, auch wirklich haben, dann muss er sich auch als Präsident benehmen, d. h. mit einem Akzent auf wachsender Autorität. Erst dann wird unser Volk sein Recht, in einem Palast zu leben, akzeptieren und das Maul halten. Wenn er sich aber als Demokrat darstellen will – ich bin sozusagen so, wie ihr alle –, dann führt dies alles zu seiner eigenen Diskreditierung und zu Respektverlust.

Bei aller Süffisanz, die diesen Sätzen eigen ist, scheinen sie einem wichtigen Umstand nicht gebührend Rechnung zu tragen: Die Nummer eins der UdSSR und des Weltkommunismus hatte sich inzwischen auf zahlreichen Reisen davon überzeugen können, dass auch die Herren der freien Welt, selbst waschechte Demokraten, nicht eben in Lehmhütten wohnten. Macht wird auch ausgeübt, indem man sie repräsentiert. Die an die Amtszeit gebundene staatliche Datscha auf Foros dient bis heute ähnlichen Zwecken. Als der Autor dieser Zeilen sie im Sommer 2001 besichtigen wollte, versperrte ihm eine massive Tafel den Weg mit der Aufschrift: «Ukrainisches Grenzgebiet. Zufahrt verboten.» Gorbatschows einstige Sommerresidenz gehörte nun dem ukrainischen Präsidialamt und beherbergte Leonid Kutschmas Staatsgäste – zu jenem Zeitpunkt gerade den mazedonischen Staatschef.

Außer moralischen und politischen Vorbehalten bereitete das Landhaus am Kap Foros auch der Abteilung 9 des KGB, die für die Unterbringung von hochgestellten Personen zuständig war, so manches logistische

1. Prolog

Kopfzerbrechen. Das «Objekt Morgenröte» – diesen Tarnnamen hatte die Staatssicherheit dem kleinen Ferienparadies verpasst – liegt zwischen dem Schwarzen Meer und einem waldbedeckten Hügel, etwa zweieinhalb Kilometer von der Landstraße entfernt, die von Jalta nach Sewastopol führt und die hoch frequentierte Hauptverkehrsader der Halbinsel in Ost-West-Richtung ist. Dies bedeutete, dass Gorbatschows Erholungsort zwar von mehreren Seiten gut beobachtet, aber nur von der Wasserseite aus relativ unauffällig geschützt werden konnte – ein eindeutiges Manko, wenn es darum ging, äußere Bedrohungen effektiv abzuwehren. Jedenfalls brauchte man ein sorgfältig gestaffeltes System der Überwachung des «Objekts Morgenröte» und entsprechende Kommunikationskanäle. So lesen wir in einer zeitgenössischen Schilderung:

Etwa fünfhundert gut bewaffnete und sorgfältig ausgebildete Männer waren in Foros für den Schutz des Präsidenten zuständig. Allein auf dem Gelände der Datscha verliefen drei Schutzlinien. In der Nähe des Präsidenten hielten sich seine Leibwächter (...) zur Verfügung. Die sogenannte Ausfahrtensicherung versah einen Vierundzwanzig-Stunden-Dienst an sechs Postenstellen. Den Innenkreis der Datscha kontrollierten fünf Posten – davon einer von der Anhöhe aus. (...) Obendrein befand sich das Objekt unter der Bewachung der Antiterrorgruppe «Alpha». Hinzu kamen drei Marineeinheiten auf dem Meer. Vier Kriegsschiffe lagen vor Anker. Ein hochempfindliches Signalsystem, das sogar auf vorbeischwimmende Delfine reagierte, schützte von Unterwasserpositionen aus den Präsidentenstrand. (...) Über der Wasserfläche patrouillierten ein Hubschrauber (...) und ein Flugzeug. (...) Entlang der Wege und Straßen, die Gorbatschow (...) benutzte, taten neunzig KGB-Mitarbeiter, ausgerüstet mit Funkanlagen, ihren Dienst. Gorbatschow selbst verfügte auf der Krim über direkte Telefon-, Funk- und Satellitenverbindungen, mit denen er jederzeit den Kontakt zur Moskauer Zentrale und notfalls auch zu ausländischen Staats- und Regierungschefs herstellen konnte. Außerdem erholten sich seine wichtigsten Helfer in den nahe gelegenen Datschen oder Erholungsheimen, um in greifbarer Nähe ihres Chefs sein zu können.

Von glücklichen Ferien in mediterraner Idylle konnte im siebten Jahr seiner Herrschaft für Gorbatschow noch weniger die Rede sein als zuvor. Er regierte ein krisengeschütteltes Land mit zerstörter Ökonomie, enormen sozialen Spannungen und offenen, oft blutigen nationalen

Konflikten. Immerhin erschien im August 1991 ein kleines Licht am Ende des Tunnels: Die führenden Politiker der Moskauer Zentrale und der meisten Republiken einigten sich nach zähen Verhandlungen auf ein Bündnis, das durch einen Bundesvertrag «Union der Souveränen Staaten» abgesichert wurde. Zwar entsprach dieses Projekt keineswegs der Variante, für die 73 Prozent der Wähler bei dem Referendum vom März desselben Jahres votiert hatten und das im Wesentlichen eindeutig die Beibehaltung der UdSSR vorsah. Dennoch hatten die potenziellen Unterzeichner des Aktes versucht, von der ehemaligen UdSSR wenigstens das zu retten, was noch zu retten war: eine gemeinsame Verteidigungs- und Außenpolitik sowie einen gemeinsamen Wirtschaftsraum mit einheitlicher Währung, eine Konföderation mit Moskau als Hauptstadt und Russisch als offizieller Sprache. Daneben wurde den Teilrepubliken statt der früheren Autonomie ihre vollständige Souveränität zugesprochen.

Dieser historische Kompromiss beruhte hauptsächlich auf der Einigung zwischen dem sowjetischen Präsidenten Michail Gorbatschow und seinem Kontrahenten, dem russischen Staatschef Boris Jelzin. Zumindest dem Schein nach wurde vorerst das Kampfbeil begraben. Zum Beweis der ernsthaften Absichten der künftigen Unterzeichner veröffentlichte die «Prawda» den Volltext des Bundesvertrages. Noch bevor Michail Gorbatschow am 4. August seinen Urlaub antrat, beauftragte er eine ebenfalls auf der Krim weilende Arbeitsgruppe unter der Leitung des Beraters Georgij Schachnasarow mit der Vorbereitung der Zeremonie, die sich am 20. August im Georgssaal des Großen Kremlpalastes ereignen sollte.

Der Zeremonienmeister erklärt den Beginn der Prozedur, reiht die Ehrengäste auf usw. Die Staatshymne der UdSSR wird vorgetragen. Der Präsident der UdSSR hält eine kurze Ansprache und erklärt, dass der Vertrag zum Unterzeichnen bereit sei. Der Zeremonienmeister benennt die Republiken, die den Vertrag vom 20. August unterzeichnen werden. Er lädt sie zum Tisch, auf dem der Vertragstext liegt, in alphabetischer Reihe vor. (...) Danach treten die Repräsentanten der unterzeichnenden Delegationen mit kurzen Ansprachen auf. Der offizielle Teil wird damit beendet (Champagner, gemeinsames Fotografieren usw.). Der Text muss auf speziellem Papier gedruckt werden. Zu diesem Zweck kann das Papier des Außenministeriums benutzt werden, auf dem man die internationalen Verträge der Sowjetunion ausdruckt. (...) Der Vertrag wird in eine spezielle Mappe im Saffianledereinband gelegt und mit einer spe-

1. Prolog

ziellen Seidenschnur eingenäht. (...) *Es ist notwendig, für ergänzende Attribute zu sorgen, die die Feierlichkeit der Unterzeichnung betonen: Fähnchen auf den Tischen der Delegationen, spezielle Mappen, Notizblöcke, Souvenirs usw.*

Als Urlaubsagenda hatte sich der Präsident das Schreiben der Eröffnungsrede für den Festakt vorgenommen. An diesem arbeitete er gemeinsam mit seinem Berater Tschernjajew, der in zwölf Kilometer Entfernung mit seinen Sekretärinnen in einem Sanatorium wohnte und jeden Tag nach Foros fuhr, um Aktuelles mit Gorbatschow zu besprechen. Ansonsten versuchte der Präsident die Tage als normaler «Datschnik» zu verbringen, nicht zuletzt, um die seltene Möglichkeit des Zusammenseins mit seiner Familie zu genießen. Dazu gehörten außer der Gattin Raissa die Tochter Tamara, deren Mann Anatolij und die zwei Enkelinnen Xenija und Nastja. Einen festen Bestandteil des Krimaufenthalts bildete der tägliche Spaziergang mit der Ehefrau, wie Gorbatschow später berichtete. *Raissa Maximowna und ich haben folgendes Programm: Von fünf oder halb sechs bis sieben Uhr nachmittags legen wir unabhängig vom Wetter so an die sechs Kilometer zurück, und das bei gutem Tempo.* Bei einem dieser Spaziergänge spürte er plötzlich ein Ziehen auf der linken Seite – ein ihm bekanntes Gefühl. Durch eine Erkältung in seiner Jugend hatte er sich einen chronisch wiederkehrenden Hexenschuss zugezogen. Sein Hausarzt linderte den Anfall jedoch sogleich mit einer Injektion.

Die Ferngespräche am 18. August zwischen Foros und Moskau hatten Routinecharakter. Mit Nursultan Nasarbajew, Politbüromitglied und Parteichef Kasachstans, sprach Gorbatschow über die komplizierten Versorgungsprobleme des Landes, von dem KGB-Chef Krjutschkow holte er alltäglich die Informationen über die Sicherheitslage ein – diese enthielten nichts Beunruhigendes. Ein Anruf von Boris Jelzin bestätigte dessen Absicht, die Zeremonie des Vertragsschlusses konsequent durchzuführen. Am Sonntagmorgen teilte der Präsident seinem Stellvertreter Gennadij Janajew den genauen Zeitpunkt seiner für Montag, den 19. August, geplanten Ankunft in Moskau mit. Dann führte er am frühen Nachmittag ein kurzes Gespräch mit dem Berater Schachnasarow.

Genau um 16.30 Uhr wurden alle Kontakte des Präsidenten und seiner engsten Mitarbeiter zur Außenwelt gekappt. Gleichzeitig meldete ihm der Chef der Leibwache, Generalmajor Medwedew, eine Gruppe von Genossen aus Moskau sei eingetroffen und wolle mit ihm sprechen. Im Prinzip war ausgeschlossen, dass Gäste ohne vorherige Absprache in die Nähe des «Objekts Morgenröte» gelangen konnten. Doch jetzt bewegten sich an der Zufahrt zur Datscha zahlreiche militärische Pkw, die mit Funkanlagen ausgerüstet waren. Nach und nach konnte man unter den Ankömmlingen fünf wohlbekannte Gesichter ausmachen, allen voran Jurij Plechanow, Chef der für die Sicherheit der höchsten Funktionsträger des Staates zuständigen Abteilung des KGB. Er war für den Schutz des Präsidenten verantwortlich, begleitete zu Urlaubsbeginn die Familie auf die Krim und hatte am ersten Abend sogar mit den Gorbatschows Tee auf der Veranda getrunken. Die anderen vier waren Walerij Boldin, Leiter der Präsidialkanzlei, Oleg Baklanow, Vorsitzender des Verteidigungsrats, Oleg Schenin, einer der Sekretäre des ZK der KPdSU, und schließlich General Walentin Warennikow, Stellvertretender Verteidigungsminister und Oberkommandierender der sowjetischen Landstreitkräfte. Nach einigem Zögern erklärte sich Gorbatschow bereit, die seltsame Delegation in seinem Kabinett im ersten Stock zu empfangen. Was danach geschah, schilderten die Beteiligten zu unterschiedlichen Zeitpunkten und Anlässen bis auf einige Nuancen übereinstimmend.

RAISSA GORBATSCHOWA *Sie kamen herein, ohne um Einlass zu bitten. (...) Eine komplette Überraschung! Ich saß im Sessel, sie kamen vorbei, aber nur Baklanow begrüßte mich. (...) Und Boldin! Der Mensch, mit dem wir 15 Jahre lang eng befreundet waren, den wir als einen der unseren betrachteten...*
MICHAIL GORBATSCHOW *Sie kamen einfach in den ersten Stock, setzten sich hin, gingen herum, ziemlich unverfroren... Wir setzten uns. Ich fragte, mit welchem Anliegen sie gekommen seien. Baklanow begann, aber mehr als die anderen sprach Warennikow. Schenin schwieg. Boldin mischte sich einmal ein: «Michail Sergejewitsch, verstehen Sie denn nicht, wie die Lage ist?» – «Du Arschloch», sagte ich zu ihm, «es ist besser, wenn du schweigst. Bist du etwa gekommen, um mir über die Lage im Lande Vorträge zu halten?»*
WALENTIN WARENNIKOW *Wir führten das Gespräch korrekt. Michail Sergejewitsch hingegen benutzte in seiner Wortwahl recht ungewöhnliche Ausdrücke, die sonst unter Parlamentariern nicht üblich sind.*
GORBATSCHOW *Also, sie haben mir zwei Varianten vorgeschlagen: Entweder ich trete meine Vollmacht an Janajew ab und erkläre mich mit der Einführung des Ausnahmezustandes einverstanden, oder aber ich danke als Prä-*

1. Prolog

sident ab. (...) Ich sagte ihnen, sie hätten wohl wissen können, dass ich weder das eine noch das andere tun werde. «Ihr habt einen Staatsstreich angezettelt. Das ist verfassungswidrig und gesetzeswidrig. Das ist ein Abenteuer, das zu Blutvergießen, zum Bürgerkrieg führen wird.» Der General begann mir zu beweisen, sie würden dafür «Sorge tragen», dass es nicht dazu käme.
WARENNIKOW *Ich informierte den Präsidenten ausführlich über Äußerungen innerhalb des Offizierskorps. So fragen die Offiziere insbesondere, warum im Projekt des Bundesvertrags nicht das Referendum berücksichtigt worden sei, das man bundesweit durchgeführt hat... Und warum es den separatistischen, nationalistischen und sonstigen extremistischen Kräften erlaubt sei, einfach so vorzugehen, wie sie es für nötig hielten. Warum die Militärangehörigen so verunsichert seien, besonders im Zusammenhang mit dem Abzug unserer Streitkräfte aus Ostdeutschland. (...) Michail Sergejewitsch sagte darauf: «Das habe ich alles schon gehört.»*
GORBATSCHOW *Ich sagte zu ihm: «Walentin Iwanowitsch, die Gesellschaft ist kein Bataillon. Marsch links... Euer Anliegen kann zu einer schrecklichen Tragödie führen, alles, was sich bereits zu beruhigen begann, wird zerstört. Na gut: Ihr unterdrückt alles und löst alles auf, überall stellt ihr Truppen bereit, und wie geht es weiter?»*
WALERIJ BOLDIN *Der Präsident fragte, wessen Interessen wir vertreten würden, und daraufhin begann Baklanow mit der Auflistung der Namen: Jasow, Krjutschkow, Pawlow, Pugo sowie andere Namen... Der Präsident reagierte mit strikter Ablehnung und sagte: «Die aufgelisteten Personen vertreten niemanden. (...) Die Frage kann man nur auf demokratischer Basis, verfassungsmäßig lösen.» An diesem Punkt war das Gespräch im Wesentlichen beendet. Der Präsident verabschiedete sich und ging weg.*
Jasow war Verteidigungsminister, Krjutschkow der amtierende Chef des KGB, Pawlow Ministerpräsident und Pugo Innenminister.
GORBATSCHOW *Von meiner Seite aus verlief das Gespräch hart, erregt. Sie versuchten mir einzureden, ich sei müde, hätte mich überarbeitet. Sie redeten über meinen Gesundheitszustand, wobei besonders Baklanow sich auf dieses Thema konzentrierte. Ich erinnerte daran, dass am 20. August die Unterzeichnung des Bundesvertrags erfolgen sollte. Die Entgegnung: «Eine Unterzeichnung des Vertrags findet nicht statt.»*
WARENNIKOW *Als es zum Ende des Treffens kam, sagte Gorbatschow, und dieser Satz war an alle Mitglieder der Gruppe gerichtet, dass nach alledem, was hier passiert sei, eine Weiterarbeit mit ihnen nicht möglich sei.*

GORBATSCHOW *Meine zusammenfassende Beurteilung lautete wie folgt: «Kehren Sie zurück, und legen Sie meinen Standpunkt dar. Und übermitteln Sie, dass man, wenn so eine Situation entstanden ist, unverzüglich den Obersten Sowjet oder den Kongress einberufen muss.» Sie hatten begriffen, dass ihr Plan nicht aufging. Dann verabschiedeten sie sich.*
OLEG SCHENIN *Gorbatschow lehnte die Einführung eines Ausnahmezustandes im Lande kategorisch ab. Daraufhin fuhren wir nach Moskau zurück.*

Zusammen mit den Emissären trat auch Generalmajor Lebedew, Gorbatschows oberster Leibwächter, den Rückflug an – ein ziemlich eklatanter Akt der Untreue. Diese Tatsache sowie die Aufrechterhaltung der Informationsblockade überzeugten den Präsidenten endgültig davon, dass er zum Opfer eines regelrechten Coup d'état geworden war. Die ausgeklügelte Maschinerie, die theoretisch dem Schutz seiner Person dienen sollte, entpuppte sich als ordinäres Instrumentarium der Überwachung seiner Bewegungen und letztendlich der Freiheitsberaubung.

Der Erste, der die Möglichkeit eines Staatsstreichs in der UdSSR zur Sprache gebracht hatte, war weder ein Sowjetologe noch ein CIA-Experte, sondern der ungarische KP-Chef János Kádár. Bei seinem Moskauer Besuch im September 1985 nahm das Gespräch zwischen ihm und seinem sowjetischen Patron plötzlich eine erstaunliche Wende. Gorbatschow lobte zunächst Kádárs unvergessliche Verdienste um die Sache des Sozialismus, dies aber offensichtlich nur, um das Gift seiner darauf folgenden Äußerung zu überzuckern: *Sie widmen sich vollkommen der Sache der Revolution, aber Sie müssen mit ihren Kräften haushalten und würdige Nachfolger einarbeiten.*

Auf diesen unfeinen Ratschlag zeigte der Greis keine direkte Reaktion, blieb aber dem Benjamin der Kremlführung die Antwort nicht schuldig. Er hörte mit hölzernem Gesicht den redseligen Ausführungen seines Gegenübers zu, der den Triumphzug seines Kurses rühmte, warf jedoch plötzlich mitten im Satz ein: *Haben Sie keine Angst, dass sich die Geschichte in Gestalt einer Hofverschwörung wiederholt, wie dies bei Chruschtschow der Fall war?* Nun war der Vater der Perestroika an der Reihe, tief durchzuatmen, bevor er diese Frage beantwortete: *Nein, ich habe die Konsequenzen gezogen.* Nach einer kleinen Pause, lächelnd: *Ja, Genosse Kádár, ich bin nicht dümmer als Chruschtschow.*

1. Prolog

Dümmer war er sicher nicht, aber spätestens in der Stunde der über ihn hereinbrechenden politischen Einsamkeit musste ihm einleuchten, dass er trotz seiner höheren Kultur und feineren Machtinstinkte in die gleiche Falle getappt war wie sein Vorläufer. Nikita Chruschtschow war von den unzufriedenen Spitzenfunktionären kurz nach den überschwänglichen Feierlichkeiten zu seinem siebzigsten Geburtstag Mitte Oktober 1964 während eines Urlaubs in Pizunda am Schwarzen Meer gestürzt worden. Man berief ihn unter dem Vorwand einer dringenden Sitzung des Zentralkomitees gleich zu Anfang seiner Ferien nach Moskau, wo ihn das in einer Nacht-und-Nebel-Aktion zusammengetrommelte ZK-Plenum zur freiwilligen Abdankung zwang. Das Land ahnte nichts. Nebenan im Kongresspalast des Kremls gab man *Schwanensee* als Gastspiel des Bolschoj-Theaters. Dem offiziellen Kommuniqué zufolge, das am nächsten Tag in allen Zeitungen erschien, sollte er selbst um die Entlassung aus all seinen Funktionen gebeten haben, und zwar, wie es auf gut sowjetisch formuliert wurde, *im Zusammenhang mit dem fortgeschrittenen Alter sowie der Verschlechterung des Gesundheitszustands*. Selbst sein Name verschwand für mehr als zwanzig Jahre aus der sowjetischen Öffentlichkeit – bis zu einer kleingedruckten Nachricht im September 1971 über sein Ableben.

Was aber meinte Michail Gorbatschow, wenn er sagte, dass er für einen solchen Fall besser vorbereitet sei als der selige Nikita Sergejewitsch? Was, wenn er sagte, dass er aus dem Scheitern des ersten Reformators an der Spitze des Sowjetstaats bereits im Herbst 1985, also zu Beginn seiner Amtszeit, die notwendigen Konsequenzen gezogen habe? Meinte er etwa, radikaler oder im Gegenteil vorsichtiger handeln zu müssen? Meinte er eine klügere Kaderauswahl, eine besser ausgebaute Hausmacht, eine Ausweitung der sozialen Basis? Oder waren solche Sätze nur rhetorische Repliken, mit denen der relativ junge und ehrgeizige Generalsekretär nicht seinen alten und furchtsamen Kollegen, sondern sich selbst beruhigen wollte?

Sechs Jahre später hörte er unruhig Nachrichten aus seinem Transistorradio. Der staatliche Sender brachte am 19. August um 6.00 Uhr die Mitteilung von Gennadij Janajew: *Da M. S. Gorbatschow wegen seines Gesundheitszustands sein Amt als Präsident der UdSSR nicht wahrnehmen kann, habe ich das Amt des Präsidenten der UdSSR angetreten.* Darauf folgte eine Erklärung des *Staatlichen Komitees für den Ausnah-*

mezustand über die Einzelheiten der Machtübernahme. Das zentrale Fernsehen begann gleichzeitig die Übertragung von Szenen aus *Schwanensee* – der arme Tschaikowskij musste wieder einmal die Begleitmusik zu einer Palastrevolution beisteuern.

Jedenfalls kennt die Geschichte keinen Gestürzten, der nicht zum eigenen Untergang, und sei es noch so ungewollt, ein bisschen selbst beigetragen hätte. Bei Gorbatschows Sturz wurde dies durch die auffällige Tatsache sichtbar, dass an dem Putsch gegen ihn der Regierungschef, der Verteidigungsminister, der Innenminister, der KGB-Chef, sein eigener Stellvertreter, das heißt praktisch die gesamte Machtspitze, beteiligt war, allesamt Menschen, die er in den letzten Jahren selbst in hohe Funktionen gehievt hatte. Damit entpuppten sich seine Quasifreunde als Gegner, während eingeschworene Feinde, vor allem Boris Jelzin, seine sofortige Befreiung forderten, womit sie sich zumindest für eine gewisse Zeit wie Freunde verhielten. In dieser Hinsicht verliefen die ansonsten tragischen Ereignisse des August 1991 beinahe nach der Dramaturgie der Shakespeare'schen *Komödie der Irrungen*.

Aus den Memoiren von Chruschtschows Sohn Sergej wissen wir, dass sein Vater bereits im Sommer 1964 recht genaue Informationen über den noch im embryonalen Zustand befindlichen Umsturzplan besaß, gegen diesen jedoch nichts unternahm. Als ihn am Urlaubsort Pizunda der verhängnisvolle Telefonanruf erreichte, sagte er den dort Anwesenden: *Ich werde mich nicht verteidigen.* Er verhielt sich damit ähnlich wie der Held eines Fernsehspiels von Walter Jens, *Die Verschwörung* (1966), einer ironischen Umdeutung der Geschichte von Julius Cäsar und Brutus. Demzufolge soll der resignierte römische Herrscher das gegen ihn ausgeheckte Mordkomplott nicht nur zur Kenntnis genommen, sondern über seine Agenten sogar die Fäden gezogen und den zögerlichen Brutus zur Tat in den Iden des März ermuntert haben.

Allerdings war Gorbatschow keineswegs amtsmüde und sehnte sich am wenigsten danach, abgesetzt zu werden. Umso erstaunlicher erscheint seine Passivität angesichts eindeutiger Zeichen veränderten Klimas in seiner Umgebung. Dass er die auf CIA-Berichten basierenden aufgeregten Putschwarnungen des Präsidenten Bush Ende Juni mit einem höflichen Lächeln quittierte, ließ sich noch mit Diplomatie erklären. Einen Monat später jedoch publizierte das Sprachrohr der

1. Prolog

Nationalkonservativen, die Zeitung *Sowetskaja Rossija*, einen unmissverständlichen *Appell an das Volk: Die verschlagenen, hinterlistigen Machthaber, die schlauen, spitzfindigen Ketzer, die uns verhöhnen (...) die unsere naive Güte ausnutzen – wie konnten sie die Macht an sich reißen, unseren Reichtum rauben und den Boden, die Häuser, die Betriebe nehmen, unser Land zerstückeln (...) und uns von unserer Vergangenheit trennen, uns die Zukunft rauben und uns zur elenden Armut und Sklaverei unter dem Joch mächtiger Nachbarn verdammen?*

Mit einer gewissen Nonchalance wäre es möglich gewesen, solche großspurigen Sätze als exaltierte Stilübungen abzutun. Schließlich war der Appell geschmückt mit Namen von bekannten Autoren wie Walentin Rasputin oder Jurij Bondarew, die sonst besser schreiben konnten – beide Mitglieder des von Gorbatschow ins Leben gerufenen Präsidentenbeirats. Aber die Tatsache, dass sich unter den zwölf Unterzeichnern auch General Warennikow und der stellvertretende Innenminister General Gromow befanden, verlieh dem journalistischen Machwerk den Charakter einer ernst zu nehmenden Plattform. Unter diesen Bedingungen wäre die sofortige Ablösung der beiden Hauptoffiziere von ihren Posten eine Maßnahme gewesen, die nicht einmal die vorbildlichsten Demokraten dem Staatschef hätten übel nehmen können. Dass er sich diesen Schritt nicht zutraute, mochte er selbst als Vorsicht betrachten, aber er demonstrierte damit ungewollt seine Schwäche.

Lavieren und Manövrieren gehörten von Anfang an zu Gorbatschows Arsenal, und er verzichtete darauf nicht einmal angesichts des Ultimatums der Moskauer Emissäre auf der Krim. Obwohl er ihre Forderungen kategorisch ablehnte, verabschiedete er sich von ihnen per Handschlag, eine Geste, die beispielsweise Raissa Maximowna gegenüber dem einzigen Höflichen unter ihnen, dem Delegationsleiter Baklanow, verweigerte. Später fand der Präsident für seine Freundlichkeit, die seine Feinde bald benutzten, um ihn zu diffamieren, eine von ihm schlau gemeinte Erklärung: *Trotz allem war ich der Meinung, dass sie nach einem solcherart verlaufenen Treffen, nach dieser «kalten Dusche» alles genau erörtern und die Sache abwägen würden.* Dies war gewiss zu viel Wohlwollen für Menschen, die zu einer solchen Vorgehensweise bereit waren. Eher wirkte in der höflichen Geste eine von der Gefährlichkeit der Situation erhöhte Urteilskraft. Gorbatschow musste geahnt haben: Wenn die Boten der Junta zu ihrem Staatsstreich noch das formale Einverständnis des zu Stürzenden brauchten, konnten sie ihrer Sache doch nicht hundertprozentig sicher sein. Der Handschlag sollte deshalb wohl eher Zuversicht demonstrieren.

Doch bei aller Reaktionsfähigkeit und gedanklichen Flexibilität legte Gorbatschow ausgerechnet an dem wichtigsten Punkt der Beurteilung der eigenen Lage eine Blauäugigkeit ohnegleichen an den Tag. Diese betraf die Rolle des KGB als Organisation schlechthin sowie dessen völlig unkontrollierte monopolistische Möglichkeit, Schutz und Überwachung miteinander zu verbinden. Die «Wachsamkeit», eine Mischung zwischen geheimdienstlicher Wichtigtuerei und Paranoia, trieb bereits vor den Augusttagen seltsame Blüten. Am 20. Juni entstand in Krjutschkows Auftrag der Geheimbericht *Information über Äußerungen einer Person aus der Umgebung von M. S. Gorbatschow*. Dass das KGB in jeder «Umgebung» eine «Person» platzieren konnte, war klar – aber wieso hatte der Präsident niemanden, der ihn über die Intrigen seines putschlustigen Polizeichefs informiert hätte?

Dieser ging zu einer flächendeckenden Observierung Gorbatschows und dessen Familie über. Das Journal des Diensthabenden für das «Objekt Morgenröte» ist in dieser Hinsicht ein einzigartiges Dokument. Der Alltag des Ersten Mannes einer Supermacht wurde darin genau so festgehalten wie der eines Dissidenten zu Breschnews Zeiten. So erhielt der Vater der Perestroika die Observationsnummer 111, seine Frau die 112. Und in aller Ernsthaftigkeit wurde notiert: *12.40 Uhr: 111 verlässt das Haus. 17.45 Uhr zum Strand. 13.20 Uhr: 112 verlässt den Swimmingpool. 18.24 Uhr: 111 kommt vom Strand. 18.30 Uhr: 111 befindet sich im Swimmingpool. 19.04 Uhr: 111 verlässt den Swimmingpool.* Bald darauf lief der Draht heiß, Froschmänner und Elektronik kamen ins Spiel: *Um 15.25 Uhr meldete die Boje 3 als Signal eine Verletzung der Wassergrenze von «Morgenröte».* Zum Glück folgte die Entwarnung: *Das Objekt dürfte ein Delfin gewesen sein.*

Gorbatschows Sorge in diesen Tagen galt zunächst der unmittelbaren Zukunft. Als die Putschisten in Moskau ihn für krank erklärten, bestand die Gefahr, dass sie, um ihre Glaubwürdigkeit aufrechtzuerhalten, die Wahrheit an diese glatte Lüge «anpassen» und ihn entweder mit irgendwelchen Präparaten wirklich krank machen oder auf eine noch brutalere Weise aus dem Verkehr ziehen würden. Jedenfalls hätte niemand sie daran hindern können. Über eine solche Möglichkeit sprach er nur mit seinem ebenfalls im «Objekt Morgenröte» festgehaltenen Berater Tschernjawej, aber im Grunde lebten auch Ehefrau Raissa, Tochter Tamara und Schwiegersohn Anatolij mit diesem Gedanken. Die Familie mit den zwei kleinen Kindern war in der Situation von Geiseln. Trotzdem musste sich der Präsident in diesen Tagen auch quälende Gedanken über die Vergangenheit machen. Am meisten beschäftigten ihn der Verrat und die Boshaftigkeit der Putschführer, vor allem der beiden Minister Jasow und Krjutschkow. Während er dem ersten ein solch hinterhältiges Vorgehen kaum zugetraut hätte, löste der andere bei ihm seit geraumer Zeit eher gemischte Gefühle aus. Das Verhalten von General Warennikow konnte ihn nach der Unterzeichnung des *Appells an das Volk* kaum überraschen, der kämpfte wenigstens mit offenem Visier. Für die ehemals von ihm geförderten kleinkarierten Bürokraten des Typus Janajew hatte Gorbatschow nur eine müde Handbewegung übrig. Je mehr er aber über die tiefe Verstrickung seines Umfelds in die Verschwörung nachdachte, desto stärker musste die Überzeugung sein, dass er es hier nicht mit Untreue und Wortbruch von Einzelnen, sondern mit dem Ausbruch des kollektiven und verzweifelten Widerstands der von ihm geführten Maschinerie zu tun hatte.

Mit seinem Machtantritt im Frühjahr 1985 hatte Gorbatschow auch die allwissende Behörde zum Schutze des Staates von seinen Vorgängern geerbt. Er brauchte das KGB für seinen Kampf gegen die korrupten und konservativen Eliten, zudem einfach als die einzig verlässliche Quelle, die in seinem Auftrag jederzeit die ungeschminkte Wahrheit über eine noch völlig geschlossene Gesellschaft liefern konnte. Ebenso brauchte er die militärische Aufklärung GRU, die wichtige Daten über den Stand der Rüstung in der NATO oder den USA zusammentrug und damit seine Verhandlungspositionen stärkte. Er war auch auf seine Geheimpolizei in den Hauptstädten des Warschauer Paktes angewiesen, die über die Feinheiten der Machtkämpfe innerhalb der Politbüros der Bruderstaaten sowie über die Stimmung berichteten. Er brauchte Armee und Polizei inklusive ihrer Spezialeinheiten, um eine minimale Kontrolle über die sich mehrenden Konflikte behalten zu können.

All diese sogenannten «Kraftorgane» standen ihm zu Diensten. Solange er im Rahmen der systemimmanenten Reformen verharrte, konnte er der Loyalität seiner Tschekisten ebenso sicher sein wie der Treue der Militärs. Allerdings musste er diese Liebe mit enormen Zuschüssen auf Kosten des Staatsbudgets erkaufen. Dennoch begann mit der Spaltung der Gesellschaft und Vertiefung der Krise auf allen Ebenen auch die Koalition an der Machtspitze zu bröckeln. Die erschrockenen Apparatschiks suchten seit Langem den Punkt, an dem sie die im Frühjahr 1985 begonnene Entwicklung hätten stoppen können. Offensichtlich sahen sie in der für den 20. August vorbereiteten Unterzeichnung des Bundesvertrags eine Grenze, die in keinem Fall überschritten werden durfte. Der Zeremonienmeister aus dem Drehbuch der Arbeitsgruppe des Präsidenten verkörperte in ihren Augen den teuflischen Moderator des Untergangs, der Apokalypse, des Weltendes – jedenfalls der Welt, wie sie seit November 1917 für sie existierte. Um dieses Geschehen aufzuhalten, scheuten sie nicht vor den für vorsichtige Funktionäre eher ungewöhnlichen Mitteln zurück. Als sie mit ihrem konfusen Versuch, den Präsidenten an seinem eigenen Sturz zu beteiligen, gescheitert waren, erfanden sie zur Entlastung die Legende von dessen Krankheiten. Mit dieser Lüge schlug jedoch die Stunde der Wahrheit.

Indessen steckte in der traurigen Erfahrung von Foros für Gorbatschow etwas mehr als nur die Angst, Enttäuschung und Wut gegenüber den Umstürzlern, die ihr wahres Gesicht so lange hinter der lächelnden Maske hatten verbergen können. Vielmehr tat sich hier ein Abgrund seiner gesamten Laufbahn auf, der Sinn der im Bannkreis der Macht verbrachten Jahrzehnte stand plötzlich zur Disposition. Dem Präsidenten und Generalsekretär passierte etwas Ähnliches wie seinerzeit dem tschechoslowakischen Reformkommunisten Josef Smrkovský. Dieser befand sich als Parlamentspräsident und ZK-Sekretär am 21. August 1968 in seinem Prager Büro in der Parteizentrale und wurde durch Leute des KGB und des Geheimdienstes der ČSSR direkt von dort zum Flughafen und nach Moskau verschleppt. Am meisten erschütternd an diesem Erlebnis war für ihn die Tatsache, dass man ihn durch lange Korridore und Ausgänge führte, von deren Existenz er nicht die leiseste Ahnung gehabt hatte. Ein wahrer Albtraum, wie ihn der Prager Schriftsteller Franz Kafka nicht besser hätte schildern können: die Macht als Labyrinth, in dem der Machthaber ein potenzieller Gefangener wird, ohne den berühmten Ariadnefaden, den Wegweiser ins Freie zu besitzen. Oder, um unserem sowjetisch-russischen Gegenstand näher zu kommen: eine Luxusdatscha mit Gittern.

2
Ante portas

Moskau – Stawropol – Moskau

Im Herbst 1978 hielt sich Michail Sergejewitsch in Moskau auf, erzählt Raissa Gorbatschowa in ihrem Gespräch mit dem Autor Georgij Prjachin, das als Buch unter dem Titel *Leben heißt hoffen* erschien. *Ich kam von der Arbeit am späten Abend gegen 22.00 Uhr nach Hause. Das Telefon klingelte, Michail Sergejewitsch rief an. «Weißt du, ich habe einen überraschenden Vorschlag bekommen. Morgen findet das ZK-Plenum statt. Warte ab. Ich rufe dich danach sofort an.» Am 27. November 1978 wurde er Sekretär des ZK der KPdSU.* Der von Gorbatschow erwähnte «überraschende Vorschlag» war jedoch in Wirklichkeit ein vom Politbüro bereits einstimmig angenommener Beschluss. Und es war höchst unwahrscheinlich, dass eine solche Entscheidung von der ZK-Sitzung anders als einhellig zustimmend aufgenommen werden würde. Es ging darum, dass ein 47-jähriger Funktionär aus der Provinz den Aufstieg nach Moskau geschafft hatte und von nun an dem zweitwichtigsten Führungsgremium der Partei angehörte. Diese Mitteilung hatte selbst in der westlichen Welt einen besonderen Nachrichtenwert: Der Name Gorbatschow erschien zum ersten Mal auf den Seiten der «New York Times» und bot Nahrung für die Kremlastrologen.

Formal hing die Neuernennung mit einer Vakanz zusammen: Der für das Agrargebiet verantwortliche Fjodor Kulakow, ZK-Sekretär und Mitglied des Politbüros, war im Juni desselben Jahres verstorben. In den Sechzigerjahren hatte er die Parteiorganisation der Region Stawropol geleitet und war damit auch Vorgesetzter des angehenden Funktionärs Gorbatschow. Dieser hielt auch die Trauerrede für Kulakow an der Kremlmauer, eine Ehre, die laut sowjetischer Tradition dem jeweiligen Nachfolger zustand. So fiel die Wahl auf den Parteiführer Gorbatschow aus einem Gebiet, das zu den Kornkammern des Landes zählte, und der Kandidat hatte zudem – als Fernstudent – ein Landwirtschaftsstudium absolviert. Wer konnte geeigneter für das schwierige Ressort des Agrarsekretärs sein, das außer von der Laune der höchsten Bonzen auch noch von den Kaprizen des Klimas abhängig war? So weit die annähernd logische Erklärung. Allerdings bekam mit dieser Beförderung im Spätherbst 1978 der Name Gorbatschow einen besonderen Klang. In den Medien der freien Welt sprach man damals bereits offen von der Krankheit des Staats- und Parteichefs Breschnew und suchte eifrig nach potenziellen Nachfolgern. Neben dem Namen Andropow tauchte der des Leningrader Parteichefs Romanow sowie seines Moskauer Kollegen Grischin auf. Besonders in den darauf folgenden zwei Jahren, als der neue Agrarsekretär Gorbatschow zuerst Kandidat und dann Vollmitglied des Politbüros wurde, war er eine feste Größe in den astrologischen Kombinationen der Kremlforscher und Moskau-Korrespondenten der westlichen Medien. Als Gorbatschow später in der Tat die «gähnenden Höhen» (ein Ausdruck des Exilautors Sinowjew) der Sowjethierarchie erklomm, verklärten sich die bisherigen Spekulationen zu Legenden.

Dynastische Geheimnisse

So wird in einigen Biografien bis heute folgende Version lanciert: Unterwegs nach der aserbaidschanischen Hauptstadt Baku, hatte Breschnew im Herbst 1978 mitsamt seinem Tross einen kurzen Zwischenaufenthalt im Badeort Mineralnije Wody in der Region Stawropol vorgesehen. Es war selbstverständlich, dass ihn dort der Parteiführer der Region, Michail Gorbatschow, an der Bahnstation empfing. Die anderen Teilnehmer des darauf folgenden Gesprächs seien Andropow sowie Tschernenko, der Leiter der Parteikanzlei, gewesen – es fand also gewissermaßen ein Gipfeltreffen der letzten vier Führer der Sowjetunion statt. Man redete womöglich, wie das auch die Russen nennen, «von allem und nichts», aber der Sinn bestand wohl darin, dass Breschnew den jungen Funktionär näher in Augenschein nehmen konnte. Ihm gefiel der junge Mann, und er beschloss, ihn zu einem der zehn ZK-Sekretäre wählen zu lassen.

Diese folkloristisch abgerundete Geschichte hat komischerweise eine Parallele in früheren Zeiten. Die Fama behauptet, dass Breschnew seinen schnellen Aufstieg dem Glücksmoment zu verdanken hatte, als im Frühjahr 1952 am Rande des XIX. Parteitags der KPdSU Stalin persönlich auf ihn aufmerksam wurde. «Welch ein schöner Moldauer!», soll der greise Diktator ausgerufen haben, in der naiven Annahme, ein Parteichef der Moldauischen Sowjetrepublik, dessen Amt Leonid Iljitsch zu jener Zeit bekleidete, könne nur dieser Nationalität angehören. Der damals 46-jährige wurde entsprechend gefördert und 1953 gleich von Nikita Chruschtschow, Stalins Nachfolger, «übernommen».

Dieser war allerdings kein von dem Georgier auserkorener Thronfolger und musste sich zunächst in teilweise blutigen Fraktionskämpfen durchsetzen. Ein Putschversuch der Altstalinisten gegen ihn war im Juni 1957 gescheitert, und Breschnew stand damals auf Chruschtschows Seite. Möglicherweise wäre der «schöne Moldauer» von dem Geretteten aus Dankbarkeit sogar zum Amtsnachfolger bestimmt worden, aber offensichtlich hatte Breschnew zu wenig Geduld, um diesen ergreifenden Moment abzuwarten. Er beteiligte sich an der Verschwörung gegen seinen Gönner und errang den Posten des Generalsekretärs des ZK, den er bis zu seinem Tode im November 1982 innehatte.

Breschnews Wunschkandidat wiederum soll Andropow gewesen sein, und dieser wurde als Thronfolger ohne Widerstand akzeptiert. Anderthalb Jahre später benannte der bereits dem Tode geweihte Staatschef angeblich mit seinem letzten Atemzug Gorbatschow als würdigen Nachfolger, als Garanten des Fortbestands der von Andropow begonnenen Sache. Falls es einen solchen Letzten Willen tatsächlich gegeben haben sollte, so wurde er vom Politbüro ignoriert, als man für Tschernenko als Generalsekretär optierte. Wenn es sich dabei wirklich um eine Missachtung von Andropows Letztem Willen handelte, so war doch eine solche Pietätlosigkeit in der sowjetischen Geschichte nichts Neues: Selbst dem Halbgott Lenin war es nicht vergönnt gewesen, seiner dringenden Warnung vor Stalins Alleinherrschaft Geltung zu verschaffen. Mehr noch: Sein diesbezüglicher *Brief an den Parteitag* vom Dezember 1922 war jahrzehntelang «top secret», als handle es sich um eine Art geistiges Atomgeheimnis. Das als «Lenins Vermächtnis» bekannte Dokument wurde erst im April 1956 veröffentlicht – reichlich spät, um die Entwicklung aufzuhalten, der es hatte vorbeugen wollen.

Alles in allem: Die von Mythen umwobenen Wachablösungen an der Spitze der Sowjetmacht ähnelten gespenstisch denen aus der Zeit von Iwan dem Schrecklichen oder Peter dem Großen und trugen unleugbar dynastischen Charakter, allerdings mit einem gravierenden Unterschied:

Wesentliches Kriterium war nicht das adelige Blut, sondern die ideologische und politische Wahlverwandtschaft.

Die Geförderten

Die sogenannte «Nomenklatura», ein Sammelbegriff für die hauptberuflichen Funktionäre von Partei, Staat, Armee und KGB, wird von dem exilrussischen Politikwissenschaftler Michail Voslensky als «herrschende Klasse der Sowjetunion» beschrieben (1980), ihre Zahl auf drei bis vier Millionen geschätzt. Bei seiner Analyse stützte sich Voslensky offensichtlich auf das Standardwerk «Die neue Klasse» (1958) des jugoslawischen Exkommunisten Milovan Djilas, in dem dieser den sozialistischen und proletarischen Charakter sowohl des sowjetischen Regimes als auch der Systeme des Ostblocks in Zweifel zog und sie als «staatskapitalistisch» bezeichnete. Gegen Djilas' Thesen protestierten alle orthodoxen kommunistischen Parteien mit Händen und Füßen und verhängten über Person und Werk des Autors einen Bannfluch.

Ob nun die Machthaber des Ostens im soziologischen Sinne eine Klasse waren, sei dahingestellt. Wenn ja, dann war sie die erste historische Formation dieser Art, die gleichzeitig ihre eigene Existenz hartnäckig leugnete. Vielmehr legitimierte sie sich als «Avantgarde des ganzen Volkes» und verankerte ihre «führende und lenkende Rolle» in Artikel 6 der sowjetischen Verfassung von 1977. Offiziell übte die KPdSU ihre Macht im Namen aller Werktätigen aus und stellte beispielsweise bei den regelmäßigen Wahlen zum Obersten Sowjet eine Einheitsliste unter der grotesken Bezeichnung «Block der Kommunisten und Parteilosen» auf – eine exakte Beschreibung aller 290 Millionen Bürger der Union. Einen ähnlichen Anspruch auf das Machtmonopol behaupteten die Grundgesetze aller Länder, die dem sowjetischen Staatsmodell folgten.

An einem Punkt war die Betonung des Volkstümlichen im Selbstverständnis der KPdSU etwas mehr als ein reines Lippenbekenntnis. Bereits vor dem Krieg bevorzugte man bei der Verteilung von politischen Posten Kinder aus proletarischen und bäuerlichen Verhältnissen, während Nachfahren der bürgerlichen Klassen völlig negiert und die Intellektuellen vorrevolutionärer Prägung bestenfalls toleriert wurden. Die beispiellose soziale Mobilität der Fünfzigerjahre ermöglichte einer Schar von jungen Leuten den schnellen Aufstieg, nachdem zuerst der Stalin'sche

Die Geförderten 27

Terror und dann der Krieg die Reihen der Funktionäre stark gelichtet hatte. So entstammten fast alle Protagonisten der Ära Breschnew, in den späten Zwanziger- und frühen Dreißigerjahren geboren, den unteren Bevölkerungsschichten und bildeten eine parteigebundene Intelligenzija der ersten Generation.

Der 1931 geborene Michail Gorbatschow entstammte einer Bauernfamilie aus dem südrussischen Priwolnoje, während sein im gleichen Jahr geborener Widersacher Boris Jelzin als Arbeiterkind das Licht der Welt in der Siedlung Butka am Ural erblickte. Der spätere Ministerpräsident Nikolaj Ryschkow (geb. 1929) war der Sohn von Werktätigen aus der Bergbauregion Donezk, der künftige russische Premierminister Witalij Worotnikow (geb. 1926) war Sohn einer Arbeiterfamilie in Woronesch, die zur Kandidatin fürs Politbüro avancierte Alexandra Birjukowa (geb. 1929) war eine Bauerntochter aus dem Dorf Russkaja Schurawka bei Woronesch, und auch der vom Perestroikaanhänger zum Augustputschisten mutierte Wassilij Starodubzew (geb. 1931) hatte seine Laufbahn als Kolchosbauer begonnen. Ausnahmen wie der aus einer Lehrerfamilie stammende spätere Außenminister Eduard Schewardnadse (geb. 1928) bestätigten die eherne Regel der positiven Diskriminierung.

Die zumeist einfache Herkunft bedeutete nicht nur, dass die Betreffenden über hervorragende Kaderakten verfügten, sondern dass sie von Kindheit an die Entbehrungen des Krieges, den Einzug der Väter an die Front, die deutsche Okkupation, die Evakuierung und die an Hungersnot grenzende Armut der Vierzigerjahre miterlebt und fast ausnahmslos schwere körperliche Arbeit geleistet hatten: Gorbatschow als Mähdreschermechaniker, Jelzin als Bauarbeiter, Ryschkow als Schweißer, Worotnikow als Schlossergehilfe und Birjukowa als Arbeiterin in einer Kattundruckerei. Die Wege aus der Kindheit führten zunächst in die Produktion mit gleichzeitiger Weiterbildung, und erst in den Fabriken, auf den Baustellen oder in den technischen Hochschulen wurden die jungen Leute von der Obrigkeit «entdeckt». Als angehende Funktionäre der Jugendorganisation Komsomol oder der KPdSU waren sie zumeist verheiratet und lebten mit ihren kleinen Kindern in denkbar bescheidenen Wohnverhältnissen.

Die Förderung durch die Partei bedeutete für diese Menschen nicht einfach nur die Anerkennung ihrer Fähigkeiten und ihres Einsatzes sowie die daraus folgende zunächst minimale Verbesserung ihrer Lebensbedingungen. Vielmehr erlebten sie ihre Karriere als einen Akt höherer sozialer Gerechtigkeit, wie ihn nur eine Volksmacht praktizieren konnte, der gegenüber sie sich zu unbedingter Dankbarkeit und Loyalität verpflichtet fühlten. Mit einem Bein standen sie noch in ihrem früheren Umfeld und gaben sich keinerlei Illusionen hin, was die Kluft zwischen der Glückspropaganda des Regimes und der armseligen Realität betraf. Mit dem anderen Bein betraten sie jedoch die Sperrzone des Apparats mit dessen Privilegien und ungeahnten Aufstiegsmöglichkeiten. Noch bevor sie es selbst bemerkten, übernahmen sie die Verhaltensmuster, die Mentalität und auch den Horizont dieses merkwürdigen künstlich kreierten Adelsstandes.

Jelzin und Gorbatschow hatten außer dem Geburtsjahr 1931 noch eine kuriose Gemeinsamkeit in ihrem Lebenslauf. Beide wurden getauft, und Jelzin fiel sogar laut Familienüberlieferung diesem Sakrament beinahe zum Opfer: Der Kleine rutschte in das Taufbecken, aus dem ihn seine Mutter rettete.

Gorbatschows Taufe verlief ohne derartige Komplikationen, aber anders als sein späterer Herausforderer, der waschechte Proletarier Jelzin, erblickte er als Bauernjunge das Licht der Welt. Und obwohl die offizielle Doktrin auch die in der Landwirtschaft Tätigen zu den «grundlegenden Klassen» der sozialistischen Gesellschaft rechnete, galt diese Sorte von Werktätigen immer schon als weltanschaulich weniger gut entwickelt und daher besonders erziehungsbedürftig. Zudem galt Andrej, Gorbatschows Großvater väterlicherseits, wegen seiner kleinen Gartenwirtschaft als «Kulak», als Großbauer, und wurde im Laufe der «Entkulakisierung» für einige Jahre nach Sibirien verbannt. Der andere Großvater, Pantelej Gopkalo, war hingegen leidenschaftlicher Anhänger der Kollektivwirtschaft und außerdem Parteimitglied, was ihm jedoch keineswegs die Repressalien der Stalin'schen Säuberungen ersparte. Relativ unbehelligter lebte hingegen Gorbatschows Vater Sergej, der als Techniker in einer Maschinen- und Traktorenstation arbeitete, was dazu führte, dass man seinem Sohn eine bessere soziale Abstammung in die Kaderakten hineinschreiben konnte.

Lehrjahre

Im August 1950 traf der 19-jährige Michail Gorbatschow nach mehrtägiger Zugfahrt aus Stawropol mit einem einzigen Holzkoffer für die allerwichtigsten Habseligkeiten in Moskau ein. In seiner Manteltasche befand sich die Mitteilung darüber, dass ihn die Juristische Fakultät der Moskauer Lomonossow-Universität trotz mangelhafter schulischer Voraussetzungen ohne Aufnahmeprüfung immatrikuliert hatte. Kurz nach dem Krieg wollte man die Ausbildung des geistigen Nachschubs auf diese Weise beschleunigen. Um andere Beispiele zu nennen: Genauso kam Boris Jelzin, ebenfalls im August 1950, mit acht Jahren Hauptschule und ohne mittlere Reife an die Uraler Technische Hochschule S. M. Kirow (UPI) in Swerdlowsk, um an der Baufakultät Ingenieurwissenschaften zu studieren – allerdings besaß er seiner Autobiografie zufolge keinen Holz-, sondern einen kunstledernen Koffer. Sein Kommilitone an der UPI, Nikolaj Ryschkow, lernte an derselben Fakultät – allerdings im Fernstudium, denn er schuftete gleichzeitig als Schweißer in der Maschinenfabrik Uralmasch. Offensichtlich führten die Hauptwege der sowjetischen d'Artagnans zum Dasein des Musketiers über das Schlachtfeld der provinziellen Industrie.

Immerhin eroberte Gorbatschow sofort Moskau, zunächst dessen nordöstlichen Bezirk Sokolniki, in dem das trostlose Studentenheim Strominka lag, eine ehemalige Kaserne. Dieser Riesenkomplex von zweifelhafter Hygiene und mit Schlafräumen für manchmal mehr als ein Dutzend Bewohner beherbergte provisorisch Tausende von Studenten. Das vor Kurzem eingeweihte luxuriöse Hauptgebäude der Universität mit seinen 32 Stockwerken, der sogenannte «Glawnij Korpus» auf den Leninbergen, war noch nicht schlüsselfertig. Die Fakultät befand sich im Stadtzentrum an der Mochowaja Uliza, nur einen Katzensprung entfernt vom Roten Platz, dem Kreml sowie dem einstigen Handelshaus am Alten Platz, Sitz des Zentralkomitees – allesamt Orte, die einige Jahrzehnte später in Gorbatschows Leben eine Hauptrolle spielen sollten. Etwas weiter entfernt lagen der Tschaikowskij-Saal, die Tretjakow-Galerie, der Fluss Moskwa und in südwestlicher Richtung das Hauptgebäude der Universität, eines der sieben Hochhäuser, mit denen die sowjetische Architektur der Fünfzigerjahre den Wolkenkratzern der imperialistischen Metropole New York zu trotzen meinte – darunter das Außenministerium und das Hotel Ukraine.

Für das Landei Mischa, das kaum die Teenagerjahre hinter sich hatte, tat sich ein neues, faszinierendes Panorama auf. Sogar ein winziges Fenster zur großen, weiten Welt wurde für ihn halb geöffnet, wie Raissa Gorbatschowa in ihren Erinnerungen festhielt: *Mit uns studierten auch Ausländer: Albaner, Bulgaren, Jugoslawen, Tschechen … Sie wohnten in denselben Zimmern wie wir. Deutsche, Spanier, Koreaner, Chinesen und Vietnamesen …* Ein kleines Universum in der ansonsten furchtsam geschlossenen sowjetischen Gesellschaft.

Die Freundschaft

Der erste Ausländer, mit dem Gorbatschow in nähere Verbindung kam, war der tschechoslowakische Kommilitone Zdeněk Mlynář (1930–1997), der als Jurastudent der MGU ebenfalls im Studentenheim Strominka wohnte. Die Tatsache dieser Freundschaft wurde von beiden Seiten bestätigt, und es existiert sogar ein Tonbandprotokoll von einem Austausch ihrer Erinnerungen an die Moskauer Zeit. Für die Intensität des ursprünglichen Dialogs spricht die Tatsache, dass Mlynář noch Jahre später, im Sommer 1967, als Mitarbeiter des ZK der Tschechoslowakischen Kommunistischen Partei während einer Dienstreise in die UdSSR auch Gorbatschow besuchte. Dieser bekleidete inzwischen das Amt des Parteiführers der Stadt Stawropol.

Die Spaziergänge der beiden Studenten am Ufer der Jausa in Sokolniki erwiesen sich für die beiden als Offenbarung. Der junge Tscheche, zwar überzeugter Kommunist, aber mit bürgerlichem Hintergrund, war in den Augen seines russischen Kumpels ein Mann von Welt. Er kam aus Prag mit seinen historischen Stadtvierteln, Cafés und der Laterna magica. Der Russe dagegen stammte aus einer gottverlassenen Gegend, aus bäuerlichem Milieu, konnte jedoch authentisch über sein Land erzählen, das dem Ausländer nur aus begeisterten Propagandabroschüren bekannt war. Diese offenen Gespräche halfen ihm dabei, die gewiss quälenden Fragen über die Kluft zwischen Anspruch und Realität, Vision und Alltag des Sozialismus besser zu bewältigen.

Wie romantisch auch die Jugendfreundschaft zwischen Gorbatschow und Mlynář gewesen sein mag, so blieb ihnen doch eine Fortsetzung

Liebe und Ehe

aufgrund der auseinander driftenden Lebensläufe verwehrt. Schon bald nach seiner Rückkehr wurde der tschechische Jurist in Prag zu einer der Schlüsselgestalten von Alexander Dubčeks Reformfrühling, und nach der Invasion der fünf Armeen des Warschauer Paktes 1968 war er Mitglied einer nach Moskau entführten «Delegation» der ČSSR, der ein demütigendes Kommuniqué aufgezwungen wurde, das praktisch das Ende der Reformen bedeutete. Ein Jahr später besuchte Gorbatschow aus Stawropol das soeben okkupierte Bruderland mit einer Abordnung von Funktionären, um sozusagen die «Normalisierung» der Diktatur voranzutreiben. Mlynář war zu dieser Zeit aller Funktionen enthoben und wurde bald auch aus der Partei ausgeschlossen – eine Unperson. Dass der Gast aus Moskau unter diesen Bedingungen den Besuch seines Freundes nicht erwidern konnte, galt in einschlägigen Kreisen als Selbstverständlichkeit. So schreibt Andrej Gratschow, Gorbatschows enger Mitarbeiter in den Achtzigerjahren:

Zdeněk machte seinem Kommilitonen gegenüber niemals einen Vorwurf daraus, dass dieser ihn offensichtlich aus seinem Telefonbuch gestrichen hatte. Er war selber Parteiarbeiter und konnte sich leicht vorstellen, in welch strengem Rahmen das Leben seines sowjetischen Freundes eingeengt wurde auf dem Weg seines Aufstiegs zum Gipfel der Karriere. Er hoffte aber, dass ihn Gorbatschow nicht vergessen hatte, und behielt damit recht. Als Generalsekretär ließ Gorbatschow den im Wiener Exil Lebenden zu einer wissenschaftlichen Konferenz einladen. Das war aber bereits im Dezember 1989, nach der «samtenen Revolution» in Prag, welche die Unterdrücker des Prager Frühlings endgültig entmachtet hatte. Sogar zu diesem Zeitpunkt noch bevorzugte Gorbatschow angesichts seiner zahlreichen Feinde eine Begegnung mit Mlynář unter Ausschluss der Öffentlichkeit. Offensichtlich waren sowjetische Staatsmänner, sogar wenn sie sich für die Freiheit im eigenen Land einsetzten, von Amts wegen unfrei.

Liebe und Ehe

Die Philosophiestudentin Raissa Titarenko kam aus einer noch trostloseren Provinz als Gorbatschow. Sie wurde 1932 in der sibirischen Region Altai geboren. Da jedoch ihr Vater bei der Eisenbahn arbeitete, folgte ihm die kleine Familie, zu der noch der Bruder Jewgenij gehörte, immer dorthin, wo er gerade berufliche Verpflichtungen hatte. Nach dem Krieg wohnten sie in der baschkirischen Stadt Sterlitamak – von hier aus fuhr die Tochter im Herbst 1949 nach Moskau und wurde sofort in die MGU aufgenommen. Im Studentenheim Strominka kreuzten sich ihre Wege mit denen ihres künftigen Ehemannes. Die jungen Leute entdeckten sehr schnell ihre Gemeinsamkeiten – sie fanden sich, um einen bildhaften Ausdruck Gorbatschows zu verwenden, «wie zwei Hälften eines Apfels». Sie heirateten im Spätsommer 1953. Das Standesamt in Sokolniki befand sich gleich gegenüber dem Studentenheim. Geld für die passende Kleidung hatte der Bräutigam während der Sommerferien bei der Ernte in seinem Geburtsdorf verdient. Der Braut fehlten nur noch einigermaßen ansehnliche Schuhe, chronische Mangelware in der UdSSR, sodass sie diese schließlich bei einer Freundin ausborgte. Nach der ausgiebigen Feier, zu der Wein, Wodka, Salate und die unvermeidliche Torte gehörten, überließ man dem frisch gebackenen Paar ein Zimmer, aus dem sich die Kommilitonen für die Zeit des Schäferstündchens taktvoll fernhielten. Das Strominka war für eheliche Intimität wenig geeignet: Die strenge Trennung der Geschlechter galt selbst für Personen mit gültigem Trauschein. Zwischen den Korridoren der Mädchen und der jungen Männer gab es eine Art Demarkationslinie. Wollte man diese überqueren, so musste man den Studentenausweis an die wachhabende «Deschurnaja» abgeben, und die Zimmernummer des Gastgebers oder der Gastgeberin wurde notiert. Offiziell musste man den Besuch spätestens um 23.00 Uhr beenden. Danach machte eine studentische «Opergruppa» ihren Rundgang durch das Heim, um als Hüter der kommunistischen Moral illegale gemeinsame Übernachtungen zu unterbinden.

Zum Glück durften die jungen Leute schon bald in das neue Gebäude auf den Leninbergen umziehen und bekamen dort ein Zimmer, zu dem auch Dusche und Toilette gehörten, die sie sich mit den Bewohnern eines zweiten Zimmers teilen mussten – außergewöhnlicher Luxus für diese Zeiten. Die Bewohner des Glawnij Korpus hatten allen nur erdenklichen Komfort jener Zeit zur Verfügung: Neben Kino, Theater, verschiedenen Klubs und einem Schwimmbad gab es zahlreiche Studierzimmer, eine Wäscherei, ein Postamt ebenso wie eine Poliklinik, mehrere Lebensmittelgeschäfte und Buffets. In den großen Kantinen der Zonen A und B konnte man Sauerkraut, Senf und Schwarzbrot kostenlos bekommen, außerdem heißen Tee – eine wahre Labsal für arme Studenten, besonders in den Tagen vor dem Erhalt ihrer kargen Stipendien.

Unter den Kommilitonen galten die Gorbatschows als Traumpaar. Rudolf Koltschanow, ein Freund aus dieser Zeit, Student der Journalistischen Fakultät, bemerkte dazu: *Sie haben niemanden verstoßen, sich von den anderen nicht abgewandt, vielmehr blieben sie hilfsbereit und offen und hielten alle früheren Freundschaftsverbindungen aufrecht. Aber es war sichtbar, dass um sie herum eine eigene innere Welt entstand, in die sie niemanden hereinließen.* Ohne den lyrischen Faktor dieser Zweisamkeit leugnen zu wollen, fügen wir hinzu, dass es dabei auch um eine konzentrierte Vorbereitung auf die Zukunft ging. Raissa wurde Aspirantin der Philosophischen Fakultät, konnte also in der MGU bleiben, um ihre erste Doktorarbeit zu erstellen. Zur gleichen Zeit arbeitete Michail an seiner Diplomarbeit mit dem Titel *Die Beteiligung der Massen an der Verwaltung des Staates am Beispiel des örtlichen Sowjets*. In dem von Moskau mehrere Tausend Kilometer entfernten Swerdlowsk schrieb gleichzeitig der junge Ingenieurstudent Boris Jelzin an seinem abschließenden Elaborat, das allerdings die knappere Bezeichnung *Der Fernsehturm* trug. Die Geförderten der neuen Generation rüttelten an der Karrieretür, und es wurde ihnen aufgetan.

Am Scheideweg

Die Beteiligung der Massen an der Verwaltung des Staates am Beispiel des örtlichen Sowjets: Man kann zu Recht die Frage stellen, was das von Gorbatschow gewählte Thema mit seinem Fach zu tun hatte. Zweifelsohne war das Studium an allen Hochschulen des Landes weitgehend ideologisiert. Auch an der Juristischen Fakultät gab es neben Fachgebieten wie Latein, dem Römischen Recht, dem Strafgesetzbuch, der Verfassungslehre und der Prozessordnungskunde obligatorische Vorlesungen und Seminare für eine Reihe von weltanschaulichen Prüfungsgegenständen wie der Politischen Ökonomie des Kapitalismus, dito des Sozialismus, des Dialektischen und Historischen Materialismus sowie der Geschichte der Kommunistischen Partei. Eine Zeit lang belasteten einige Fakultäten ihre Hörer sogar mit der Disziplin Wissenschaftlicher Atheismus, deren Inhalt böse Studentenzungen in der ironischen These zusammenfassten: «Es gibt keinen Gott und Punkt.» Jedenfalls hatte man auf den Leninbergen und in der Mochowaja genügend Stoff, der studiert respektive gebüffelt werden musste.

Gorbatschows Themenwahl zeugte davon, dass er um die Gunst der politischen Muse warb. Nur Menschen des Apparats konnte daran gelegen sein, zumindest theoretisch den Standpunkt einzunehmen, dass die «Massen», insbesondere auf lokaler Ebene, irgendeinen Einfluss auf die Entscheidungen der Nomenklatura ausüben könnten. Obwohl Lenin seinen utopischen Staat ursprünglich so einfach konzipieren wollte, dass selbst eine Köchin imstande gewesen wäre, diesen zu regieren, beließ die reif gewordene «proletarische Diktatur» die Köchinnen bei ihren Töpfen. Einer, der mit der Forderung antrat, die Kinder des Volkes nicht als Statisten, sondern als Akteure auftreten zu lassen, konnte, wenn er kein verrückter Dissident war, sein Glück nur bei der herrschenden Elite versuchen, da diese die These der Volksnähe unaufhörlich im Munde führte. Mit der hochtrabenden Formulierung seines Forschungsgegenstands zielte Gorbatschow auf eine Aspirantur im Fach Staatsrecht. Ein Erfolg dieses Vorhabens hätte bedeutet, dass er noch ein paar Jahre zusammen mit Raissa die Segnungen des Glawnij Korpus genießen und schließlich, wenn er eine Arbeitsstelle gefunden hätte, sogar in der Hauptstadt Fuß fassen konnte. Es ging also nicht zuletzt um die Verlängerung der *propiska*, der bis zum Ende der Studienzeit währenden Aufenthaltsgenehmigung für Moskau.

Die *propiska* war der Wunschtraum vieler Studierender, die nicht in ihr ursprüngliches Nest zurückkehren wollten. Man war sogar bereit, Scheinehen gegen Geld mit den *Moskwitschi* einzugehen, nur um der *Idiotie des Landlebens* zu entfliehen – übrigens ein Begriff von Marx und Engels aus ihrem zum verbindlichen sowjetischen Kanon gehörenden *Kommunistischen Manifest*. Zwar tröstete die Partei ihre Provinzler mit der Vision des Verschwindens der Unterschiede zwischen Stadt und Land im Zukunftsstaat, aber die Zukunft lag recht fern, während die Aussicht, in Krähwinkel zu verkümmern, in greifbarer Nähe war. Allen von außerhalb Kommenden drohte im letzten Studienjahr die *raspredelenije*, die Zwangsverschickung an Betriebe und Institutionen, die ihren Arbeitskräftebedarf bei den Hochschulen angemeldet hatten. Eine Kommission bot den Absolventen, den *diplomniki,* drei bis vier Arbeitsstellen mit niedrigem Gehalt und bescheidenen Wohnmöglichkeiten an, und diesen blieb nichts anderes übrig, als eines der Angebote klaglos zu akzeptieren. Außerdem gab es noch die Möglichkeit, sich aus dem Herkunftsgebiet über persönliche Kontakte anfordern zu lassen beziehungsweise eine Anfrage *(sapross)* zu erwirken.

Der junge Gorbatschow erlitt mit seinen Ambitionen als Staatsrechtler eindeutig eine Schlappe, obwohl er seit 1952 Parteimitglied und ein äußerst fleißiger und zuverlässiger, die Saufgelage der Kameraden meidender Genosse war. So wurde er vor die Wahl gestellt, als Mitarbeiter der Staatsanwaltschaft im sibirischen Tomsk, in Tadschikistan oder in Blagoweschtschensk an der chinesischen Grenze tätig zu werden. Keinen dieser Jobs fand er besonders attraktiv. Die rettende *sapross*, wahrscheinlich vermittelt über Sandkastenfreunde aus dem Stawropoler Komsomol, versprach ihm eine Anstellung bei der dortigen Staatsanwaltschaft. Als liebende Gattin verzichtete Raissa daraufhin auf ihre Promotion, und so fuhr Michail im August 1955 in Richtung Südrussland, um den Umzug vorzubereiten. Diese Entscheidung bestimmte das Leben der Familie für die nächsten dreiundzwanzig Jahre.

Die langsame Ankunft

Kaum hatte der angehende Jurist seine Arbeit bei dem lokalen Hüter der Gesetzlichkeit, dem Staatsanwalt Wassilij Petuchow, begonnen, so wurde er bereits von der städtischen Organisation des Komsomol angefordert. Offenbar hatte man ihn dem Chef der regionalen Organisation, dem 27-jährigen Wiktor Mironenko, als jemanden vorgeschlagen, der, so seine damalige «Charakteristik», *eine gute Auffassungsgabe hat, sich im Dorf auskennt und flink mit der Zunge ist.* Sicherlich wurde er auch deshalb so gut empfangen, weil seine Kaderakte einwandfrei war: Er stammte aus Stawropol, hatte das rote Parteibuch, verfügte über Erfahrungen mit dem Kolchos seines Dorfes und war bereits 1948, als 17-Jähriger, für seine schweißtreibende, zur Erntezeit tagelange Maloche an der Drehbank mit dem Roten Bannerorden der Arbeit ausgezeichnet worden. Jetzt übernahm er es, die Propagandaabteilung der städtischen Jugendorganisation zu leiten – die erste Stufe seiner Karriere im Rahmen des Apparats. Dennoch hatte der neue Job einen leicht messbaren Nachteil gegenüber dem Juristenberuf: Bei der Staatsanwaltschaft hätte er ein Anfängergehalt von 1000 Rubeln bekommen, aber der Komsomol bot ihm lediglich 865 Rubel. Eine Dienstwohnung stand nicht zur Verfügung, sodass sich das Ehepaar mit einem Untermietszimmer begnügen und dafür mehr als 200 Rubel auf den Tisch legen musste. Was zum Leben übrig blieb, war nur wenig mehr als die nicht gerade üppige sowjetische Durchschnittsrente.

Nur zum Vergleich: Wäre Raissa in Moskau geblieben, so hätte sie als Aspirantin mit einem monatlichen Stipendium von 1100 Rubeln rechnen können. Als Philosophin war sie in Stawropol vorerst gar nicht gefragt, und ohnehin war sie nach der Geburt der Tochter Irina 1957 nur bedingt erwerbsfähig. Ihre Arbeitssituation änderte sich erst mit dem allmählichen Vorwärtskommen ihres Mannes auf der parteiamtlichen Ochsentour. Später wurde Raissa Dozentin an der Medizinischen Hochschule. Zu dieser Zeit entdeckte sie ihr Interesse für die empirische Soziologie – ein Gegenstand, der unter Stalin als «bürgerliche Pseudowissenschaft» verdammt worden war und nun geradezu in Mode kam. Raissa verteidigte 1967 ihre Dissertation über *Die Gestaltung der neuen Züge der Lebensweise des Kolchosbauerntums aufgrund der soziologischen Untersuchungen im Landkreis Stawropol* und lehrte als Dozentin für Philosophie an der Landwirtschaftlichen Hochschule.

Stawropol war zu Beginn der Sechzigerjahre mit seinen 130 000 Einwohnern die Hauptstadt der gleichnamigen Region, die sich auf etwa 90 000 Quadratkilometern erstreckte und rund drei Millionen Einwohner hatte. Es herrschte dort ein mildes, südliches Klima mit vielen Sonnentagen. Besonders stolz war man auf die ausgedehnten Grünflächen. Allerdings hatte die Stadt in der Zeit, als die Gorbatschows dorthin zogen, weder Kanalisation noch Frischwasserleitungen und auch noch kein öffentliches Nahverkehrssystem. Das Zentrum bestand aus einer langen Häuserzeile auf dem Marxprospekt sowie Tausenden von planlos in die Gegend gestellten, ziemlich vernachlässigten Gebäuden. Außerhalb des Zentrums mit seiner sowjetischen Prunkarchitektur standen graue Wohnsilos und Betriebe, die der Zulieferung für die umliegenden Kolchosen und Staatswirtschaften dienen sollten.

Frühe Zweifel

Bereits 1953 hatte Gorbatschow drei Monate in heimischen Gefilden verbracht. Kurz vor der Abgabe der Diplomarbeit entsandte man ihn zum Praktikum in eine Siedlung der Region Stawropol mit fünfzehntausend Einwohnern, nach Molotowskoje. Dies war bei Weitem nicht der erste Name, den man dieser Ortschaft zugedacht hatte. In den Annalen des 19. Jahrhunderts hieß sie noch Medweschje (Bärendorf). In den Dreißigerjahren wurde sie auf den Namen Jewdokimowskoje getauft, zu Ehren des berüchtigten Offiziers der Geheimpolizei GPU, Jefim Jewdokimow, der seinerzeit den roten Terror in der Gegend organisiert hatte. Jewdokimow wurde allerdings auf Stalins Befehl hin 1938 verhaftet und 1940 hingerichtet. Zwischen Festnahme und Erschießung erhielt das traurige Kaff deshalb den Namen Molotow. Als der ehemalige Außenminister jedoch 1957 wegen «parteifeindlicher Haltung» alle seine Führungsämter verlor, erhielt die Gemeinde ihren über jeden politischen Verdacht erhabenen ursprünglichen Namen Medweschje nicht etwa zurück, sondern heißt bis heute Krasnogwardejskoje.

Nun, aus dem Dorf mit den vielen Namen schrieb Michail sehnsuchtsvolle Briefe an seine Ehefrau und schickte diese im Kuvert mit dem Stempel «Staatsanwaltschaft Molotowsk» nach Moskau. Indessen enthielten die Liebesbeteuerungen manches, was kaum ein Staatsanwalt gutheißen konnte:

Wie erdrückend sind für mich die hiesigen Bedingungen! Besonders scharf fühle ich es jedes Mal, wenn ich einen Brief von Dir erhalte. Deine Briefe bringen mir so viel Gutes, Liebes, Nahes und Verständliches. Umso stärker spürt man die Ekelhaftigkeit der Umgebung. (...) Besonders die Lebensart der Bezirksobrigkeit. Konventionen, Subordination, Vorherbestimmtheit von jedem Ergebnis, offene Frechheit der Beamten (...) Schaust Du Dir irgendeinen hiesigen Chef an, so findest Du an ihm nichts Herausragendes außer seinem Bauch. Und welche Selbstsicherheit, Anmaßung, welch herablassender, gönnerhafter Ton! Verachtung der Wissenschaft. Daher das spöttische Verhältnis zu den jungen Spezialisten. (...) Ich habe mit jungen Spezialisten gesprochen. Sie alle sind unzufrieden. Liest man dieses Lamento außerhalb des sowjetischen Kontextes, erinnert es an die Atmosphäre im Roman *Die toten Seelen* (1842) von Nikolaj Gogol.

Angesichts der deprimierenden Erfahrungen mit der Provinz stellt sich die Frage, weshalb der junge Gorbatschow für diese gottverlassene Region und ausgerechnet für die Laufbahn eines hauptberuflichen Apparatschiks optierte. Objektiv gesehen war seine Ausgangsposition trotz des Diploms von der angesehenen MGU schlechter als die vieler Altersgenossen. Der geisteswissenschaftliche Moskauer Bildungshintergrund war außerhalb akademischer Kreise der Hauptstadt eher hinderlich, wenn nicht geradezu suspekt. Für jemanden aus der Industrie konnten sich ganz andere, rein berufliche Aufstiegsmöglichkeiten ergeben. So lief die Karriere des künftigen Regierungschefs Nikolaj Ryschkow, eines wichtigen Mitstreiters Gorbatschows, in jenen Jahren folgendermaßen ab: 1950 avancierte er vom einfachen Arbeiter der Swerdlowsker Maschinenfabrik zum Vorarbeiter und Schichtmeister, später zum führenden Schweißer. Der Partei musste er erst 1956 beitreten, als er bereits auf die Rolle des stellvertretenden Betriebsdirektors vorbereitet wurde. Als Genosse übernahm er 1971 die Führung des ganzen Kombinats Uralmasch. Jelzin begann ebenfalls in Swerdlowsk als Bauarbeiter, wurde dann Bauleiter, Erster Bauleiter, Chefingenieur und Direktor eines Bautrustes. Das rote Parteibüchlein bekam er 1961, und damit begann seine Parteikarriere.

Ein Faktor, der Gorbatschows Entscheidung für die politische Funktion erleichtert haben mochte, war die Aufbruchstimmung nach Stalins Tod. Chruschtschows «Tauwetter» bedeutete nicht nur die Offenlegung des als «Personenkult» und «Verletzungen der sozialistischen Gesetzlichkeit» verniedlichten Massenterrors, sondern auch eine Neuformulierung der kommunistischen Utopie. Der junge Komsomolez aus Stawropol war als Delegierter dabei, als der Parteichef auf dem XXII. Parteitag im Kongresspalast des Kremls seine atemberaubende Vision verkündete: *Die KPdSU setzt sich zum Ziel, während der nächsten zwanzig Jahre ein Lebensniveau des Volkes zu erreichen, das höher sein wird als in jedem kapitalistischen Land. Zum ersten Mal in der Geschichte hört der Zustand auf, dass die Menschen Mangel leiden müssen. (...) In den nächsten zehn Jahren müssen wir den Wohnungsmangel liquidieren. Am Ende des zweiten Jahrzehnts wird jede Familie eine eigene Wohnung mit Vollkomfort besitzen. (...) Im zweiten Jahrzehnt beginnen wir mit der Verwirklichung der anderen großen sozialen Maßnahme: Die Werktätigen der Unternehmen und Institutionen sowie die*

Kolchosbauern erhalten eine kostenlose Versorgung (Mittagessen). (...) In den kommenden zehn Jahren (...) überholen wir die Vereinigten Staaten im Ausmaß der industriellen Pro-Kopf-Produktion, im zweiten Jahrzehnt – bis 1980 – wird unsere Heimat in Bezug auf die Pro-Kopf-Agrarproduktion die Vereinigten Staaten überholen. Welcher junge Aktivist hätte nicht Lust verspürt, an der Verwirklichung eines solch grandiosen Projekts teilzuhaben?

Lehr- und Meisterjahre

Zur Apologie neigende Zeitzeugen behaupteten, Gorbatschow habe lange vor seinem Machtantritt 1985 Reformgedanken gehegt und versucht, diese gegenüber der Moskauer Zentrale durchzusetzen. In seiner frühen, ausgezeichnet recherchierten Biografie zitiert Gerd Ruge einen die Anonymität wählenden Mitarbeiter mit einer geradezu überschwänglichen Einschätzung: *Angefangen hat unsere Perestroika, als Gorbatschow am 20. April 1970 Erster Sekretär* (Parteichef der Region) *wurde. Aber er hat die meisten Veränderungen in harten Kämpfen durchsetzen müssen. (...) Da ging es auch um die Frage, ob wir die spezialisierte Schafzucht ausbauen sollten. In Moskau war man dagegen. Aber Gorbatschow hat sich dafür eingesetzt, und seine Hartnäckigkeit hat uns weitergeholfen.* Der Agraringenieur Wiktor Postnikow verdankte ihm die Zulassung eines Geflügelmastbetriebs nach amerikanischem Muster, der die fleischarme sowjetische Küche um die Einführung von Grillhähnchen bereichern sollte. *Ohne Gorbatschow wäre das nicht möglich gewesen,* behauptete Postnikow, der als Leiter des russischen «Broilervereins» in den Neunzigerjahren bekannt wurde. Auf dem Gebiet des Konsums wird dem Ersten Sekretär die Förderung des lokalen Kräuterlikörs «Strischament» zugeschrieben, der bis heute zu den Markenprodukten der Region gehört.

Trotz dieser lobenswerten Initiativen wäre es reine Geschichtsklitterung, den Stawropoler Funktionär, seit 1970 erster Mann des Verwaltungsbezirks und ab 1971 ZK-Mitglied, als einen Vorkämpfer der eigenen zukünftigen Ideen zu verklären. Am wenigsten würde dies auf seine ideologische Haltung zutreffen. Diese zeigte sich vor allem in der Affäre um den Sozialwissenschaftler Fagim Sadykow, seines Zeichens Leiter des Lehrstuhls für Philosophie an der Landwirtschaftlichen Hochschule. Der geborene Baschkire hatte 1968 seine Doktorarbeit mit dem Titel *Die Einheit des Volkes und die Widersprüche des Sozialismus* im Stawropoler Verlag mit einer Auflage von 1000 Exemplaren veröffentlicht. In diesem Werk befürwortete Sadykow im Rahmen der offiziellen Sprachregelung die wahre Autonomie der Kolchosbauern, das heißt ein reales Mitspracherecht im Kollektiv sowie die Möglichkeit, den Ertrag der eigenen Gartenwirtschaft auf dem Markt zu verkaufen.

Diese Forderungen waren keineswegs mit dem Prager Frühling verwandt, wie manche Biografen glauben, sondern fußten auf der frühesten Kritik an der Bauernpolitik der Partei, wie sie in der Reportage *Bezirksalltag* (1952) von Walentin Owetschkin, also noch zu Stalins Lebzeiten, oder im *Dorftagebuch* von Jefim Dorosch ab 1956 publik werden durfte. Damals ging es darum, die Landarbeiter, die weder über einen Pass verfügten noch ein Recht auf Mobilität hatten, vor der «sozialistischen Leibeigenschaft» zu retten, während es Sadykow um die Wiederherstellung des Bauerntums als Beruf ging. Obwohl er seine Idee als etwas dem Staat Nützliches betrachtet sehen wollte, erntete er damit einen Sturm der Entrüstung. Zuerst erschien in der Lokalzeitung «Stawropolskaja Prawda» ein Angriff mit dem vielsagenden Titel *Wenn man die Sache aus parteilicher Position betrachtet*, dann zitierte man den Autor, seit 1948 Parteimitglied, zum Komitee der Region, wo sein Werk, nicht zuletzt vom Zweiten Sekretär Gorbatschow, einem öffentlichen Verriss unterzogen wurde.

Das Ergebnis war eine Parteirüge für Sadykow und die Absage der bevorstehenden Verteidigung seiner Dissertation. Auch seine Dozententätigkeit durfte er nicht länger ausüben. Praktisch wurde er aus Stawropol vertrieben und suchte Zuflucht in seiner Heimat Baschkirien, *wo selbst die Hauswände einen schützen,* wie er in seinen Erinnerungen schrieb. Mit fünfjähriger Verspätung konnte er schließlich an der Universität Ufa seine Doktorarbeit verteidigen, allerdings mit dem abgeschwächten Titel *Sozialpolitische Einheit und die Überwindung der Widersprüche des subjektiven Faktors in der Entwicklung des Sozialismus.* Die Affäre Sadykow war sicher kein Ruhmesblatt in Gorbatschows Biografie, was er in seinen Memoiren *Leben und Reformen* auch offen zugegeben hat: *Für mich wurde das, was mit Sadykow und anderen, mir persönlich bekannten, nicht standardmäßig denkenden Menschen geschah, nicht nur Anlass von Mitgefühl, sondern auch An-*

fang der Antwortsuche auf die Frage: «Was eigentlich geschieht mit uns?» Ich hatte Gewissensbisse, da wir mit ihm praktisch abgerechnet hatten ... Anderthalb Jahre nach der inquisitorischen Sitzung betrat Gorbatschow zum ersten Mal das Kabinett Leonid Breschnews im Kreml, um von seinem obersten Vorgesetzten Instruktionen als neu gebackener Parteichef entgegenzunehmen. Sein Amtsantritt erfolgte am Vorabend eines Großereignisses: Das Sowjetland feierte am 22. April 1970 mit imposantem Pomp den hundertsten Geburtstag Lenins.

Die Macht und ihre Grenzen

Da die UdSSR ein Parteistaat war, ähnelten die Befugnisse des lokalen Parteiführers denen eines Gouverneurs im zaristischen Russland. Er war nur dem Politbüro gegenüber verantwortlich und verfügte über die Möglichkeit, konkrete Fragen auch ohne Rücksprache mit der Zentrale entscheiden zu können. Da jedoch die Neuverteilung der Güter ausschließlich von Moskau abhing, musste man vor jeder größeren Investition die Unterstützung der Kremlherren sicherstellen. Selbstverständlich hing vieles von den jährlichen Erfolgsmeldungen ab, ob es nun um das eingelieferte Getreide, den Milchertrag oder die Erdölgewinnung ging, aber ein guter persönlicher Kontakt zu den Führern war mindestens ebenso wichtig. Dem Parteichef des Gebiets Sachalin beispielsweise war es bereits unter Chruschtschow gelungen, die Idee einer Fährverbindung zwischen dem sibirischen Festland und der isolierten Insel durchzusetzen. Realisiert jedoch wurde das Milliardenprojekt erst 1973 unter Breschnew. Boris Jelzin erzählt in seinem Buch *Beichte*, auf dieses Thema angesprochen, wie spielend leicht er als Gebietsparteichef am Ende der Siebzigerjahre den greisen und bereits willensschwachen Generalsekretär Breschnew für ein enormes Vorhaben gewann:

Wir mussten das Problem des Metrobaus durchsetzen – Swerdlowsk hatte immerhin bereits eine Million zweihunderttausend Einwohner –, aber hierfür war die Entscheidung des Politbüros notwendig. Ich beschloss, zu Breschnew zu gehen. Wir haben telefoniert. «Nun, dann komm», sagte er. (...) Ich kam herein, redete mit ihm buchstäblich fünf, sieben Minuten – das war am Donnerstag, gewöhnlich sein letzter Arbeitstag, denn er fuhr am Freitag meistens nach seinem Sawidowo seine Datscha in der Nähe von Moskau, wo er das Wochenende verbrachte.

Deshalb hatte er es am Donnerstag immer eilig und wollte seine Sachen möglichst rasch erledigen. Er selbst konnte keine Resolution formulieren. Er sagt mir: «Los, diktiere mir, was ich zu schreiben habe.» Ich diktiere natürlich: «Das Politbüro zu informieren, den Beschluss des Politbüros zum Metrobau in Swerdlowsk vorzubereiten.» Wahrscheinlich ganz ähnlich setzte der Leningrader Parteichef Romanow sein ehrgeiziges Wohnungsbauprogramm durch, und die Lokalfürsten sibirischer Ölgebiete forcierten, miteinander rivalisierend, die Lieferung moderner westlicher Bohrmaschinen.

Offensichtlich konnte auch der Stawropoler Erste Sekretär einiges bewirken. Vor allem die Stadt veränderte ihr Gesicht: Es entstand ein modernes Kanalisationssystem, Straßen wurden repariert, die ersten Omnibuslinien in Betrieb gesetzt, neue Fabriken, Kulturhäuser, Restaurants, Polikliniken, Schulen und Geschäfte eröffnet und auch Wohnsiedlungen gebaut. Innerhalb von zwanzig Jahren verdoppelte sich die Bevölkerungszahl. Um die Attraktivität des Landkreiszentrums zu erhöhen, förderte Gorbatschow das Festival *Musikherbst in Stawropol*, zu dem er bekannte Komponisten, Musiker, Sängerinnen und Sänger einladen ließ. Dieses Musikfest etablierte sich und wurde zur bleibenden Einrichtung. Wie man der Stawropoler «Prawda» vom Herbst 2009 entnehmen kann, fand es gerade zum vierzigsten Mal statt, und zwar, wie die Zeitung schreibt, *trotz und entgegen der Weltfinanzkrise*.

Besonders stark angewiesen war Gorbatschow auf Hilfe von oben in den aufeinander folgenden Dürrejahren 1975–1977. Die von Gerd Ruge aufgelisteten 150 Kolchosen und 250 Sowchosen (Staatsbetriebe), die in normalen Jahren etwa 3,5 Millionen Tonnen Getreide sowie Sonnenblumenkerne und Gemüse lieferten, gerieten nun in ein Erntedefizit bei der Produktion von Futtermitteln, das wiederum den Zuchttierbestand – 1,4 Millionen Rinder, 1 Million Schweine und 600 000 Schafe – bedrohte. Nun musste man zwangsweise auf den Import aus dem Westen zurückgreifen – eine Absurdität, wie sie der zeitgenössische Volkswitz schilderte: *Was geschieht, wenn man den Sozialismus in der Wüste Sahara einführt? Drei Jahre lang geschieht nichts, dann aber kommt es zu einem Engpass bei den Sandlieferungen.*

Gorbatschows *Kraj* war alles anderes als die Wüste Sahara, und der Parteichef suchte ständig nach Methoden zur besseren Bewirtschaftung des ihm anvertrauten Gebiets. Mit einem ausgeklügelten Prämiensystem wollte er die Kolchosbauern vor allem für die Verringerung des chronischen Kornverlustes interessieren, der einen wahren Fluch für die sowjetische Landwirtschaft bedeutete. Laut Kalkulation von Fachleuten hätte man 25 Prozent der Getreideimporte aus den USA, Kanada und Argentinien durch eine bessere Organisation der Ernte vermeiden können. Eine besondere Schwachstelle bildete die Lagerung des Ernteguts – Weizen, Gerste und Roggen verschimmelten tonnenweise in den Silos. Das Akademiemitglied Alexandr Nikonow, Direktor der Stawropoler Landwirtschaftlichen Hochschule, suchte für Gorbatschow aus dem Archiv die Jahresberichte der Gouverneure der Zarenzeit heraus, um zu zeigen, wie die Bauern damals selbst in wenig ergiebigen Erntejahren Beachtliches leisteten. Unter anderem ließen sie einen Teil des Bodens brachliegen und sorgten für angemessene Fruchtfolgen. Immerhin ging es für sie um ihr eigenes Land, während die Kolchosniki die vielen Hektar der ihnen formell gehörenden fruchtbaren Schwarzerde als Staatseigentum betrachteten.

Obwohl eines der ersten Dekrete der Sowjetmacht die Übergabe aller Ländereien an die Bauern vorsah, vertrat Lenin die Auffassung, dass die bäuerliche Wirtschaft den Kapitalismus von einem Tag zum anderen wieder auferstehen lassen würde. Die Schaffung eigentumsähnlicher Verhältnisse auf dem Dorf oder gar die Verpachtung des Bodens blieb bis in die späten Achtzigerjahre hinein ein absolutes Tabu. Diesen Weg konnte Gorbatschow in keinem Fall vorschlagen. Stattdessen wendete er 1977 eine extensive Methode an: Er ließ durch spezielle Erntebrigaden Mähdrescher und Traktoren einsetzen. Die Maschinen fuhren von Kolchos zu Kolchos und arbeiteten täglich zwanzig Stunden, während andere Abordnungen dafür sorgten, dass die Getreideproduktion möglichst schnell vermahlen wurde.

Das Experiment erhielt nach dem Landkreis, in dem damit begonnen worden war, den Namen Ipatowo-Methode. Diese zeigte zumindest anfangs gute Erfolge und wurde von der Zentrale wohlwollend aufgenommen. Jedenfalls erschien im Mai 1978 die graue Eminenz der Partei, Chefideologe und Königsmacher Michail Suslow, in Stawropol, um dem Ersten Sekretär den Orden der Oktoberrevolution zu überreichen. Suslow, zwischen 1934 und 1939 selbst Parteichef in Stawropol, trug durch diese Geste nicht nur zur Kanonisierung der Methode bei, sondern gab auch einen starken Anstoß zu Gorbatschows Karriere. Im Juni

1978 durfte der auf diese Weise Geehrte zum ersten Mal auf einer Plenarsitzung des Zentralkomitees eine Rede halten. Die wenige Monate später erfolgende Beförderung zum ZK-Sekretär konnte also für den Betroffenen keine allzu große Überraschung gewesen sein.

Gerd Ruge hat recht mit seiner Bemerkung, dass die Ipatowo-Methode (...), *wie alle rein technokratischen Innovationen, nur kurzfristige Verbesserungen brachte, weil sie die eigentlichen Probleme der Landwirtschaft nicht berührte.* Bedenkenswert ist dennoch die Tatsache, dass die damalige Initiative bis heute heftig kontrovers diskutiert wird. So wurde im Herbst 2007 zum dreißigsten Jahrestag der ersten Ipatowo-Ernte an der Stawropoler Agraruniversität, ehemals Landwirtschaftliche Hochschule, eine wissenschaftliche Konferenz organisiert, auf der Befürworter und Gegner der heute immer noch praktizierten Methode ihre Meinungen austauschten. Anwesend waren die noch lebenden Initiatoren des Projekts sowie Agrarfachleute aus den benachbarten Landkreisen. Es machte sich sogar eine Art Ipatowo-Nostalgie bemerkbar, als ein Professor den Kritikern der Methode den russischen Aphorismus ins Gesicht schleuderte: *Schieße nicht mit der Pistole auf die Vergangenheit, sonst wird die Zukunft mit Kanonen auf dich zurückschießen.*

Gorbatschows Vorstoß in der heiklen Agrarfrage hatte Bedeutung weit über den unmittelbaren Gegenstand hinaus. Wenn überhaupt eine seiner damaligen Aktivitäten, dann kann dieser Schritt zur Vorgeschichte seiner Reformertätigkeit gezählt werden. Immerhin hatte er eine Methode mit dem Anspruch empfohlen, dass sie landesweit Nachahmung verdiene, und er hatte die Effektivität eines ganzen Produktionszweigs neu in den Diskurs gebracht. Die Art der Popularisierung der Ipatowo-Methode ließ sich in späteren Ideen wiederfinden – allerdings nicht in der Perestroika-Epoche, sondern in dem davor aufgelegten Programm der «Beschleunigung»: Man konstatierte einen chronischen Rückstand und wollte diesen durch erhöhtes Tempo aufholen, und sei es auch im Rahmen der traditionellen sowjetischen Kampagne. Was die Partei verordnete, wurde als grundsätzlich richtig proklamiert, aber alles musste schneller, sehr viel schneller gemacht werden. Die Einsicht, dass man im Grundsätzlichen so nicht weiterleben konnte, reifte vorerst nur in den Küchen der Dissidenten.

Weder Asket noch Epikureer

In der zweiten Hälfte der Siebzigerjahre verdiente Michail Gorbatschow als Landkreischef 600 Rubel monatlich, während Raissa als Dozentin 320 Rubel in den Haushalt einbrachte. Das Durchschnittsgehalt der Sowjetbürger lag 1980 bei 169 Rubeln (vor der Währungsreform 1960 war dies nominell das Zehnfache). Die Gorbatschows lebten also für sowjetische Verhältnisse im Wohlstand, verfügten über eine kostenlose Zwei-Zimmer-Dienstwohnung mit Vollkomfort, fuhren einen Dienstwagen und hatten die Möglichkeit, Mangelwaren über den Sonderverteiler für Funktionäre zu beschaffen. Ebenfalls staatlich finanziert waren ihre Ferienreisen nach Bulgarien oder Usbekistan, obwohl sie ihren Urlaub am liebsten im nahe gelegenen Badeort Kislowodsk verbrachten.

Laut glaubwürdigen Quellen versuchten sie, von ihren Privilegien möglichst wenig Gebrauch zu machen, und noch weniger waren sie bereit, diese zur Schau zu stellen. Der Erste Sekretär ging zu Fuß von seiner Wohnung zur Arbeit, das Auto benutzte er nur bei Dienstfahrten. Anlässlich der Abiturfeier seiner Tochter Irina weigerte er sich, den von der Schulleitung angebotenen Platz im Präsidium einzunehmen mit der Erklärung, er sei hier ausschließlich in seiner Eigenschaft als Vater erschienen. Wenn er sich zu Plenarsitzungen oder Parteitagen in Moskau aufhielt, erledigte er Einkäufe in den dortigen Geschäften, die in Stawropol nicht möglich waren. Bereits Ende der Fünfzigerjahre kümmerte er sich um Einkaufswünsche seiner Frau. *Ich versuche deine Bitten zu erfüllen. Was ich gekauft habe, erzähle ich dir nicht. Schade nur, dass mir das Geld ausging... Ich habe für dich die Weltgeschichte abonniert – 10 Bände – sowie die Kleine Sowjetische Enzyklopädie und Plechanows philosophische Arbeiten.*

Auch zwanzig Jahre später führte die Familie immer noch denselben Kampf mit der Mangelwirtschaft wie die Normalbürger. Nur der Kreis der Interessierten erweiterte sich – Freunde, die sich wünschten, dass Gorbatschow auch für sie etwas im besser versorgten Moskau einkaufte. Raissas Erinnerung: *All die Jahre, als wir in Stawropol lebten, wurden die grundlegenden Beschaffungen – über Lebensmittel spreche ich nicht – anderswo getätigt: in Moskau, Leningrad oder auf Auslandsreisen. Bei jeder Dienstreise nach Moskau oder zu anderem Anlass wird eine Liste der eigenen Bedürfnisse oder derer der engsten Freunde zu-*

sammengestellt. Die Liste beinhaltet alles: Bücher, Jeans, Vorhänge, Unterwäsche, Schuhe, Strumpfhosen, Küchengeschirr, Waschpulver. Raissa selbst kleidete sich elegant, aber dezent und trug keinen Schmuck. Nach ihrer soziologischen Doktorarbeit weigerte sie sich, eine Professur im Institut zu übernehmen. Als ihre Tochter Irina den jungen Mediziner Anatolij Wirganskij heiratete, feierte die Familie zusammen mit wenigen Freunden im Restaurant Gorki im Stadtzentrum. Bald nach den ersten Trinksprüchen verließen Raissa und Michail diskret das Fest. Die beinahe bieder erscheinende Bescheidenheit des Ersten Sekretärs und seiner Gattin war keine Asketenpose. Gorbatschow schätzte den Wohlstand, auch den Luxus, liebte es, gut zu essen und zu trinken – wobei er den kosmopolitischen Cognac gegenüber dem nationalen Wodka eindeutig bevorzugte. Auch Raissa ließ ihre Kleider lieber maßschneidern, anstatt sie in den fantasielosen Konfektionsläden zu kaufen. Aber beide wussten wohl, dass die Demonstration von Privilegien in dieser eher kleinen Stadt für böses Blut sorgen konnte. Aus demselben Grund mieden sie auch die Feiern der lokalen Apparatschiks in deren Wochenendhäusern. Sie selbst hatten keine Datscha und bezogen das erste Sommerhaus dieser Art erst in Moskau. Raissa war förmlich entsetzt, wenn sie hörte, dass hohe Amtsträger neben ihrer schicken Dienstdatscha noch Wohnungen für ihre Kinder «durchgesetzt» oder mit wer weiß welchem Geld finanziert hatten. Jedenfalls roch für sie die Bereicherung dieser Menschen nach Korruption.

Unter den hohen Kadern gab es auch echte Genießer und Lebemänner. So jemand war Gorbatschows Mentor Fjodor Kulakow, der sowohl wegen larmoyanter Saufgelage als auch sehr freizügiger außerehelicher Beziehungen in Verruf geriet, was seiner Karriere deutlich schadete. Aber auch Gorbatschows Rivale Sergej Medunow, Parteichef der benachbarten Region Krasnodar, zeichnete sich nicht eben durch Puritanismus aus. Vielmehr verwandelte er die in seine Zuständigkeit fallende Badestadt Sotschi in ein Vergnügungsparadies der politischen und teilweise künstlerischen Elite der Sowjetunion. Seine Bankette mit kulinarischen Besonderheiten, Tanz und nicht zuletzt, wie Andrej Gratschow in seinem Buch über Gorbatschow berichtet, mit jungen und hübschen «Aktivistinnen» des Komsomol gehörten in die Kategorie, die man auf den Spuren von Fellinis «Dolce vita» als «Bolschewita» bezeichnete. Seine Einladungen in spezielle Urlaubsheime und Sanatorien direkt an der Schwarzmeerküste waren in hohen Funktionärskreisen ein Geheimtipp. Einflussreiche Gäste aus Moskau, Leningrad, Kiew und anderen Metropolen wunderten sich nicht, wenn sie vor der Heimkehr mit teuren Geschenken, unter anderem mit Goldschmuck, verabschiedet wurden. Hier handelte man hauptsächlich mit Kontaktkapital: In Sotschi entstand allmählich ein Schwarzmarkt für einflussreiche Posten, von denen jeder nach einem gewissen Tarif bezahlt werden musste. Dieses System basierte auf der engen Freundschaft zwischen Medunow und Breschnew sowie auf den regelmäßigen Aufenthalten von Größen des Politbüros in diesem Kurort. Als 1981 beispielsweise Medunows gefälschte Berichte über die grandiosen Erfolge der von ihm verantworteten Reisproduktion in der Zentrale ankamen, drückte Moskau ein Auge zu. Diese Kumpanei dauerte genau bis zu Breschnews Tod. Dann begannen Andropows staatsanwaltliche Ermittler, die landesweiten Seilschaften aufzudecken. Obwohl Medunow kein einziger von den zahlreichen Diebstählen nachgewiesen werden konnte, wurde er 1983 aus allen Ämtern entfernt und später aus der Partei ausgeschlossen.

Die Kurorte des sowjetischen Südens und des Kaukasus gehörten zu den Standortvorteilen der dortigen Spitzenkader und halfen ihnen sehr bei der Durchsetzung ihrer Interessen. Führer solcher Regionen wie Krasnodar, Krim oder eben Stawropol lockten die Moskauer Herren in die gelöste Atmosphäre ihrer Ferienorte. In Orten wie Pizunda, Jalta, Gagra oder Sotschi verwandelten sich die strengen, wortkargen und vorsichtigen Beamten in fröhliche Urlauber, erzählten gerne Klatsch über das Privatleben anderer, trieben Wassersport, gingen schwimmen, besuchten Konzerte, füllten die Ballsäle, wussten das gute Essen zu schätzen. Vor allem aber tranken sie, was das Zeug hielt. In diesen mediterranen Oasen heckte man im Sommer 1964 Pläne zu Chruschtschows Sturz aus, und die Verschwörung der Höflinge oder, wie man ihn nannte, der Putsch der Datschniki wurde häufig mit Wodka und Wein begossen.

Die Region Stawropol verfügte im Unterschied zu den anderen Südregionen über keinen direkten Zugang zum Meer. Dafür befanden sich hier, am Fuße des Kaukasus, die besten Heilbäder der UdSSR. Das Wasser von Kislowodsk half bei der Nachbehandlung von Herzmuskelentzündungen, bei Rheuma, Arteriosklerose und Hypertonie. In Schelesnowodsk kurierte man Durchblutungs- und Stoffwechselstörungen, Erkrankungen der Nieren und der Harnwege. Die Quellen von Essentuki wirkten heilsam bei Magengeschwüren, Lebererkrankungen, Diabetes und Entzündungen der Bauchspeicheldrüse. Alles in allem wurde der Stawropolskij Kraj mit seinen bereits zur Zarenzeit beliebten Heilstätten zu einem Mekka der betagten Führer des Imperiums. Zu Gorbatschows Stammgästen gehörten der Ideologiechef Michail Suslow, Ministerpräsident Alexej Kossygin, Verteidigungsminister Dmitrij Ustinow, der für die Planwirtschaft zuständige Nikolaj Bajbakow und schließlich der Vorsitzende des Komitees für Staatssicherheit, Jurij Andropow. Diese Menschen suchten keine wilden Gelage, sondern sehnten sich nach Genesung, solider Unterhaltung und Ruhe.

Indem er sich unaufdringlich um sie kümmerte, schuf der Erste Sekretär eine Atmosphäre, in der sich die Alten, wie Andrej Gratschew berichtet, *buchstäblich und psychologisch in Zivil kleideten, zugänglicher wurden und gerne über den Rahmen des protokollarischen Gesprächs hinausgingen. Die Möglichkeit inoffizieller oder sogar inniger Rede mit den Vorgesetzten wurde auch dadurch erleichtert, dass diese geschwächten und mehr oder weniger kränkelnden Menschen (...) sich danach sehnten, sich von den jahrzehntelang praktizierten und langweilig gewordenen Staatsangelegenheiten abzulenken.* Bei der Gewährleistung angenehmer Aufenthaltsbedingungen spielte mit Sicherheit jene Eigenschaft Gorbatschows eine Rolle, die in seiner Parteicharakteristik etwas vereinfacht in der Form auftaucht, dass er *flink mit der Zunge* sei.

In Wirklichkeit handelte es sich um eine besondere Fähigkeit zu Kommunikation und Empathie. Wie sonst hätten Michail und Raissa erfahren, dass der Geheimdienstchef ein geheimer Lyriker war, der seine Gedichte gerne vortrug und eine Vielzahl von Kosakenliedern singen konnte? Oder dass der scheinbar knochentrockene Kossygin, bereits über siebzig, im Kursaal hervorragend Tango und Foxtrott tanzte? Zudem zeigte sich der Regierungschef als gefühlvoller Mensch, als er mit Tränen in den Augen erzählte, dass er am 1. Mai 1967 auf der Tribüne des Mausoleums sitzen musste, anstatt seine im Sterben liegende Frau Klawdija zu betreuen.

Gleichzeitig musste Gorbatschow während der Betreuung Moskauer Spitzenfunktionäre daran denken, dass seine Schützlinge trotz ihres hohen Rangs auch nur gewöhnliche Sterbliche und ihre Tage im politischen

Die Patienten des Doktor Tschasow 49

Gorbatschow auf dem Weg nach oben, 1978

Olymp bereits gezählt waren. Er machte sich Gedanken über den obersten Chef Breschnew, der sich innerhalb von zehn Jahren, quasi vor seinen Augen, aus einem aktiven und einfallsreichen Staatsmann in seine eigene Karikatur verwandelt hatte – so drückte Gorbatschow es später aus. Ihn, der als kerngesunder Endvierziger aus nächster Nähe die physische Auflösung der höchsten Elite beobachten konnte, musste die Tatsache unheimlich anmuten, dass Politbüro und Sowjetregierung allmählich zu einem Siechenhaus geworden waren.

Die Patienten des Doktor Tschasow

Der weltberühmte Kardiologe Jewgenij Tschasow, Chef des Kreml-Krankenhauses, war behandelnder Arzt von Prominenten in Ost und West, darunter Mitglieder des Politbüros der KPdSU. Sein 1992 veröffentlichtes Buch *Gesundheit und Macht* ist ein dramatischer Bericht über Altern, Krankheiten und langsames Hinsiechen einer Generation von Sowjetführern. Die traurige Geschichte begann im November 1974 mit Leonid Breschnews Sprachstörungen – der Unfähigkeit, einen angefangenen Satz zu beenden – während der Verhandlungen in Wladiwostok mit US-Präsident Gerald Ford über das SALT-Abkommen. Bei der Weiterreise in die Volksrepublik Mongolei geriet er plötzlich, so Tschasow, *in einen unzurechnungsfähigen asthenischen Zustand aufgrund der übertriebenen Einnahme von starken Beruhigungsmitteln*. Es zeigten sich auch Ausfälle in der Blutversorgung des Gehirns. Dennoch eröffnete er den XXV. Parteitag der KPdSU im Februar 1976 und ließ sich im Dezember desselben Jahres zu seinem siebzigsten Geburtstag gebührend feiern. Kurz danach erlitt er seinen ersten Schlaganfall, dem noch ein weiterer sowie zwei Herzinfarkte folgten.

Gerade von dieser Zeit, von der Zeit des XXV. Parteitags an, schreibt Tschasow, *sehe ich den Anfang von Breschnews Handlungsunfähigkeit als Führer und politischer Leader des Landes und damit auch die beginnende Krise der Partei und des Landes. (...) Es ist schwer für mich zu erinnern, wie viele offizielle Informationen über Breschnews Gesundheitszustand wir in seinen letzten sechs bis sieben Lebensjahren an das Politbüro geschickt haben. (...) Niemand von den Mitgliedern des Politbüros zeigte auch nur ein minimales Interesse an diesen Informationen.* Der Arzt schildert auch den Zusammenhang zwischen der voranschreitenden Krankheit und der Verzerrung der Persönlichkeit seines Patienten. In den späten Siebzigerjahren wuchs der infantile Hang des Generalsekretärs zu Auszeichnungen und Orden, den einige Speichellecker geschickt ausnutzten. 1976 wurde er zum Marschall, 1977 zum Staatspräsidenten befördert. Für seine mithilfe von Journalisten verfassten Erinnerungen erhielt er 1979 den literarischen Leninpreis.

Nicht alle Krankheiten wurden in ähnlicher Weise toleriert. So erlitt der Regierungschef Alexej Kossygin (geb. 1904) im Oktober 1979 einen Herzinfarkt. Im nächsten Monat bereits beschloss das Politbüro, Nikolaj Tichonow (geb. 1905) zum stellvertretenden Ministerpräsidenten zu ernennen, was auf das Gemüt des Schwerkranken nicht eben aufmunternd wirkte; er lebte aber weiter und zeigte sogar Zeichen der Besserung. Doch im August 1980 rief Breschnews Vertrauter Tschernenko ihn im Kremlspital an, um ihm eine freiwillige Abdankung nahezulegen. Kossygin fragte daraufhin nach Breschnews Meinung dazu. Tschernenko antwortete: *Unser Gespräch ist mit ihm abgestimmt worden.* Tichonow wurde inzwischen immer unruhiger und rief wegen der bevorstehenden Ernennung bei dem zuständigen Politbüromitglied Michail Gorbatschow an. Der beruhigte ihn etwas herablassend: *Nikolaj Alexandrowitsch, wir sind bei Ihnen. Alles Gute.* Am 23. Oktober bat Kossygin endlich um seine Pensionierung. Am 18. Dezember war er tot, aber die Todesnachricht erschien in der «Prawda» erst drei Tage später. Der Grund dafür war sehr einfach: Am 19. Dezember feierte Bresch-

Die Patienten des Doktor Tschasow 51

new seinen 74. Geburtstag, und an diesem Tag wäre eine Trauernachricht unpassend, geradezu respektlos erschienen.

Andropows Krankengeschichte ist noch absurder als die Breschnews. Als er 1967 das Amt des KGB-Chefs übernahm, litt er bereits an einer chronischen Nierenkrankheit, gepaart mit Hypertonie, und als er Breschnews Büro im Kreml nach dessen Tod besetzte, gaben seine Nieren soeben den Dienst auf. Er regierte die Supermacht mit wöchentlich zwei Dialysen, wahlweise auf der Krim oder im Kreml-Krankenhaus. Dabei hatte er bereits einige Ideen für die Besserung der Verhältnisse im Lande, obwohl es übertrieben wäre, in ihm einen Reformer zu sehen. Jedenfalls wusste er, dass seine Krankheit unheilbar war und einen Risikofaktor für den Staat darstellte. Am meisten Angst hatte er, dass westliche Geheimdienste seinen Zustand beobachten könnten, um daraus Konsequenzen über die Stabilität der Sowjetunion abzuleiten. Sein Arzt Tschasow erinnert sich: *Andropow sagte mir, dass sie versuchen, allerlei Erkundungen über ihn zu benutzen – von den offiziellen Fotos und Filmaufnahmen bis zu Erzählungen von Personen, die er getroffen hat, über sein Sprechen, Gehen und Aussehen. Andropow kannte die Möglichkeiten der Fernkonsultationen, denn wir haben ähnliche Studien über den Gesundheitszustand von Mao Tse-tung und Tschou En-lai durchgeführt, und unsere Prognosen haben sich vollständig bewahrheitet.*

Tschasow unternahm alles, um Andropows Leben zu retten. Als die KGB-Führer die Frage nach einer möglichen Nierentransplantation stellten, lud er sogar Professor Albert Rubin vom New Yorker Nephrologiezentrum zur Konsultation ein. Der amerikanische Experte bestätigte die Diagnose seiner sowjetischen Kollegen – der Patient sei unheilbar. Zu dieser Zeit wurde Andropows Ringen mit dem Tod nicht nur von westlichen Geheimdiensten verfolgt, sondern auch von Mitgliedern des Politbüros mit dem Leiter der Parteikanzlei, Konstantin Tschernenko, an der Spitze. In der Zwischenzeit starben Gorbatschows ehemalige Kurgäste wie die Fliegen. Der gnadenlose Inquisitor der sowjetischen Kultur, Michail Suslow (geb. 1902), hauchte 1982 seine Seele aus, falls er eine hatte, Verteidigungsminister Ustinow (geb. 1908), fanatischer Verfechter des militärisch-industriellen Komplexes, verlagerte zwei Jahre später seine militärischen Übungen in himmlische Gefilde. Im Februar 1984 starb Jurij Andropow. Raissa begleitete ihren Mann zur Bestattung an der Kremlmauer und konstatierte in ihrem Interviewbuch: *Es ist schrecklich, mich daran zu erinnern, aber ich sah während seiner Beisetzung offen glückliche Gesichter.* Obwohl es viele Anzeichen dafür gab, dass der Verblichene Michail Gorbatschow zu seinem Nachfolger auserkoren hatte, entschied sich die Kamarilla anders: Der nächste Generalsekretär hieß Konstantin Ustinowitsch Tschernenko, im Volksmund nach den Anfangsbuchstaben seines Namens nur «KUTscher» genannt. Die Abstimmung war, wie immer, einstimmig. Auch Gorbatschow hob seine Hand für den offiziellen Kandidaten. Er wusste wohl, dass diese menschlichen Wracks nicht abgewählt, sondern nur überlebt werden konnten.

Tschernenko war, anders als seine Vorgänger, bereits im ersten Augenblick seines Amtsantritts arbeitsunfähig. Er litt an chronischem Asthma und rang buchstäblich um Atem. Vier Jahre vor seinem Einzug in den Kreml leitete er eine Parteidelegation nach Havanna, wo der Parteitag der kubanischen kommunistischen Partei stattfand. Damals schaffte er bereits nicht die Treppe zur ersten Etage des Revolutionsmuseums und verzichtete wegen Müdigkeit auf die Besichtigung der legendären Motorjacht «Granma», mit der seinerzeit die Truppe der 82 bärtigen Revolutionäre auf der Insel gelandet war. Am Abend mied er das Konzert, um seine kurze Grußadresse an den Parteitag vorher durchlesen zu können. Am ersten Tag des Kongresses hielt Fidel Castro eine achtstündige Rede mit drei Pausen. Am Ende dieser rhetorischen Spitzenleistung des Máximo Líder war der sowjetische Delegationsleiter vor Erschöpfung halb tot.

Auch alles, was danach kam, war ein Zustand der fortgesetzten Agonie und für den kranken Tschernenko eine einzige Quälerei. Am meisten, so wissen wir von dem Politbüromitglied Witalij Worotnikow, befürchtete Tschernenko protokollarische Ereignisse. Nichts blieb ihm erspart: Wojciech Jaruzelski, Kim Il Sung, Todor Schiwkow und noch viele andere Brüder und Schwestern wollten den Neuen persönlich kennenlernen. Besonders peinlich war die Begegnung mit dem spanischen Königspaar im Mai 1984, das er im prächtigen Wladimirsaal empfangen sollte, um sie dann zum Mittagsmahl in den Granitpalast hinüberzugeleiten. Juan Carlos I. und Königin Sofia warteten auf die Gastgeber. Tschernenko und seine Begleitung kamen ihnen in dem großen Saal im Schneckentempo entgegen, und jedes Mal, wenn der KP-Führer um Atem rang, mussten alle stehen bleiben. Oder Mitterrands Visite: Der Franzose plauderte unermüdlich, während sein sowjetisches Gegenüber gerade noch imstande war, zu wiederholten Malen das Wort «da» (dt. «ja») von sich zu geben. Zur Rettung sprang Gorbatschow ein. Am nächsten Morgen beschwerte sich Tschernenko bei seinen Kollegen im Politbüro: *Ich bin müde. Ihr verwickelt mich in allerlei Veranstaltungen. Man muss sie irgendwie abkürzen.* Den geplanten Empfang des griechischen Ministerpräsidenten Andreas Papandreou delegierte er an Tichonow weiter.

Die praktische Arbeit des Generalsekretärs erledigte seit Langem Michail Gorbatschow. Trotzdem traute sich niemand, eine Wachablösung auch nur zu thematisieren. Dabei wollte der Betroffene von sich aus den Ball abgeben. Am 9. Januar 1985 lud er die engsten Mitarbeiter in sein Arbeitszimmer ein. Anwesend war auch Tschasow, dessen Spezialbericht über Tschernenkos Gesundheitszustand allen Politbüromitgliedern vorlag. Der gebrochene Greis machte eine Erklärung, die einen Platz in der sowjetischen Geschichte verdient: *In letzter Zeit habe ich viel überlegt, gelitten, an mein ganzes Leben gedacht. (...) Ich dachte, vielleicht sollte ich gehen. Ich kann aber keine Einzelentscheidung treffen.* Er war der erste Sowjetführer, der bereit war, freiwillig auf seine Macht zu verzichten. Tschasow bestätigte wörtlich seine Diagnose und wies darauf hin, dass Konstantin Ustinowitsch sich dringend zur Behandlung in ein Krankenhaus begeben müsse. Tichonow, Grischin und Gromyko aber protestierten unisono: *Wozu diese Eile? Man muss ihn sich ein bisschen erholen lassen, das ist alles.*

Noch eine weitere Quälerei zwang man ihm auf: Die Wahlen zum Obersten Sowjet standen bevor. Die gewöhnliche Rede im Wahlkreis hielt für ihn Grischin. Am Wahltag jedoch baute ein Fernsehteam im Kreml ein Potemkinwahllokal auf, in dem der von zwei Leibwächtern gestützte Tschernenko mit letzter Kraft den Zettel in die Urne warf. Diese Szene, in der sich die ganze Borniertheit und Unmenschlichkeit eines geistig und körperlich erschöpften Apparats zeigte, löste in der Öffentlichkeit nur Spott aus. Der Volksmund reagierte wieder einmal mit einem dunklen Witz. *Warum hat man Tschernenko zur Beteiligung an den Wahlen des Obersten Sowjets gezwungen? Damit er sich an die Urne gewöhnt.* Darüber, dass Tschernenko bereits im Sterben lag, verlor die zentral gelenkte Presse kein Sterbenswort. Seine letzte Unterschrift trug das Datum 7. März 1985 und stand auf einer Grußbotschaft aus Anlass des internationalen Frauentags. Am Vorabend dieses Tages kam es zu einer Schmierenkomödie, Gipfel der Albernheit und Heuchelei. Vier Tage vor Tschernenkos Ableben, *am 6. März, gab die Gattin Anna Dmitrijewna entsprechend dem landesüblichen Protokoll einen Empfang. Geladen wurden die Ehefrauen der in Moskau akkreditierten diplomatischen Vertretungen. Der Empfang bestand, wie gewohnt, aus einem Konzert mit Tanz und Gesang.* So berichtete die anwesende Raissa Gorbatschowa über den abstrusen Vorgang.

Agonie und Hoffnung

Eine merkwürdige Nemesis hing über der sowjetischen Geschichte: das Los der biologischen Zeituhr. Lenin war bei der Machtübernahme der Bolschewiki 47 Jahre alt, Stalin mit 43 Jahren Generalsekretär, Chruschtschow löste ihn in seinem 59. Lebensjahr ab. Breschnew feierte seinen 58. Geburtstag als Kremlchef, Andropow kam mit 68 Jahren an die Macht, und der Tattergreis Tschernenko betrat das Amtszimmer seiner Vorgänger, als er bereits 72 Jahre alt war. Besonders tragisch war jedoch die Tatsache, dass dieses Sanatorium namens Politbüro so verhängnisvolle Entscheidungen treffen konnte wie die der militärischen Einmischung in Afghanistan, der Stationierung von SS-20-Raketen in Europa und des Abschusses eines südkoreanischen Passagierflugzeugs wegen Verdachts der Luftspionage – ein sinnloser und barbarischer Akt, der 169 Todesopfer forderte.

Das Wegsterben der Führer und die sichtbare Kraftlosigkeit der noch Lebenden lösten eine zunehmend lethargische Stimmung in der Gesellschaft aus. Die moralische Erosion der herrschenden Elite drohte mit dem Auseinanderfallen des Staatsgefüges einherzugehen. Denen, die in der Öffentlichkeit und im Machtbereich diese Situation verfolgen konnten, blieb nur noch eine Art Wunderglaube. Wie hoch die Erwartung bezüglich eines wirklichen Generations- und Machtwechsels war, bezeugt der Politikwissenschaftler Georgij Schachnasarow in seinen Erinnerungen: *Gorbatschows allmählicher Aufstieg erweckte die Hoffnung, dass auf dem Alten Platz bald ein neuer Leader erscheint, ein frischer Wind reinigt die vermoderte Luft, und es folgen gesegnete Zeiten. Bei uns in der Familie taufte man diese Hoffnung aus konspirativen Gründen, frei nach Beckett: «Warten auf Godot».*
Und Godot war bereits auf dem Weg.

Der Aufbruch

Der Hoffnungsträger

Am 15. März 1985 erschien in allen sowjetischen Zeitungen der offizielle Bericht über die Ergebnisse des Urnengangs, bei dem der halb tote Konstantin Tschernenko seinen Stimmzettel mit zitternden Händen in die Urne warf. An diesen letzten unfreien Wahlen der sowjetischen Geschichte, so das Kommuniqué, *beteiligten sich 185 289 464 Wähler, das heißt, 99,98 % der Stimmberechtigten. 99,93 % von ihnen gaben ihre Stimme für die Einheitsliste des «Blocks der Kommunisten und Parteilosen» und demonstrierten damit den echten Volkscharakter der Sowjets, die untrennbare Einheit und Freundschaft der Völker der UdSSR.* Niemand kam auf die Idee, dass dies die letzte Mitteilung dieser Art sein würde. Die wirklich großen Augenblicke sind oft unauffällig. Wie Anna Achmatowa schreibt: *Wird eine Epoche beerdigt, / Tönt kein Psalm übers Grab. / Brennnesseln, Disteln / Werden den Hügel verziern. / Den Totengräbern im Zwielicht / Geht's von der Hand. Und es eilt. / Mein Gott, wie die Stille wächst. / Man hört die Zeit vergehn.*

Witalij Worotnikow, einer der vielen glühenden Anhänger Gorbatschows, die mit der Zeit zu seinen Feinden wurden, Ministerpräsident der Russischen Sowjetrepublik, erinnert sich an den Anruf von Michail Sergejewitsch kurz nach Tschernenkos Tod. Er soll seinem politischen Freund mitgeteilt haben: *Im Politbüro versammelten wir uns um 20.30 Uhr, im Grunde diskutierten wir die Fragen der Organisation der Beisetzung. Wir verteilten die notwendigen Instruktionen. Wir blieben bis weit nach Mitternacht zusammen (...), bereiteten Dokumente zur Veröffentlichung vor usw.* Auf Worotnikows Frage, ob und wie über die Nachfolge gesprochen wurde, erhielt er die Antwort: *Offizielle Erörterungen gab es nicht, aber einige Mitglieder des Politbüros haben bei mir angerufen und sprachen über die Absicht, mir diese Last aufzuerlegen.*

Als er gegen vier Uhr morgens nach Hause kam, äußerte er sich gegenüber seiner Frau ebenfalls zurückhaltend: *Morgen – Plenum. Es kann die Frage gestellt werden, ob ich die Partei führen sollte.* Dann ging er mit ihr, die in dieser Nacht ebenfalls kein Auge zugemacht hatte, im Garten der Datscha spazieren, der noch schneebedeckt war – ihre geheimsten Gedanken tauschten sie ungern in geschlossenen Räumen aus, wo die Wände Ohren hatten. *Wenn sie mir den Vorschlag machen, werde ich ihn nicht ablehnen,* sagte Gorbatschow. Raissa Maximowna behauptete in ihren Erinnerungen: *Dieses Gespräch war für mich eine Überraschung, gewissermaßen sogar eine Erschütterung. Ich begriff, dass es selbst für meinen Mann unerwartet kam. Früher hatten wir über dieses Thema gar nicht gesprochen.* Gesprochen – vielleicht aus Vorsicht wirklich nicht, aber dass Gorbatschows Gedanken in den letzten Jahren hauptsächlich um *dieses Thema* kreisten, darauf können wir Gift nehmen. Und der Augenblick, in dem er als Erster unter den Politbüromitgliedern unter dem Jubel der mehr als vierhundert ZK-Mitglieder den Beratungssaal betrat, gehörte sicher zu den glücklichsten seines Lebens. Er wusste auch, dass die *stehende Ovation mit nicht enden wollendem Applaus* diesmal kein eingeübter Ritus war – vielmehr ein Zeichen der Erleichterung über den Abschied von der Ära der Depression.

Die Wahl zum Führer einer Supermacht einfach als *Last* zu bezeichnen, darin steckte schon ein bisschen Koketterie. Dennoch war die Bürde des Amtes, das ihm das Politbüro nach dem entsprechenden Vorschlag von Andrej Gromyko zukommen ließ, kaum zu überschätzen. Die unerträgliche Leichtigkeit, mit der die Gerontokratie plötzlich bereit war, ihre Macht an den körperlich und geistig stärkeren Kader abzugeben, zeugte davon, dass nicht der Wunsch, dem Jüngeren ein großzügiges Geschenk zu machen, Ursache dieses Vorgangs war. Entgegen allen Legenden verlief Gorbatschows Wahl zum Generalsekretär ohne vorherige Diskussionen. *Wir haben einfach keinen anderen Kandidaten,* sagte der Veteran der Breschnew'schen Garde, Michail Solomenzew (geb. 1913). Selbst erklärte Gegner wie Tichonow oder Grischin trauten sich nicht, dem Neuen die Nachfolge abzuerkennen. Hinter ihm standen wichtige regionale Parteichefs wie Eduard Schewardnadse aus Tiflis, Jegor Ligatschow aus Tomsk und Boris Jelzin aus Swerdlowsk, außerdem hohe staatliche Amtsträger wie der stellvertretende Ministerpräsident Ryschkow, der Verteidigungsminister Marschall Sergej Sokolow und nicht zuletzt der KGB-Vorsitzende Wiktor Tschebrikow. Einhellige Unterstützung fand der Generalsekretär bei der intellektuellen Elite der Partei, vertreten vor allem durch den Direktor des Moskauer Instituts für Weltwirtschaft und internationale Beziehungen, Alexandr Jakowlew, in dem heute viele Autoren den eigentlichen Spiritus rector der Perestroika sehen. Um ihn scharte sich eine Gruppe von hochrangigen Wissenschaftlern, die seit Jahren, mit denkbar mäßigem Erfolg, für die einander abwechselnden Generalsekretäre verschiedene Reformvorschläge vorbereitet hatte.

In dieser bunten Mischung von Gönnern konnte Gorbatschow drei Kategorien ausmachen: Die erste bestand aus Funktionären, mit denen er schon lange zuvor seine Gedanken teilte und die er zu seiner künftigen Mannschaft rechnete, zum Beispiel Jakowlew und Schewardnadse. Zur zweiten Gruppe gehörten Funktionäre des Apparats, die in den letzten Jahren selbst zur Einsicht in die Notwendigkeit von Veränderungen gelangt waren, und sei es auch bloß in die von Andropow initiierte «Ordnungsmacherei». Hierzu gehörte vor allem Jegor Ligatschow, der als Erster für Jelzins Einbeziehung in die wichtigsten Entscheidungen optiert hatte, noch bevor Gorbatschow diesen nach Moskau holte. Und schließlich fand der neue Chef auch Unterstützung bei den Ewiggestrigen, die im Politbüro noch die Mehrheit hatten und sich die Erhaltung ihrer Posten erhofften. Hinter diesen Fraktionen standen verschiedene Schichten der sowjetischen Gesellschaft, die allesamt hohe Erwartungen mit Gorbatschow verbanden.

Der Direktor des Rüstungsbetriebs wollte höhere Subventionen für moderne Waffensysteme, der Filmregisseur oder der Schriftsteller wünschte sich einen toleranteren Zensor, der jüdische Intellektuelle aus der Provinz oder der seinerzeit nach Kasachstan verbannte Wolgadeutsche forderte ein beschleunigtes Verfahren für die Ausreise in die *historische Heimat*. Betagte Altkommunisten, die zu verschiedenen Zeiten von der Partei abgestoßen und ihrer Privilegien beraubt worden waren, schrieben Anträge zur Rehabilitierung. In den Knästen träumten Strafgefangene von einer Amnestie. Lehrer, Ingenieure, Ärzte, Armeeoffiziere, Staatsbeamte der mittleren Generation sehnten sich nach schnellerer Beförderung. Wie bei jedem Thronwechsel dachte das gesamte gemeine Volk an Besserungen – in der simplen Annahme, dass neue Besen besser kehren. Diese rosigen Vorgefühle, wie sie die sogenannten Tschastuschkas besangen, Spottverse mit schlichter Melodie und ein wichtiges Element der städtischen Folklore, konzentrierten sich vor allem auf Essen und Trinken. Nach Stalins Tod: *Den Schurken Berija sind wir los, / Auf Genossen Malenkow hoffen wir bloß. / Wir mussten ihn nicht extra ersuchen, / Er gab uns Wodka und Pfannekuchen.* Nach Chruschtschows Sturz: *Es naht der Tag, und jeder weiß, / für Wodka kommt ein bessrer Preis. / Um den Salat muss man auch nicht bangen, / Nikita ist endlich auf Rente gegangen.* Wie man sieht, hatten auch Fresser und Säufer in der UdSSR gelegentlich eine politische Vision. Letztere aber sollten von Gorbatschow sehr bald ernüchtert werden.

Die wirtschaftliche Erbmasse

Der Misserfolg der Sowjetunion begann mit einem Erfolg: Ende der Sechzigerjahre wurden in Westsibirien riesige Ressourcen von Erdöl entdeckt, und schon bald begann ihre Erschließung. Da die Konjunktur zeitlich mit der Explosion der Rohstoffpreise nach dem arabisch-israelischen Krieg 1973 zusammenfiel, konnte Moskau mit seinen Erdöl- und Gasprodukten ein Bombengeschäft in der vom arabischen Boykott bedrohten westlichen Welt machen. Das Gros der enormen Petrodollareinnahmen verwendete man für Investitionen in die Rüstungsindustrie, die unter anderem die nukleare Parität mit den USA garantierten. Ein anderer Teil der Valutenreserve ging in die Unterstützung der sozialistischen Staaten mit ihrer wackeligen Ökonomie. Der Luxus, diesen unsicheren Kantonisten unter die Arme zu greifen, kostete den Sowjetstaat jährlich 20 Milliarden Dollar – allein Kuba mit seinem militärischen Engagement in Afrika verschlang davon 6–7 Milliarden. In Polens Krisenzeit 1980/81 leistete der Große Bruder eine Sonderhilfe im Wert von drei Milliarden Dollar – eine künstliche Beatmung des maroden Verbündeten.

Eine der Formen der Unterstützung war auch die Erdöllieferung an osteuropäische Partner zu Sonderpreisen. Dabei nutzten manche Schlaumeier in der DDR oder in Ungarn Teile dieser Hilfe über den Weiterverkauf auf dem westlichen Markt dazu, ihre Staatskasse mit Valutavorräten zu füllen. Gleichzeitig beobachteten die verbrüderten Staaten mit Argusaugen, wer von ihnen eventuell mehr als der andere von Moskau erhielt. Der ansonsten mit seiner Unabhängigkeit posierende Diktator Nicolae Ceaușescu machte einer sowjetischen Regierungsdelegation schwere Vorwürfe, weil die Sowjetunion Rumänien im Jahr lediglich

5-6 Millionen Tonnen Erdöl lieferte. *Was für ein proletarischer Internationalismus ist das!*, soll er pathetisch ausgerufen haben. Als kostspielig erwies sich die Präsenz der Sowjetarmee auf allen möglichen Breitengraden der Erde. 800 000 Männer dienten weit außerhalb der Rubelzone als Soldaten, militärische Ausbilder und Ratgeber – von der DDR bis zur Mongolei, von Nordkorea bis Äthiopien. Auch das wurde aus dem Erdöl mitfinanziert. Die materielle Unterstützung der kommunistischen Parteien der freien Welt ließ sich die Sowjetunion rund 20 Millionen Dollar pro Jahr kosten. Offensichtlich betrachtete man die kommunistischen Parteien, selbst wenn sie nur eine winzige Sekte bildeten, als Vorposten des Klassenkampfes, der zumindest verbal auch gegen Staaten geführt werden musste, denen der Sowjetstaat seine Getreidelieferungen verdankte.

Ausgerechnet die Notwendigkeit, Jahr für Jahr Getreide aus dem kapitalistischen Ausland zu importieren, verschlang den größten Teil der Erdölmilliarden. Während das zaristische Russland vor dem Ersten Weltkrieg der größte Getreideexporteur der Welt war, konnte die industriell hoch entwickelte Sowjetunion in der Epoche des «reifen Sozialismus» kein einziges Jahr ohne die Einfuhr von Weizen und Roggen aus den USA, Kanada und Argentinien auskommen. Und trotz dieses hohen Einsatzes verwandelte sich die Erwartung der nächsten Erntezeit in eine ewige Zitterpartie für die Staatsführung. Während Nikita Chruschtschow nach einer katastrophalen Missernte im Sommer 1963 für 300 Tonnen Gold – ein Drittel der damaligen sowjetischen Goldreserve – die Speicher mit westlichem Weizen füllte, agierten seine Nachfahren dezenter. Fast rührend klingt das wiederholte Flehen des Ministerpräsidenten Kossygin 1978 an den Direktor des sibirischen Erdöltrustes in der Stadt Tjumen: *Wir stehen mit dem Brot (chlebuschka) so schlecht, bitte, gib uns drei Millionen Tonnen über den Plan!*

Auf der einen Seite gab es also die spezifische Energiequelle, die mit extensiven Methoden, also einzig und allein unter dem Gesichtspunkt der schnellen Ausbeutung der Ressourcen, aus der Erde gepumpt wurde, um harte Währung in großen Mengen bereitzustellen, die gerade eben reichte, um die aktuellen Ausgaben zu decken. Auf der anderen Seite gab es eine Industrie, deren Lebenssäfte vom beständig wuchernden militärisch-industriellen Komplex aufgesogen wurden. Und dann gab es noch die staatliche oder «kollektive» Landwirtschaft, die zu Beginn der

Achtzigerjahre am Punkt des Nullwachstums angekommen war. Zu einer Hungersnot durfte es aber auf keinen Fall kommen, denn diese hätte wahrscheinlich zu einer Hungerrevolte geführt, die das System um jeden Preis vermeiden wollte. In dem friedlichen siebten Jahrzehnt nach der Oktoberrevolution hatten selbst Parteifanatiker keine Lust, auf eine protestierende Menge zu schießen. Es gab eine unausgesprochene Vereinbarung zwischen Staat und Gesellschaft: Neben dem kostenlosen Schul- und Gesundheitswesen sowie der garantierten Vollbeschäftigung musste das wenige, was an Ess- und Trinkbarem zur Verfügung stand, zu stabilen Preisen angeboten werden. Dies bedeutete, dass der Anteil der staatlichen Subventionen für die wichtigsten Lebensmittel bis 1989 unverändert blieb. Bei Brot waren es 20 Prozent des Verkaufspreises für Endverbraucher, bei Rindfleisch 74 Prozent, bei Milch 61 Prozent, bei Butter 72 Prozent, bei Käse 48 Prozent. Die Strafe für diese staatliche Wohltätigkeit waren eine ständige Verschlechterung der Lebensmittelqualität – etwa der erhöhte Wasser- und Stärkegehalt in der Wurst – sowie chronischer Warenmangel und die Herausbildung einer korrupten Schattenwirtschaft.

Der Normalbürger, der Sowjetmensch, durfte zwar niedrige Preise zahlen, falls es etwas zu kaufen gab, aber jeder Einkauf war eine zeitfressende Quälerei, und die aufeinander folgenden Ausgaben des seit 1939 vom Handelsminister Mikojan inspirierten Kochbuchs enthielten vor allem schier unrealisierbare Rezepte. In Moskau und anderen großen Zentren konnte man die notwendigen Einkäufe noch einigermaßen tätigen – in der Provinz war es viel schlimmer. Die Demütigung der Bürger im Konsumbereich war besonders in der Lebensmittelversorgung eklatant, und die langen, geduldigen Warteschlangen wurden in den Achtzigerjahren immer mehr zu gereizten, ungeordneten Menschentrauben. Das Unbehagen richtete sich zumeist gegen die sichtbar Privilegierten. In einem Provinzladen sah der Autor dieser Zeilen eine für die Zeit typische Auseinandersetzung: Ein einbeiniger alter Mann versuchte seine Milch und sein Brot zu bekommen, ohne sich in die Schlange zu stellen, und argumentierte, formal berechtigt, er sei kriegsversehrt. Daraufhin hörte man in der Menge die bissige Bemerkung: *Wir sind alle kriegsversehrt (wsje my invalidy).*

Und was wusste Michail Gorbatschow davon? Sicherlich mehr als die kleinen Leute. Er war sich auch im Klaren über den Zusammenhang zwischen den miserablen Zuständen und dem deformierten Wirtschaftsgefüge. Aber die exakten Daten blieben ihm sogar noch verwehrt, als er schon ZK-Sekretär war. So berichtete er in seinen Memoiren zur Wirtschaftslage nach 1982: *Andropow bat mich und Ryschkow, noch einmal alles zu erwägen und ihm unsere Schlussfolgerungen zu berichten. Wir wollten den Wesenskern der Sache begreifen und baten darum, uns über den Zustand des Budgets ins Bild zu setzen. Da lachte Andropow nur auf: «Sieh mal einer an, was ihr verlangt. Ins Budget lasse ich euch nicht rein.»*

Dabei hatte der als KGB-Chef besonders gut informierte Andropow bereits 1967 richtige Worte für das Problem gefunden, als er zu Georgij Schachnasarow sagte: *Weißt du, im Politbüro reift die Überzeugung, dass man unsere wirtschaftliche Sphäre richtig durchrütteln muss. Besonders mies geht es in der Landwirtschaft zu. Wir können uns nicht mehr damit abfinden, dass wir das Land nicht ernähren können und von Jahr zu Jahr immer mehr und mehr Getreide aufkaufen müssen. Wenn das so weitergeht, werden wir bald überhaupt zur Hungerration verdammt.* Wenn er die Dinge aber so betrachtete, dann stellt sich doch die Frage, warum er noch fünfzehn Jahre später seinen engsten Glaubensgenossen die Einsicht in das Budget verweigerte. Vermutlich war es einfach: Dieses Dokument enthielt die Eckdaten über den Verteidigungsetat, der genau 16 Prozent des Haushalts ausmachte und als verdeckte Ausgabe bis zu 40 Prozent ausmachen konnte. Um sich hier Klarheit zu verschaffen, musste Gorbatschow zunächst Generalsekretär werden.

Unerwartete Schwierigkeiten

Der Nationalökonom Jegor Gajdar (1956–2009), in Jelzins Regierung kurzzeitig Ministerpräsident, sah im Erdöl jene besondere Ware, die viel mehr als andere Rohstoffe den Schwankungen des Weltmarkts unterliege. Er zitierte in diesem Zusammenhang den Stoßseufzer eines wahren Kenners der Kaprizen des flüssigen Goldes, des saudi-arabischen Ölministers und langjährigen OPEC-Direktors Scheich Ahmed Yamani: *Ach, hätten wir lieber das Wasser entdeckt!* Gajdar war überhaupt der Meinung, dass ein Land, das seinen Reichtum allzu sehr auf den schnellen Profit aus irgendwelchen Bodenschätzen begründet, keine stabile Wirtschaft schaffen kann. Am Beispiel Venezuelas und Mexikos schilderte er den Prozess, wie beide Länder durch ihr Erdölvorkommen innerhalb eines Jahrzehnts mal Krösusse wurden, mal an den Bettelstab gerieten. Die energetische Monokultur, erklärte er, wurde der UdSSR in ähnlicher Weise zum Verhängnis, wie seinerzeit das Gold Spanien ruinierte. Diese Warnung, die er kurz vor seinem Tod auch Putins Russland mit auf den Weg gab, dokumentierte Gajdar durch Statistiken über das zunächst allmähliche, dann aber sprunghafte Sinken der Ölpreise auf dem Weltmarkt, das die Quelle der sowjetischen Dollarmilliarden versiegen ließ.

Noch bevor diese anfangs als unerschöpflich betrachteten Einnahmen zu sinken begannen, erschien eine ganz andere Herausforderung am Horizont: Nach der Überwindung der durch das Fiasko in Vietnam ausgelösten Depression gelang es den Vereinigten Staaten, einen Rüstungsstand zu erreichen, der potenziell die nukleare Parität der beiden Supermächte zugunsten der USA veränderte. Darauf reagierten die Sowjets mit der Aufstellung ihrer Mittelstreckenraketen SS-20 in ihren westlichen Grenzgebieten, was eine ausdrückliche Bedrohung für Europa bedeutete – ein Albtraum für den dicht besiedelten Kontinent. Die USA begannen daraufhin mit der Stationierung ihrer Pershings in Westeuropa. Gleichzeitig diskutierte man in Washington die «strategische Verteidigungsinitiative» (SDI), die Errichtung eines Verteidigungsschirms im Weltall zur Abwehr eines etwaigen Atomangriffs durch die Sowjetunion, die vom Präsidenten Ronald Reagan inzwischen wieder zum *Reich des Bösen* erklärt worden war.

Das Projekt, von den Medien nach George Lucas' Filmfantasie als *Krieg der Sterne* bezeichnet, war möglicherweise ein Bluff des Atomphysikers Edward Teller, aber Moskau fühlte sich gezwungen, Bombenalarm zu schlagen. Zum ersten Mal seit der Kuba-Krise 1962 schien ein Atomkrieg nicht mehr ganz unmöglich, und in der bisher auf Gleichgewicht orientierten Politik der Supermächte zeigten sich irrationale Züge. Von sowjetischer Seite führte die hysterische Stimmung 1983 zum Abschuss der südkoreanischen Boeing, aber auch die berüchtigte Mikrofon-Sprechprobe des US-Präsidenten, deren Text fast sofort der Öffentlichkeit zugespielt wurde, war alles andere als harmlos: *Liebe Amerikaner! Ich freue mich, euch mitteilen zu können, dass ich soeben das Gesetz unterzeichnet habe, das Russland für ewig außerhalb des Gesetzes stellen wird. In fünf Minuten beginnen wir die Bombardie-*

rung. Eine Supermacht mit Hiroshima und Nagasaki in ihrem historischen Hintergrund hätte auf den Humor ihres Präsidenten besser achten müssen.

So oder so stand Moskau unter dem doppelten Druck, sich entweder auf eine neue Spirale des Rüstungswettbewerbs einzulassen oder aber die Fehlentscheidung, SS-20-Raketen in Europa zu stationieren, rückgängig zu machen und sich zu echten Entspannungsvorschlägen durchzuringen. Der eine Weg wäre für die sowjetische Wirtschaft eine durch nichts zu rechtfertigende Belastung gewesen, der andere brauchte Politiker, die imstande waren, schnelle und mutige Entscheidungen zu treffen und flexibel auf die Initiativen der Gegenseite zu reagieren. Außer zweifellos klugen Experten verfügte die sozialistische Weltmacht jedoch nur über eine Garnitur von kommunikationsgestörten, buchstäblich nicht mehr bewegungsfähigen oder an Infusionsschläuchen hängenden Parteiführern sowie über einen Außenminister, der in der freien Welt den Beinamen «Mr. Njet» erworben hatte. Fast könnte man sagen: Um aus der Unheil verkündenden Sackgasse der Sowjetunion, Europas und der ganzen Welt herauszukommen, waren nicht so sehr gravierende Zugeständnisse notwendig, sondern einfach ein Mann mit Mimik, charmantem Lächeln, schnellen und geistreichen Repliken. In diesem Sinne hätte man den ehemaligen Parteichef der Region Stawropol, wenn es ihn nicht schon gegeben hätte, geradezu erfinden müssen.

Die Antialkoholkampagne: eine vergeigte Ouvertüre

Im Frühjahr 1985 bereitete sich Saudi-Arabien, größter Erdöllieferant der Welt, auf eine dreifache Erhöhung seines Produktionsvolumens vor, und zwar zu einem Dumpingpreis von 27 Dollar pro Barrel. Zur selben Zeit war man im arglosen Moskau mit einer ganz anderen Flüssigkeit beschäftigt; die Kremlführung erklärte dem vielleicht ältesten Feind Russlands, dem Alkohol, den Krieg. Am 5. Mai veröffentlichten alle Zeitungen den Beschluss des ZK der KPdSU *Über die Maßnahmen zur Überwindung der Trunksucht und des Alkoholismus*. Ab dem 1. Juni beschränkte man den Verkauf alkoholischer Getränke auf die Zeitspanne zwischen 11 und 19 Uhr, wodurch das Trinken am Arbeitsplatz verhindert werden sollte. Anderseits wurde die Menge des einmaligen Verkaufs auf eine Literflasche Wodka pro Kopf begrenzt – für Wein und

Bier galten dieselben Liternormen. Sogar für Hochzeiten oder Beerdigungen durften maximal zehn Liter alkoholischer Getränke erworben werden. Danach stand man wieder in der Schlange oder beauftragte eine weitere Person, aber inzwischen konnte der Vorrat aufgebraucht sein. Auf diese Weise gelang es bereits in den ersten Monaten des «trockenen Gesetzes», den Konsum um ein Viertel zu verringern.

Über diese eindeutig misslungene erste Maßnahme der Ära Gorbatschow wurden bereits so viele kritische, höhnische, schadenfrohe oder einfach feindselige Kommentare veröffentlicht, dass die elementare Gerechtigkeit eine Korrektur verlangt – dies umso mehr, da der Alkoholkonsum in Putins und Medwedews Amtszeit einen neuen Höhepunkt zu erreichen scheint. Am allerwenigsten können die Berechtigung und – im Sinne der Moderne – die Angemessenheit der ersten und letzten sowjetischen Prohibition infrage gestellt werden.

Eine der Koryphäen der sowjetischen Medizin war das Akademiemitglied Fjodor Uglow, ein Chirurg und Gesundheitsfanatiker, der unter anderem als Autor des Spruches bekannt wurde: *Hören Sie auf zu saufen und zu rauchen, sonst helfen Ihnen keine anderen Ratschläge.* Womöglich lebte auch Uglow nach dieser rettenden Maxime, denn er starb 2008 als Methusalem von 104 Jahren. Jedenfalls hielt er 1981 in der Stadt Dscherschinsk einen Vortrag über das Thema Trunksucht. Er begann, wie es damals üblich war, mit dem Lob der Politik der Partei und zitierte sogar die diesbezüglichen Weisheiten von Breschnew. In allem anderen aber schockierte er mit seiner Rede die Hörerschaft. Er nannte Zahlen, die zu den bestgehüteten Geheimnissen des sowjetischen Staates gehörten. Dementsprechend soll die Alkoholproduktion zwischen 1940 und 1965 um 280 Prozent und von 1970 bis 1979 um weitere 300 Prozent gewachsen sein – entsprechend war auch die Nachfrage. Wenn es zu Beginn der Siebzigerjahre in der UdSSR an die neun Millionen registrierte Alkoholiker gab, musste aufgrund der erhöhten Produktion davon ausgegangen werden, dass diese Zahl anno 1980 um die 20 Millionen lag. Besonders horrende erschien Uglow der wachsende Anteil der trunksüchtigen Frauen, 9–11 Prozent, sowie der Minderjährigen. 1925 waren 16 Prozent der Jugendlichen zwischen 12 und 18 Jahren mit Alkohol vertraut, 1979 waren es 95 Prozent.

Die Erhöhung der Produktion und des Verbrauchs von Alkohol, fuhr der Professor fort, *wird bei uns geplant, und zwar geplant ohne Berück-*

Die Antialkoholkampagne: eine vergeigte Ouvertüre 65

sichtigung des Bevölkerungszuwachses des Landes. (...) Die Erhöhung des Alkoholkonsums pro Kopf der Bevölkerung in den letzten vierzig Jahren übertrifft zwanzigfach den Bevölkerungszuwachs. (...) Zu unserem großen Staunen arbeitet für die Trunksucht unseres Volkes auch der Import, das heißt, wir scheuen auch vor Valutenausgaben nicht zurück, und das in eindrucksvollen Mengen. (...) In den letzten fünf Jahren erwarben wir im Ausland Alkohol- und Tabakwaren im Wert von mehr als vier Milliarden Rubeln. Diese Summe ist viermal so hoch wie der für den Getreideeinkauf von 1979 gezahlte Betrag. Schließlich dementierte Uglow die als Selbstverständlichkeit geltende Annahme, dass die Massenproduktion von Alkoholischem dem Staatshaushalt nur Gewinn bringe. Gegen die eindrucksvolle Zahl von 20 Milliarden Rubel Alkoholumsatz im Jahre 1973 und 40 Milliarden am Ende des Jahrzehnts wendete er ein, dass die Kosten wegen des von Alkohol verursachten Produktionsausfalls, der Behandlung der Alkoholkranken und der Betriebsunfälle jährlich 60 Milliarden Rubel ausmachten. Uglows Hiobsbotschaft endete mit einer düsteren Prophezeiung für die demografische und mentalhygienische Zukunft der Sowjetbürger. Er verlangte offen die Einreihung aller alkoholischen Getränke in die Kategorie der Drogen, was letzten Endes auf die Abschaffung von Produktion und Import – etwa großer Mengen tschechoslowakischen Bieres – hinauslief. Kein Wunder, dass dieser Text seinerzeit unveröffentlicht blieb und nur durch einige illegale Abschriften aus dem sibirischen Wissenschaftszentrum Akademgorodok Verbreitung fand.

Die Angehörigen des höchsten Machtbereichs wussten über die lasterhaften Leidenschaften ihres Volkes alles, was sie wissen wollten – wenn nicht anders, dann aus eigener Erfahrung. Die Saufgelage und skandalösen Eskapaden von Breschnews Tochter Galina waren ein offenes Geheimnis. Der schwer kranke Andropow bat zwei Monate vor seinem Tod den Diplomaten Oleg Grinewskij im Rahmen einer Verhandlungsinstruktion, auf seinen Sohn Igor, Mitglied der sowjetischen Abrüstungsdelegation in Stockholm, aufzupassen: *Er ist ein guter Mensch, ehrlich und herzensgut, aber um ihn schart sich eine Meute von Parasiten, die ihn zum Suff drängen und bei der Arbeit stören. Bitte jagen Sie diese Leute von ihm weg!* Die Tragweite der massenhaften Trunksucht in der höchsten Machtelite war Andropow aus den Berichten seiner Firma wohlbekannt. Außerdem kannte er das Thema auch aus den Liedern des Schauspielers und Sängers Wladimir Wyssozkij (1937–80), die er während seines Urlaubs am Fuße des Kaukasus zusammen mit seinem Gastgeber Gorbatschow von illegal verbreiteten Tonbandaufnahmen gehört hatte und schätzte. In der Tat war dieser Barde eine Galionsfigur der Ära Breschnew, ein Multiplikator der Vox populi, der er seine vom Saufen und Rauchen heisere Stimme lieh. Er erblickte in der Krankheit eine zentrale Metapher des sowjetischen Lebens, und auch das Saufen war für ihn elementarer Bestandteil des Seins: *Gelbes Feuer in den Augen / platt bin ich geworden / Warte nur, sag ich mir selbst, / gescheiter wird der Morgen. / Aber auch der Morgen ist / keineswegs gescheiter, / du rauchst auf den leeren Magen / und dann säufst du weiter. Jech ras, jeschtscho ras / jeschtscho mnogo-mnogo ras, und dann säufst du weiter ...*

Insofern war die Kampfansage an das soziale Übel des Alkoholismus voll begründet. Die eingeführten Maßnahmen zeigten sogar statistisch messbare Erfolge. 1984 wurden in der Sowjetunion 27 000 Todesfälle wegen Alkoholvergiftung registriert – übrigens ähnlich wie die Zahl der Todesopfer in der heutigen Russischen Föderation. Bereits ein halbes Jahr der Begrenzung des Verkaufs von Spirituosen führte zu einer viel niedrigeren Quantität – 15 000, und 1987 sogar nur 12 000. Zur gleichen Zeit verringerten sich deutlich die durch Trunkenheit verursachten Betriebs- und Verkehrsunfälle sowie die Zahl der im alkoholisierten Zustand begangenen Straftaten. Die durchschnittliche Lebenserwartung bei Männern, die einem erhöhten Risiko von Herz- und Gefäßerkrankungen ausgesetzt sind, stieg von den extrem niedrigen 62 auf immerhin 65 Jahre an. Selbst die Geburtenrate verbesserte sich in der Frühphase der Ära Gorbatschow – zum ersten Mal seit den Sechzigerjahren. Was die Arbeitsproduktivität betraf, so stellte sich keine nennenswerte Besserung ein. Dies lag jedoch an dem schwachen Niveau der Organisation – die im Verlauf der plötzlichen «Ernüchterung» freigesetzte Schaffenskraft fand keine Verwendung und führte zu innerbetrieblicher Arbeitslosigkeit.

Bevor noch die anfänglichen Ergebnisse der Antialkoholkampagne gefestigt werden konnten, zeigten sich bereits deren schwerwiegende negative Folgen. Der Fehler steckte im Konzept: Der Parteibeschluss zielte nicht auf eine sukzessive Beschränkung des Konsums, sondern auf dessen radikale Überwindung. Er trug sogar einen anachronistischideologischen Charakter, wenn es zum Beispiel hieß: *Völlig unerträglich sind die Tatsachen, wenn in den Medien, in einzelnen literarischen Werken, im Kino und Fernsehen ein gemäßigter Verbrauch der alkoholhaltigen Getränke propagiert und allerlei Tischgelage und Saufrituale in attraktiver Weise geschildert werden.* Hier sprach der angebliche geistige Vater der Kampagne, Jegor Ligatschow, ein Fundamentalist der Abstinenz. Ganz im Einklang mit Professor Uglows Ansichten hatte er erklärt: *Die Aufgabe besteht nicht darin, den Menschen kultiviertes Trinken beizubringen, sondern darin, sie von jeglichem Trinken abzuhalten.* Dabei war ihm egal, ob es sich um Wein, Schnaps oder Bier handelte, denn, so behauptete er in einem vertraulichen Gespräch, *unsere Leute saufen, wenn sie saufen, unaufhaltsam. Mit zehn Flaschen Bier kann man sich ebenso volltanken wie mit einem halben Liter Wodka.* Das wiederum lässt sich kaum bestreiten.

Die Kampagne schoss eindeutig über das Ziel hinaus. Zwar konnte man die Wodkaproduktion um ein Viertel verringern, die Preise in die Höhe treiben, Wein- und Likörfabriken reihenweise dichtmachen und Weinbaugebiete völlig zerstören. Es war aber unmöglich, tausendjährige Gewohnheiten im Rahmen eines Fünfjahresdenkens zu verändern. Und ebenhier schlug das Imperium zurück: Denn das staatliche Einkommen durch den Konsum von Alkohol war bereits seit dem 1. Januar 1985 in das Budget des kommenden Jahres eingeplant, hatte dort den festen Platz von 24 Prozent des Warenverkehrs und sicherte 12 Prozent der staatlichen Einnahmen. *Genossen, beeilt euch nicht*, flehte der Chef der Planungskommission, Nikolaj Bajbakow. *Lasst uns zunächst das Budget ausbalancieren. Schließlich geht es um 25 Milliarden Rubel!* Der Ausfall der Milliarden konnte unmöglich spurlos über die Bühne gehen, das finanzielle Gleichgewicht war erheblich gestört. Walentin Falin, ehemals sowjetischer Botschafter in Bonn, sah darin ein für Russland beinahe apokalyptisches Phänomen: *Die Agonie des ganzen Staatseigentums begann symbolisch (...), als die Kavallerieattacke gegen die Trunkenheit gestartet wurde. Nachdem der Staat den «betrunkenen Teil» des Budgets verloren hatte, begann er schwungvoll dahinzusiechen.*

Die sowjetischen Saufbrüder rissen zunächst böse Witze und bedachten den Generalsekretär mit Spottnamen wie «Limonaden-Joe». Bald darauf entfaltete sich aber die illegale Produktion des selbst gebrannten

Schnapses Samogon, ein recht aggressiver Fusel, der bereits zu Zarenzeiten mit dem als Monopolka bekannten Staatsgetränk rivalisierte. Das erste Zeichen hierfür konstatierte Ministerpräsident Ryschkow, als plötzlich von der Bevölkerung Millionen Tonnen von Zucker gehamstert wurden. Die Antialkoholkampagne verlor mit jedem Jahr an Elan und geriet ohne einen ZK-Beschluss über ihre Einstellung oder auch Lockerung der Maßnahmen allmählich in Vergessenheit. Gorbatschows erstes Fiasko musste ihm klarmachen, dass es zwischen Staatsmacht und Gesellschaft einer Verständigung bedurfte: Seine Versuche, in Leningrad oder Kiew im Ring der Leibwächter spazieren zu gehen und so etwas wie einen Dialog mit der Straße zu führen, reichten dazu nicht aus.

Friedenssignale

Eine der grotesken Nebenfolgen der Prohibition bestand darin, dass das sowjetische Außenministerium sämtliche Botschaften und Vertretungen der UdSSR instruierte, in ihren Niederlassungen alkoholische Getränke weder zu konsumieren noch ihren Gästen anzubieten. So waren die Diplomaten gezwungen, Empfänge und Cocktailpartys mit Fruchtsaft, Kaffee und Mineralwasser durchzuführen, und sie befürchteten, dass dieser Purismus die Besucherzahl ihrer Veranstaltungen beeinträchtigen könnte. Ohnehin befand sich die sowjetische Diplomatie in diesem Frühjahr, euphemistisch ausgedrückt, nicht gerade auf dem Vormarsch. Zum Glück hieß es in höheren Sphären, Michail Gorbatschow sei mit diesem Stand der Dinge angeblich annähernd zufrieden. Jedenfalls soll er auf der Sitzung des Politbüros am 21. März 1985 gesagt haben: *Die Außenpolitik muss nicht geändert werden, sie hat Autorität gewonnen und braucht nur eine Aktivierung.* Es herrschte eine merkwürdige Windstille, und manches zeugte sogar von einer Verschlechterung des Klimas. Am 24. März wurde ein Angehöriger der US-Verbindungsmission in Potsdam, Major Arthur Nicholson, bei dem Versuch, ein sowjetisches Militärobjekt in der Nähe Berlins zu fotografieren, von dem Wachtposten Sergeant Alexandr Rjabzew erschossen. Es folgten Noten und Gegennoten, die sterblichen Überreste wurden in die USA verbracht und im Arlington Cemetery mit dem entsprechenden Pomp beigesetzt.

Nur ganz wenige Insider wussten, dass während des gewöhnlichen

Propagandagetöses etwas in der Beziehung der beiden Supermächte in Bewegung geraten war. Im Mittelpunkt der Akzentverschiebung stand die Person des neuen Generalsekretärs. Vizepräsident Bush, der in Vertretung Reagans an Tschernenkos Beerdigung in Moskau teilnahm, schilderte von dort aus in einem chiffrierten Telegramm seinen ersten Eindruck von dem neuen Mann im Kreml: *Gorbatschow wird die sowjetische Linie gegenüber dem Westen wirkungsvoller vertreten als jeder – ich betone, jeder – seiner Vorläufer. Er hat ein entwaffnendes Lächeln, warme Augen und besitzt die Fähigkeit, beim Aussprechen von schlimmen Dingen gute Miene zu zeigen, um sich dann aus dem Spiel zu nehmen und echten Kontakt mit dem Gesprächspartner herzustellen.* Im Einzelnen sah diese Haltung ungefähr so aus: Bush stellte die heikle Frage über die Situation der Menschenrechte in der Sowjetunion. Daraufhin sagte Gorbatschow, diese würden in den USA, beispielsweise gegenüber den Schwarzen, nicht beachtet – so weit die üblichen Propagandafloskeln. *Aber er fügte hinzu: Wir sind bereit, darüber nachzudenken, ich bitte, Vertreter zu benennen und die Frage zu erörtern.* Dies fand Bush ermunternd. Der US-Außenminister George Shultz sah die Sache noch rosiger. Als ihn der kanadische Ministerpräsident Bryan Malruni bei dem Empfang im Kreml im Anschluss an Tschernenkos Beisetzung fragte: *Wann kann man Veränderungen in Moskau erwarten?*, gab er zur Antwort: *Heute!*

Offensichtlich waren Gorbatschows Worte über die Kontinuität der sowjetischen Außenpolitik reine Lippenbekenntnisse. Jedenfalls hatte er für Dobrynin, den langjährigen sowjetischen Botschafter in Washington, eine andere Sprache als für die Mitglieder des Politbüros. *Erstens: Über den Rüstungswettbewerb kann man keinen «Sieg über den Imperialismus» erreichen, vielmehr können wir keine einzige innenpolitische Aufgabe lösen, ohne zuvor damit aufzuhören. Zweitens: In der Konfrontation mit den USA muss man vor allem deren Verdrängung aus Westeuropa durchsetzen. Die wirkungsvolle Methode ist die Schwächung der internationalen Spannung sowie der gegenseitige etappenweise Auszug der amerikanischen und sowjetischen Truppen. Für die Amerikaner wird dies die Rückkehr hinter den Ozean bedeuten, für uns den faktischen Rückzug unserer Armee auf einige hundert Kilometer Entfernung von unseren Grenzen.* Obwohl die Konturen dieses Projekts keine Aussage über die SS-20-Raketen enthielten, musste deren Stationierung bei einer Verhandlung über den Truppenabbau zwangsläufig zur Disposition gestellt werden. Jedenfalls schlug die sowjetische Seite im April das Einfrieren aller Mittelstreckenraketen auf dem Kontinent vor – ein von Moskau seit dem Anfang der neuen Rüstungsrunde immer wieder geäußerter Wunsch. Präsident Reagan hatte den neuen sowjetischen Parteichef ursprünglich bereits für den April nach Washington eingeladen. Gorbatschow hatte im Prinzip auch zugesagt, hatte zuvor jedoch noch an verschiedenen Stellen Klärungsbedarf.

Dies war auch die Agenda von Andrej Gromyko, als er mit dem Gegenvorschlag, Reagan nach Moskau einzuladen, Mitte Mai 1985 nach Wien reiste. Die Idee kam direkt von Gorbatschow, war aber in dieser Form kaum ernst gemeint. Das letzte sowjetisch-amerikanische Gipfeltreffen zwischen Breschnew und Jimmy Carter hatte 1979 in Wien stattgefunden. In der aktuellen Situation einer extremen Abkühlung der Beziehungen konnte man kaum erwarten, dass Washington zu einer wirklichen Versöhnungsgeste mit dem «Reich des Bösen» bereit sein würde. So saßen die beiden Minister sechs Stunden lang zusammen und erörterten alle möglichen Fragen. Wie Oleg Grinewskij sarkastisch bemerkte, *konnten in dieser Zeit die Mitarbeiter beider Delegationen mehrmals auf die Toilette gehen, während sie gegenseitig verständnisloses Achselzucken wechselten.* Vor allem reagierte der amerikanische Diplomat mit keiner Silbe auf den Einladungsvorschlag für Reagan. Erst als Gromyko, bereits unterwegs zum Empfang der österreichischen Regierung, direkt insistierte, erklärte ihm der US-Kollege kategorisch: Sein Präsident würde unter keinen Bedingungen nach Moskau reisen. Falls ein Gipfeltreffen zustande kommen sollte, dann nur in Washington. Auch ein dritter, neutraler Ort käme nicht infrage, und er habe keine anderen Instruktionen. Betagte Leute neigen gelegentlich zur Starrköpfigkeit, und Reagan feierte in jenem Frühjahr bereits seinen 74. Geburtstag. Er war nur zwei Jahre jünger als der notorische Neinsager Gromyko. Allerdings erwies sich für diesen das Wiener Treffen als letzte Station seines 28-jährigen Ministeramts sowie der 1946 begonnenen Diplomatenkarriere.

Aufgrund einer wahrscheinlich informell ausgehandelten Vereinbarung sollte Andrej Gromyko als Gegenleistung für die Unterstützung Gorbatschows die Möglichkeit eines würdevollen Abschlusses seiner politischen

Laufbahn erhalten: Auf der Sitzung des Politbüros machte der Generalsekretär den Vorschlag, den bisherigen Außenminister zum Vorsitzenden des Obersten Sowjets, also zum nominellen Staatschef, zu küren. Formal kam es dann noch zu einer Diskussion über Gromykos Nachfolge im Außenministerium, dem Hochhaus am Swerdlowplatz. Der Betroffene selbst nannte gleich drei Diplomaten aus seinem Dunstkreis, Gorbatschow rückte jedoch mit seinem Kandidaten Eduard Schewardnadse heraus, bisher Erster Sekretär der georgischen KP. Da er mit diesem bereits in seiner Zeit als Parteichef von Stawropol gutnachbarschaftliche Beziehungen pflegte und mit ihm über politische Perspektiven relativ offen reden konnte, war er bei seinem Anruf in Tiflis auf offene Ohren gestoßen. Schewardnadses Einwand: *Ich bin aber kein Russe!* konterte Gorbatschow mit den Worten: *Dafür bist du ein Sowjetmensch.* Gromyko war sicher nicht begeistert, aber er tat auch diesmal das, was er immer tat: Er folgte der Parteidisziplin und sagte brav das Gegenteil von dem, was er meinte. So geriet der Tagesordnungspunkt kurz und bündig.

GROMYKO *Ich schlage vor den Genossen Schewardnadse – ein Mitglied der führenden Zentrale. Das ist wichtig für den Außenminister.*
Schewardnadse gehörte damals noch nicht den führenden Gremien der Partei an.
GORBATSCHOW *Mit dem Außenministerium muss man so umgehen, wie es dies verdient.*
GROMYKO *Lenin sagte, das Außenministerium ist eine Abteilung des Zentralkomitees.*
Lenin-Zitate waren, erfunden oder nicht, immer willkommen.
PONOMAREW [ZK-Sekretär] *Die internationale Lage verlangt nach einem starken Leader.*
GORBATSCHOW *Ich bin überzeugt, dass wir, indem wir den Genossen Schewardnadse zum Außenminister vorschlagen, das Richtige tun.*
LIGATSCHOW *Wir unterstützen den Vorschlag.*

Hinter den nach wie vor byzantinischen Ritualen ließ sich Gorbatschows List erkennen. Bevor er seine neue außenpolitische diplomatische Initiative einleitete, musste er jemanden finden, der ebenso wie er selbst vor dem Herbst 1978 noch nicht zum direkten Machtbereich gehört hatte und auf dessen unbedingte Loyalität er sich verlassen konnte. Ein paar Tage nach der Politbürositzung wurde in den Medien bekannt gegeben, dass das Gipfeltreffen zwischen Gorbatschow und Reagan am 19. und 20. November in Genf stattfinden würde. Das Schicksal wollte, dass dieser Erfolg bereits mit dem Namen des neuen Außenministers in Verbindung gebracht wurde. Dies war einerseits taktisches Geschick, andererseits strategisches Bedenken. Die Falken im Kreml, die für die Nachrüstung mitverantwortlich waren, durften nicht einfach in die Rolle der Tauben schlüpfen. Ebenso wenig glaubhaft wäre es gewesen, wenn Andrej Gromyko, der Letzte noch lebende von den Spitzenpolitikern, die 1979 den Einmarsch in Afghanistan befürwortet hatten, nun eine friedliche Regelung am Hindukusch vor der Weltöffentlichkeit vertreten hätte. Dabei ging es ausgerechnet um diese zwei Initiativen. Am 17. Oktober 1985 machte Gorbatschow auf der Sitzung des Politbüros den zunächst noch topgeheimen Vorschlag, den Abzug der sowjetischen Truppen aus Afghanistan vorzubereiten. Am 15. Januar 1986 veröffentlichte er das Programm einer weltweiten und vollständigen Liquidierung der Nuklearwaffen bis zum Jahr 2000. Dazwischen lag das Gipfeltreffen in Genf.

Gipfel in Genf

Beginnend mit dem 11. März 1985, als ihn sein Berater Robert McFarlane um vier Uhr morgens mit der Nachricht vom Tode Tschernenkos aus dem Schlaf riss, stand die Person des Nachfolgers ständig im Mittelpunkt von Reagans Interesse. Im Vorfeld der Begegnung in der Hauptstadt der französischen Schweiz versuchte der Herr des Weißen Hauses, jede nur mögliche Information über seinen Gast und dessen Land zu bekommen. Er konsultierte seine Vorgänger Ford und Nixon sowie die legendären Politologen Zbigniew Brzeziński und Brent Scowcroft. Selbst Informationen von Überläufern wie dem UNO-Diplomaten Arkadij Schewtschenko oder dem KGB-Agenten Oleg Gordievsky ließen ihn nicht kalt. Kurz vor dem Abflug nach Genf beorderte er Jack Matlock, Mitarbeiter des Rates der Nationalen Sicherheit, zu sich und führte eine Art Generalprobe für die Genfer Verhandlungen durch. Matlock musste Gorbatschows Stil, Argumentationslinie und Redensarten spielen. Zwecks Authentizität sprach der Experte sogar Russisch, während ein Dolmetscher seine Worte ins Englische übersetzte.

Ob nun auch Gorbatschow sich Reagans Filme, etwa *Bombenerfolg* (1940), *Alter schützt vor Liebe nicht* (1950) oder *Der Tod eines Killers* (1964), angesehen hatte, um die Körpersprache seines Gegenübers zu studieren, bleibt dahingestellt. Jedenfalls kreisten diesbezügliche Gerüchte in Moskau. Gorbatschows Mentor Jurij Andropow hatte den US-Präsidenten lediglich als «Schauspieler» betrachtet und sich einzig dafür interessiert, wer für ihn das Drehbuch schreibe. Das war sicherlich eine Unterschätzung von Reagans Fähigkeiten – schließlich war der Amerikaner etwas mehr als der politische Cowboy, als den ihn seine Gegner gerne sehen wollten. Er verfügte über ein ausgesprochen taktisches Feingefühl: So folgte seinem Sketch mit der Mikrofonprobe, in der er Russlands Bombardierung in fünf Minuten verkündet hatte, die Friedensrede vor der UNO-Vollversammlung im Herbst 1984, die keine Silbe der Kritik an der Sowjetunion enthielt, womit er den in den USA auch als «grim Grom» bekannten sowjetischen Außenminister in Verlegenheit brachte.

Er verstand auch, dass die Begegnung in Genf, von der sich keine Seite einen Durchbruch erhoffen konnte – dafür waren die Positionen zu lange erstarrt und das Vertrauen zu dünn –, nicht so sehr ein politisches Faktum als eher ein Medienereignis sein würde. Er ging davon aus, dass das Spiel vor den Kulissen diesmal fast ebenso wichtig sein würde wie das dahinter. Und dabei hatte Gorbatschow den Vorteil, den ein plötzlich auftauchender munterer Laienschauspieler mitunter gegenüber einem alternden, etwas verbrauchten Bühnenstar haben kann. Außerdem rivalisierte der Sowjetführer simultan mit dem US-Präsidenten und mit den eigenen Vorgängern: Breschnew, Andropow und Tschernenko. Hierin lag seine besondere Chance vor den Kameras. Nach diesen saturierten Apparatschiks mit steinernem Gesicht und unsicheren Bewegungen erschien ein Mensch mit Mimik und Gestik, mit dem berühmt gewordenen Feuermal auf der Stirn – ein Staatsmann zum Anfassen, einer aus dem Kreml, eine Persönlichkeit. Und der Westen, vor allem das von Raketen bedrohte Europa, ließ sich gern überraschen.

Selbstverständlich ging es nicht nur um äußere Effekte, man bereitete sich auch sachlich vor. Das Weiße Haus bestellte bei der CIA mehrere Berichte über den Stand der Dinge im Sowjetstaat. Die Sichtweise des Geheimdienstes fiel für heutige Augen verblüffend positiv aus: *Nach dem modernsten Standard ist die Sowjetunion ein sehr stabiles Land. In den nächsten fünf Jahren und in absehbarer Zeit werden die Schwierigkeiten dieser Gesellschaft zu keiner Herausforderung für das System der politischen Kontrolle, wie es die Kremlführung garantiert, und sie werden auch nicht bedrohlich im Sinne des Zerfalls der Ökonomie. Trotzdem ist die UdSSR von einem Komplex innerer Krankheiten angegriffen, die sich am Ende der Siebziger- und Anfang der Achtzigerjahre verschärft haben. Deren Heilung ist eine der bedeutendsten und schwierigsten Herausforderungen, vor denen Gorbatschows Regime steht.* Besonders interessant an diesem Bericht war der Teil, der die zu erwartende Haltung des sowjetischen Delegationschefs und die ratsame Reaktion der USA schilderte: *Gorbatschow braucht eine gewisse Atempause. (...) Zunächst äußern die Sowjets nicht die Absicht, irgendeinen Preis für die Entspannung zu bezahlen, die die Veränderung ihrer Haltung vor allem in den für die Sicherheit der Vereinigten Staaten wichtigen Fragen nach sich ziehen könnte. Gorbatschow will eine Entspannung zum Billigtarif.*

Entsprechend wurde in Genf keine Vereinbarung über irgendwelche Abrüstungsschritte erzielt und nur ein Kommuniqué mit zu nichts verpflichtenden Allgemeinplätzen veröffentlicht. So hatte das Treffen lediglich den Vorteil, dass alle Fragen erörtert wurden, die auf dieser Ebene seit sechs Jahren nicht angesprochen worden waren, und beide Staatsmänner konnten ohne Gesichtsverlust in ihr Land zurückkehren. Außerdem wurde eine Fortsetzung des Dialogs vereinbart.

Der Weg nach Reykjavík und weiter

Präsident Reagan wusste aus dem entsprechenden CIA-Bericht, dass in einem nuklearen Krieg mit der Sowjetunion etwa 150 Millionen Amerikaner ums Leben kämen – sicherlich eine eher theoretische Schätzung, wenn man bedenkt, dass weite Teile des Kontinents durch einen solchen Angriff für längere Zeit unbewohnbar geworden wären. Das von Edward Teller erdichtete und nicht von allen Militärs begrüßte Projekt «Sternenkrieg» versprach, wenn überhaupt, erst in zwanzig Jahren einen effektiven Schutzschild. Dafür war das Leben zu kurz, die Wahlperioden noch kürzer – Erfolg war dringend vonnöten. Aber auch Gorbatschow hatte keine Illusionen über den Ausgang einer Konfrontation

Präsident Reagan und Gorbatschow in Reykjavík 1986 – trotz sowjetischer Zugeständnisse kein Durchbruch bei den Abrüstungsverhandlungen

mit den USA – spätestens dann nicht mehr, als ihm seine Militärs versicherten, auch die neuesten sowjetischen Flugabwehrraketen könnten die Pershings spätestens erst im Luftraum über Moskau sprengen. Die Existenz der Massenvernichtungswaffen und deren technische Perfektion hatten Begriffe wie Verteidigungs- oder Angriffskrieg weitgehend relativiert und die Wahrscheinlichkeit eines Zusammenstoßes, der sich im Rahmen einer konventionellen Kriegführung halten ließe, so gut wie ausgeschlossen. Die Absurdität weiteren gegenseitigen Aufrüstens lag auf der Hand, musste jedoch auch von beiden Seiten, sozusagen offiziell, eingesehen werden.

Der Ort, an dem die Einsicht zur Sprache kam, hieß Reykjavík – eine kleinstädtische Metropole mit damals 87 000 Einwohnern. Von der edlen Absicht der Supermächte, ihr nächstes Gipfeltreffen ausgerechnet in dem am Rand des Polarkreises liegenden Ministaat abzuhalten, erfuhr die isländische Regierung ziemlich spät und fast beiläufig. Erst Ende September teilte der Sowjetbotschafter Jewgenij Kossarew dem Regierungschef Hermannsson Steingrímur mit, dass Gorbatschow und Reagan in zwei Wochen in der Hauptstadt eintreffen würden. Der verblüffte Premier, berichtet Oleg Grinewskij, habe daraufhin eiligst den US-Botschafter zu sich gebeten, der aber so gut wie nichts von dem geplanten Ereignis wusste. Er telefonierte gleich in das State Departement und *erkundigte sich in blumiger Sprache, ob in der Tat einige Geschäftsleute hierherkommen würden, um Gespräche zu führen.* Ihm wurde daraufhin im Klartext mitgeteilt, dass er die isländische Regierung über das freudige Ereignis offiziell gemeinsam mit seinem sowjetischen Kollegen informieren solle. Das bevorstehende Gipfeltreffen war für Steingrímur sicherlich ehrenvoll, obwohl es der kleinen Inselrepublik manche Infrastrukturprobleme bereitete. Tausende von Diplomaten, Korrespondenten und einfachen Schaulustigen wurden erwartet.

Die mehr als dreihundert Mitglieder starke sowjetische Delegation – Diplomaten, Militärs und Journalisten – wohnte auf dem Schiff «Georg Ots», die kleinere amerikanische Abordnung mietete das Hotel Holt in der Innenstadt. Der begnadete Publizist und weniger begnadete Breschnew-Berater Alexandr Bowin, der gleich anmerkte, dass in Reykjavík *mehr Obst, Gemüse und Blumen als in ganz Moskau zum Verkauf angeboten wurden*, berichtete in seinen Memoiren, dass *wegen der ungewöhnlichen Besuchermenge das isländische Fernsehen, der Rundfunk und die Zeitungen die Bewohner der Hauptstadt darum baten, ein paar Tage lang am Abend nicht in die Restaurants zu gehen. (...) Es hat gewirkt. Ich war in drei Restaurants und habe keinen einzigen Isländer getroffen.* Für die Pressekonferenzen nutzte man das Kino «Haskolabio» im Studentenviertel.

Ort der Verhandlungen war Hofdi House an der Atlantikküste – das einstöckige Gästehaus, in dem früher die britische Botschaft residiert hatte. Angeblich hatten die Briten das Gebäude 1952 verkauft, weil dort nächtens Geister herumspukten. Dies bereitete der amerikanischen Seite offenbar kein Problem, vorausgesetzt, dass es sich dabei nicht um das berühmte Gespenst des Kommunismus handelte. Auch die sowjetischen KGB-Experten fanden den von fast allen Seiten von Wasser umgebenen Ort sicher genug. Im Erdgeschoss verhandelten die beiden Chefs mit Dolmetschern und Protokollführern, in der ersten Etage saßen die Delegationen, von sowjetischer Seite unter anderem Außenminister Schewardnadse, Gorbatschows Berater Alexandr Jakowlew und der Generalstabschef Marschall Sergej Achromejew – gegenüber saßen Außenminister George Shultz, Admiral John Pointdexter und der älteste Abrüstungsdiplomat der Welt, Paul Nitze. Die Experten bearbeiteten die regelmäßig aus dem Erdgeschoss kommenden neuen Instruktionen und diskutierten die Details untereinander. Nach Beendigung der Konferenzen kehrte Gorbatschow mit seiner Begleitung auf das Schiff zurück, während Reagan in der Residenz seines Botschafters Quartier nahm.

Ob und inwiefern die Verhandlungen in Reykjavík erfolgreich waren, darüber gehen die Meinungen bis heute auseinander. Tatsache ist, dass das sowjetische Verhandlungsziel – die Halbierung des Atompotenzials und die Vernichtung aller ballistischen Raketen innerhalb von zehn Jahren, also die sogenannte doppelte Nulloption – knapp verfehlt wurde, da Gorbatschow diese mit dem Verzicht auf das «Sternenkriegprogramm» SDI verband. Gleichzeitig war der Vorstoß bedeutsamer als alles, was je aus dem Kreml an Vorschlägen gekommen war, und diesem Umstand musste auch die US-Delegation Rechnung tragen. Während der ersten Lunchpause in einem, wie George Shultz betonte, abhörsicheren Nebenraum des Botschaftsgebäudes sagte der Außenminister ehrlich begeistert: *Er hat uns Geschenke vor die Füße geworfen! Genauer, auf den Tisch – ein Zugeständnis nach dem anderen!* Reagan gab sich skeptisch: *Ich befürchte, er will einfach SDI töten.* Einig waren sie sich zunächst darin: Wenn die Russen solche Konzessionen machen, dann braucht Gorbatschow dieses Abkommen äußerst dringend. Also nur keine Eile!

In der Nachmittagssitzung versuchte der amerikanische Präsident, seinen Standpunkt zu SDI etwas abzuschwächen, indem er behauptete, der «Sternenkrieg» sei überhaupt nicht gegen die UdSSR gerichtet, sondern lediglich gegen überraschende Angriffe seitens «Verrückter» wie zum Beispiel des libyschen Staatschefs Muammar al-Gaddafi. Dementsprechend seien die Vereinigten Staaten bereit, bei der Ausarbeitung etwaiger Technologien die Forschungsergebnisse mit den Sowjets zu teilen. Daraufhin machte Gorbatschow nur die sarkastische Bemerkung: *Entschuldigen Sie, Herr Präsident, aber Ihre Idee, SDI mit uns zu teilen, nehme ich nicht ernst. Sie wollen mit uns nicht einmal über die Einrichtung eines Erdölbetriebs, automatische Werkzeugmaschinen oder die Ausstattung einer Molkerei Informationen teilen. SDI zu teilen – das wäre eine zweite amerikanische Revolution. Bitte bleiben wir Realisten und Pragmatiker, so ist es sicherer.*

Auf ihrem nach dem berühmten estnischen Opernsänger benannten Schiff «Georg Ots» zerbrachen sich die Mitglieder der sowjetischen Verhandlungsdelegation den Kopf, wie gefährlich eigentlich die Strategic Defense Initiative (SDI) sei. Jakowlews Nachfolger, der Direktor des Instituts für Weltwirtschaft und internationale Beziehungen, Jewgenij Primakow, stellte die Frage: *Die Kürzung der strategischen Offensivwaffen ist eine Realität, während die SDI zunächst eine Chimäre ist.*

Trifft hier nicht die Analogie zu: Lieber den Spatz in der Hand als die Taube auf dem Dach? Marschall Achromejew, der mit seiner strategischen Rechenkunst auch die Anerkennung der Amerikaner gewonnen hatte, protestierte heftig. Er war der Ansicht, und diese teilte nach einigem Zögern auch Gorbatschow, dass ausgerechnet in der Frage der SDI keine Abkehr von der ursprünglichen Linie möglich sei. Am zweiten Verhandlungstag war der sowjetische Parteichef noch kompromissfreudiger: Er war bereit, einiges mehr an sowjetischen Mittelstreckenraketen aus dem Verkehr zu ziehen, als er dies von den Kontrahenten erwartete. Reagan blieb bei seiner Position, fragte jedoch mit besorgtem Gesicht: *Nicht wahr, wir werden mit leeren Händen wieder abreisen?* Daraufhin antwortete Gorbatschow: *Faktisch ja.* Das war ein Patt, das keiner wollte. Reagan versuchte auf seine Art zu scherzen: *Ich kann mir vorstellen, dass wir uns wieder in Island treffen, um in feierlicher Stimmung die letzte amerikanische und sowjetische Rakete zu vernichten. Ich werde schon so alt sein, dass Sie mich nicht mehr erkennen. Und Sie werden verwundert fragen: «Ist es möglich, Ron, dass du das bist? Was machst du hier?»* Und dann feiern wir aus diesem Anlass ein großes Fest. Gorbatschow antwortete ironisch-melancholisch: *Ich weiß aber nicht, ob ich diesen Moment noch erleben werde.* Erst das Erscheinen von Raissa Gorbatschowa, die tagsüber als einzige anwesende First Lady die Geysire bewundert hatte, lockerte ein wenig die düstere Stimmung auf.

Dennoch war das Fiasko von Reykjavík ein anderes als das von Genf. Hatte man in der Schweizer Stadt noch versucht, einen Ausweg aus der langjährigen Sackgasse des Rüstungswahnsinns zu finden, so hatte man in Europas nördlichster Hauptstadt bereits ein paar Schritte auf diesem Weg getan. Schließlich konnte im Dezember 1987 bei Gorbatschows Besuch in Washington das Versäumnis nachgeholt werden. Der Sowjetführer verzichtete diesmal auf sein Steckenpferd, die Amerikaner von der SDI abzubringen. So entstand das Abkommen über den Raketenabzug in Europa. Für Reagan bedeutete dies einen würdevollen Abschluss seiner Präsidentschaft, den er auch gebührend feierte. Beim abendlichen Empfang im Weißen Haus, so lesen wir bei Andrej Gratschow, saß am Klavier kein Geringerer als Van Cliburn, Gewinner des Tschaikowskij-Wettbewerbs in Moskau 1958. Als der Pianist den Schlager *Moskauer Nächte* spielte, sangen oder summten alle mit: *Wenn es Abend wird in der großen Stadt, / wenn die ersten Lichter erglühn, / ja dann denke ich /*

noch so oft daran, / wie es einst mit uns zwein begann. Mithilfe von Gorbatschows warmem Bariton fand der Rüstungswettbewerb von mehr als vierzig Jahren einen wahrhaft hollywoodschen Abschiedsakkord. Jedenfalls war eine der Supermächte aus dem Spiel ausgestiegen.

Entstehung eines Images

Der offizielle, vor allem der europäische Westen bewertete das Phänomen Gorbatschow keineswegs einheitlich. Die britische Premierministerin Margaret Thatcher gehörte zu denen, die relativ früh die außergewöhnliche Kommunikationsfähigkeit und das Verhandlungsgeschick des damaligen Thronfolgers zu schätzen wussten. Gorbatschows Besuch in London im Dezember 1984 erwies sich als gelungene Profilierung für den sowjetischen Politiker. Er leitete damals die Delegation des Obersten Sowjets, die einer Einladung des britischen Parlaments folgte, und befand sich eigentlich auf einer unverbindlichen Informationsreise. Die «eiserne Lady», noch tief in die Turbulenzen des längsten Bergarbeiterstreiks der britischen Geschichte verstrickt, hörte aufmerksam und ruhig den Ausführungen ihres Besuchers zu, obwohl dieser im Grunde die üblichen Floskeln lieferte. Trotzdem hinterließ der Gast einen bleibenden Eindruck bei der Gastgeberin. So kann man in Thatchers Memoiren nachlesen:

Hätte ich nur auf den Inhalt seiner Bemerkungen – größtenteils die marxistische Standardlinie – geachtet, so hätte ich schlussfolgern müssen, dass er aus dem üblichen sowjetischen Apparatschik-Holz geschnitzt sei. Aber seine Persönlichkeit war anders als die jener Bauchrednerpuppen. Er lächelte, lachte, benutzte seine Hände zum Betonen, modulierte seine Stimme, argumentierte folgerichtig und debattierte scharf. (...) Seine Linie war nicht unerwartet. Sein Stil schon. Im Laufe des Tages begriff ich, dass dieser Stil, nicht die marxistische Rhetorik, die Substanz seiner Persönlichkeit zum Ausdruck brachte. Ich mochte ihn. (...) Mit ihm, erklärte ich anschließend der Presse, könnte ich ins Geschäft kommen. Zur Lockerung der atmosphärischen Schwierigkeiten trug sicher eine unerwartete, für die Sowjets unübliche Gegebenheit bei: Gorbatschow, damals noch zweiter Mann in der Partei, war es gelungen, eine Sondergenehmigung von Konstantin Tschernenko zu erwirken und seine Frau Raissa mitzunehmen.

Ähnlich wie die britische, so reagierte auch die französische Politik auf Gorbatschows Auftritt mit einem Vorschuss vom Vertrauen. In der insgesamt wohlwollenden westeuropäischen Reaktion war nur eine dissonante Stimme vernehmbar. Bundeskanzler Helmut Kohl sagte im Herbst 1986 in einem Interview mit der amerikanischen Wochenschrift «Newsweek» den berühmt gewordenen Satz über Gorbatschow, der in mehreren folkloristisch verklärten Versionen weiterverbreitet wurde: *Er ist ein moderner kommunistischer Führer, der sich auf Öffentlichkeitsarbeit versteht. Goebbels, einer derjenigen, die für die Verbrechen der Hitlerzeit verantwortlich waren, war ebenfalls ein Experte in Öffentlichkeitsarbeit.* Diese instinktlose Bemerkung verriet Kohls Ängste angesichts des untypischen Auftritts des Generalsekretärs und auch eine gewisse Verärgerung darüber, dass dieser, der wie auf einer Konzerttournee die halbe Welt bereiste, um die Bundesrepublik Deutschland einen auffälligen Bogen machte. Der Skandal um diesen Ausspruch war ziemlich laut, hatte aber offensichtlich keine nachhaltigen Auswirkungen auf die zwischenstaatlichen Beziehungen zwischen Sowjetunion und Bundesrepublik Deutschland. Bonn war für Moskau ein wichtiger Partner in seiner Europapolitik, die das Ziel der Verdrängung der USA vom Kontinent verfolgte. Gorbatschows Reaktion im engsten Kreis beschränkte sich auf den Satz: *Man muss dem Kanzler weitere Lehren erteilen.* Ein paar Jahre sollten trotzdem vergehen, bis die beiden Politiker sich mit «lieber Mischa» und «dorogoj Gelmut» anredeten.

Ansonsten dachte der Bundeskanzler nicht durchweg negativ über Gorbatschow. Aus einer etwas trüben Quelle – der Information von Alexander Schalck-Golodkowski an den Stasichef Erich Mielke – wissen wir, dass er sich über das Schicksal des Kremlchefs sogar Sorgen machte. Der bayerische Unternehmer Josef März, *der unter Alkoholeinfluss stand, sich dafür entschuldigte*, hatte Schalck von einem Geheimtreffen zwischen seinem Patron Franz Josef Strauß und Helmut Kohl Anfang Mai 1987 erzählt. *Das Interesse von Kohl und Strauß orientierte sich auf eine Hauptfrage (...): Wird Gorbatschow der erste Mann der UdSSR auf lange Sicht bleiben, oder ist mit kurzfristigen – die CIA spricht von zwei Monaten – Veränderungen zu rechnen. Da Kohl davon ausgeht, dass seine Koalitionsregierung für die nächsten 15 Jahre existieren wird, ist für die BRD von erstrangiger Bedeutung, welche Führungspersönlichkeiten in der UdSSR langfristig für die Politik verant-*

wortlich zeichnen werden und damit für ihre Berechenbarkeit. Woher die CIA das Gerücht eines so kurzfristig bevorstehenden Sturzes von Gorbatschow nahm, ist eine Frage für sich. Jedenfalls sorgte der Vergleich mit Goebbels dafür, dass der Sowjetführer seine Reise nach Bonn auf die lange Bank schob, dafür aber im Dezember 1987 Kohls Freund und Rivalen Franz Josef Strauß empfing – offenbar eine süße Rache.

Versucht man die tieferen Schichten des westlichen Misstrauens gegenüber Gorbatschow zu begreifen, so muss man auf die Erfahrungen mit Nikita Chruschtschow rekurrieren. Auch er galt mit seiner Stalin-Enthüllung und den Friedensoffensiven ursprünglich als Hoffnungsträger, zerstörte jedoch sein Image mit der Unterdrückung des ungarischen Volksaufstands und dem Heraufbeschwören der Kuba-Krise. Schließlich wurde er von einer Palastrevolution gestürzt. Gorbatschow gelang es hingegen, die Ehrlichkeit seiner Anliegen, zumindest was die Außenpolitik betraf, unter Beweis zu stellen. Aber die Frage, ob und wie lange er sich damit an der Macht halten konnte, hing jederzeit in der Luft.

Nicht anders in der Sowjetunion. Witzbolde hatten zu Beginn seines Machtantritts mit Gorbatschows Namen in russischer Orthografie ein böses Wortspiel getrieben. Es hieß, Горбачёв stehe als Abkürzung für das Programm des jüngsten Parteiführers: **G**otow **o**tmenitj **r**esenija **B**reschnewa, **A**ndropowa, **Tsch**ernenko, **e**sli **w**yschiwu, zu deutsch: *Bin bereit, Entscheidungen von Breschnew, Andropow und Tschernenko zu verändern, falls ich überlebe.* Dabei geschah an der Front der inneren Veränderungen, die bald den Namen «Perestroika» erhielten, im ersten Jahr nach Gorbatschows Amtsantritt nichts Wesentliches.

Schachzüge

Was in den auswärtigen Angelegenheiten mit der Zusammenstellung des arbeitsfähigen Gorbatschow'schen Teams *(komanda Gorbatschowa)* begann, fand auch seine innenpolitische Entsprechung in personellen Änderungen innerhalb der führenden Gremien der Sowjetunion. Vor allem entfernte der neue Generalsekretär seine Gegner aus dem engsten Machtbereich. Den Premier Tichonow, den Moskauer Parteichef Grischin und den Leningrader Romanow verabschiedete er, aber nicht auf lukrative Art, wie er dies mit Gromyko getan hatte – er schickte sie einfach aufs Altenteil. Von der Breschnew'schen Garnitur blieben zunächst der ukrainische, weißrussische, kasachische und aserbaidschanische Parteichef erhalten sowie das Urgestein Michail Solomenzew. Von der Andropow'schen Mannschaft übernahm Gorbatschow vor allem den für Organisationsfragen zuständigen ZK-Sekretär Jegor Ligatschow, den Ministerpräsidenten der Russischen Sowjetrepublik, Witalij Worotnikow, und den stellvertretenden sowjetischen Premier Nikolaj Ryschkow – Letzterer wurde auch Tichonows Nachfolger. Neu in der höchsten Führung waren der aus Swerdlowsk nach Moskau geholte und bald zum Parteichef der Hauptstadt erkorene Boris Jelzin, der für die Propaganda zuständige Jegor Jakowlew, der Verteidigungsminister Marschall Sokolow sowie der KGB-Vorsitzende Wiktor Tschebrikow.

Mit diesen Entlassungen und Neuernennungen wurde das gesamte Kaderkarussell in Bewegung gebracht. Ein Jahr nach Gorbatschows Wahl waren zwei Drittel der Parteichefs in Landkreisen und Komitaten sowie 40 Prozent der ZK-Sekretäre ausgetauscht worden – mit weiteren personellen Folgen auf den darunter liegenden Ebenen. Ähnlich ging es beispielsweise in Moskau zu, wo der frisch gebackene Parteichef Jelzin 60 Prozent der Bezirkssekretäre, praktisch die gesamte Klientel seines Vorgängers, ablöste. Bei der Verteilung der Posten bevorzugte man Funktionäre aus der Generation der 40- bis 50-Jährigen, während in der Jugendorganisation Komsomol massenhaft 20- bis 30-Jährige befördert wurden. Die Verjüngungswelle erreichte bald auch die staatliche Verwaltung und die akademischen Kreise. Außer der Einbringung eigener Leute in leitende Positionen diente die unblutige, aber nicht immer freundliche Säuberung einem weiteren Zweck: Man wollte die Nomenklatura aufrütteln, aktivieren und in den Dienst des neuen Programms der Beschleunigung *(uskorenije)* stellen.

Dieser etwas konturlose Begriff bezog sich vor allem auf die ökonomische Entwicklung und wurzelte in dem alten quantitativen Plandenken: Die Devise hieß, man müsse alles weitermachen wie bisher – nur eben schneller, besser und technisch präziser. Zu diesem Zweck wurde im Juni 1985 sogar eine ZK-Konferenz zur Beschleunigung des wissenschaftlich-technischen Fortschritts zusammengerufen. Die Auswertung dieser Tagung auf der Sitzung des Politbüros zeigt, wie weit entfernt damals die Führer des Landes und auch der neue Parteiführer von einer realen Sicht der Probleme waren.

WOROTNIKOW *Die Konferenz hat die Aufmerksamkeit gegenüber der Beschleunigung des wissenschaftlich-technischen Fortschritts erhöht. Aber man stößt auch auf Zweifel: ob wir das System nicht ins Wanken bringen, ob es nicht besser wäre, stufenweise, in kleinen Schritten voranzugehen...*
GROMYKO *Die Konferenz hat wie ein Röntgengerät den Zustand auf diesem Gebiet durchleuchtet. (...) Auf der Konferenz herrschte ein kritischer Geist. Aber diese Kritik flößte Vertrauen ein. Schließlich kann man auch so kritisieren, dass man Unglauben erweckt.*
RYSCHKOW *Jetzt gibt es die Möglichkeit, die Prozesse ernsthaft zu beeinflussen. Das wirtschaftliche Denken ist aber im Rückstand, befindet sich im Zustand der Lethargie. Jeder, der die neue Situation nicht begreift, muss entlassen werden.*
LIGATSCHOW *Es ist sehr wichtig, dass die Maßnahmen zur Beschleunigung des wissenschaftlich-technischen Fortschritts nicht auf Kosten der sozialen Programme gehen. Technischer Fortschritt plus Disziplin – das ist die Formel unserer Zeit.*
GORBATSCHOW *Die Diskussion des Politbüros zeigte die einheitliche Beurteilung der Situation und die Wege der Weiterentwicklung. Jetzt müssen gemeinsame Handlungen folgen.*

Einerseits zeigt dieser Protokollauszug die in den Worthülsen des Parteijargons versteckte Ratlosigkeit der Versammelten, andererseits ihre Unfähigkeit zum dialogischen Denken. Zwangsweise musste hier jemand das Wort führen, selbst auf die Gefahr hin, dass man ihm im Nachhinein autoritäre Führungsmethoden vorwarf. Gorbatschow bestand auf konkreten Ergebnissen und stellte die Frage nach dem Stand der sowjetischen Computertechnologie. Daraufhin erschien Alexandr Schochin, ein junger Spezialist für Mathematik und Wirtschaft, auf der Sitzung des Politbüros mit einer, wie Schachnasarow schildert, *tragbaren Rechenmaschine* in der Aktentasche, deren baldige Massenproduktion er in Aussicht stellte. Das famose Gerät wurde zunächst vom Generalsekretär und dann von den anderen Mitgliedern des Politbüros bewundert. Dabei roch das Ganze, so der weltgewandte Schachnasarow, nach der Kopie eines japanischen Modells, und *hätten sie technische Zeitschriften gelesen, dann hätten sie gewusst, dass das Land im Bereich der Informatik mehrere Jahrzehnte oder, wie die Japaner scherzhaft sagten, für immer zurückgeblieben ist.* Fügen wir aber gleich hinzu: Den Militärs wurde modernste Technik für harte Währung geliefert, während die zivile Sphäre meist mit dem vorindustriellen Charme des Abakus auskommen musste.

Der Austausch der Funktionäre musste vorgenommen werden, denn es ging um stabile, entscheidungsfähige Mehrheiten in allen Institutionen. Der XXVII. Parteitag der KPdSU im Februar 1986 sollte dazu dienen, den Kaderwechsel zu legitimieren. Zu dieser Zeit begann Gorbatschow jedoch einzusehen, dass er dem Hauptproblem, der mangelnden ökonomischen Effektivität des Systems und seiner Verletzlichkeit, allein personalpolitisch nicht beikommen konnte. Vielmehr brauchte man strukturelle Veränderungen, die geeignet waren, einen normalen Proporz zwischen Produktion und Konsumtion im ökonomischen und den Gleichen zwischen Macht und Verantwortung im politischen Bereich herzustellen. Bereits von den Konflikten um die Wachablösungen musste Gorbatschow wissen, dass man keine Politik machen konnte, ohne jemandem auf die Hühneraugen zu treten. Bei seinem zweiten Projekt, der Perestroika, ging es jedoch um einen Paradigmenwechsel, der mehr oder weniger die Interessen der ganzen Gesellschaft tangierte. In seiner Rede Anfang April in der Autostadt Togliatti an der Wolga formulierte er zum ersten Mal eine Art Reformprogramm: *Beginnen muss man vor allem mit dem Umbau (Perestroika) im Denken, in der Psychologie, in der Organisation, in Stil und Methoden der Arbeit. Ich sage ehrlich: Wenn wir uns selbst nicht umbauen, dann, davon bin ich überzeugt, können wir weder unsere Ökonomie noch unser gesellschaftliches Leben umbauen. (...) In diesem Fall lösen wir auch die zu lösenden Aufgaben nicht, deren Dimension und Neuigkeit beispiellos sind.*

Der ultimative Ton der Perestroika-Rede erinnerte noch ein wenig an den der Antialkoholkampagne – aber alles war abstrakter. Diesmal gab es eine Kriegserklärung ohne Bezeichnung des Schlachtfelds und des Gegners. Zunächst blieb Gorbatschow in seinem mürrischen Monolog bei Einzelerscheinungen stecken: *Bankette, Souvenirs, Empfänge, Stimuli, Auszeichnungen. Die Führung auf allen Ebenen verfügt über eigene Versorgungsbasen. Ihre Ehefrauen kaufen in keinem gewöhnlichen Geschäft mehr ein. In jedem Bezirk, in jeder Stadt gibt es interne Verteilungszentren und da genug Importwaren. Wir sind selber schuld, wenn nicht geradezu auf einen kriminellen Weg geraten. (...) Wenn man in der Zeitung liest, dass man von Magnitogorsk bis zur Rigaer Bucht reist, um Nägel zu kaufen – was ist das dann? Das muss man politisch bewerten.*

Aus Togliatti kehrte er mit *deprimierenden Eindrücken über die Führung des Gebiets und der Stadt* zurück. In der Konfektionsfabrik wurde er auf farblose, miserable Stoffe aufmerksam. *Niedriges technisches Niveau – von vor 20 bis 25 Jahren. Kein Vergleich mit den ausländischen Mustern. Die Arbeitssicherheit ist ebenfalls niedrig. Spannungen im sozialen Bereich. Wohnungsmangel, der zum Himmel schreit. (...) 17 000 Plätze fehlen in Kindergärten. In der Stadt mit 600 000 Einwohnern – ein einziges Kino. (...) Es gibt keine Lagerräume für Gemüse ...* Auch die ökologische Lage erschien ihm trostlos: *Die Umweltverschmutzung bei uns ist so groß, dass man uns, hätten wir die Daten weltweit publik gemacht, an den Schandpfahl nageln würde.* «Zum Glück» fehlte damals noch neben den Projekten Uskorenije und Perestroika der dritte Bestandteil der Gorbatschow'schen Triade: die Glasnost.

Dann rief er eine weitere Sitzung zusammen, auf der die Lage der Leichtindustrie thematisiert wurde. Inzwischen hielt er sich in der Stadt Kujbischew (Samara) auf und fand in der dortigen Konfektionsfabrik weitere Nahrung für seine Beanstandungen: *Als wäre ich in eine Manufaktur aus dem 18. Jahrhundert geraten. Nichts vom 20. Jahrhundert, nichts, was an das moderne Niveau erinnert. Technik und soziale Frage – hier muss man die Lösung finden. Das Volk flüchtet aus den alten Betrieben. (...) Wir sind nicht nur hinter Westeuropa, sondern auch hinter Bulgarien und der Tschechoslowakei zurückgeblieben. Die Einrichtung ist 40 Jahre alt.* Bittere Worte, aus denen noch das Entsetzen des Funktionärs über die bösen Überraschungen der Realität spürbar ist. Aus diesen Reiseerlebnissen, wie er sie vor seinem engsten Team schilderte, ergab sich ein Gesamtbild von katastrophalem Ausmaß.

Es war der 24. April 1986, ein Donnerstag. Kurz darauf, in der Nacht vom Freitag auf Sonnabend, ereignete sich eine Explosion im Block 4 des Kernkraftwerks namens W. I. Lenin in der Nähe der ukrainischen Stadt Pripjat.

4

Am Scheideweg

Tschernobyl – Fragen nach der Katastrophe

Der Anruf erreichte das Ehepaar Gorbatschow um fünf Uhr am Samstagfrüh auf seiner Datscha. *Man teilte mir mit,* sagte der Generalsekretär in einem Interview zwanzig Jahre später, *dass es im Tschernobyler Atomkraftwerk zu einer ernsthaften Havarie und einem Brand gekommen sein soll, aber dass der Reaktor unversehrt geblieben sei. Meine erste Reaktion war Unverständnis: Wie konnte so etwas passieren? Die Wissenschaftler haben uns, den Führern des Landes, doch versichert, dass der Reaktor absolut ungefährlich sei.* Das Akademiemitglied Alexandrow zum Beispiel hatte behauptet, den (Hochleistungsreaktor) RBMK *könnten wir gleich auf den Roten Platz stellen, es gehe nicht mehr Gefahr von ihm aus als von einem Samowar.*

Der Atomenergieexperte Anatolij Alexandrow, Präsident der Akademie der Wissenschaften, dreifacher Held der sozialistischen Arbeit, Träger des Leninpreises und Dutzender anderer Auszeichnungen, zahlte für diesen leichtsinnigen Vergleich mit seiner wissenschaftlichen Reputation. *Damit begann das Ende meines Lebens und meiner Laufbahn,* gab er zu. Allerdings war er auch ein Opfer der in solchen Fällen fast automatisch einsetzenden Suche nach dem Sündenbock. Die Katastrophe von Tschernobyl war begründet in technischen Unzulänglichkeiten des Reaktors, in menschlichem Versagen und nicht zuletzt in einer schicksalhaften Verkettung unglückseliger Zufälle. Diese drei Faktoren waren und blieben für alle nuklearen Zwischenfälle der Welt charakteristisch, denken wir etwa an den Unfall im AKW Harrisburg 1979, bei dem eine ähnliche Tragödie wie in Tschernobyl nur um ein Haar abgewehrt werden konnte.

Es gibt keinen Grund, daran zu zweifeln, dass den zuständigen Behörden daran gelegen war, die Zentrale in Moskau und speziell den Parteichef zunächst «schonungsvoll» über die Ereignisse zu informieren. Die Ursache dieser Vorsicht konnte einerseits daran liegen, dass sie anfänglich selbst kein klares Bild vom Geschehen hatten, andererseits wirkte womöglich der uralte russisch-bürokratische Reflex, vor dem Thron des Zaren lieber nicht als Überbringer schlechter Nachrichten zu erscheinen. In der Annahme eines lokalisierbaren Feuers versuchten die Mitarbeiter anfangs, den Reaktor mit Wasser zu löschen, sahen aber sehr bald die Hoffnungslosigkeit dieser Maßnahme ein. Sogar die richtigere Löschmethode mit Sand und Blei zeigte erst am 13. Tag der Katastrophe, am 6. Mai 1986, sichtbare Erfolge.

Als das Politbüro um elf Uhr am Montag, dem 28. April mit seiner Sondersitzung begann, verfügte es über relativ viele Informationen – es bleibt jedoch die Frage, was die Mitglieder und Kandidaten des Politbüros, in der zu behandelnden Frage allesamt Laien, selbst wenn sie über technische Diplome verfügten, mit den vielen Informationen anfangen konnten. Das Protokoll ist ein Zeugnis der Ratlosigkeit, die ansonsten für diese Körperschaft seit 1917 noch nie ein herausragendes Merkmal gewesen war. Auch Michail Gorbatschow wirkte wie gelähmt.

DOLGICH *Im Tschernobyler AKW hat es eine Wasserstoffexplosion am unteren Behälter gegeben, in deren Folge die Uranstangen nach oben, über das Dach gedrückt wurden. 17 Menschen arbeiteten dort. Einer ist umgekommen, einer wurde nicht mehr gefunden. Das Niveau der Radioaktivität erreichte, so der Stand um neun Uhr, im Bereich des Reaktors 1000 Röntgen, in der Stadt 230 Milliröntgen. Die Bevölkerung wurde evakuiert. Von den 45 000 Einwohnern sind nur noch 5000 dort geblieben, um den Bahnhof und das Restaurant zu versorgen. In einem Umkreis von 60 Kilometern erstreckt sich die radioaktive Wolke.*
RYSCHOW *Gestern ist die Wolke in den höheren Schichten der Atmosphäre bis Vilnius gelangt.*
DOLGICH *Es werden vorbeugende Maßnahmen getroffen, man bewirft von Hubschraubern aus den größten Krater mit Sand, rotem Ton und Blei.*
GORBATSCHOW *Sind etwa personelle Maßnahmen gar nicht vorgesehen?*
DOLGICH *Man braucht zunächst eine tiefe Analyse der Ursachen der Havarie. (...) Bisher wurden 130 Menschen verstrahlt. Sie sind nach Moskau gebracht worden. Aber diese Zahl kann sich noch erhöhen. Hauptsache jetzt – den Reaktor zu löschen. Den Block 4 haben wir verloren. Man muss ihn ganz abdecken. Das zweite – der vorbeugende Schutz der beiden anderen*

4. Am Scheideweg

Der Name Lenins verschwand aus den Nachrichten über das Reaktorunglück

Blöcke. (...) Die Menschen auf dem Bahnhof haben sich tapfer verhalten. Jetzt ist es notwendig, für die Evakuierten Arbeit zu schaffen und die fehlende Elektroenergie zu kompensieren.

GORBATSCHOW Die Säcke mit Sand und Bor werden aus der Luft abgeworfen?

Hier irrt Gorbatschow – es war Blei, das abgeworfen wurde.

DOLGICH Aus Hubschraubern. 60 Säcke wurden abgeworfen. 1800 sind notwendig. Aber die Flüge sind auch gefährlich.

GORBATSCHOW Man braucht die sorgfältigste Analyse aller Aspekte der Sache. Die Ergebnisse untersuchen wir auf der Sitzung des Politbüros. Auf das AKW können wir nicht verzichten, aber wir müssen unbedingt alle notwendigen Maßnahmen zur Sicherheit treffen. (...) Sind wissenschaftliche Kräfte eingesetzt?

DOLGICH Alexandrow und andere beschäftigen sich mit der Sache.

TSCHEBRIKOW Auf unserer Linie gibt es vorerst nichts Alarmierendes. Die Bevölkerung ist ruhig. Aber man muss berücksichtigen, dass von der Havarie zunächst nur ein enger Kreis weiß.

Tschebrikow war zu dieser Zeit KGB-Chef.

Unter dem lähmenden Eindruck des Dolgich-Berichts sah sich die Führung gezwungen, in sehr vorsichtiger Form dann doch an die Öffentlichkeit zu gehen. In der Abendausgabe des Regierungsblatts «Iswestija» und in der Fernsehtagesschau «Wremja» um 21 Uhr kam die knappe TASS-Meldung: *Im Tschernobyler Atomkraftwerk hat sich eine Havarie ereignet, einer der Atomreaktoren ist beschädigt. Es werden Maßnahmen ergriffen, um die Folgen der Havarie zu beseitigen. Den Leidtragenden wird Hilfe geleistet. Es wurde eine Regierungskommission gebildet.* Dass es sich um eine Explosion sowie um die Freisetzung von Radioaktivität handelte und dass es bereits die ersten Todesfälle gab, blieb unerwähnt. Nach heutiger Sicht ist an diesem Text noch etwas auffällig: Die vollständige Bezeichnung des AKWs war «Tschernobyler Atomkraftwerk W. I. Lenin», doch jetzt wurde der berühmte Name ausgespart. Offensichtlich wollte man den Gründer des Sowjetstaates nicht mit der Katastrophe in einem Reaktor sowjetischen Typs in Verbindung bringen. Dies war jedoch ein Indiz dafür, dass Gorbatschow und sein engstes Umfeld von der Tragweite der Explosion zumindest etwas ahnen mussten.

So oder so: Die offizielle Nachricht zeugte davon, dass an diesem ersten warmen Frühjahrswochenende neben der grandiosen technischen Panne auch ein GAU im sowjetischen Kommunikationssystem eintrat. Den Rückschlag bekamen als Erste die Mitglieder der vom stellvertretenden Ministerpräsidenten Boris Scherbina geleiteten Regierungskommission zu spüren, als sie in Pripjat ohne Spezialkleidung und Atemschutzgeräte eintrafen und in dem schwer kontaminierten Restaurant «Polesje» ihr verseuchtes Mittag- und Abendessen verzehren mussten. Ebenfalls *in normaler Kleidung und ohne Atemschutzgerät beflogen unsere Akademiemitglieder das Terrain*, erinnerte sich Gorbatschow an die schauderhafte Szene. *Alle, die mich informierten, begriffen letztendlich nicht, was eigentlich geschah.* Dasselbe ließ sich wohl über Zehntausende von Helfern aus Armee und Zivilbevölkerung sagen, darunter viele Freiwillige, die in den letzten Apriltagen damit begonnen hatten, aufopferungsvoll, heroisch und ungeschützt zu retten, was noch zu retten war. Die Mehrzahl der in einem UNO-Bericht auf 4000 geschätzten direkten Todesopfer sowie ein Teil der halben Million Menschen, die bei dem Unglück verstrahlt wurden, war eindeutig dem miserablen Informationsstand der sowjetischen Gesellschaft geschuldet.

Auf der nächsten Sondersitzung des Politbüros am 29. April stand bereits die Berichterstattung über den Super-GAU auf der Tagesordnung. Ursache dafür war einerseits die Verschlechterung der Lage in Tschernobyl, andererseits die zu erwartende Reaktion der Außenwelt. In den frühen Morgenstunden waren in Schweden und Norwegen auffällige Mengen von Radioaktivität gemessen worden, und die von der AKW-Debatte sensibilisierte westliche Öffentlichkeit wurde hellhörig. Dies bedeutete, dass die unzensierte Wahrheit über Tschernobyl von den russischsprachigen Sendungen der BBC, der Voice of America, der Deutschen Welle oder von Radio Swoboda in wenigen Stunden an die sowjetische Hörerschaft gelangen konnte. Das lange Schweigen der Landesführung könnte ruchbar werden und diese bei der Bevölkerung zusätzlich in Misskredit bringen. Die einzig sinnvolle Lösung war also die Flucht nach vorn.

GORBATSCHOW *Wie verfahren wir mit der Information?*
DOLGICH *Man muss die Isolierung des radioaktiven Herdes zum Abschluss bringen.*
GORBATSCHOW *Man muss schneller informieren, Verzögern ist unmöglich. Man muss sagen, dass es eine Explosion gab und dass die notwendigen Maßnahmen ergriffen werden, um die Folgen zu lokalisieren. Das ist das Erste.*
WOROTNIKOW *Ja.*
GORBATSCHOW *Das Zweite: Man muss die Arbeit zur Deaktivierung fortsetzen. Man muss auch die notwendigen Maßnahmen zum Schutz des Vermögens der Bürger vor den Plünderern ergreifen. Man muss für die Evakuierten die notwendigen materiellen Lebensbedingungen schaffen, für Ernährung, Arbeit, Schule und anderes Sorge tragen.*
LIGATSCHOW *Die Leute sind gut untergebracht. Die Informationsmitteilung über das Geschehene darf nicht verzögert werden.*
JAKOWLEW *Je früher wir die Mitteilung machen, desto besser.*
ALIJEW *Informationen müssen gegeben werden.*
TSCHEBRIKOW *Richtig.*
DOBRYNIN *Sowieso schnappen die Amerikaner die Tatsache der Explosion und die Verbreitung der radioaktiven Wolke auf.*
TSCHEBRIKOW *Den Leidtragenden wird die notwendige Hilfe geleistet.*
GROMYKO *Die Mitteilung muss so verfasst werden, dass sie keine überflüssige Unruhe und Panik auslöst.*

GORBATSCHOW *Wir haben 18 Atomkraftwerke. Die Ursachen für die Havarie im Tschernobyler AKW müssen detailliert analysiert werden. Man muss nachschauen, was unsere Atomare Aufsichtsbehörde tut. (...) Schließlich geschah die Havarie zu einer Zeit, als der vierte Reaktor auf die Reparatur vorbereitet werden sollte. Das heißt, die Vertreter der Aufsicht hätten dabei sein müssen. Das alles muss sorgfältig geklärt werden.*
TSCHEBRIKOW *Zum Faktum der Havarie ist ein Strafverfahren eingeleitet worden.*
GROMYKO *Ist es vielleicht wichtig, über das Geschehene unsere Freunde speziell zu informieren? Sie haben doch wohl bei uns die Ausstattung für ihre AKW gekauft.*
Gemeint waren hier die AKW Rheinsberg, Paks und Kosloduj.
JELZIN *Vielleicht brauchen wir eine Einreisesperre für die Zone, über die sich die radioaktive Wolke erstreckt?*
GORBATSCHOW *Zunächst müssen wir unsere eigene Öffentlichkeit informieren.*

So saß das zum Krisenstab avancierte Politbüro im Kreml und verkörperte einen von einem wütenden Element in die Ecke getriebenen Staat mit einem schrecklichen Staatsgeheimnis, das er weder aufrechterhalten konnte noch restlos preisgeben wollte. Alle redeten konsequent und beharrlich an der Sache vorbei, als hätten sie mehr Angst vor einer Kontaminierung durch Tatsachen als vor einer durch atomare Strahlung. Dies betraf auch Gorbatschow, obwohl er, der einäugige König unter den ihm treu folgenden Blinden, etwas resoluter schien als die anderen. Aber selbst er war noch außerstande, den eigenen langen Schatten zu überwinden.

Der schwerste Vorwurf, den man Gorbatschow damals gemacht hat und der bis heute wiederholt wird, war die Tatsache, dass er angesichts der hohen Strahlenwerte die bevorstehenden Maikundgebungen nicht absagen ließ. Der Internationale Tag der Arbeit, ein fester Teil der sowjetischen Tradition, fiel in diesem Jahr auf einen Freitag, die Feier dauerte, ergänzt um das ganze Wochenende, 72 Stunden. Dazu gehörte neben dem Defilieren der Werktätigen vor der Ehrentribüne auch die «narodnoje guljanje», ein Volksfest mit viel Tanz, Musik, Essen und – im Rahmen der Antialkoholkampagne – auch Trinken. In der Tat waren die westlichen Satellitenaufnahmen von dem Ausflugsschiff auf dem

Dnjepr bedrückend, und sie stellten die Frage nach den Verantwortlichen. Gorbatschow versuchte 2006 in einem Interview diese Frage zu beantworten: *Die Kundgebungen wurden nicht abgesagt, weil am 1. Mai noch kein vollständiges Bild des Geschehenen vorhanden war. In der Tat, wir hatten Angst vor einer Panik – Sie können sich die möglichen Folgen einer Massenpanik in einer Mehrmillionenstadt vorstellen! Heute ist klar, dass dies damals ein Fehler war.*

Das erste Argument kann angesichts des Protokolls der Politbürositzungen nicht akzeptiert werden. Was Dolgich dort vorgetragen hatte und was die Regierungskommission nach ihrem Besuch in der Region meldete, war zunächst alles, was man über das Ereignis wissen musste – sapienti sat. Was die möglichen Folgen einer Absage der öffentlichen Maikundgebung betrifft, so ist das Argument des damaligen Generalsekretärs schon eher nachvollziehbar. Mag sein, dass die Wahrheit dem Menschen zumutbar ist, aber diese Weisheit betrifft doch eher den Einzelnen. In einem Land der permanenten Triumphberichte, wie es damals die UdSSR war, konnte die Gesellschaft schlechte Nachrichten kaum ertragen. Selbst Flugzeug- oder Zugunglücke, Kriminalfälle oder der Selbstmord bekannter Persönlichkeiten wurden ihr vorenthalten. Keine einzige der legendären Raumfahrten war jemals vorher angekündigt worden, und zur Erntezeit wurden sogar Wetterberichte in den Zeitungen zensiert. So war es kein Zufall, dass die Reaktorpanne nahe Tscheljabinsk im Jahre 1969, die womöglich mehr Opfer als Tschernobyl gefordert hatte, zu den bestgehüteten Geheimnissen des Sowjetstaates gehörte. Vor allem die älteren Funktionäre hatten noch die Moskauer Panik vom 16. Oktober 1941 im Hinterkopf. Damals ging das Gerücht um, wegen der unaufhaltsam erscheinenden Offensive der Wehrmacht habe Stalin die bedrohte Hauptstadt verlassen. Zwei Millionen Bürger waren bereits evakuiert, als plötzlich eine hysterische Fluchtbewegung Richtung Osten begann, die nur mit massivem militärischem Eingreifen und Ausrufung des Notstands eingedämmt werden konnte.

Das Zögern, die Maikundgebung abzusagen, ist erklärbar durch die Angst vor den Folgen. Weniger plausibel ist, warum Gorbatschow so lange damit gezögert hat, eine erste öffentliche Stellungnahme zu Tschernobyl abzugeben. Die Tatsache, dass er sich erst am 14. Mai bereit fand, in einer Fernsehrede euphemistisch die «Havarie» zu thematisieren, gehört zu Gorbatschows frühen Versäumnissen. Zudem erwies sich diese Verspätung als das erste Glied in einer langen Kette chronischer Versäumnisse – einer sicherlich auch persönlichkeitsbedingten Neigung zum Manövrieren, Taktieren, Abwarten und Aufschieben von Entscheidungen, von deren Richtigkeit er sonst überzeugt war.

Tschernobyl erwies sich als Wendepunkt der Geschichte nicht nur für die von Gorbatschow und seinem Team beabsichtigte Perestroika, sondern auch für die ungewollte Erosion des Systems. Es war eine Art Jüngstes Gericht, zumal die Gläubigen sehr schnell den passenden Hinweis im Buch der Bücher fanden. So lasen diejenigen, die eine Bibel im Bücherschrank hatten, das Zitat aus der Offenbarung des Johannes: *Und der dritte Engel stieß in die Posaune: Da fiel ein großer Stern, der wie eine Fackel brannte, vom Himmel herab und fiel auf den dritten Teil der Flüsse und auf die Wasserquellen. Der Name des Sternes lautet «Wermut». Da wurde der dritte Teil der Gewässer Wermut, und viele Menschen starben von dem Genuss des Wassers, weil es bitter geworden war* (Joh. 8,10).

Das Wort Wermut heißt ukrainisch «Tschornobyl».

Die Rückkehr eines Verbannten

Der wegen seines Protestes gegen den Afghanistankrieg Anfang 1980 nach Gorki (Nischnij Nowgorod) verbannte Andrej Sacharow, Atomphysiker und Vordenker der demokratischen Bewegung, lebte in dieser Zeit noch stärker isoliert als sonst – ein Zustand, an dem er gewissermaßen selbst «schuld» war. Mit einem hartnäckigen Hungerstreik hatte er erreicht, dass seine Frau Jelena Bonner nach Italien zu einer Bypassoperation ausreisen durfte. Er war allein in seiner vom KGB sorgfältig bewachten Wohnung, und die Nachricht von Tschernobyl erreichte ihn erst Anfang Mai.

Zu meiner Schande, schrieb der Atomphysiker, einer der Konstrukteure der sowjetischen Wasserstoffbombe, *versuchte ich mit aller Kraft, mir den Glauben zu bewahren, dass nichts allzu Entsetzliches geschehen sei. (...) Dies war ein beschämender Irrtum! Eine seiner Ursachen bestand darin, dass die von der sowjetischen Presse veröffentlichten Angaben (...) um das Hundertfache oder mehr gesenkt worden waren. Am 21. Mai, zu meinem Geburtstag, kamen die Physiker J. I. Feinberg und A. A. Zejtlin aus Moskau und erzählten mir einiges über das Unglück. Die Berichte*

Jelena Bonners, die im Juni nach Gorki zurückkam, rundeten das Bild von der kompletten Katastrophe ab. In dieser Zeit begann Sacharow über technische Lösungen nachzudenken, die ein zweites Tschernobyl ausschließen sollten. Er dachte dabei vor allem daran, die Reaktoren so tief unterirdisch zu bauen, dass es selbst bei einem Unfall nicht zur Freisetzung radioaktiver Stoffe kommen könnte. Außerdem wuchs sein Interesse für die Vermeidung von Erdbeben mithilfe nuklearer Sprengsätze. Beide Projekte legte er in einem Brief dem neuen Präsidenten der Akademie der Wissenschaften, dem Physiker Gurij Martschuk, nahe.

Nebenbei: Es wäre anachronistisch gedacht, ausgerechnet von Sacharow in dieser Zeit eine Distanzierung von der Kernenergie zu erwarten. Das ökologische Bewusstsein in der UdSSR befand sich noch in seiner frühesten Phase und richtete sich gegen die Verschmutzung des Baikalsees oder gegen die Wahnidee, den Lauf einiger sibirischer Flüsse umzukehren.

Was Sacharow damals mehr beunruhigte als der Reaktorunfall von Tschernobyl, war die Lage der politischen bzw. sogenannten «Gewissensgefangenen», insbesondere des Dissidenten Anatolij Martschenko, der fast sein ganzes Erwachsenenleben hinter Gittern verbracht hatte und im August 1986 für die Erleichterung des Schicksals politischer Gefangener in den Hungerstreik trat. Vor allem seinetwegen schrieb Sacharow einen ersten Brief an Michail Gorbatschow, nachdem dieser in einem Interview mit der französischen KP-Zeitung «L'Humanité» behauptet hatte, in der UdSSR werde niemand wegen seiner Überzeugungen verfolgt. Obwohl der Brief unbeantwortet blieb, wurden die Verbannungsbedingungen des Wissenschaftlers gelockert. In einer zweiten Botschaft an den Parteichef vom 23. Oktober 1986 äußerte dieser den Wunsch, zu wissenschaftlicher Tätigkeit zurückzukehren und politische Auftritte einzustellen, *abgesehen von Ausnahmefällen, in denen ich, um mit Lew Tolstoj zu sprechen, «nicht schweigen kann»* – gemeint waren humanitäre Fragen. Der Brief endete mit den Worten: *Ich hoffe, dass Sie es für möglich halten, meine Isolation und die Verbannung meiner Frau zu beenden.*

Was Sacharow nicht wissen konnte: Gorbatschow hatte sich zu dieser Zeit entschlossen, die Verbannung des Dissidenten Nr. 1 aufzuheben, wusste aber zunächst nicht, wie er dieses Vorhaben, auch gegen den

Widerstand seiner Kollegen im Politbüro, möglichst publikumswirksam durchsetzen konnte. Am 1. Dezember berichtete er seinen Genossen, ohne Sacharows Briefe zu erwähnen, dass der Atomphysiker an interessanten Projekten zu wichtigen Fragen wie der Sicherheit der Atomreaktoren und der Prävention seismischer Katastrophen arbeite. Direkten Widerspruch gab es keinen, nur KGB-Chef Tschebrikow merkte an: *Er sagte aber in einem seiner Briefe, ich verpflichte mich, mich besser zu benehmen* [sic], *aber ich kann nicht schweigen, wenn man nicht schweigen darf.* Der Generalsekretär winkte ab: *Soll er doch reden. Wenn er gegen das Volk auftritt, dann muss er das selber ausbaden.* Am frühen Nachmittag desselben Tages informierte er in einer gemeinsamen Beratung mit den Mitgliedern des Politbüros und des ZK-Sekretariats über seine Entscheidung. Die Anwesenden nahmen die Mitteilung bejahend oder zähneknirschend zur Kenntnis.

Am 8. Dezember verstarb Anatolij Martschenko im Gefängnis der tatarischen Stadt Tschistopol. Dies war ein fürchterlicher Knast, ausgerechnet unter der Adresse Karl-Liebknecht-Straße 1, in dem mancher bekannte Menschenrechtler seine Strafe verbüßt hatte. Martschenko starb in seinem 48. Lebensjahr nach 117 Tagen Hunger, während derer er eine an Folter grenzende künstliche Ernährung zu erleiden hatte. Sacharow und Bonner lauschten jeden Tag im Äther nach neuen Nachrichten, konnten sich jedoch wegen der Störsender erst allmählich der Tatsache versichern, dass ihr Mitstreiter den Tod gefunden hatte. So fühlten sie sich erbärmlich und hatten es zusätzlich aufgrund ihrer relativ privilegierten Lage mit Gewissensqualen zu tun. Am 15. Dezember klingelte man nach zehn Uhr abends an der Wohnungstür – die Sacharows dachten an eine Haussuchung. Zwei Elektriker und ein KGB-Mann waren gekommen und teilten mit, sie hätten den Auftrag, ein Telefon anzuschließen. Nach getaner Arbeit erklärte der Geheimdienstler, dass sie am nächsten Tag mit einem Anruf zu rechnen hätten. Genau um 15 Uhr meldete sich eine Frauenstimme: *Michail Sergejewitsch wird mit Ihnen sprechen.* Das Gespräch, von vielen Autoren als Wendepunkt in der Geschichte der Perestroika geschildert, ist in Form eines Gedächtnisprotokolls des Atomwissenschaftlers erhalten geblieben. Es dauerte circa zehn Minuten.

Der Menschenrechtler Andrej Sacharow während seiner Rede
beim Volksdeputiertenkongress 1989, hinter ihm sitzt Gorbatschow

GORBATSCHOW *Guten Tag, hier spricht Gorbatschow.*
SACHAROW *Guten Tag.*
GORBATSCHOW *Ich habe Ihren Brief erhalten. Wir haben ihn geprüft und uns beraten. Sie bekommen die Möglichkeit, nach Moskau zurückzukehren. (…) Kehren Sie zu Ihrer patriotischen Arbeit zurück!*

SACHAROW *Ich bin Ihnen dankbar! Aber vor ein paar Tagen wurde mein Freund Martschenko im Gefängnis umgebracht. Ich habe ihn in dem Brief an erster Stelle genannt. In dem Brief bat ich darum, die Gewissensgefangenen (...) freizulassen.*

Der Brief Sacharows war datiert auf den 8. Februar 1986.

GORBATSCHOW *(...) Wir haben viele entlassen, und die Situation anderer ist erleichtert worden. Aber es sind sehr unterschiedliche Fälle.*

SACHAROW *Alle, die man nach diesen Artikeln verurteilt hat, sind illegal, ungerecht verurteilt worden. Sie müssen freigelassen werden!*

Gemeint sind Artikel aus dem Strafgesetzbuch UdSSR von 1960: Art. 70, «Antisowjetische Agitation und Propaganda», sowie 190, «Verbreitung von bewusst falschen Behauptungen, welche die sowjetische Staats- und Gesellschaftsordnung verleumden».

GORBATSCHOW *Ich kann Ihnen nicht zustimmen.*

SACHAROW *Ich flehe Sie an, die Freilassung der Menschen, die ihrer Überzeugung wegen verurteilt wurden, noch einmal zu erwägen. Das ist ein Gebot der Gerechtigkeit und sehr wichtig für unser Land, für das internationale Vertrauen Ihnen gegenüber, für den Frieden, für Sie, für den Erfolg all Ihrer Initiativen.*

Als Gorbatschow am selben Tag bei dem Treffen der Abteilungsleiter des ZK über seinen Anruf in Gorki berichtete, quittierten dies viele Anwesende mit eindeutig spöttischem Gesichtsausdruck. Michail Simjanin, der vom Amt her anwesende Chefredakteur der «Prawda», stellte sogar die bissige Frage: *Hat er sich wenigstens bei Ihnen bedankt?* Gorbatschow reagierte nicht, sondern erklärte nur noch einmal, dass er damit Sacharow in die «patriotische Arbeit» einbinden wolle. Und er fügte den bedeutungsschweren Satz hinzu: *Nicht nur solche Probleme werden wir jetzt lösen müssen.*

Selbstverständlich war diese beispiellose, echt staatsmännische Geste, der Anruf bei einem «Staatsfeind», mit einiger Berechnung verbunden. Erstens galt sie der internationalen Öffentlichkeit als Signal einer neuen Einstellung des Sowjetstaates zur Wahrung der Menschenrechte, was wiederum propagandistische Pluspunkte bei den Abrüstungsverhandlungen bringen sollte. Zweitens wirkte Gorbatschows Vorstoß in seiner Symbolik auch nach innen – eine Demonstration, dass die «Unperson» von gestern durchaus wieder zur «Person» erklärt und in den Prozess der Perestroika integriert werden konnte, ohne den Betreffenden den demütigenden Ritualen der Selbstkritik zu unterwerfen, die bis dahin als minimale Voraussetzung jeder «Entschuldigung» erschienen waren. Allerdings enthielt eine derartige Initiative etwas Verpflichtendes und konnte nur im Ergebnis jenes Denkprozesses entstehen, den der Generalsekretär zwischen der Tragödie in Tschernobyl und dem Anruf in Gorki mit einigen Verzögerungen durchgemacht haben soll. Offensichtlich begann die in der Rede vom Frühjahr 1986 gestellte Forderung, *sich selbst umzubauen*, auf den Erfinder dieser Formel zurückzuwirken.

Altlasten

Als Gorbatschow im Juni 1986 auf dem Budapester Treffen des Warschauer Paktes die Parteichefs des Ostblocks über die Einzelheiten der Atomkatastrophe von Ende April informierte, waren diese vor allem *schockiert über den Verlust: bereits jetzt drei Milliarden Rubel*. Dabei verschlang der Krieg in Afghanistan jährlich so viel oder noch mehr und konnte trotz eines entsprechenden Beschlusses vom September des Vorjahres nicht vom toten Punkt wegbewegt werden. Die KPdSU stand vor der schwierigen Frage, wie man das Blutbad am Hindukusch, mit Hunderttausenden afghanischer und mehr als 14 000 sowjetischer Opfer, ohne Gesichtsverlust beenden konnte. Weder wollte man den unrühmlichen Rückzug der USA aus Vietnam nachahmen noch in den Verdacht kommen, die eigenen Leute im Stich zu lassen. Es folgte ein peinlich langes Katz-und-Maus-Spiel mit der Kabuler Regierung. Der neue Favorit Mohammed Nadschibullah, zuvor Geheimdienstchef, wurde von Moskaus Emissären ermuntert, die Perestroika auf die lokalen Verhältnisse anzuwenden. Möglichst rasch sollte eine «nationale Versöhnung» forciert werden, und sei es in Form einer Koalition mit den islamischen Kräften. Nadschibullah war sogar bereit, in Kabul einem Gottesdienst beizuwohnen. Allerdings schien sein Gebet weder Allah noch die aufständischen Mudschaheddin zu beeindrucken – Letztere bekamen, mit US-Waffen ausgerüstet, immer größere Gebiete des Landes unter Kontrolle.

Die Verzögerung des Truppenabzugs hatte aber auch einen gewichtigen inneren Grund: das Widerstreben, eine militärische Niederlage der als unbesiegbar geltenden Roten Armee einzugestehen. Dementsprechend wurden die Führer des als «begrenztes Truppenkontingent» verniedlichten Okkupationsheers von insgesamt 500 000 Soldaten bis zur letzten, alles andere als ruhmreichen Phase des Krieges hoch dekoriert: Sogar noch im Jahre 1988 erhielten die Armeegeneräle Pawel Gratschow und Walentin Warennikow, 1989 der Generaloberst Boris Gromow den Titel *Held der Sowjetunion*. Dabei gab selbst der Generalstabschef, Marschall Achromejew, soldatisch ehrlich zu: *Nach sieben Jahren war kein einziger Quadratkilometer in Afghanistan übrig, auf den der Sowjetsoldat nicht seinen Fuß gesetzt hätte. Sobald er aber von einer Stelle weggeht, kommt gleich der Gegner und stellt alles wieder her, wie es war. Wir haben den Kampf verloren.*

Inzwischen waren dreizehn Monate seit dem Beschluss über die Beendigung des Krieges vergangen. Offensichtlich konnte die Sowjetunion das Problem weder militärisch noch politisch lösen – sie bzw. ihre Präsenz war ja selbst Teil des Problems. Ein aufgeregter Generalsekretär las seinen Mitarbeitern die Leviten: *Wir führen seit sechs* (de facto sieben) *Jahren Krieg. Einige sagen, wenn das so weitergeht, kann er sogar 20 oder 30 Jahre dauern. So wird es sein! (...) Warum hängt immer noch die Frage in der Luft? Warum tut ihr nichts? In welchem Kabinett hat man eine Entscheidung getroffen, die dem Beschluss des Politbüros widerspricht?* Er setzte im Befehlston fort: *In zwei Jahren müssen wir uns dort davonmachen, müssen jährlich 50 Prozent der Streitkräfte abziehen. Wir müssen die soziale Basis des Regimes erweitern und die reale Verteilung der politischen Kräfte in der Führung sichern. Sie sollen selbst, in ihrem eigenen Kessel kochen mit ihrem orientalischen Pluralismus! (...) Wir wollen doch dort keinen Sozialismus. Und die USA werden, wenn wir weggehen, auch nicht mit militärischer Kraft eindringen. Wenn es in Afghanistan keine amerikanischen Militärflugplätze geben wird, was ist dann? Über alles andere müssen die Afghanen selber verfügen.*

Dieser Wutanfall galt vor allem der Schwerfälligkeit des Apparats, die effektiver als jede bewusste Sabotage die Verwirklichung von konsensuell getroffenen Entscheidungen verhinderte. Das Drehbuch für die Beendigung eines Krieges, dafür haben auch andere Staaten Beispiele geliefert, ist unvergleichlich komplizierter als das Szenario des Kriegsbeginns. Die Politik kann einen Truppenabzug schlicht verordnen, aber auch dieser ist eine militärische Operation, die nur etappenweise und unter Berücksichtigung der Bewegungen des Gegners vor sich gehen kann. Außerdem ist der moralische Zustand einer im Rückzug befindlichen Armee notwendigerweise schlechter als der einer angreifenden. Die sowjetischen Streitkräfte in Afghanistan boten am Ende der Expedition ein bedrückendes Bild von armeeinterner Gewalt, Korruption, Plünderei, und nicht zuletzt waren viele «Afganzy», wie der Volksmund die an der «internationalistischen Hilfe» beteiligten Soldaten bezeichnete, in den Drogenhandel verwickelt. Mehr Sorgen als die Zinksärge der Gefallenen, den Familienangehörigen unter dem Gebot strengster Geheimhaltung ausgehändigt, bereiteten die Rückkehr und Integration von 54 000 lebenden, teilweise verkrüppelten, schwer traumatisierten Verwundeten in die friedliche und dank der Zensur weitgehend nichtsahnende sowjetische Gesellschaft. Dies war die schreckliche Bilanz, als am 15. Februar 1989 Generaloberst Gromow die Einheiten der 40. Armee über die Brücke des Flusses Amu Darja zurückführte.

Dabei war der Krieg in Afghanistan in eine Militärpolitik eingebettet, die unter der ideologischen Prämisse «Hilfe für die Dritte Welt» darauf ausgerichtet war, die Position des Westens in diesen Regionen abzuschwächen. Eine der teuersten Formen der Unterstützung bestand in Waffenlieferungen an die einzelnen Staaten als praktisch nicht zurückzahlbarem Kredit. So kostete den sowjetischen Steuerzahler der Krieg in Angola allein von 1975 bis 1979 zwei Milliarden Dollar, der in Mosambik 800 Millionen Dollar, die militärische Unterstützung der «sozialistischen» Diktatur in Äthiopien von 1977 bis 1979 bereits 2,8 Milliarden Dollar, die Hilfe für die Sandinisten in Nicaragua zwischen 1980 und 1990 eine Milliarde Dollar und so weiter. Hinzu kamen noch die Kosten für den Aufenthalt der Hilfstruppen und Militärberater in diesen fernen Regionen.

Ohne Zweifel erlebten postkoloniale Republiken wie Angola oder die lateinamerikanischen Linksregierungen ihren Kampf gegen die US-Dominanz keineswegs als Stellvertreterkrieg der beiden Supermächte, sondern als ihre eigene Sache. Für das von der amerikanischen Blockade bedrängte Kuba war die Solidarität mit den afrikanischen Freiheitsbewegungen ein Teil der Staatsräson und außerdem Chefsache. Fidel Castro betrachtete die afrikanische Expedition seiner Streitkräfte zwischen 1975 und 1989 als Fortsetzung der Idee von Ernesto «Che» Guevara,

Schaffen wir ein, zwei, viele Vietnam. Dieses Anliegen kostete die UdSSR neben ihrer direkten Kubahilfe weitere Dollarmillionen. Während des Havannabesuchs von Gorbatschows Emissär Wadim Medwedew stellte der Máximo Líder sogar direkten telefonischen Kontakt mit dem in Afrika kämpfenden kubanischen Expeditionsführer, Divisionsgeneral Arnaldo Ochoa Sánchez, her. Zur Niederlage der modern ausgerüsteten südafrikanischen Armee Anfang 1988 in der Schlacht bei Cuito Cuanavale sagte er sogar seinem sicherlich verblüfften sowjetischen Gast, diese sei *vergleichbar mit Hitlers Niederlage in Stalingrad.* In der Tat trug das Fiasko dieser Schlacht zum Ende des Apartheidregimes in Südafrika bei. Aber ob es sich dabei auch um einen Sieg für Kuba handelte, lässt sich bestreiten. Immerhin ermöglichte diese letzte Operation der *internacionalistas* einen Rückzug vom afrikanischen Kriegsschauplatz unter weniger demütigenden Bedingungen, als sie die Sowjetunion in Afghanistan zu erdulden hatte. Auch der Abschied der Sandinisten in Nicaragua von der Macht nach zermürbendem Ringen gegen die mit amerikanischen Waffen kämpfenden *contras* geriet würdevoller als der Kollaps mancher osteuropäischer Systeme.

So oder so veränderte die Hoffnung auf einen Modus vivendi mit den Vereinigten Staaten und Westeuropa die Prioritäten der Gorbatschow'schen Politik rascher als erwartet. Die Reaktionen des Parteichefs blieben zunächst rhapsodisch – er machte eher Randbemerkungen, die neue Gedanken enthielten, aber *das* «Neue Denken», wir er es später formulierte, war noch Zukunftsmusik. Zunächst kam es zu einigen galligen Repliken Gorbatschows gegenüber früherer Klientel der UdSSR aus der arabischen Welt. Sein Ärger galt besonders Südjemen, das sich nach osteuropäischer Sprachregelung als Volksdemokratische Republik mit einer «marxistisch-leninistischen Partei» an der Spitze deklariert hatte und keine innere Ruhe fand. *Die führenden Genossen können in keiner Weise auf ihrem Platz sitzen bleiben. Die Zusammenstöße sind endlos, die einen rechnen mit den anderen ab.* Mit diesem Understatement meinte er offensichtlich das Massaker auf einer Sitzung der Parteiführung im Januar 1986 und den daraus folgenden Bürgerkrieg mit 10 000 Opfern. Wenig schmeichelhaft äußerte sich Gorbatschow außerdem über den «natürlichen antiimperialistischen Verbündeten» Muammar al-Gaddafi, der mit der neuen Kremlführung unbedingt einen Wirtschaftsvertrag abschließen wollte: *Sie wollen alles von uns, nutzen die Situation aus und versuchen alles aus uns herauszupressen. Die parasitäre Einstellung ist bei ihnen sehr stark, sie wollen unseren Internationalismus ausbeuten. (...) Gaddafi erpresst uns. Man hat ihm klar gesagt: Wir lassen uns nicht auf den Dritten Weltkrieg ein, weder euretwegen noch aus anderen Gründen. Sie müssen es wissen. Dasselbe sagten wir auch den Syrern. (...) Er will auf uns Druck ausüben, damit wir mit ihm einen Vertrag unterzeichnen. Wir brauchen keinen Vertrag mit ihm.*

Die hier angedeutete krisenhafte politische Situation hatte sich daraus ergeben, dass die USA im April 1986 die libyschen Städte Tripolis und Bengasi bombardiert hatten. Hintergrund war die libysche Unterstützung von Terroristen.

Wollte man sich dazu entschließen, auf die militärische und ökonomische Förderung der Entwicklungsländer, ein probates Druckmittel gegenüber den USA, zu verzichten, dann hätten sich die hier in mehreren Jahrzehnten akkumulierten Schulden bei der Sowjetunion, etwa hundert Milliarden Dollar, als hinausgeworfenes Geld erwiesen. Da Moskau es bereits zu Beginn der Perestroika aufgrund der veränderten Ölkonjunktur mit Zahlungsdefiziten von 20 Milliarden Dollar zu tun hatte – die sich in den nächsten sechs Jahren noch versechsfachen sollten –, suchten die Politiker nach Möglichkeiten der Schadensbegrenzung. Der Berater Walentin Falin schlug vor, die Pleitemasse auf dem internationalen Geldmarkt zu verkaufen, was immer noch vorteilhafter wäre, als sie der Entwertung durch Inflation und Umschuldung zu überlassen. Allerdings, so kalkulierten die Experten der sowjetischen Außenhandelsbank: Würde man ein derartiges «Paket» aus den Verpflichtungen von zehn bis zwölf Schuldnerstaaten zusammenstellen und auf den Markt werfen, so wäre der zu erwartende «Gewinn» nicht höher als 600 Millionen Rubel, nach damaligem offiziellem Kurs ungefähr 300 Millionen Dollar. Wahrlich ein Tropfen auf dem heißen Stein.

Als reines Verlustgeschäft erwies sich im Lichte der Neuorientierung die Unterstützung der kommunistischen Weltbewegung, die teils durch direkte, häufig «unter Ausschluss des Rechtswegs» bar ausgezahlte Subventionen erfolgt war, teils durch Beteiligung an KP-gebundene Handelsunternehmen. Der zu diesem Zweck geschaffene Fonds verteilte jährlich 20 Millionen Dollar unter den KPs, was sicherlich kein allzu hoher Betrag war. Trotzdem hatte Gorbatschow Verdacht geschöpft, dass diese Dotationen in keinem Verhältnis zum politischen Nutzen der «Freunde» standen. Die französische und italienische KP waren zumindest ein einflussreicher Faktor im Leben der beiden Länder. Was aber hatte die mit ihren eigenen Sorgen beschäftigte Supermacht davon, wenn sie sich der Loyalität von Berufsfunktionären aus Österreich, Dänemark, der Schweiz, den USA, aus Israel, Jordanien, Martinique, Guadeloupe oder Madagaskar versichern konnte? Diese Einsicht schien über das Solidaritätsgefühl Oberhand bekommen zu haben, als Gorbatschow sich im Mai 1986 bereitfand, die heilige Kuh der internationalen Solidarität zu opfern.

In einer Instruktion an Anatolij Dobrynin, den damals für die internationalen Beziehungen zuständigen ZK-Sekretär, ordnete er an: *Bitte stelle eine umfassende Analyse der kommunistischen Weltbewegung zusammen. Aber keine schematische, (…) sondern eine ehrliche, sodass das Bild absolut klar wird ohne Rücksicht auf unsere Vorlieben, Sympathien oder Antipathien. Wir haben die kommunistische Bewegung überbewertet. In der Analyse muss sie mit anderen Bewegungen verglichen werden, vor allem mit den Sozialdemokraten und den «Grünen», welche ihren Platz im zeitgenössischen Prozess gefunden haben. Die KPs haben ihn wohl nicht gefunden.* Trotz dieser klaren Worte lief die künstliche Beatmung der kommunistischen Parteien, die in der freien Welt gerade durch diese Unterstützung moralisch völlig in Misskredit geraten waren, noch bis Anfang 1991 weiter.

Die Last der Verbündeten

Die finanzielle Not erwies sich als Hebamme von Gorbatschows logisch weiterführenden Ideen. Hatte sich die Unterstützung der Kommunisten in den kapitalistischen Ländern schon dort nicht rentiert, wo diese meist als Quantité négligeable galten, so war die Bilanz des sowjetischen Engagements in den Staaten, wo die Genossen über die ungeteilte Macht verfügten, geradezu vernichtend. Zudem ging es hier nicht um ein paar lumpige Dollarmillionen, sondern immer mehr darum, das Funktionieren, in einigen Fällen sogar die nackte Existenz der Satelliten zu garantieren. Dies war keine Frage der Ideologie, sondern Teil der imperialen Ansprüche und der mit diesen verbundenen Pflichten. Der Ausfall auch nur eines einzigen Gliedes der Kette war eine Option, welche die UdSSR jahrzehntelang mit allen geeigneten und ungeeigneten Mitteln hatte verhindern wollen. Die Zusammengehörigkeit der Staaten der «sozialistischen Gemeinschaft» galt als Sine qua non, und Gorbatschow wollte an diesem Axiom ursprünglich auch nicht rütteln. Vielmehr versicherte er den Verbündeten nach der Trauerfeier für seinen Vorgänger Tschernenko: *Die Sowjetunion hat nicht wenige wirtschaftliche Sorgen, aber wir wissen, dass auch die Lage der anderen sozialistischen Länder nicht einfach ist. Mit den ökonomischen Problemen der befreundeten Länder beschäftigen wir uns so wie mit den eigenen.* Damals wusste er wohl, dass allein die Staaten des Warschauer Paktes eine Gesamtschuld von 80 Milliarden Dollar gegenüber westlichen Kreditgebern akkumuliert hatten. Er wusste auch, dass die nach dem Moskauer Modell gestalteten Ökonomien auf eine regelmäßige Versorgung mit Rohstoffen und von Fall zu Fall auf Schnellkredite angewiesen waren. Die Alternative dazu glich der Apokalypse: Nach sowjetischer Vermutung würde der Entzug sämtlicher Unterstützungsleistungen einen schnellen Zusammenbruch der jeweiligen Systeme bewirken.

Dennoch geisterte durch die internen Gespräche der Kremlführer relativ früh das Problem der Entfremdung von ihren Anrainerstaaten. Bereits im Sommer 1986 zeigte sich eine gewisse Ungeduld gegenüber einzelnen Ostblockländern. Besondere Unzufriedenheit bei den Sowjets löste die mangelnde Bereitschaft der europäischen RGW-Mitglieder aus, ärmeren Brüdern unter die Arme zu greifen. *Sie wollen weder Kuba noch die Mongolische Volksrepublik und Vietnam in die Kooperation einbeziehen*, beschwerte sich der Parteichef gegenüber seinem Berater Anatolij Tschernjajew. *Sie wollen die ganze Last der Rückständigsten nur der UdSSR aufbürden... Gleichzeitig*, so setzte er in anklagendem Ton fort, *ziehen sie raubtierhaft aus demselben Vietnam und der Mongolei all das heraus, was sie brauchen*, eine Anspielung auf den skandalös billigen Import von Textilien und Fleischwaren aus den beiden asiatischen Ländern nach Osteuropa.

Besonders hart wurde die DDR kritisiert, die, so die drastische, aber zutreffende Schilderung des russischen Gorbatschow-Biografen Andrej Gratschow, *wie ein zartes Kälbchen intensiv an zwei Muttertieren, an der BRD und der UdSSR, herumsaugt*. Das doppelte Spiel der Genossen in Pankow kommentierte auch der Generalsekretär: *Unter dem Druck ökonomischer Faktoren kann man sich in Berlin leicht in die Umar-*

mung von Westdeutschland werfen. Als Erich Honecker und Günter Mittag in Moskau die Ausweitung der Wirtschaftskooperation vorschlugen, bemerkte Gorbatschow sarkastisch: *Sie handeln wie Ostap Bender.* Der Hinweis auf die berühmte Satire *Zwölf Stühle* von Ilja Ilf und Jewgenij Petrow zeugt von einem recht bösen Blick auf die Ostberliner Führung. Der Held des Romans, der Hochstapler und Schatzsucher Ostap Bender, sagt den sprichwörtlich gewordenen Satz: *Ich habe die Idee, Sie liefern das Benzin dazu.* Als einige bankrotte Regierungen des Ostblocks sich auf Kosten des Militärbudgets eine Atempause zu verschaffen suchten, knurrte Gorbatschow im vertrauten Kreis: *Wir halten das Ganze zusammen, aber einige unsere Freunde beginnen nun mit der Kürzung der Verteidigungsausgaben.* Ministerpräsident Ryschkow fügte hinzu: *Ein Flugzeug kostet uns fünf Millionen Rubel. Sie bekommen es fertig und kostenlos. Dabei sind sie verschuldet. Polen. Alle sehen, was dort geschah. Jetzt ist Ungarn an der Grenze. Bulgarien hat genau vor dem Abgrund haltgemacht. Wir haben es gerettet. Es zieht sie zum Westen – in die Falle.*

Aber nicht nur die gelegentliche Bündnisuntreue machte den sowjetischen Führern zu schaffen, sondern auch die Anhänglichkeit der Unterentwickelten war für sie irritierend: So war das wacklige Gebäude des aus tausend Kriegswunden blutenden Vietnam bereits mit zehn Milliarden Rubel unterstützt worden. Dem kranken Mann des Weltsozialismus wurde sogar eine spezielle Tagung in Moskau gewidmet, auf der Ökonomen, Diplomaten, Journalisten und Militärexperten dem Sechzig-Millionen-Land eine trostlose Diagnose gestellt hatten. Entrüstet attestierten die Experten, dass das durchschnittliche Jahreseinkommen der Bevölkerung bei 100 Dollar lag, zehnmal weniger als in der Mongolei und auf Kuba. 500 Prozent Inflation, wachsende Arbeitslosigkeit und – kaum zu glauben – ein eklatanter Mangel an Reis, dem wichtigsten landwirtschaftlichen Produkt. Diesen tristen Zustand konnte man nicht mehr dem vor zehn Jahren beendeten Krieg oder den Intrigen der Imperialisten zuschreiben. Vielmehr lag seine Ursache in der Bürde einer riesigen Armee von zwei Millionen Soldaten und der Tatsache, dass der Staatsapparat eine Million Menschen beschäftigte.

An der Infusion sowjetischer Lebensmittellieferungen hing auch das noch ärmere Nordkorea, dessen Staats- und Parteichef Kim Il Sung versuchte, Gorbatschow dafür zu gewinnen, die für 1988 geplanten Olympischen Spiele zwischen Seoul und Pjöngjang gleichmäßig aufzuteilen, und sei es auch über eine Boykottdrohung. Gorbatschow reagierte diplomatisch: Die Sowjetunion unterstütze die nordkoreanische Beteiligung an der Olympiade, der in vier von zwanzig Sportarten auch das Internationale Olympische Komitee zugestimmt hatte. Er fügte hinzu: *Aber ich sage ehrlich, dass es hier um das Prinzip und nicht um Arithmetik geht.* Was er über das gleichzeitige trotz Unterzeichnung des Atomwaffen-Sperrvertrags eingeleitete nordkoreanische Kernwaffenprogramm dachte, behielt er für sich. Die Verbündeten kosteten eben nicht nur Geld, sondern auch Nerven.

Dennoch fiel in Europa, wo sich Gorbatschow sicherer fühlte, die erste prinzipielle Entscheidung über das Bündnissystem. Auf der Sitzung des Politbüros vom 3. Juli 1986, deren erster Tagesordnungspunkt dem aktuellen Kongress der sowjetischen Schriftsteller gewidmet war, sagte er fast nebenbei: *Uns allen ist bewusst, dass unsere Beziehungen zu den sozialistischen Ländern in eine neue Etappe eingetreten sind. Wie es war, so kann es nicht weitergehen. Die Methoden, die wir gegenüber der Tschechoslowakei und Ungarn anwendeten, sind unannehmbar (...) Wir können keine administrative Methode in der Führung der Freunde anwenden (...) Im Grunde brauchen wir diese Führung über sie gar nicht.* Auf diesen äußerst freimütig klingenden Satz folgte dann ein anderer von verblüffender Offenheit: *Das bedeutet nämlich, dass wir sie uns auf den Hals laden.* Zum ersten Mal trafen hier die beiden maßgeblichen Gesichtspunkte aufeinander – das Spardenken und die politische Räson. Möglicherweise war es Michail Gorbatschow nicht einmal bewusst, dass hier der diametrale Gegensatz zu jener Auffassung formuliert wurde, die im Spätherbst 1968 als «Breschnew-Doktrin» zweifelhaften Ruhm erlangt hatte.

Die Souveränität der einzelnen Staaten, hieß es damals zur Rechtfertigung des soeben erfolgten Einmarschs der fünf Armeen des Warschauer Paktes in Prag, *findet ihre Grenze an den Interessen der sozialistischen Gemeinschaft. (...) Wenn die inneren und äußeren dem Sozialismus feindlichen Kräfte die Entwicklung irgendeines sozialistischen Landes für die Restauration der kapitalistischen Ordnung anzuwenden versuchen, wenn eine Gefahr für den Sozialismus in diesem Land, eine Gefahr für die Sicherheit der gesamten sozialistischen Staatengemein-*

schaft entsteht, ist das nicht nur ein Problem des betreffenden Landes. Konträre Ansichten zu dieser Gretchenfrage des osteuropäischen Sozialismus hatten bisher nur ein paar mutige Dissidenten und Reformkommunisten vertreten, die wenig zu verlieren hatten. Ein Staatsmann hingegen riskierte mit der Leugnung des früheren imperialen Leitprinzips nicht nur sein weltanschauliches Heil, sondern gewissermaßen das System selbst, zu dessen Hüter er auserkoren worden war.

Selbstverständlich konnte er sich damit beruhigen, dass die osteuropäischen Staaten die zugesagte Nichteinmischung in keinem Fall «missbrauchen» würden, aber schwerwiegende Folgen angesichts ihres herannahenden Bankrotts musste er schon in Kauf nehmen. Zu dieser Zeit verfügten die «Germanisty», also die mit Angelegenheiten der deutschen Staaten betrauten Mitarbeiter des Appparats wie zum Beispiel Walentin Falin, bereits über den Bericht des Professors Rem Beloussow, Mitarbeiter der sowjetischen Botschaft in Ostberlin, in dem dieser exakt voraussagte: *Die DDR und andere Mitgliedstaaten der Organisation des Warschauer Paktes werden zum Jahreswechsel 1989/90 mit ökonomischen Schwierigkeiten konfrontiert, die sie aus eigener Kraft nicht lösen können und die mit politischen, sozialen und anderen Komplikationen einherzugehen drohen. Die Sowjetunion selbst wird sich zu diesem Zeitpunkt unter einem äußerst harten wirtschaftlichen Druck befinden und wird daher ihren Partnern und Verbündeten nicht behilflich sein können.*

Unabhängig von der weitsichtigen Prophezeiung des Professors kündigte sich in der «Gorbatschow-Doktrin» ein unvorhergesehener Zeitdruck an: Die zunächst topgeheime Botschaft, die Probleme innerhalb des Bündnisses nicht mehr mit Panzern «klären» zu wollen, zog sofort die Frage nach der Zweckmäßigkeit der Stationierung von einer halben Million Sowjetsoldaten samt militärischem Gerät in den Anrainerstaaten nach sich. Schließlich ergab sich aus dem Abbau der Spannungen gegenüber dem Westen bei gleichzeitiger Nichtangriffsverpflichtung in Osteuropa das Schwinden des jahrzehntelangen Feindbilds – eine Konstellation, die wiederum die ganze sowjetische Militärstrategie zur Disposition stellen konnte. Wenn Gorbatschow nur noch abstrakte Gegner anzubieten hatte, dann musste er kurz- und mittelfristig mit konkreten Anfeindungen rechnen, und zwar vonseiten des militärisch-industriellen Komplexes.

Die Militärs

Zwischen dem halben Erfolg in Reykjavík und der Unterzeichnung des Abkommens über die Mittelstreckenraketen in Washington gab es einige Schwankungen in der amerikanischen Politik. So hatten die US-Streitkräfte einige Kampfflugzeuge B-52 mit Flügelraketen ausgestattet, was aus sowjetischer Sicht einer Vertragsverletzung gleichkam. Vor dem Politbüro in Anwesenheit des Generalstabschefs Marschall Achromejew verurteilte Michail Gorbatschow diesen Affront als Reagans Zugeständnis an den dortigen militärisch-industriellen Komplex und warnte gleichzeitig: *Wir sollten keine Zahn-um-Zahn-Antwort geben und von unserer Seite keinen neuen militärischen Wettlauf provozieren.* Gorbatschows wirkliche Sorge galt jedoch bereits der möglichen Reaktion heimischer Militärs auf die eigene friedfertige Haltung. *Die Generäle zischeln untereinander*, sagte er zu dem Berater Tschernjajew. *Was für eine Führung ist das? Sie zerstören die Verteidigung des Landes. Ogarkow ist sehr unzufrieden. Gib ihm, gib ihm möglichst mehr. Längere Kanonen. Er bekommt monatlich 1200 Rubel und knurrt ständig. Währenddessen leben 25 Millionen Menschen unterhalb des Niveaus, das wir offiziell zum Existenzminimum erklärt haben.*

Orgarkow war der Chefinspektor der Armee.

Gorbatschow konnte nicht ernsthaft meinen, der Marschall hätte sein Gehalt beanstandet. Er selbst, so schreibt Raissa Maximowna in ihren Erinnerungen, verdiente als Generalsekretär 800 Rubel, und diese Summe war ebenfalls ziemlich weit entfernt vom Existenzminimum. Ogarkows Geldgier war ein kollektives Phänomen und hatte die Dimension von Hundert-Milliarden-Beträgen. Der mit dem Kosenamen «Oboronka» (Diminutiv von «Verteidigung») bezeichnete militärisch-industrielle Komplex der Sowjetunion war ein Staat im Staate, verfügte über eine immense Macht und hatte nie genug davon. Gorbatschows Politik stieß in diesem Kreis früher als im Parteiapparat auf Widerstreben. Hier ging es aber weniger um die Reinheit der heiligen Prinzipien als um staatliche Aufträge für die unzähligen Rüstungsbetriebe und militärischen Objekte. Zwar machte die Generalität vorerst noch gute Miene zu Gorbatschows bösem Spiel, aber die Fronde reifte bereits heran. Jenseits der direkten Interessenkonflikte spielte hier auch der gewöhnliche Mentalitätsunterschied zwischen Zivilisten und Berufssoldaten eine Rolle. Georgij Schachnasarow, später Berater des Generalsekretärs, zeichnete ein interessantes Gespräch mit Marschall Sergej Achromejew aus dem Jahre 1986 auf, als er noch innerhalb des ZK-Apparats den Auftrag hatte, die Beziehungen zu den Mitgliedstaaten des Warschauer Paktes zu kurieren. Der ehemalige Frontsoldat und Altersgenosse fand sogar in den Plauderton des Haudegens hinein. Sie diskutierten unter anderem die Rüstungsbelastung der Verbündeten.

SCHACHNASAROW *Für uns wäre es von Vorteil, wenn wir die Freunde von überflüssigen militärischen Kosten befreien würden. Dann könnten sie ihr Lebensniveau erhöhen und den Sozialismus attraktiver gestalten. Es ist doch eine Tatsache, dass die DDR-Bevölkerung anderthalb- oder zweimal schlechter lebt als die der BRD nebenan, gleichzeitig hält die Republik eine Armee, die halb Europa erobern könnte. Na, und in der Tschechoslowakei dasselbe. Und Polen...*
ACHROMEJEW *Wohin tun wir dann die Waffen, die wir ihnen verkaufen?*
SCHACHNASAROW *Warum sollen sie in einer derartigen Menge produziert werden?*
ACHROMEJEW *Deshalb, weil wir um den Preis von enormen Anstrengungen und Opfern erstklassige Betriebe gebaut haben, die hinter den amerikanischen keineswegs zurückbleiben. Was denn, wollen Sie die etwa ohne Arbeit lassen, oder sollen sie zur Produktion von Küchengeschirr übergehen? Nein. Das ist alles Utopie.*
SCHACHNASAROW *Und Sie glauben, dass der nukleare Krieg unvermeidbar ist?*
ACHROMEJEW *Das weiß ich nicht. Aber wenn es uns gelingt, ihn zu vermeiden, dann nur ebendeshalb, weil wir dem Westen keine Zugeständnisse in der Stärke machen. Und ich als Generalstabschef sehe darin meine Aufgabe.*

Dabei war Achromejew keineswegs ein Kriegshetzer, und seine Worte hätten auch in den Mund einiger westlicher Kollegen gepasst. Für ihn existierte der Frieden lediglich in Gestalt einer kontinuierlichen Abschreckung potenzieller Gegner, die angesichts ihres aktuellen Waffenbestands einander zehnmal vernichten konnten und es daher lieber nicht tun wollten. Gorbatschows Logik war eine andere, sie ging einen Schritt weiter. Wenn die beiden Supermächte einander zehnmal vernichten können, so dachte er, dann wäre es zumindest billiger, dieses

Potenzial zu halbieren oder gar zu vierteln. Allerdings konnte ein solches Vernunftargument Menschen, die ihr Leben lang Schwerter geschmiedet hatten und nun zur Produktion von Pflugscharen überredet werden sollten, kaum begeistern. Der Marschall hatte von Anfang an erhebliche Zweifel an Gorbatschows Abrüstungsplänen, hielt sich jedoch an Partei- und Armeedisziplin – schließlich war der jeweilige Generalsekretär der KPdSU auch Oberkommandierender der sowjetischen Streitkräfte und Hüter des Atomkoffers, des nuklearen Zepters des jeweiligen Kremlherrn.

Tagesordnungspunkt Sonstiges

Im zweiten Stock des ehemaligen Moskauer Senatsgebäudes im Kreml, erbaut von Matwej Kasakow, Architekt des russischen Klassizimus, befanden sich die Räumlichkeiten des Politbüros: vor allem das Kabinett des Generalsekretärs, dessen Türen einerseits zu dem sogenannten Nussbaumzimmer, andererseits in den Konferenzsaal führten. Neben diesem gab es ein Empfangszimmer. Im Konferenzsaal verliefen die Sitzungen an einem länglichen Tisch, an dem außer den Mitgliedern des Politbüros nur die Protokollführer saßen. Andere Beteiligte, so die Kandidaten des Politbüros oder die ZK-Sekretäre, belegten die an der Wand aufgereihten Stühle. Das Empfangszimmer bezeichnete man im Insiderjargon als «predbannik», Ankleideraum einer Sauna. Hier warteten die zur Berichterstattung bestellten hohen Funktionäre, Militärs, Regierungsmitglieder und Experten bei Gebäck und Tee. Der Tee wurde in Porzellantassen serviert, auf denen das Staatswappen der UdSSR eingraviert war. Die Wartezeit betrug manchmal Stunden, und die für die einzelnen Tagesordnungspunkte vorgeladenen Personen mussten nach dem Vortrag ihres Anliegens den Konferenzsaal verlassen. Das Nussbaumzimmer, so benannt nach Form und Farbe seiner Ausstattung, war der Ort für informelle Gespräche zwischen dem Parteichef und seinen von ihm auserwählten engsten Mitarbeitern. Die meisten wichtigen Entscheidungen wurden bereits hier getroffen und sozusagen tafelfertig in den Konferenzsaal getragen.

Dennoch achtete man sehr auf die Formalitäten der «kollektiven Führung», wie sie von Chruschtschow auf dem XX. Parteitag verkündet und von seinen Nachfolgern praktiziert wurden. Es handelte sich dabei um eine starke Hierarchisierung und Ritualisierung der Vorgehensweise, an der auch Gorbatschow nichts änderte. Der Kandidat des Politbüros Boris Jelzin schildert sie wie folgt: *Die Mitglieder des Politbüros versammelten sich in einem Zimmer, Kandidaten als zweite Kategorie und Sekretäre als dritte warteten im Sitzungssaal darauf, dass der Generalsekretär erschien. Hinter ihm kamen andere Mitglieder des Politbüros nach ihrem Rang. Nach Gorbatschow kam Gromyko, dann Ligatschow, Ryschkow und so weiter nach dem Alphabet. Sie zogen an unseren Reihen wie Hockeyspieler vorbei, jeder grüßte den anderen, manchmal mit ein, zwei Sätzen, oft einfach wortlos. Dann setzten sie sich an beide Seiten des Tisches, jeder hatte seinen Platz, an der Spitze saß der Vorsitzende Gorbatschow. Interessanterweise saßen wir auch im Speisesaal nach diesen Kategorien.* Trotz eines Quäntchens Kränkung oder ebendeshalb erscheint diese karikierende Beschreibung glaubhaft. Der Geist der letzten drei Jahrzehnte konnte aus den historischen Mauern nicht verbannt werden. Auch unter dem Personal gab es reichlich Urgestein, so etwa den zerstreuten alten Leibwächter, der Gorbatschow, Macht der Gewohnheit, manchmal mit dem Ruf begrüßte: *Guten Morgen, Leonid Iljitsch!* Von Lenin hatte man lediglich den Zeitpunkt der Beratungen übernommen: Donnerstag, elf Uhr. Ein anderes Timing hatte Böses zu bedeuten – so am Montag, dem 28. April 1986, als Tschernobyl auf der Tagesordnung stand.

Liest man die Protokolle heute, so erscheint in ihnen die hohe Körperschaft erstaunlich passiv, in manchen Fällen geradezu autistisch. Dies mag daran liegen, dass es zu Beginn der Perestroika einen gewissen Konsens über die Agenda gab, aber auch in der Gewohnheit, selbst in strittigen Fragen unbedingt Einheit zu demonstrieren. Die Autorität des Parteichefs war noch unangefochten, und obwohl Widerspruch theoretisch erlaubt war, versuchten die Teilnehmer ihren abweichenden oder anders akzentuierten Standpunkt in Gorbatschows Gedankengänge zu integrieren. Sie taten es im Stil der altbewährten «dialektischen» Rabulistik des Einerseits-Andererseits, mit der Differenzen geschickt getarnt oder verharmlost werden konnten.

Besonders auffällig war die Beliebigkeit der Themenwahl des Politbüros. Der Unterschied zwischen Schicksalhaftem und Bagatelle, Staatsgeschäften und Kleinkram, Glaubensdisput und Plauderei blieb völlig verschwommen. Fast typisch hierfür war ein Diskurs über Herztransplantationen im Mai 1986 oder eine groteske Aidsdiskussion vom 5. März 1987, als das Thema in der Öffentlichkeit noch kaum bekannt war.

GORBATSCHOW *Aids ist die Krankheit des 21. Jahrhunderts. Zur Risikogruppe bei uns zählen 125 000 Menschen. Das ist verbunden mit dem Verkehr der Ausländer bei uns und umgekehrt. Für die USA ist das eine sehr schwierige Frage.*

GROMYKO *schlägt vor, ein Tribunal zur Erforschung der Gründe für Aids abzuhalten.*

GORBATSCHOW *Es ist gut, dass wir auf dieses Problem gekommen sind. Wir haben uns schnell von der Amateurhaftigkeit in dieser Frage wegbewegt. Jetzt widmen wir unsere Aufmerksamkeit dem Vorhaben, die Sache auf ein solides Fundament zu stellen.*

DOBRYNIN *Die USA brauchen 1,5 Milliarden Dollar zum Kampf gegen Aids. In diesem Jahr werden dort 270 000 Menschen erkranken. 180 000 werden sterben. Im Institut von Schdanow ist ein Impfstoff entwickelt worden, den man im Jahre 1991 auf den Markt bringen will.*

Schdanow war Direktor des Moskauer Instituts für Virologie.

GORBATSCHOW *Der «russische Kommerz» besteht darin, das Patent möglichst schnell zu verkaufen, damit den Profit der Erfindung andere einsammeln. Lautes Gelächter. Es ist wichtig, genauer zu klären, woher Aids kommt.*

Zufälligerweise wurde am selben Tag der erste sowjetische Aidsfall diagnostiziert – fünf Jahre nach dem Auftreten der ersten Symptome bei diesem Patienten.

Im Juli 1986 wurden die bevorstehenden Neuwahlen auf dem Kongress des Schriftstellerverbands debattiert. Hier mischten sich die Genossen des Politbüros und der seltsamerweise als Experte hinzugezogene KGB-General Filipp Bobkow mit einer Vehemenz in Personalfragen ein, die Gorbatschow kaum moderieren konnte.

In dieser Phase übte Gorbatschow eine fast gleich starke Ausstrahlung auf alle seine Mitstreiter aus und konnte deshalb zwischen den einander ausschließenden Meinungen leicht herumlavieren. Das war die Zeit, in der seine persönlichen Qualitäten noch manche Lücken des Konzeptes füllten. Bevor er mit dem «Neuen Denken» herauskam, entstand, nicht zuletzt als Ergebnis der westlichen Publizität, das Phänomen Gorbatschow. Ehe Gorbatschow den Prager Traum vom «Sozialismus mit menschlichem Antlitz» wiederzubeleben versuchte, fand dieser in seiner Gestalt einen mediengerechten Ausdruck. Schachnasarow schreibt darüber: *Keine geringe Rolle spielte Gorbatschows äußere Erscheinung – das kluge, lächelnde Gesicht mit den richtigen Proportionen und ausdrucksvollen Augen (in den Jahren unserer Begegnungen sah ich Michail Sergejewitsch manchmal müde, unausgeschlafen oder krank, aber niemals mit erloschenem Blick), mit dem Feuermal auf der Stirn wie ein eindrucksvolles Zeichen der Auserwähltheit. Er hatte eine gute, straffe, bereits etwas füllige Statur und eine selbstsichere Haltung. Er war offen und wohlwollend, konnte sich aber, wenn die Umstände es erforderten, auch herrisch zeigen.*

Eine Sitzung im Oktober 1986 widmete er ausschließlich *den Briefen der Werktätigen*. Diese «Kunstgattung» war ursprünglich erfunden worden, damit die Partei ihre jeweiligen Kampagnen durch teils fingierte, teils gezielt ausgewählte Lobpreisungen rechtfertigen konnte. Die Korrespondenten, die Gorbatschow dem Politbüro präsentierte, waren jedoch kritisch bis verärgert, und ihre Einwände bezogen sich nicht selten auf ihn persönlich. So in einem Brief aus Leningrad: *Mir und nicht nur mir gefällt es keineswegs, wie Sie die Innenpolitik führen. Zu viele Worte! In jeder Stadt, wo Sie hinreisen, sagen Sie gute und richtige Worte, aber in der Sache geschieht so gut wie nichts! Haben wir etwa begonnen, etwas besser zu leben, besser zu arbeiten? Mitnichten. Ich verstehe die Schwierigkeiten mit Tschernobyl und Afghanistan … Aber trotzdem kann man nicht so weiterleben. (…) Ich glaube an Sie, an Ihre Vernunft, an Ihre Prinzipienfestigkeit, aber tun Sie etwas! (…) Geben Sie den jungen Familien, die in Arbeiterheimen leben, Wohnungen. Vernichten Sie die Schlangen vor den Geschäften. Nein, nicht wegen des Weines, sondern wegen der allernotwendigsten Dinge und Produkte.*

Eine anonyme Botschaft aus der konservativen Ecke zeichnete ein düsteres und nicht unrealistisches Bild: *Eure utopischen Projekte zur Rettung Russlands führen zur vollständigen Enttäuschung über die Politik der Partei. Schauen Sie sich nüchtern an, was aus dem Land geworden ist. Überall blühen Korruption und Spekulation. (…) Unsere Groß-*

macht wird dem mittelalterlichen, von Batu Khan zerstörten Russland immer ähnlicher.

Nachdem Gorbatschow die an ihn gerichteten Vorwürfe auf diese Weise publik gemacht hatte, fühlte er sich berechtigt, auch einige Pfeile auf Kollegen loszulassen. Zum Beispiel zitierte er den Brief einer alten Frau aus der Tatarischen Autonomen Sowjetrepublik, eine Art Genrebild aus der tiefen Provinz: *Ich bin 82 Jahre alt. Ich war dabei, als 1912 oder 1913 der Zar mit seiner Familie durch die Stadt Orjol reiste und man niemanden vertrieb. Wir haben ihn ruhig begrüßt. Als jedoch der Genosse Ligatschow zu uns nach Almetjewsk kam, da gab es eine Unmenge von Polizisten! Die Leute wurden auseinandergetrieben, niemand durfte auch nur in die Nähe der Durchfahrtsstraße kommen. (...) Trotzdem möchte ich, dass die hauptstädtischen Führer öfters zu uns kommen: Man hat die Stadt vom Müll gereinigt, und zwei Tage lang gab es Wurst, 1 Kilo 200 Gramm auf Zuteilungsschein.*

Daraufhin fühlte sich der KGB-Chef Tschebrikow aufgefordert, ein Stimmungsbild aus Moskau abzuliefern: *Es haben sich lange Schlangen um Wodka gebildet. Mancherorts geht dann die Quantität derartiger Schlangen in Qualität über. Ein Rentner stellt sich bereits frühmorgens in die Schlange, dann verkauft er seinen Platz für fünf Rubel. Derjenige, der seinen Platz einnimmt, kauft sich zehn Flaschen Wodka und bietet sie für zwanzig Rubel pro Flasche an. In den Schlangen laufen verschiedene Gespräche, aber natürlich schimpft man vor allem auf Sie, Michail Sergejewitsch. Und das in Anwesenheit der umgebenden Polizisten.* Dieser Pfeil war auch gegen Ligatschow, den eigentlichen Vater der Antialkoholkampagne, gerichtet. Und außerdem, so merkte Tschebrikow an, wetteiferten die Literaturzeitschriften offensichtlich darum, welche von ihnen die Sowjetmacht stärker anspucken konnte. Adressat dieser Injurie war der zufällig abwesende Jakowlew: Tschebrikow wollte offenbar, nachdem er Ligatschow indirekt kritisiert hatte, auch dessen Widerpart Jakowlew nicht schonen.

Diese vorerst im Rahmen der kollegialen Höflichkeit bleibenden Anfeindungen zeugten bereits davon, dass der Konsens der ersten Perestroikamannschaft sehr zerbrechlich war. Auf der Ebene der faktischen Arbeit kulminierte die – unausgesprochene – Animosität darin, dass innerhalb eines Jahres zwei Initiativen unter Gorbatschows Ägide entstanden waren, die nur schwer miteinander vereinbart werden konnten. Zuerst startete man zeitgleich mit der Antialkoholkampagne einen Feldzug gegen das sogenannte nicht erarbeitete (mühelose) Einkommen. Dieser betraf Privatgärten, deren Produkte frei veräußert werden konnten, halb legale Taxiunternehmen, Blumenhandel auf dem Kolchosmarkt, Fladenbrotbäckereien in den zentralasiatischen Republiken, das heißt, ausgerechnet die Grauzone, die geeignet war, die Anomalien der staatlichen Mangelwirtschaft zu verringern. Die Kampagne dauerte zum Glück nur ein paar Monate lang und erwies sich trotz massiven Einsatzes von Kontrolleuren und Polizisten als kontraproduktiv. Im November 1986 erschien das *Gesetz über die individuelle Arbeitstätigkeit*. Dieses legalisierte die früher als illegal geltenden Einkommensquellen, indem es ausdrücklich erlaubt, mit eigenem Geld kleine Handwerks- und Transportunternehmen zu gründen. Es wurde ermöglicht, zu diesem Zweck bei den lokalen Behörden Räumlichkeiten und technische Geräte zu mieten.

Dies war eindeutig eine Rückkehr zu den frühen Zwanzigerjahren, als Lenin die vom Kriegskommunismus angerichteten immensen Schäden mit der Neuen Ökonomischen Politik (NÖP) kurieren wollte. Selbst der zunächst enorm hohe Steuersatz von 65 Prozent konnte die schlagartig ausbrechende Abenteuerlust nicht hemmen. Zwei Jahre später akzeptierte der Staat die Kooperative als legale Form individueller Arbeitstätigkeit. 1989 existierten bereits 193 000 Kooperativen mit insgesamt 4,9 Millionen Mitgliedern sowie rund 6200 vom Staat durch Arrende übernommene Firmen mit 3,6 Millionen Beschäftigten. 1990 produzierte der nichtstaatliche Sektor fünf Prozent des volkswirtschaftlichen Bruttonationalproduktes. Diese Entwicklung übertraf bereits Lenins Reformen und führte langfristig zur Ausbildung eines neuen Privateigentums. In den größeren Städten gab es allmählich Cafés, Restaurants und nachts geöffnete winzige Lebensmittelläden, *notschnoj magazin*. Auch entstand damals die erste private Bühne seit der Vergesellschaftung der Theater im Januar 1919. Das Moskauer Anton-Tschechow-Theater inszenierte in einem gemieteten Raum auf der Nowyj Arbat als Premierenstück stilecht Tschechows *Kirschgarten*.

Die ursprüngliche Intention der Väter der Perestroika bestand in einem Verzicht der Sowjetunion auf das Rüstungsniveau der Achtzigerjahre sowie dem Rückzug aus den lokalen militärischen Konfliktzonen, um mit dem Westen einen Modus vivendi zu finden und von dort die Technologie zu bekommen, mit der die stagnierende, marode Wirtschaft wieder angekurbelt werden konnte. Parallel dazu sollte das Regime innergesellschaftliche Spannungen entschärfen, indem es den bürokratischen Druck auf Kultur und Öffentlichkeit lockerte und bestimmte Institutionen, vor allem lokale Selbstverwaltungen, demokratisierte. Betriebe und Fachministerien sollten eine größere Selbstständigkeit, unter anderem auch das Recht erhalten, ausländische Partner direkt zu kontaktieren. Dieses Konzept wurde auch von Teilen der Nomenklatura akzeptiert, hauptsächlich von Kadern aus der Zentrale, die durch ihre Dienstreisen im Ausland Erkenntnisse über die Rückständigkeit der Sowjetunion gewonnen hatten. Ihre Vergleichsbasis waren dabei nicht allein die hoch entwickelten westlichen Staaten, sondern sogar manche Bruderländer. So erlebten sie einen Sozialismus in Ungarn ohne Schlangen vor den Läden, in der DDR mit erheblichen Sozialleistungen und selbst in der ab 1968 «normalisierten» ČSSR mit gemütlichen Kurorten – Karlsbad war ein Mekka für sowjetische Funktionäre und blieb es auch nach der Wende für die russischen Neureichen.

Hinter dem Minimalkonsens «so können wir nicht weiterleben» wirkten Kräfte, die auf Andropows Spuren Puritanismus, Ordnung und technische Modernisierung befürworteten, ohne an der Parteimacht zu rütteln, und eine Strömung, die größere Freiheiten für Kultur und Medien eröffnen wollte. Dies war kein schöngeistiger Impuls, sondern kam aus der Einsicht oder der Vermutung, eine gewisse Transparenz sei für das optimale Funktionieren des Systems geradezu unentbehrlich. Gorbatschow stand anfangs zwischen den beiden Gruppen, auf deren Loyalität er angewiesen war und deren Konflikte er zu schlichten versuchte. Je länger, desto offener ergriff er jedoch Partei für die Reformer. Die Tragödie von Tschernobyl wirkte dabei als Katalysator. Gleichzeitig war sich Gorbatschow der Tatsache bewusst, dass er für seine Agenda neue, ganz andere Partner brauchte.

Die durch staatliche Bevormundung geknebelte geistige Elite des Landes wartete nur noch auf ein Signal aus dem Kreml. Gorbatschows Anruf in Gorki am 16. Dezember 1986, der den Dissidenten Sacharow nach Moskau zurückholte, enthielt im Subtext diese lang ersehnte Botschaft. Obwohl die Zeitungen mit keiner Silbe das Gespräch erwähnten, verbreitete sich die Nachricht über Mundpropaganda und Westsender in Windeseile. Drei Tage später, am 19. Dezember, «feierte» die «Prawda» Leonid Breschnews 80. Geburtstag. In dem entsprechenden Zeitungsartikel fand man neben ein paar zu nichts verpflichtenden Allgemeinplätzen über die Verdienste des Verblichenen zum ersten Mal öffentliche Worte der Kritik. So wurde der Name Breschnew definitiv mit der als «sastoj» (Stagnation) bezeichneten Ära verknüpft – einer Ära, die nunmehr der Vergangenheit angehören sollte.

5

Prozes poschjol – der Prozess ist in Gang gekommen

Dilemma um ein Jubiläum

Die runden Jahrestage der Oktoberrevolution trugen gewöhnlich die Züge einer Kampagne. Neben der rituellen Ehrung des verewigten und kanonisierten Aufstands der Bolschewiki und von dessen Führer Lenin dienten sie der Legitimierung des jeweiligen Machthabers. So stand der zehnte Jahrestag 1927 im Zeichen des Beginns von Stalins Alleinherrschaft sowie des Parteiausschlusses seiner Erzrivalen Trotzki, Sinowjew und Kamenew. Im November 1957 demonstrierte Nikita Chruschtschow den Sieg der neuen Generallinie samt Entlarvung der Verbrechen Stalins. Zudem wurde der orthodoxe Flügel in Gestalt von Molotow, Malenkow und Kaganowitsch aus der Parteiführung entfernt. 1967 ließ Leonid Breschnew den Sieg des Apparats über den unruhigen, launischen Geist Chruschtschows feiern, ohne dessen Namen überhaupt zu erwähnen. Nun war Michail Gorbatschow an der Reihe, das Image des Großen Oktobers mit dem der Perestroika zu verknüpfen.

Gorbatschows Referat auf der gemeinsamen Festsitzung des Zentralkomitees der KPdSU, des Obersten Sowjets der UdSSR sowie des Obersten Sowjets der Russischen SSR mit dem Titel: *Oktober und die Perestroika: Die Revolution geht weiter,* ist ein heute schwer verdauliches Dokument. Das liegt nicht so sehr an der trockenen amtssowjetischen Sprache, sondern eher an den verkrampften Bemühungen des Redners, dem mehrheitlich konservativen Publikum Genüge zu tun. Dies traf besonders auf den Abschnitt über die Geschichte des Landes zu. Gorbatschow lieferte eine Bilanz der Oktoberrevolution, in der das Positive und Negative präzise ausgeglichen war. Der Teil über die Zwanziger- und Dreißigerjahre enthielt eine Kritik von Trotzki als antileninistischem Abweichler und sprach sogar von dem antisozialistischen Wesenskern seiner Theorien. Immerhin wiederholte Gorbatschow nicht die pauschale Verdammung Trotzkis als Verräter und Agent des Imperialismus, wie es im Parteijargon seit Stalin üblich war. Anschließend nahm er die Oppositionsströmung Kamenew-Sinowjew aufs Korn und stellte mit Zufriedenheit fest, dass die Partei ideell und organisatorisch auch diese Strömung zerschlagen hatte. Hierfür erhielt er von den mehreren Tausend Zuhörern den ersten Applaus. Er pries Stalin als Verteidiger des Leninismus und benannte Mitstreiter, die dieses Verdienst mit ihm teilten. Mit dem Verlesen der Liste dieser Genossen, unter ihnen der Name Bucharin, erntete er den zweiten Beifall.

Nachdem er den bis zuletzt als Unperson geltenden Bucharin wieder in das Pantheon der kommunistischen Bewegung hineingeschmuggelt hatte, erinnerte er an Lenins Lob und Tadel für diesen Kämpfer der alten Garde. Dann ging er zur Schilderung der Industrialisierung und Kollektivierung über und lobte diese als *Heldentat von welthistorischer Bedeutung, Heldentat der befreiten Arbeit, Heldentat der Partei der Bolschewiki* (Applaus). Auf die von ihm selbst gestellte rhetorische Frage, ob es unter den damaligen innergesellschaftlichen und internationalen Voraussetzungen möglich gewesen wäre, einen anderen Kurs zu wählen, antwortete er: *Nein, es wäre unmöglich gewesen* (Applaus). Schließlich bedankte er sich zum Abschluss seines Gedankenganges bei der Generation, welche die Schaffung der Grundlagen des Sowjetstaats vollbracht hatte: *Ruhm ihnen und gutes Angedenken!* (Lang anhaltender Applaus).

Erst in einem anderen Teil seiner Ansprache befasste sich Gorbatschow mit Stalins Verbrechen: *Es ist vollkommen offensichtlich, dass gerade das Fehlen des notwendigen Demokratisierungsniveaus der sowjetischen Gesellschaft den Personenkult, die Gesetzesverletzungen, die Willkür und die Repressalien der Dreißigerjahre ermöglicht hat. Ehrlich gesagt, das war ein echtes Verbrechen auf der Basis des Machtmissbrauchs. Viele Tausende von Parteimitgliedern und Parteilosen waren den massenhaften Repressalien ausgesetzt. Das ist, Genossen, die bittere Wahrheit. Die Schuld Stalins und seines nächsten Umfelds gegenüber der Partei und dem Volk wegen massenhafter Repressalien und Gesetzesverletzungen ist riesig und unverzeihlich. Das ist eine Lehre für alle Generationen. Auf dem 20. und 22. Parteitag verurteilte die Partei Stalins Kult und dessen Folgen. (...) Tausende, die unschuldig gelitten hatten, wurden vollständig rehabilitiert. Kein Applaus. Aber der Prozess der Wiederherstellung der Gerechtigkeit wurde nicht bis zu Ende ge-*

führt und in der Mitte der Sechzigerjahre gestoppt. (...) Wir müssen uns damit beschäftigen (...). Die gerechte Analyse wird uns helfen bei der Lösung unserer heutigen Probleme: Demokratisierung, Gesetzlichkeit, Glasnost, Überwindung des Bürokratismus, mit einem Wort, der wesentlichen Probleme der Perestroika. Dazu brauchen wir vollkommene Klarheit, Exaktheit und Konsequenz. Kein Applaus.

Diese Analyse, die kaum über die von Chruschtschow 1956 geäußerte Kritik des Stalinismus hinausging, war zweifelsohne ein Kompromissprodukt unterschiedlicher Strömungen der Parteiöffentlichkeit, wie sich diese auch im Politbüro niederschlugen. Dabei hatten alle Redner auf der Sitzung vom 15. Oktober den Entwurf der Festrede über den grünen Klee gelobt.

RYSCHKOW Das Referat ist kein gewöhnlicher Text, er ist in vollständigem Einklang mit den Ideen der Perestroika vorbereitet. Er ist ein politisches Ereignis im Leben des Landes.
LIGATSCHOW Auf dieses Referat wartet man im Lande und in der ganzen Welt. Und wenn man es studiert, werden die Hoffnungen gerechtfertigt.
GROMYKO Was für ein Akt ist das! Solche Akte sind keine bloßen Jubiläumsreden. Sie machen Geschichte.
DOLGICH Ich wage zu behaupten, dass es sich um ein hervorragendes historisch-politisches Werk handelt.
TSCHEBRIKOW In dem Referat haben wir es mit einer Lesart der Geschichte im Sinne der Wahrheit zu tun.
SOLOMENZEW Das Referat macht riesig großen Eindruck.
JELZIN Das Referat wird erwartet. Es ergänzt die Lehrbücher und wird für viele zum Lehrbuch.
JAKOWLEW Man sagt richtig, dass dieses Referat erwartet wird, sowohl in der Welt als auch im Lande.

Neben dieser Flut von Lobpreisungen gab es eine Reihe von ergänzenden Bemerkungen. Der Leningrader Parteichef Sajkow wünschte sich häufigere Erwähnungen der Stadt an der Newa, und Außenminister Schewardnadse bat darum, in der Passage über die Kollektivierung von der Formel «Liquidierung des Kulakentums als Klasse» abzusehen, da diese im Westen mit der physischen Vernichtung assoziiert würde. Li-

Kremlpalast: hier fanden die Sitzungen des Politbüros des ZK der KPdSU statt – Informelles wurde in dem sogenannten Nussbaumzimmer besprochen

gatschow plädierte für die Aufnahme der Bedeutung des Elektrifizierungsplans anno 1920 in das Referat. Gromyko warnte davor, die Existenz des Klassenfeindes zu vergessen. Dolgich hatte eine umfassendere Würdigung des Großen Vaterländischen Krieges erwartet. Tschebrikow war der Meinung, der Abschnitt über die kommunistische Bewegung solle gekürzt werden – für eine solche Jubiläumssitzung sei er zu aufgebauscht. Solomenzew beschwerte sich, dass man heutzutage jeden älteren Menschen gleich für einen Stalinisten hielte – offenbar wollte der 73-Jährige außerhalb jeden Kontextes einfach mal sein Herz ausschütten. Auch die wesentlicheren Änderungsvorschläge kreisten nur um die Bewertung von Einzelheiten. So empfahl Alexandr Jakowlew, den Beginn des Zweiten Weltkriegs mit dem 23. August 1939, also mit der Unterzeichnung des Molotow-Ribbentrop-Paktes, zu datieren, während Boris Jelzin der Meinung war, der Proporz in der Darstellung von Industrialisierung und Kollektivierung sei zugunsten der letzteren verschoben. Im Laufe der ganztägigen Sitzung – mit einer Mittagspause – wurde in keiner Wortmeldung das Geschichtsbild des Referats infrage gestellt, und alle waren dafür, die 400 Teilnehmer der für den 21. Oktober anberaumten Plenarsitzung über den Text des im Zentralkomitee abgestimmten Referats zu informieren.

Risse in der Fassade

Inzwischen muss Gorbatschow geahnt haben, dass die ursprüngliche Einhelligkeit seines Politbüros allmählich an ihre Grenzen stieß. Scholastische Stilübungen wie die Referatsdebatte konnten über diese Tatsache nicht hinwegtäuschen. Sobald die Spitzenfunktionäre das zweistöckige Gebäude im Kreml verließen, um sich dem täglichen Tun in ihrem eigenen Arbeitsbereich zu widmen, verwandelten sich die Akzentunterschiede ihrer vorsichtigen Wortmeldungen in relativ akzentuierte Tätigkeiten. Der Regierungschef Ryschkow widmete sich der mühevollen und undankbaren Aufgabe, Tausenden von Betriebsdirektoren Selbstständigkeit, Wirtschaftlichkeit, Eigenfinanzierung und schließlich sogar «sozialistische Marktwirtschaft» einzureden. Außenminister Schewardnadse brillierte in der Diplomatie, und abgesehen von einem der üblichen Spionageskandale galt sein Ministerium als Erfolgsbranche. Sowohl Ryschkow als auch Schewardnadse achteten bei aller betonten Selbstständigkeit darauf, jeden wichtigen Schritt mit dem Generalsekretär abzustimmen.

Der KGB-Vorsitzende Wiktor Tschebrikow bewahrte trotz spürbarer Vorbehalte Loyalität gegenüber dem neuen Kurs. Der greise Gromyko, in seiner Rolle als Staatschef machtpolitisch kaltgestellt, behielt sein Gesicht wie immer unter Kontrolle und machte keine Schwierigkeiten außer überlangen Wortmeldungen, mit denen er die Geduld der Genossen strapazierte. Boris Jelzin fand für diesen letzten Mohikaner sogar mitleidige Worte: *Dieser ehemals aktive Mensch lebte nun in einer von ihm selbst geschaffenen isolierten Welt. Seine unerwarteten Äußerungen im Politbüro, etwa wie «Stellt euch vor, Genossen, in der Stadt Soundso gibt es kein Fleisch», lösten große Heiterkeit aus. Dass es Fleisch seit Langem nirgendwo gab, wussten die anderen genau.*

Früher als alle anderen begannen zwei Mitglieder aus Gorbatschows Team eine eigenständige Rolle zu spielen. Alexandr Jakowlew, Leiter der Propagandaabteilung des ZK, einer der wichtigsten Ideenproduzenten der Perestroika, kurierte praktisch als graue Eminenz den Bereich Medien, Kunst und Kultur. An ihn wandten sich liberale Intellektuelle, wenn sie etwas, und sei es auch nur ein Buch, einen Film, eine Fernsehsendung oder eine Westreise, gegenüber dem Apparat, der Zensur «durchsetzen» wollten. Jakowlew war ein Vertrauter des Generalsekretärs, die Nähe zwischen ihnen war 1983 während Gorbatschows Reise nach Kanada entstanden, als Jakowlew dort sowjetischer Botschafter war. Dort hatten sie zum ersten Mal über eine mögliche neue Perspektive der Reformen geredet, und genau deshalb ließ ihn Gorbatschow bereits 1984 durch Tschernenko nach Moskau zurückbeordern. Nun vertraute er ihm die Aufgabe des Chefideologen an mit dem Ziel, die komplexen Maßnahmen zu konzipieren, die dann im Sammelbegriff «Glasnost» summiert wurden.

Ähnlich wie Jakowlew erhielt auch Jegor Ligatschow verhältnismäßig freie Hand bei der Gestaltung des Konzepts der Perestroika. Er war für die Parteiorganisation zuständig, kontrollierte als ZK-Sekretär praktisch den gesamten Apparat der zweiundzwanzig Millionen Mitglieder starken Organisation mit ihren zahllosen Komitees auf allen Ebenen – den Sowjetrepubliken, Regionen, Landkreisen, Betriebs- und Kolchoszellen. Und da in der UdSSR niemand ein nennenswertes staatliches Amt ohne das rote Parteibuch in der Tasche bekleiden konnte, verfügte Ligatschow über die Möglichkeit, jeden wichtigen Amtsträger in seiner Qualität als Genosse anzusprechen und im Zweifelsfall gegen Abweichler ein Disziplinarverfahren anzustrengen, um dadurch der «führenden Rolle» der Partei zur Geltung zu verhelfen. Mit diesem Spitzenfunktionär pflegte Gorbatschow seit Andropows Zeiten regen Gedankenaustausch und schätzte ihn sehr, obwohl ihre Beziehung keineswegs als persönliche Freundschaft bezeichnet werden konnte.

Diese beiden herausragenden Politiker sollten «im Prinzip» zusammen mit dem Generalsekretär eine Art Triumvirat oder, russischer Tradition entsprechend, eine klassische russische Troika bilden, wobei Jakowlew die Rolle des liberalen Antreibers und Ligatschow die des konservativen Bremsers spielte. Doch dazu kam es nicht, und daran war außer maßgeblichen weltanschaulichen Differenzen die mangelnde «Chemie» schuld. Der Diplomat Grinewskij schildert beide als direkte Antipoden, wobei seine Einschätzung erstaunlicherweise für den Organisator günstiger als für den Propagandisten ausfällt: *Ligatschow, der aus der sibirischen Tiefe kam, war für die Moskauer Elite eine außergewöhnliche Persönlichkeit – geradlinig und hartnäckig. Seine von kategorischen und scharfen Urteilen geprägte Energie war von schäumender Lebhaftigkeit. Bei der Bewertung existierten für ihn nur zwei Farben: schwarz und weiß. Er zweifelte niemals daran, dass er recht hatte, und änderte seine Ansichten auch nicht. Hingegen über Jakowlew: Niemand wusste jemals, was dieser Mensch in Wirklichkeit denkt und was er will. (...) Gestern war er der geradlinigste Antiamerikanist (...), heute ist er zum flexibelsten Verfechter einer Annäherung an die USA geworden.* Unter Hinweis auf einen Mitarbeiter Jakowlews ergänzte Grinewskij das Bild mit einer düsteren Facette: *Jakowlew erweckt den Eindruck eines Einfaltspinsels; aber er ist schlau wie die biblische Schlange, die Eva verführt hat.* Nur hat diese Schlange Gorbatschow allerlei Verführungen ausgesetzt und blieb selbst im Schatten der paradiesischen Büsche versteckt. Gerechtigkeitshalber muss hinzugefügt werden: Der Vorwurf, Jakowlew sei im Grunde ein Wendehals gewesen, kann ohne jede Anstrengung allen Vorkämpfern der Perestroika gemacht werden. Wie der Generalsekretär zu sagen pflegte: *Wir alle sind Kinder unserer Zeit.*

Wie dem auch sei: Der wie Eva im Paradies verführte Gorbatschow musste schon bald vom sauren Apfel der Erkenntnis kosten. Während nämlich Jakowlew die Freizügigkeit der Zeitschriften «Moskowskije Nowosti» und «Ogonjok» förderte, las Ligatschow mit wachsendem Unmut Woche für Woche die bissigen Reportagen und Kommentare in diesen Zeitschriften, Flaggschiffen der Glasnost, für deren Erwerb sich auf den Moskauer Straßen ebenso lange Menschenschlangen bildeten wie vor den Getränkeläden. Dabei wäre Jegor Kusmitsch wahrscheinlich mit dieser geistigen Droge am liebsten ebenso rigide verfahren wie mit dem Alkoholkonsum. Schließlich redete er auf einer Instruktionskonferenz der Chefredakteure der wichtigsten Medien im ZK-Sitz am Alten Platz Tacheles. Er warf ihnen Prinzipienlosigkeit, Jagd nach Sensationen und beinahe Verrat an der Perestroika vor. Die beleidigten Journalisten suchten, was naheliegend war, Schutz bei Jakowlew, der wiederum in seiner ersten Empörung mit Rücktritt drohte. Unter diesen ultimativen Vorzeichen reiste Gorbatschow Ende August nach Pizunda und übertrug seinem Berater Tschernjajew die Aufgabe, den Konflikt zu schlichten. Er hatte Angst, zwischen den beiden Menschen wählen zu müssen, die maßgeblich an seiner Wahl zum Parteiführer beteiligt gewesen waren. Aber er fürchtete sich noch mehr davor, dass die Differenzen innerhalb des engen Machtbereichs über die Kremlmauer schwappen könnten. Deshalb mahnte er nach der Rückkehr aus dem Urlaub Ende September 1987 seine Genossen:

Unsere öffentlichen Auftritte machen die Meinungsnuancen sichtbar. Aber unsere Feinde versuchen sich in unsere Diskussion einzukeilen und blasen die Nuancen auf (...), um uns untereinander zu zerstreiten: Ligatschow mit Gorbatschow, Jakowlew mit Ligatschow, Ryschkow mit jemand anderem. Das Totem Einheit stand immer schon im Mittelpunkt des Selbstverständnisses der kommunistischen Parteien. Öffentliche Diskussionen innerhalb der Führungsorgane der KPdSU waren seit den Zwanzigerjahren abgeschafft. Parteiinternes im Kreis von Parteilosen breitzutreten, «den Streit aus der Hütte zu tragen», galt als Todsünde. Dabei handelte es sich im Konflikt zwischen Jakowlew und Ligatschow nicht um Nuancen, sondern um die Hauptsache: um den Stellenwert von Ordnung und Freiheit im Rahmen der Reformen. Die Auseinandersetzung hierüber konnte nicht mehr lange aufgeschoben werden, der erste politische Skandal der Perestroika lag in der Luft, und die Frage war nur, wann er ausbrechen würde und wer die Akteure sein würden. In dem von Gorbatschow geschilderten Szenario fehlte ein Name, den der Generalsekretär trotz besseren Wissens verschwieg – der Name des Ersten Sekretärs der Moskauer Parteiorganisation, der Kandidat des Politbüros Boris Jelzin.

Jelzin – ein unbeschriebenes Blatt

In seinem etwas rhapsodisch geratenen Interviewbuch *Aufzeichnungen eines Unbequemen* von 1990 gab Jelzin zu, dass die ersten Reibungen zwischen ihm und Gorbatschow auf die seligen Breschnew-Zeiten zurückgingen und von Anfang an den Charakter eines von männlichen Rivalitäten und Eitelkeiten geprägten Ringkampfes hatten. Als Gorbatschow im Frühherbst des Jahres 1978 nach Moskau kam und die Landwirtschaft kurierte, gab ihm Jelzin im Plenum die Hand und gratulierte ihm. Im Kabinett des Neuernannten, so die weitere Schilderung, ging es weniger steif zu: *Wir umarmten einander. Die Beziehungen waren gut, und mir scheint, als ob er damals, zu Beginn der Arbeit im ZK, offener, ehrlicher und aufrichtiger war. Er wollte sehr die Sache mit der Landwirtschaft verbessern, arbeitete viel und hielt Kontakt zu den Republiken und Landkreisen.*

Es schien also, als sei das Verhältnis zwischen Jelzin und Gorbatschow ursprünglich kollegial, sogar fast freundschaftlich gewesen. In gewisser Hinsicht war nun der ZK-Sekretär zum Vorgesetzten des lokalen Parteiführers geworden: An ihn wandte sich Jelzin mit den Agrarproblemen seines überwiegend industriellen Gebiets, die, wie so oft, mit der notorisch ungünstigen Wetterlage zusammenhingen oder damit erklärt werden konnten. Als eine Untersuchungskommission des ZK in ihrem Bericht die dortigen Zustände kritisierte und Jelzin dagegen in Moskau protestierte, riet ihm Gorbatschow in seiner Eigenschaft als Agrarchef der Partei, doch gewisse Konsequenzen zu ziehen. Die Affäre wurde bald ad acta gelegt, aber Jelzin vergaß nicht, dass Gorbatschow ihm seinen Vorschlag in Duzform unterbreitet hatte. So lesen wir in seinem Interviewbuch: *Nebenbei gesagt, ist er mit allen per Du, prinzipiell, absolut mit allen. Ich traf keinen Menschen, an den er sich mit «Sie» gewandt hätte. Im Politbüro sind Gromyko, Scherbyzki und Worotnikow älter als er – er spricht sie alle mit «Du» an. Vielleicht ist es ein Mangel an Kultur, eine Gewohnheit, aber als er «duzte», entstand gleich irgendein Unbehagen, ich protestierte innerlich gegen diese Anrede, obwohl ich ihm nichts sagte.*

In der Tat erfreuten sich Anreden, wie überhaupt Formalitäten, in der streng hierarchisierten Nomenklatura einer besonders peniblen Beachtung. Der wichtigste Titel bei öffentlichen Anlässen war und blieb das Wort «Towarischtsch» – Genosse. Wenn jemand in die Situation kam, dass ihm dieses Wort verweigert wurde, musste er sich dringend um seine Lage kümmern. Unter Genossen, also in der eingeschränkten Öffentlichkeit, dominierte ähnlich wie im traditionellen russischen Diskurs die Anrede mit Vor- und Vatersnamen. Diese zeugte selbst bei scharfen Auseinandersetzungen von einem Minimum an Respekt. Duzen blieb im öffentlichen Umgang ein Ausnahmefall und bezeugte entweder eine besondere Vertrautheit oder, im Gegenteil, offene Geringschätzung. So schrie Breschnew in seinem Jähzorn 1968 während der zähen Verhandlungen mit den Prager Reformern den tschechoslowakischen Parteichef Alexander Dubček hemmungslos an – und duzte ihn. Ansonsten war der Kremlherr bemüht, auf Distanz zu bleiben. Mit Vor- und Vatersnamen sprach er sämtliche Mitglieder des Politbüros an, von Außenminister Andrej Andrejewitsch (Gromyko) bis zum Verteidigungsminister Dmitrij Fjodorowitsch (Ustinow). Mit Vornamen und Duzform sprach er einzig und allein den ihm besonders nahestehenden «Jura» Andropow an.

Entgegen Jelzins Behauptung duzte Gorbatschow bei Weitem nicht alle sowjetischen Kollegen, dafür aber mit der Zeit viele westliche Staatschefs, die diese kumpelhafte Art gerne erwiderten. Vieles an seinem familiären Umgangston war darin begründet, dass er sich über die byzantinischen Verhaltensregeln im Zentrum der Macht nicht ganz im

Klaren war, was die Mandarine des Kremls dem Bauernburschen aus der südrussischen Provinz erstaunlicherweise nachsahen. Jelzins bissiger Kommentar zu Gorbatschows Umgangsformen beruht aber bezeichnenderweise auf einem ähnlichen sozialen Hintergrund. Der robuste, kantige Arbeitersohn aus dem Ural wollte sich die Verhaltensmuster der hauptstädtischen Funktionärselite möglichst perfekt aneignen, damit er sich in den Kongresspalästen der Zentrale weniger beklommen fühlte. Gorbatschow hingegen litt an keinem Aufsteigerkomplex. Jelzin war alles andere als redegewandt, während sich sein Kontrahent als geborener Redner erwies – ebenso «Überredner» wie Volksredner. Dabei leistete er sich auf Schritt und Tritt, beabsichtigt oder nicht, phonetische Fehler und Ausrutscher, die in der Folklore verewigt blieben. So soll er einmal seine georgische (grusinische) Hörerschaft statt mit «dorogije drusja» (liebe Freunde) mit «dorogije grusja» angesprochen haben, und auch den Namen seines Freundes Schewardnadse sprach er nur selten einwandfrei aus.

Beide Wunderkader aus der Provinz waren über die Privilegien der Moskauer Bonzen erstaunt bis angewidert, und dies sprach für sie. Weder in Stawropol noch in Swerdlowsk wurden die Ersten Sekretäre mit einer staatlichen Datscha in Stadtnähe ausgestattet. Sie mussten sich mit einer Dienstwohnung zufriedengeben, und am Wochenende machten sie höchstens Ausflüge in die nähere Umgebung. Die Hauptstadt war großzügiger gegenüber ihrer Elite: Jeder hohe Amtsträger erhielt eine seinem Rang entsprechende Wohnung und dazu eine Datscha, die er während seiner Amtszeit kostenlos bewohnen konnte. Gleichzeitig sorgten die politischen Aristokraten der späten Siebziger- und frühen Achtzigerjahre für ihre Kinder: Sie bauten für diese, mit wessen Geld auch immer, eigenen Wohnraum und eigene Sommerhäuser, kauften ihnen Autos und finanzierten ihre Auslandsreisen. Außerdem war bekannt, dass einzelne hohe Kader, besonders in den südlichen Regionen und den zentralasiatischen Republiken, in einem selbst für Moskauer Verhältnisse auffälligen Luxus lebten. Mit dem Hintergrund dieses besonderen Reichtums beschäftigten sich einige Jahre später die von Andropow initiierten grandiosen Korruptionsermittlungen.

Ob sie wollten oder nicht, die Gorbatschows mussten mit jeder Beförderung des Familienoberhaupts ihre Adresse ändern. Als er ZK-Sekretär für Landwirtschaft wurde, verbrachte die Familie zunächst die sonnigen Monate in einem etwas baufälligen Holzhaus, in dem einmal der Altbolschewik Sergo Ordschonikidse gelebt hatte. Bald jedoch wurde ihnen ein Ziegelgebäude mit Bad und Zentralheizung zur Verfügung gestellt, in dem früher Gorbatschows Vorgänger Fjodor Kulakow gewohnt hatte. Dieses Haus verließen sie im Frühjahr 1985, um die luxuriöse, mit allen Kommunikationsmitteln ausgestattete Villa des Generalsekretärs zu beziehen. *Die Datscha, die wir räumten*, erinnert sich Raissa Maximowna im Frühjahr 1989, *erhielt dann B. N. Jelzin, der damals als Sekretär des Moskauer Parteikomitees arbeitete und soeben zum Kandidaten des Politbüros gewählt worden war. (...) Soweit ich weiß, wohnte er dort bis zum Weggang aus der Parteiarbeit.* Bereits dieses offizielle, trockene «B. N.» verhieß wenig Gutes, aber Jelzins Version derselben Geschichte klang noch weniger gut: *Stand mir als Abteilungsleiter ein kleines Sommerhäuschen für zwei Familien zur Verfügung, gemeinsam mit den Lukjanows, so bot man mir jetzt die Datscha an, aus der Genosse Gorbatschow ausgezogen war.* Ja, selbst das Wort «Genosse» konnte einen spöttischen Klang annehmen, wenn genug Bitterkeit in der Aussprache mitschwang.

Der unerwartete Ausbruch des Konflikts Gorbatschow–Jelzin hing hauptsächlich mit der Neigung des Ersteren zur Vermeidung und Verschleppung von Unstimmigkeiten zusammen. Während seines Urlaubs in Pizunda erhielt er, datiert auf den 12. September 1987, einen Brief Jelzins, in dem sich dieser unter anderem darüber beschwerte, dass Jegor Ligatschow eine Kommission gebildet habe, um die Zustände in Moskau, Jelzins Hoheitsgebiet, zu untersuchen. Angesichts dieses Vorstoßes der Nr. 2 der Parteiführung bat er darum, ihn von seinen Funktionen als Kandidat des Politbüros und Moskauer Parteichef zu entbinden, und er fügte hinzu, dass dies keine private, sondern eine offizielle Erklärung sei. Am Ende der aufgeregten Botschaft stand der seltsame Satz: *Ich hoffe, es wird nicht notwendig, dass ich mich direkt an das Plenum des ZK der KPdSU wende.* An dieser Stelle hätte der Generalsekretär eigentlich aufhorchen und sich die illoyale Drohgebärde verbitten müssen. Stattdessen rief er nach seiner Rückkehr in Moskau bei Jelzin an und bat ihn, noch abzuwarten, ohne ihm einen konkreten Termin zur Klärung der Angelegenheit in Aussicht zu stellen. Irgendwann platzte Jelzin der Kragen, und er entschloss sich, direkt auf dem Plenum auszupacken. Damit überging er nicht nur das vertraulich-informelle

«Nussbaumzimmer», sondern auch den Verhandlungsraum des Politbüros, an dessen Sitzungen er die ganze Zeit teilgenommen und sich mehrmals zu Wort gemeldet hatte. Als Ort der Auseinandersetzung wählte er den riesigen Verhandlungssaal des Zentralkomitees auf dem Alten Platz mit seinen kristallenen Kronleuchtern und dem aus karelischer Birke gebauten überlangen Präsidiumstisch. Die Zielscheibe seiner von allen unerwarteten Wortmeldung, kurz vor dem geplanten Abschluss der Tagung, war nun nicht mehr Ligatschow, sondern der Parteichef selbst. Im Anschluss an den eigentlichen Tagesordnungspunkt, Gorbatschows bevorstehendes Referat zum 70. Jahrestag der Oktoberrevolution, versuchte Jelzin ebenfalls eine Art Bilanz zu ziehen:

Die Lehren der Siebzigerjahre sind Lehren schwerer Niederlagen. Diese entstanden nach und nach, weil bei uns keine Kollektivität herrschte. Die Macht im Politbüro wie auch im Allgemeinen in den Parteikomitees befand sich in einer Hand. Und dieser eine Mensch war vor jeder Kritik geschützt. Heute gibt es bei uns im Politbüro nicht diese Atmosphäre, aber man merkt die Zunahme von Lobhudeleien seitens einzelner Mitglieder des Politbüros an die Adresse des Generalsekretärs. Jetzt, wo sich demokratische Formen der Kameradschaftlichkeit (russ. towarischtschwo) in Entstehung befinden, ist so etwas unzulässig. Man drängt uns in diese Richtung, und dies kann wieder zur Norm werden. Es hat noch zu keinen unzulässigen Schieflagen geführt, aber die ersten Anzeichen sind schon da. Und einer derartigen Tendenz muss vorgebeugt werden.

Abschließend sagte er: *Offensichtlich gelingt mir die Arbeit im Politbüro nicht gut, und zwar aus unterschiedlichen Gründen: Es mangelt mir an Erfahrung und auch anderem. Es mangelt an Unterstützung, besonders seitens des Genossen Ligatschow. Hiermit stelle ich das Ersuchen, mich von der Kandidatur für das Politbüro zu entbinden. Was den Posten des Ersten Sekretärs des Moskauer Stadtkomitees anbelangt, so hat darüber das Plenum des Moskauer Stadtkomitees zu entscheiden.*

Was darauf folgte, war das aus früheren Zeiten bekannte Ritual des kollektiven Verrisses, an dem 26 Redner, unter ihnen alle Politbüromitglieder, beteiligt waren – für diese war ihr Auftritt ein Zeichen der unbedingten Loyalität gegenüber Michail Gorbatschow. Schließlich wurde dem Generalsekretär von der Sache her Personenkult vorgeworfen, und es wurde sogar eine Verbindung mit der Ein-Mann-Führung düsterer Zeiten hergestellt. Unerhört erschien den Anwesenden auch die Tatsache, dass hier jemand am Vorabend des historischen Jubiläums den Handschuh warf – und damit die gesamte Parteiführung brüskierte. Ähnliches hatte zuletzt Leo Trotzki gewagt, dessen Anhänger die offiziellen Feierlichkeiten im November 1927 zu einer Demonstration gegen die Stalin'sche Führung missbraucht hatten. Die Folgen waren Parteiausschluss und die Verbannung des Altbolschewiken gewesen – nicht zu reden von dem berüchtigten Eispickel, der dem Leben des Gründers der Roten Armee 1940 in Mexiko ein grausames Ende setzte.

Der Spielverderber des jetzt anstehenden Festes, das zu einem Fest der Perestroika hatte werden sollen, kam relativ heil davon. Nach einer scheinbar reumütigen Selbstkritik wurde er als Kandidat des Politbüros abgelöst, aber nicht aus dem ZK ausgeschlossen. Und obwohl er seinen Moskauer Posten räumen musste, wurde er bald darauf zum stellvertretenden Minister für Bauwesen der UdSSR ernannt. In dieser weichen Landung zeigten sich die neuen Zeiten, aber auch Gorbatschow ließ Milde walten. Die großzügige Behandlung des besiegten Gegners gehörte zweifellos zu seinen unbolschewistischen Tugenden. Offensichtlich ahnte er, der inzwischen weltweit hofierte Staatsmann, in dem beleidigten Provinzboss nicht den brutalen und unversöhnlichen Feind von morgen. Diese Einschätzung teilte er mit all seinen Mitstreitern – bis auf Andrej Gromyko. Der souverän schlecht gelaunte «Mr. Njet» gehörte zu den ganz wenigen, die den in Ungnade Gefallenen bei zufälligen Begegnungen nach wie vor freundlich grüßten und ihm Fragen über sein wertes Wohlbefinden stellten. Gleichzeitig gab er, geschult an einem halben Jahrhundert Kremlintrigen, Gorbatschow den Rat: *Michail Sergejewitsch, ich würde Ihnen empfehlen, Jelzin als Botschafter irgendwohin ganz weit wegzuschicken. Damit er hier keinen Schaden anrichtet.* Gorbatschow beherzigte diesen Rat nicht.

Jedenfalls hätte Jelzins Kamikazeauftritt auch sein Verschwinden aus der sowjetischen Politik nach sich ziehen können. Unabhängig von den Beweggründen brachte er den Mut auf, die falsche monolithische Einheit der Partei, wie sie sich beispielsweise auf der Sitzung des ZK-Plenums offenbarte, infrage zu stellen. Das war ein großes Verdienst für die politische Kultur des Landes. Obwohl hinter Jelzins Auflehnung zu dieser

Zeit kaum mehr als gekränkte Eitelkeit steckte, muss dies anerkannt werden. Trotz seiner etwas anders gelagerten nachträglichen Interpretation vertrat er damals zwar eine eigene Meinung, aber noch keine eigene Linie: Jelzins Arbeit in Moskau, seine durchschnittlichen Wortmeldungen im Politbüro sowie seine öffentlichen Äußerungen deckten sich vollständig mit dem Konzept der Perestroika. Er bekämpfte die Korruption im Apparat – Gorbatschow tat das Gleiche. Er traf sich gerne mit den Leuten auf der Straße – der Generalsekretär nicht weniger. Boris Nikolajewitsch löste 60 Prozent der Moskauer Bezirksparteisekretäre ab, Michail Sergejewitsch verfuhr genauso mit 66 Prozent der hohen Kader in den anderen Verwaltungseinheiten des Riesenlandes. Im Politbüro redete Jelzin manchmal radikaler als andere, blieb jedoch im Rahmen der orthodox-leninistischen Sprachregelungen. Bei der Debatte über Gorbatschows Jubiläumsreferat forderte er sogar, Lenin *mehr Gerechtigkeit widerfahren zu lassen, vielleicht in einem Absatz über seine Rolle als Theoretiker und Politiker der Revolution.* Bereits im Februar 1987, unmittelbar vor dem Streit mit Ligatschow, ließ er sogar Worte fallen, die ihn aufgrund seiner allseits bekannten exzessiven Trinkgewohnheiten einiges an Überwindung gekostet haben mussten: *Wir führen einen hartnäckigen Kampf mit dem Alkoholismus, ohne einen Schritt zurück zu tun. Die Linie zur Beschränkung der Zugänglichkeit alkoholischer Getränke bleibt auch weiterhin kompromisslos gültig.*

Das Energiebündel Boris Jelzin, ein Mann, dem vier, fünf Stunden Schlaf ausreichten, blieb damit zunächst ein unbeschriebenes Blatt und verstand es gut, aus seiner Situation moralisches Kapital zu schlagen. Die Wortmeldung vom 21. Oktober, deren Veröffentlichung das Politbüro verhinderte, zirkulierte in zahlreichen apokryphen Versionen, in denen das jeweilige Wunschdenken der schlecht informierten Öffentlichkeit enthalten war. Damit setzte Gorbatschows Team ungewollt einen alten Mechanismus in Gang, den der Historiker Karl Schlögel 2010 wie folgt schildert: *Die Kehrseite der Zensur ist der Raum, in dem die Gerüchte schwirren. Wo alle freie Information unterdrückt wird, bahnt sich die Wirklichkeit ihren Weg über das Hörensagen. Öffentlichkeit im sowjetischen Kosmos ist undenkbar ohne das Diffuse, Mutmaßliche, den Rumor.* In diesem Rumor verbarg sich der querulante Funktionär Jelzin, um erstaunlich schnell aus seinem politischen Scheintod als waschechter Demokrat wieder zu erwachen.

Mathias Rust – ein Geschenk des Himmels

Es geschah am 29. Mai 1987, dem «Tag des Grenzsoldaten», also einem der vielen sowjetischen Feiertage für Berufsstände, wie es sie beispielsweise auch für Fischer, Lehrer, Bergleute, Bauarbeiter und andere gab. Gegen sechs Uhr an diesem sonnigen Nachmittag landete die kleine weiße Cessna mit einer winzigen bundesdeutschen Flagge am Rumpf auf der Moskauer Samoskworetskij-Brücke zwischen einem Trolleybus und einem PKW. Gleich an der ersten grünen Ampel bog die Maschine rechts ab und erreichte in ein paar Minuten die Wassilij-Blaschennyj-Kathedrale auf dem Roten Platz, schräg gegenüber vom Lenin-Mausoleum. Der Pilot Mathias Rust, ein 18-jähriger kurzsichtiger Hobbyflieger aus Wedel bei Hamburg, schaute sich um und versuchte mit den staunenden Moskauern zu sprechen, die zunächst der Meinung waren, es handele sich um Dreharbeiten für irgendeinen Abenteuerfilm. Als Polizisten und KGB-Leute in Zivil mit einem Dolmetscher vor Ort erschienen, erklärte ihnen der junge Mann, er sei mit einer Friedensmission gekommen und wolle seinen auf 21 Seiten niedergeschriebenen Plan für nukleare Abrüstung Gorbatschow persönlich übergeben. Als Erstes durchsuchten die Ordnungswächter das Innere der Cessna, fanden aber selbst unter einem Plaid zu ihrer sichtlichen Erleichterung nichts Verdächtiges und baten Rust daraufhin höflich, in einen schwarzen Wolga zu steigen. *Die Stimmung im Auto*, so erinnerte sich der Flieger in einem Brief an Walentin Falin, *war mehr als strahlend. Nicht einmal im Traum hätte ich gedacht, dass die Sowjets so offen sein können. Dies hat mich dermaßen angenehm überrascht und mit einer derart wohligen Stimmung erfüllt, dass ich nicht einmal im Auto begriff, dass wir uns unterwegs zum Gefängnis befanden.*

Während Rust noch über dem Roten Platz kreiste, sprach Gorbatschow auf der Tagung der Staats- und Parteichefs des Warschauer Paktes in Ostberlin über die Militärdoktrin der Allianz – darüber, dass die Sowjetunion niemals einen Krieg gegen andere Länder beginnen, geschweige denn selbst einem Angriff zum Opfer fallen würde. Als man ihm den Zettel mit der Nachricht über das Ereignis auf dem Roten Platz übergab, war er zunächst einfach irritiert. Die Reise wurde abgebrochen, und am späten Abend landeten der Parteichef und sein Tross auf dem

Regierungsflughafen Wnukowo 2 bei Moskau. Dort wurde er bereits von der kompletten Führungsriege erwartet. *Michail Sergejewitsch lächelt freundlich*, berichtete ein Augenzeuge, *aber die Augen funkeln vor Zorn. Mit einer breiten Geste lädt er die Politbüromitglieder ins Regierungswartezimmer ein. Nach anderthalb Stunden kommt er mit puterrotem Gesicht heraus und sagt laut und bedeutungsschwer: Morgen um elf Politbüro!*

Möglicherweise aber schwang nicht nur im Lächeln, sondern auch im Zorn des Generalsekretärs etwas Verspieltes mit. Während des Rückflugs aus Berlin entstand eine lebhafte Diskussion über das Geschehene. Schewardnadse machte den ironischen Vorschlag, *gute Miene zum bösen Spiel zu machen, die Affäre als einen Witz zu behandeln: Unsere Raketen schießen keine Friedensstifter ab.* Andere Begleiter waren jedoch der Ansicht, in einen Witz werde hier eigentlich die Supermacht verwandelt, die über die angeblich perfekteste Luftabwehr aller Zeiten verfügte und sich diesen Luxus einiges kosten ließ.

Am 30. Mai sagte nach einer kurzen Auseinandersetzung im Politbüro Michail Gorbatschow zum Verteidigungsminister Marschall Sokolow, der auch bereits in Berlin dabei gewesen war: *Sergej Leonidowitsch, ich zweifle keineswegs an Ihrer persönlichen Integrität. Aber ich an Ihrer Stelle hätte in der entstandenen Situation abgedankt.* Der Marschall stand auf und bat um die unverzügliche Amtsenthebung, und diesem Ersuchen wurde sofort stattgegeben. Anscheinend arbeitete man dabei nach einem exakten Drehbuch. Denn als die Politbürogrößen nach einer kurzen Verhandlung im benachbarten Nussbaumzimmer zurückkamen und die Ernennung eines neuen Verteidigungsministers ankündigten, Marschall Dmitrij Jasow, bisher Kommandeur des fernöstlichen Militärbezirks, befand sich dieser «zufällig» bereits im sogenannten «Umkleideraum» – Wartezimmer für alle, die zur Berichterstattung ins Politbüro zitiert wurden.

Sokolows Abgang trat eine Lawine los: In den nächsten Monaten entließ Gorbatschow 300 ranghohe Militärs, unter ihnen fast alle stellvertretenden Minister, Kommandeure der Militärbezirke und hohen Chargen des Generalstabs sowie der Luftstreitkräfte. Zwei Diensthabende der Flugabwehr wurden vor ein Militärtribunal gestellt und wegen *Unterlassung von Maßnahmen zur Vernichtung eines Verletzers der Staatsgrenzen* zu vier bzw. fünf Jahren Freiheitsentzug verurteilt.

Die gleichzeitige Verurteilung von Mathias Rust zu vier Jahren Gefängnis, von denen der junge Mann allerdings nur ein knappes Jahr absitzen musste, wirkt im Nachhinein wie eine Verlegenheitslösung. KGB-Chef Tschebrikow schilderte in einer späteren Sitzung des Politbüros sein Dilemma wie folgt: *Meine Jungs haben unter den Moskauern herumgeschnüffelt, und sie sind der Meinung, man sollte Rust den Deutschen überlassen, sie sollen ihn aburteilen. Es gibt Anzeichen dafür, dass er «verrückt» ist. Wenn wir ihn aber zu einer medizinischen Expertise schicken, dann wird es einen weltweiten Aufschrei geben. Man sagt dann, die Russen sind wahre Meister in solchen Dingen. Und dass er normal angekommen sei, wir aber einen Verrückten freiließen.* Wenn diese Version stimmt, dann stellte hier die Ära Breschnew-Andropow-Tschernenko mit ihrer Zwangspsychiatrie für Dissidenten der Epoche Gorbatschow ein Bein.

Dasselbe konnte man aber auch über die «Unterlassung von Maßnahmen zur Vernichtung» des Eindringlings sagen. Durch Ermittlungen der militärischen Staatsanwaltschaft konnte nachgewiesen werden, dass Rusts Cessna von der Luftabwehr registriert worden war. Offensichtlich gab es jedoch Spätfolgen jenes Schocks, der die Armeeführung ereilt hatte, als im Herbst 1983 das südkoreanische Passagierflugzeug über der Insel Sachalin abgeschossen worden war. Obwohl das Strafgesetzbuch tatsächlich das Unterlassungsdelikt enthielt, nach dem die beiden diensthabenden Pechvögel verurteilt wurden, gab es gleichzeitig eine Instruktion, die in solchen Situationen vorschrieb, eine Zwangslandung des fremden Flugzeugs zu veranlassen, ohne dieses zu beschießen. Leider fehlte aber ein gültiger Befehl von oben. Die irritierten Vorgesetzten, so die Ermittlungen, stellten ihren Untergebenen *unkonkrete Aufgaben in ungeeignetem Befehlston* – eine feine Umschreibung der Tatsache, dass es dabei nicht ohne obszöne Schimpfworte abging. Immerhin verhalf die allgemeine Entscheidungsunfähigkeit dem spätpubertierenden «Lufthooligan» dazu, sein Leben zu behalten.

Auf eine Aussetzung des Verfahrens gegen Rust war Gorbatschow schlecht zu sprechen. *Was soll das?*, fragte er indigniert seinen Berater Anatolij Tschernjajew. *Dass er sich mit mir angeblich treffen wollte, wird behauptet. Mit mir treffen sich viele ... Nein, das ist eine Provokation. Nachdem wir 150 Generäle und Offiziere vor Gericht gestellt* (in Wirklichkeit zwei Offiziere, während gegen 300 Soldaten Disziplinarverfahren eingeleitet wurden) *und den Verteidigungsminister abgelöst haben. Hat es sich also nicht gelohnt? Und jetzt sollen wir ihm sagen: Geh spazieren, fliege in die Heimat zurück ...?*

Walentin Falins Kritik, Gorbatschow habe die Affäre Rust ausgenutzt, um seine militärischen Rivalen, die nicht wie die Parteibonzen «demokratisch» abgewählt werden konnten, auf administrativem Wege loszuwerden, ist schwer von der Hand zu weisen. Der Parteichef sprach selbst von einem zu erwartenden günstigen Nebeneffekt einer unblutigen Säuberung: *Nun hören wenigstens die Schwätzer damit auf, dass die Militärs in Opposition zu Gorbatschow stünden, dass sie ihn gleich stürzen, dass er die ganze Zeit nur mit Rücksicht auf sie handelt ...* Zumindest teilweise ging es also für ihn um den Wunsch zu zeigen, wer Herr im Hause sei – was jedenfalls ein verständliches Bedürfnis für einen Machthaber ist. In diesem Fall kann sogar die Versuchung entstehen, den Zweck die unsauberen Mittel heiligen zu lassen: Der Preis für die Schwächung des militärisch-industriellen Komplexes, ein mächtiges Hindernis für Gorbatschows Abrüstungspläne, waren die falsche Anklage der beiden Diensthabenden und die Enthauptung des Heeres.

Doch ausgerechnet hierbei unterliefen Gorbatschow zwei gravierende Fehler. Der eine bestand in seiner damals noch gültigen Auffassung, wenn man nur die Spitzenkader austausche, könne man im Sinne der Reformen etwas bewirken. Zu wenig dachte er an den Geist der Körperschaft, der Generalität, deren Selbstschutzreflexe in Ethos und Philosophie der Armee fest verwurzelt waren. Der andere Lapsus war eine personelle Fehlentscheidung. Gorbatschows Bekanntschaft mit Marschall Jasow, dem neuen Verteidigungsminister, ging noch auf die Stawropoler Zeiten zurück, als Dmitrij Timofejewitsch, seines Zeichens Korpskommandeur, dort stationiert war und die Parteiorganisation der Armeeeinheiten im Regionskomitee der KPdSU vertrat. Die Bekanntschaft wurde 1985 anlässlich von Gorbatschows Sibirienreise erneuert. Der schnittige Offizier erwies sich als guter Gesprächspartner, kreativer Schöpfer von Trinksprüchen und Gelegenheitssänger auf Festivitäten – im Westen hätte man ihn als Partylöwen bezeichnet. Er konnte auch ganze Kapitel von Puschkins Epos «Jewgenij Onegin» auswendig vortragen, was angeblich Raissa Maximowna entzückt haben soll. Der Legende zufolge soll sie damals in Nowosibirsk zu ihrem Mann gesagt haben: *So einen Verteidigungsminister braucht die Perestroika.*

Mag sein, dass dies den Tatsachen entspricht, obwohl derlei Anekdoten immer nach dem von Karl Schlögel apostrophierten sowjetischen *Hörensagen* riechen – diesmal sogar mit einem Augenzwinkern in Richtung «cherchez la femme». Wahrscheinlicher erscheint die Tatsache, dass Gorbatschow, kein großartiger Menschenkenner, in Jasow endlich jemanden fand, den er in der ihm wildfremden Welt der Militärs persönlich kannte. Doch leider entpuppte sich der nette Marschall von nebenan als Erster in der langen Liste derer, die dem Generalsekretär ihren Aufstieg verdankten und ihn im August 1991 verrieten.

Glasnost – Untergang der Zensur

Und heute noch müssen wir dem Volk die ganze Wahrheit sagen – so die abschließenden Worte Gorbatschows zum Tagesordnungspunkt «Über Rust» auf der Sitzung des Politbüros vom 30. Mai 1987. Selbstverständlich konnte er allen Medien des Riesenreichs eine diesbezügliche Instruktion erteilen: Chefredakteure, Verlagslektoren oder Fernsehmoderatoren hätten kaum gewagt, gegen seinen Willen zu verfahren. Gleichzeitig mussten sie aber auch auf ein gewisses Dokument Rücksicht nehmen. *Die Liste der dem Veröffentlichungsverbot unterliegenden Informationen* war eine alle drei Jahre erscheinende topgeheime Broschüre, deren aktualisierte Version den einzelnen Dienststellen von Kurieren überbracht wurde. Sie umfasste 40 Seiten und hatte eine Auflage von 20 000 Exemplaren. Wenn also der zuständige Redakteur 1987 die aktuelle Ausgabe aus dem Safe nahm, fand er darin einen recht eindeutigen Leitfaden für seine Tätigkeit:

Es ist verboten, auch in künstlerischen Werken, Informationen zu veröffentlichen über die Bevölkerungszahlen nach 1947 in Städten mit mehr als 50 000 Einwohnern, über die Tätigkeit der Organe der Staatssicherheit, (...) absolute, zusammenfassende Angaben über Kriminalität, die Anzahl der Verurteilten nach Bezirk, Stadt und höher, über Orte der Verbannung, Kolonien, die Verwendung der Arbeit von Personen mit Freiheitsentzug in Betrieben, (...) über Katastrophen, große Havarien und Brandfälle mit Menschenopfern, über Reiserouten, Haltestellen, Orte des Auftritts und Aufenthalts von Mitgliedern und Kandidaten des Politbüros sowie ihrer Familien, über geschlossene Gerichtsverhandlungen. Nach diesen Verbotsprinzipien unterlag die Geschichte um

Junge Frau mit Glasnost-Shirt in der Moskauer Innenstadt, 1988

Mathias Rust, ähnlich wie die Katastrophe von Tschernobyl, einer lückenlosen Nachrichtensperre. Die Einmischung des Generalsekretärs, so effektiv sie auch gewesen sein mochte, schuf bestenfalls eine Ausnahme, die nichts daran änderte, dass Legionen von Geheimpolizisten jedes geschriebene Wort, jedes gemalte Bild, jede Filmsequenz kontrollieren konnten. Die präventive Zensur, eingeführt am 9. November 1917, dem dritten Tag nach der Machtübernahme der Bolschewiki, war eine der stärksten Institutionen der Diktatur.

Gorbatschow und seine Mitarbeiter auf kulturellem Gebiet versuchten die Zuständigkeit der literarischen Zollkontrolle auf die Wahrung der Staatsgeheimnisse zu beschränken. Doch die Zensoren interpretierten die Liste wortgetreu. So verzögerten sie noch 1987 die Veröffentlichung des Romans *Weiße Gewänder* von Wladimir Dudinzew im Leningrader Journal «Newa» wegen eines fehlenden Gutachtens von der Presse-Kontrollstelle des KGB. Die mächtige Organisation verfügte über ein Vetorecht für jedes literarische Manuskript, in dem sie erwähnt wurde. Vergeblich argumentierte der Chefredakteur der Zeitschrift damit, dass die Handlung des Romans am Ende der Vierzigerjahre spielte, umsonst berief er sich auf geltendes Recht. Der Paragraf 215 der Verbotsliste konkurrierte zunächst erfolgreich mit den Artikeln 47 und 50 der sowjetischen Verfassung, in denen die Freiheit des künstlerischen Schaffens sowie die Freiheit des Wortes garantiert wurden. Zugegeben, der Satz *Zensur ist verboten* erschien in dieser schlichten Klarheit erst 1990 im sowjetischen Pressegesetz. Dementsprechend wurde die gefürchtete Zensurbehörde Glawlit umorganisiert, wobei die letzte Instruktion mit dem Stempel *Geheim, nur zum Dienstgebrauch!* stilecht lautete: *Die Liste des Glawlit der UdSSR von 1987 und die ergänzenden Befehle verlieren ihre Gültigkeit und unterliegen der Vernichtung nach der vorgeschriebenen Ordnung.*

Der arme Wladimir Dudinzew, der wegen seines frühen systemkritischen Romans *Der Mensch lebt nicht vom Brot allein* (1956) in der offiziellen Kultur Persona non grata war und dessen Rückkehr in die Literatur mit solchen Komplikationen verbunden war, stand für die marginalisierten Autoren der «Sechzigergeneration». Dabei hatten selbst preisgekrönte und gefeierte Schriftsteller wie Anatolij Rybakow enorme Schwierigkeiten mit einzelnen Büchern. So musste zum Beispiel der Roman *Die Kinder vom Arbat* mehr als zwanzig Jahre auf die Druckerschwärze warten. Zweifelsohne gab es im Roman eine vernichtende Schilderung des Stalin'schen Terrors, insbesondere der bedrückenden Atmosphäre nach der Ermordung des Leningrader Parteiführers Sergej Kirow im Dezember 1934. Dabei war der Held Sascha Pankratow der Typus eines begeisterten und idealistischen Jungkommunisten, wie ihn die Partei gern gesehen hätte. Dennoch reagierten Zensoren und Kulturfunktionäre der Ära Breschnew auf jegliche Kritik und selbst noch auf die Erwähnung der Dreißigerjahre empfindlich.

Nebenbei: Wie hysterisch diese Machtelite war, zeigt beispielhaft die Zensur der sowjetischen Fernsehadaptation des Sherlock Holmes zwischen 1979 und 1986. Der Meisterdetektiv durfte nicht sagen, dass er früher als Offizier Seiner Majestät in Afghanistan gedient habe. Stattdessen wurde ihm der Ausdruck «im Osten» in den Mund gelegt.

Das späte Happy End der *Kinder vom Arbat* wurde durch ein Gespräch des Autors mit Alexandr Jakowlew im Mai 1986 ermöglicht. Der Chefpropagandist, der in Gorbatschows Auftrag handelte, empfing den Autor im ZK-Sitz am Alten Platz mit der Erklärung: *Sie haben mich nicht davon überzeugt, dass Stalin den Befehl zu Kirows Ermordung gab, aber Ihre Überzeugung von der Notwendigkeit der Veröffentlichung des Romans hat mich schon beeindruckt.* Damit war grünes Licht gegeben, nachdem der Kampf mit der Zensur den Autor Rybakow bereits einen Herzinfarkt gekostet hatte. Schließlich erschien der erste Teil des lang erwarteten Werks im April 1987. Im letzten Satz des Romans reagiert der Held Pankratow auf die Nachricht von Kirows Tod mit den Worten: *Jetzt wird Russland von Blut überschwemmt.* In der Journalversion heißt es: *Jetzt kommen finstere Zeiten* – eine im Grunde sinnlose Veränderung, die vermutlich der Zensur helfen sollte, ihr ohnehin unkenntliches Gesicht zu behalten.

Der erleichterte Chefredakteur rief am 2. April bei Rybakow an und erzählte ihm, gemeinsam mit anderen Journalisten sei er am Vortag zum Empfang für die britische Regierungschefin Margaret Thatcher eingeladen worden. Als Thatcher gerade in ein Gespräch mit einem der Gäste vertieft war, wandte sich der Gastgeber Gorbatschow plötzlich an den Chefredakteur und sagte: *Ich lese Ihr Journal und weiß, was Sie in den nächsten Monaten veröffentlichen. Ich bin Ihnen dankbar dafür.* Der ebenfalls dankbare Autor zeichnete in seinem Tagebuch auf: *Die Aktion mit den Kindern vom Arbat ist eine der ernsthaftesten Aktionen Gorbatschows. Das Buch spaltet für immer die Gesellschaft. Was uns und unser Land erwartet, ist unbekannt. Es war ein riskanter Schritt von ihm, aber er riskierte ihn!*

Ob nun Gorbatschow den von ihm durchgesetzten Roman auf die direkte Bitte des Autors hin wirklich gelesen hat, wie er in seinen Memoiren behauptete und was Rybakow heftig bestritt, sei dahingestellt und ist im Grunde auch unwichtig. Er wollte sicher nicht einfach den guten König spielen, als er die indirekte Botschaft an den Autor fallen ließ. Für ihn war, und sei es auch nur aufgrund von Jakowlews Informationen, das jahrzehntelang unterschlagene literarische Werk ein Vehikel, um seiner Politik außerhalb des Sitzungssaals oder sogar des Nussbaumzimmers im Kreml Geltung zu verschaffen. Er dachte nicht daran, die Glawlit aufzulösen und Abertausende Zensoren zur Arbeitslosigkeit zu verdammen, sondern schränkte lediglich ihre Urteilskompetenz ein. Dabei wirkte die Zulassung von Texten, die kurz zuvor noch keine Chance gehabt hätten, demoralisierend auf die Auguren inner- und außerhalb der Zensurbehörde. Die Maschinerie funktionierte weiter, ihre rege Tätigkeit blieb jedoch weitgehend folgenlos. 1988 gab die Glawlit 7930 Bücher frei, die bis dahin in den Bibliotheken als geheime Verschlusssache im «Giftschrank» aufbewahrt worden waren, unter ihnen Werke von Exilautoren wie Vladimir Nabokov und Jewgenij Samjatin und auch die der Nobelpreisträger Alexander Solschenizyn und Iossif

Brodskij. Die Zensoren trösteten sich damit, dass 462 Bücher weiterhin verboten blieben *wegen Verleumdung von W. I. Lenin, der KPdSU, des Sowjetstaats, sowie weißgardistische, zionistische, nationalistische Ausgaben.* 1989 hieß es im Jahresbericht der nun bereits als *Hauptverwaltung zur Wahrung der Staatsgeheimnisse in der Presse* firmierenden Behörde, sie hätten immer noch anderthalb Millionen Seiten gelesen, aber nur 17 000 Streichungen vorgeschlagen, *was mit der bedeutsamen Erneuerung der gültigen Beschränkungen zusammenhing.*

Mittwochs erschien die «Literaturnaja gaseta» (Literaturzeitung), donnerstags die «Moskowskije nowosti» (Moskauer Nachrichten) und am Freitag das Nachrichtenmagazin «Ogonjok» (Feuerchen). Besonders dieses erwies sich als scharfzüngige Waffe im Kampf um Glasnost. Unter der Leitung des von Gorbatschow selbst ausgewählten Chefredakteurs Witalij Korotitsch verwandelte sich «Ogonjok» in das auflagenstärkste Wochenblatt mit einer geschätzten Auflagenhöhe von fünf bis sieben Millionen. Korotitsch war ursprünglich ein linientreuer Literat und Kulturfunktionär aus der Ukraine gewesen und hatte vor der Perestroika keine einzige kritische Zeile niedergeschrieben – vielmehr Oden an Lenin und giftige Angriffe auf den Klassenfeind. Jetzt handelte er, als müsse er ein enormes Nachholbedürfnis möglichst rasch befriedigen, und dieser Wunsch traf sich mit dem der sowjetischen Öffentlichkeit, an die Mangelware Wahrheit und Information heranzukommen. In einem halben Jahr publizierte das Blatt eine Reihe von Reportagen und Kommentaren über die Wohnungsmisere in Tadschikistan, den technischen Rückstand des Landes, Prostitution, Kriminalität und Drogensucht, entlarvte die geheime Briefzensur, berichtete über die Lage in den sowjetischen Gefängnissen und über die usbekische Mafia. Auch besuchten die Journalisten des Blattes die damals noch illegalen Oppositionsgruppen.

So schufen «Ogonjok» und die anderen beiden, eher Intellektuellenkreise ansprechenden, Presseorgane eine öffentliche Meinung aufseiten der neuen Politik, indem sie die Idee des Pluralismus in die Praxis umsetzten. Dabei wiederholte sich ein Phänomen, das bereits in Ungarn vor dem Volksaufstand 1956 und in der ČSSR während des Prager Frühlings 1968 bemerkbar war: Indem die kritischen Intellektuellen immer neue dunkle Flecken der Vergangenheit oder Missstände der Gegenwart aufdeckten, dehnten sie ihre eigenen Freiräume aus – eine Dynamik, die letzten Endes sowohl in Budapest als auch in Prag nur noch von Panzern aufgehalten werden konnte. Die Gorbatschow'sche Führung hoffte nun auf die Intellektuellen in den Medien und ließ bis auf gewisse Tabus – Lenin und die Oktoberrevolution gehörten im Jubiläumsjahr unbedingt dazu – die Redakteure schalten und walten, wie sie wollten. Derweil blätterten die Funktionäre mit heiligem Schrecken in den Zeitungen und Zeitschriften – schon bald übernahm auch die Tagespresse den Trend – oder saßen verstört vor ihren Fernsehern. Korotitsch, der 1988 in den USA zum International Editor of the Year erkoren wurde, erzählte über die neue Offenheit seinem Mentor Jakowlew einen Witz: *Eines Morgens ruft der Bürger Iwanow seinen Kumpel Petrow an: «Hast du die ‹Prawda› von heute gelesen?» Darauf Iwanow, vorsichtig: «Psst, nicht am Telefon!»*

Pressefreiheit ist wie eine Rasierklinge in der Hand eines Kindes, sagte Gorbatschow auf einer Sitzung des Politbüros. Vielleicht wollte er damit, wie so oft, nur seine konservativen Mitstreiter beschwichtigen: Er wisse um die Gefahren der Glasnost, habe diese jedoch bewusst ermöglicht, um die freigesetzten Energien der Gesellschaft vor den Karren der Perestroika zu spannen. Ansonsten operierte er mit dem legendären, mit südrussischem Akzent ausgesprochenen Satz: *Prozes poschjol*, der Prozess ist «losgegangen», hat also eine nicht mehr zu steuernde Eigendynamik. Das war allerdings die erste, noch romantische Phase der Perestroika, als die öffentlichen Umfragen – auch eine verblüffende Novität – den Reformen 80 Prozent Unterstützung in der Bevölkerung attestierten. Der Reformer selbst befand sich im «Rejting» – ein dem Englischen entlehnter neurussischer Ausdruck für «Popularitätsliste» – auf dem dritten Platz nach Lenin und Peter dem Großen. Jedenfalls erweckte er einen unstillbar scheinenden Durst nach authentischen Informationen und freier Artikulation der eigenen Meinung. So entstand zwischen 1985 und 1988 eine unstrukturierte und institutionslose Meinungsdemokratie, vielleicht die lebendigste und pluralistischste der damaligen Welt.

Dennoch gab es bei aller Euphorie von Anfang an Keime der Enttäuschung, und zwar nicht nur wegen des auffälligen Unterschieds zwischen der blitzschnellen Entfaltung der Meinungsfreiheit und dem Schneckentempo der praktischen Reformen. Vielmehr handelte es sich um die zunächst schleichende, aber doch spürbare Verschlechterung der Lebensbedingungen, vor allem der Versorgung der Bevölkerung mit Lebensmitteln und Waren des täglichen Bedarfs. Die altbewährte Methode, über Gehaltserhöhungen soziale Spannungen abzubauen, erwies sich als kontraproduktiv. Die in Sparbüchern, Obligationen oder im Bettzeug brachliegenden Geldressourcen der Bevölkerung wuchsen alljährlich: 1986 stellten sie 6 und 1988 bereits 8,5 Prozent des Bruttonationaleinkommens. Diese Angaben zeugten, wie Jegor Gajdar feststellte, *von der steigenden unbefriedigten Nachfrage aufgrund des Mangels an Waren und Dienstleistungen*. Dabei handelte es sich noch nicht um Krisenjahre, die Ernteergebnisse der Jahre 1986 und 1988 gehörten keineswegs zu den schlechtesten. Aber bereits diese frühen Zeichen der Rezession sowie die verdeckten Preiserhöhungen schlugen auf die neuen Freiheiten zurück und entlockten dem herben Volkshumor Sprüche wie diese: *Was brachte uns die Glasnost? Wahrheit, Wahrheit und nichts als Wahrheit*.

Gorbatschows Geister

Trotz rhetorischer Zugeständnisse an seinen konservativen Gegner vertrat der Generalsekretär eine ideologische Linie zwischen einem positiven Pol, für den der Name Lenin stand, und einem negativen, der Platz für Stalin bot. Der Gründer des Sowjetstaates schien in Gorbatschows Weltbild und für seine seelische Haltung eine ähnliche Rolle zu spielen wie für Shakespeares Hamlet der Geist des Vaters, während Lenins Thronfolger Stalin in dieser Konstellation die Rolle des Mörders und Usurpators Claudius zufiel. Dementsprechend passte Hamlets Wort: *Etwas ist faul im Staate Dänemark* genau auf Gorbatschows frühe Einsichten in die realen Verhältnisse. Und ähnlich wie der dänische Prinz den Willen des *armen Geistes* erfüllen wollte, war sein sowjetischer Nachfolger bestrebt, das Vermächtnis seiner Idole zu verwirklichen: *Hast du Natur in dir, so leid es nicht, / Lass Dänemarks königliches Bett kein Lager / Für Blutschand und verruchte Wollust sein!* Wie Hamlet war Gorbatschow umgeben von wenigen Freunden und vielen feindlich gesinnten, heimtückischen Höflingen à la Rosenkrantz und Guildenstern.

Wie befremdlich, ja absurd dies auch heute klingen mag, so fußte doch die Rückbesinnung auf Lenin in einer für Partei und Gesellschaft noch lebendigen Tradition. Den Enthüllungen von Stalins Verbrechen auf dem 20. Parteitag der KPdSU im Februar 1956 folgte eine Lenin-Renaissance mit sämtlichen für sowjetische Kampagnen typischen Übertreibungen. Statt der stalinistisch zensierten «braunen» Vierten Ausgabe von Lenins Werken bereitete man nun eine blaue Fünfte vor und sorgte sogar dafür, die Fundorte der einzelnen Texte in beiden Ausgaben in einem Ergänzungsband festzuhalten, um das Zitieren zu erleichtern. An der Neukanonisierung «beteiligte sich» der Autor selbst mit einigen Texten aus den letzten Jahren seines Lebens. Eine herausragende Stelle nahm der Brief an den Parteitag ein, den der schwer kranke Staatsgründer Ende Dezember 1922 diktiert hatte und dessen Text als sein «Testament» in die Geschichte eingegangen ist, vor allem wegen der berühmten Warnung:

Genosse Stalin hält, nachdem er Generalsekretär geworden ist, eine unermessliche Macht in seinen Händen, und ich bin nicht überzeugt, dass er es immer verstehen wird, diese Macht vorsichtig genug anzuwenden. (...) Stalin ist zu grob, und dieser Makel, der zwischen uns Kommunisten durchaus zu ertragen ist, kann auf dem Posten des Generalsekretärs nicht geduldet werden. Darum schlage ich den Genossen vor, zu überlegen, wie man Stalin ablösen kann, und jemanden auf diesen Posten zu setzen, der sich vom Genossen Stalin nur durch einen einzigen weiteren Vorzug unterscheidet – dadurch, dass er toleranter ist, loyaler, höflicher, aufmerksamer gegenüber den Genossen und weniger launenhaft usw.

Der Adressat dieses Briefes, der XII. Parteitag, entschied sich mit absoluter Mehrheit dafür, das Vermächtnis des ansonsten heiß geliebten «Iljitsch» geheim zu halten. Obwohl eine Kopie aus Trotzkis Umfeld in den Westen durchsickerte, durfte man den Text legal erst im April 1956 lesen. Er diente nun dazu, die These von Stalins «Personenkult» als Quelle allen Übels zu untermauern und, mehr noch, den Nachfolger Chruschtschow durch diese prophetischen Worte als Lenins wahren Erben zu legitimieren.

Was für Chruschtschow, selbst in den Stalin'schen Terror tief verwickelt, ein kalt angewandtes Machtmittel bedeutete, war für Gorbatschow Teil seiner festen Überzeugung. Selbstverständlich schöpfte er nicht allein aus der berühmten Warnung, sondern aus der gesamten Schlussphase von Lenins Leben, die bei aller Widersprüchlichkeit einen

Politiker von anderem Format und Charakter als Stalin gezeigt hatte. Nach dem blutigen Bürgerkrieg und dem räuberischen Kriegskommunismus sah der Führer der Bolschewiki aufgrund des Kronstädter Aufstands ein, dass die Sowjetmacht eine radikale Kurskorrektur brauchte, um zu überleben: Das war die Neue Ökonomische Politik (NÖP), die eine begrenzte Privatinitiative in Kleinhandel und Handwerk, aber auch im Verlagswesen gestattete und die bäuerliche Wirtschaft, abgesehen von der Besteuerung der Erträge, in Ruhe ließ. Lenin betrachtete diese Politik als Rückzug, der aber am Herzstück des Regimes, der Einparteienherrschaft, keineswegs rütteln sollte.

Die andere Eigenheit der Ära Lenin bestand darin, dass selbst in den Jahren des zügellosen Terrors gegen Andersdenkende eine relative Offenheit und Toleranz innerhalb der herrschenden Partei erhalten blieb – bis 1921 war es sogar erlaubt, Fraktionen und Plattformen zu bilden. Diese Freizügigkeit war eindeutig ein Rest aus der Vorkriegszeit, als die verschiedenen Richtungen der russischen Arbeiterbewegung miteinander mal verfeindet, mal vereinigt waren, aber immer im Rahmen der Zweiten Internationale agierten. Schließlich stürmten die Bolschewiki im Oktober 1917 das Winterpalais noch als Sozialdemokratische Arbeiterpartei Russlands, und obwohl sie sich ab April 1918 als kommunistisch deklarierten, blieben sie noch mit ihren als «Sozialverräter» abgestempelten westlichen Genossen durch viele Fäden verbunden. Die einstige Gemeinsamkeit wurde teilweise im Antifaschismus und in der Volksfrontidee wiederbelebt, und nach dem XX. Parteitag kokettierte Chruschtschow mit der SPD, allerdings in der Zeit vor deren Godesberger Programm von 1958, das wiederum einen Sturm der scheinbaren Entrüstung seitens der KPdSU auslöste. Trotzdem brach die Kremlführung nicht alle Brücken zur Zweiten Internationalen ab, deren Vorsitzender Willy Brandt in Moskau als Mann der Entspannung galt. Eine neue Öffnung gegenüber der SPD und der nichtkommunistischen Linken lag seit Langem in der Luft – auf sowjetischer Seite brauchte man dazu nur noch handlungs- und verhandlungsfähige Partner.

Gorbatschows ursprüngliche Vision ähnelte nicht in allen, aber in einigen Merkmalen Lenins Vorstellungen vom Beginn der Zwanzigerjahre. Auch er wollte die Funktionsfähigkeit des Systems mit radikalen Wirtschaftsreformen absichern, obwohl seine ersten Schritte auf dem Weg zur Marktwirtschaft, die Genehmigung «individueller Arbeitstätigkeit» und Gründung von Kooperativen, weit hinter den Zugeständnissen der NÖP zurückblieben. Auch er wollte unter Beibehaltung des Einparteiensystems den innerparteilichen Diskurs ankurbeln, obwohl es ihm nie gelang, diesen enormen Organismus in Bewegung zu bringen. Dafür sicherten seine politischen Reformen bereits im dritten und vierten Jahr der Perestroika einen Freiheitsgrad, der zu Lenins Zeiten kaum vorstellbar gewesen wäre. In diesem Sinne war die Anlehnung an den Leninismus bestenfalls ein produktives Missverständnis, das umso auffälliger war, je häufiger Gorbatschows gebetsmühlenhafte Beschwörungen mit dem realen Inhalt seiner Politik in Kollision gerieten.

Das andere Gespenst im Weltbild des Generalsekretärs hieß Iossif Stalin, dem Gorbatschow aufgrund seiner diabolischen Persönlichkeit regelrecht den Krieg erklärte. *Die Kommission des Politbüros des ZK der KPdSU zur ergänzenden Erforschung der Materialien im Zusammenhang mit den Repressalien in dem Zeitabschnitt der Dreißiger- bis Vierzigerjahre sowie zu Anfang der Fünfzigerjahre* war eindeutig ein Kind Gorbatschows. Seit Januar 1988 versuchten die Mitglieder dieser Wahrheitskommission die wichtigsten Stalin'schen Schauprozesse sowie die Urteile der sogenannten «Troikas», Schnellgerichte der Geheimdienste, zu überprüfen und der Staatsanwaltschaft zur Annullierung bzw. zur Rehabilitierung der Opfer vorzulegen. Die anfangs vom Politbüromitglied Solomenzew und später von Jakowlew geleitete Kommission stand in regem Kontakt zu Gorbatschow und hatte den Auftrag, das unter Chruschtschow begonnene, aber von dessen Nachfolgern unterbundene Werk der Entstalinisierung zu vollenden. Man arbeitete mit Dokumenten des KGB und konzentrierte sich zunächst auf die Prozesse 1936 und 1937 um Kirows Ermordung, auf das Verfahren gegen den «Block der Rechten und Trotzkisten» 1938, also den großen öffentlichen Schauprozess mit Bucharin als dem hochrangigsten Angeklagten. Vorgezogen wurde weiterhin die «Leningrader Affäre» von 1950, eine blutige, nichtöffentliche Abrechnung mit den führenden Funktionären der Stadt. Laut Beschluss des Politbüros sollte diesmal, anders als in den Fünfzigerjahren, die Arbeit der Rehabilitierung publik gemacht werden.

Wie stark die persönliche Beteiligung des Generalsekretärs an diesem Unternehmen war, zeigen die Sitzungsprotokolle der aus Politbüromitgliedern und anderen hohen Würdenträgern zusammengesetzten Kommission. Bereits auf der ersten Sitzung erklärte der Vorsitzende Solomenzew: *Gestern sprach ich mit Michail Sergejewitsch. Worauf hat er die Aufmerksamkeit gelenkt? Es wäre gut, Information zu geben, dass die Kommission ihre Arbeit aufgenommen hat.* In dieselbe Kerbe schlug KGB-Chef Tschebrikow: *Michail Sergejewitsch betonte, dass wir, sobald wir etwas untersuchen, gleich die Öffentlichkeit informieren sollen. Wir müssen informieren über die Rehabilitierung im rechtlichen und parteilichen Sinne.* Auf die Frage, ob in der Information die Namen aller Angeklagten oder nur die Bezeichnung des Prozesses vorkommen sollte, berief er sich wieder auf den Parteichef: *Gestern sprach ich mit Michail Sergejewitsch über dieses Thema. Wir müssen schreiben, dass wir den Fall von dem und dem untersucht haben, das Gericht hat den und den rehabilitiert, und die Parteikontrollkommission hat die Mitgliedschaft von dem und dem wiederhergestellt. Wir haben darüber mit Michail Sergejewitsch gesprochen. Wahrscheinlich müssen wir ihn noch einmal konsultieren.* Solomenzew auf derselben Sitzung zur selben Frage: *Gestern habe ich Michail Sergejewitsch konsultiert: Müssen alle Namen aufgelistet werden? Er sagte: Wahrscheinlich muss man sie auflisten ...*

Die während der Untersuchung entstandenen inhaltlichen Probleme erweckten den Anschein, als sei es Stalin selbst, der seinem sechsten Nachfolger und dessen Kommission Steine in den Weg legen wollte. Ausgerechnet Nikolaj Bucharin, dessen schnelle Rehabilitierung ihnen besonders wichtig war, erwies sich als wenig «kooperativ»: Seine Geständnisse von 1938 waren erzwungen, und selbst noch die Sätze, mit denen er sich verteidigte, wendeten sich gegen ihn, da sie dem Schauprozess den Schein der Rechtmäßigkeit verliehen. Obwohl er sich im riesigen Säulensaal des Gewerkschaftshauses insgesamt so reumütig zeigte, dass es ihm gelang, selbst einen Lion Feuchtwanger von der Authentizität und Freiwilligkeit seiner Aussagen und damit von der Rechtmäßigkeit der Anklage zu überzeugen, leugnete er in Einzelfragen seine Schuld. So wies er jegliche Tötungsabsichten gegenüber Lenin hartnäckig zurück und wehrte sich auch gegen die Anklage, je im Auftrag eines ausländischen Geheimdienstes gehandelt zu haben. Solomenzew, der offensichtlich keine Ahnung von der Raffinesse derartiger Inszenierungen hatte, stellte daraufhin die Frage: Wenn es sich im Fall des «Blocks der Rechten und Trotzkisten» um einen Schauprozess mit durch Folter erzwungenen Geständnissen handelte, warum hatte dann Bucharin einige Anklagen zurückgewiesen und andere nicht?

Probleme verursachte auch die Tatsache, dass sich unter den Angeklagten und zum Tode Verurteilten in diesem Prozess Heinrich Jagoda befunden hatte, der frühere Geheimdienstchef. Dieser war im Sinne der absurden Anklage sicherlich unschuldig, aber ansonsten war er selbst als Initiator ähnlich konstruierter Prozesse in Erscheinung getreten und konnte deshalb nicht rehabilitiert werden. Sah Stalin in Bucharin einen auszulöschenden Erzfeind, so wollte er in Jagodas Person höchstens einen unbequemen Mittäter und Zeugen loswerden. Juristisch erschien eine solche Differenzierung irrelevant – annullieren konnte man nur das gesamte Verfahren. Doch Solomenzew wusste einen Weg aus der Verlegenheit: Auch *Michail Sergejewitsch neigt dazu, Jagoda getrennt zu behandeln.* Als schließlich die sensationshungrigen Medien die ersten Gerüchte über die Rehabilitierung aufschnappten, begannen sie die Kommission nach Einzelheiten zu löchern. Die Reaktion darauf war beinahe panisch.

SOLOMENZEW *Man sagt mir, auf der Straße versammeln sich Leute vom Fernsehen.*
TEREBILOW *Ein Filmteam ist gekommen.*
SOLOMENZEW *Niemand hat sie eingeladen?*
TEREBILOW *Niemand.*
SOLOMENZEW *Warum sind sie dann gekommen?*
TEREBILOW *Sie behaupten, sie hätten eine Drehgenehmigung.*
SOLOMENZEW *Sind es viele Menschen?*
TEREBILOW *Nein.*
JAKOWLEW *Für das Archiv müsse etwas festgehalten werden. Nicht für das Publikum – für die Geschichte. Das muss für die Geschichte aufgenommen werden.*
TEREBILOW *Sie sind heute begierig auf das Gespräch.*
SOLOMENZEW *Wer?*
TEREBILOW *Das Filmteam. Ich habe ihnen gesagt, dass ich zunächst nichts sagen kann.*
SOLOMENZEW *Ich nehme Rücksprache mit Michail Sergejewitsch.*

Bucharin wurde am 4. Februar 1988 postum in die Partei wieder aufgenommen. Am Ende desselben Jahres entstand der vorläufige Abschlussbericht der Kommission, in der Jakowlews Einfluss immer stärker wurde. Sie publizierte horrende Zahlen. Selbst Gorbatschow sprach noch in seiner Jubiläumsrede vom November 1987 auf den Spuren Chruschtschows von «Zehntausenden von Opfern». Nun hieß es im Klartext: *Der ehrenhafte Name und die Würde wird vielen Tausend unbefleckten Menschen zurückgegeben, die schwere Last unbegründeter Anklagen und Verdächtigungen wird von ihnen genommen. Bis heute sind 1 002 617 Strafsachen repressiver Art überprüft worden, die insgesamt 1 586 104 Menschen betreffen. In diesen Fällen sind 1 354 902 Menschen rehabilitiert worden.* Neu war in diesem Bericht außer den exakten Zahlen die siebenstellige Größenordnung, die bisher nur in westlichen Publikationen, daneben vor allem in Solschenizyns Roman *Archipel Gulag*, vorgekommen war, den er selbst als «Versuch einer künstlerischen Recherche» bezeichnet hatte. Allerdings zeigte sich im weiteren Verlauf des Rehabilitierungsprozesses, dass der ursprüngliche zeitliche Rahmen zu eng gesteckt war. Schauprozesse hatte es schließlich auch vor 1936 gegeben, und sie endeten nicht mit dem Jahr des XX. Parteitags. Irgendwann musste sich Jakowlews Team auch mit den Massendeportationen der Vierzigerjahre im Baltikum, der Zwangsumsiedlung von Krimtataren, Kalmücken, Koreanern und anderen Völkern beschäftigen. Auch die Frage nach den Tätern in Katyn wurde immer lauter gestellt. Die weiteren Rehabilitierungswellen fielen jedoch mit einer neuen Phase der Perestroika zusammen, in der es zunehmend um Sein oder Nichtsein des Sowjetstaates ging.

Die Rehabilitierung Bucharins war eine genau durchdachte Aktion, und die Wahl war nicht zufällig auf diesen Bolschewiken mit menschlichem Antlitz gefallen. Mitte der Zwanzigerjahre, am Vorabend der Zwangskollektivierung, hatte er die Losung «Mehret euren Reichtum» popularisieren wollen, um von der NÖP zu retten, was noch zu retten war. Und im Kreise seiner Gesinnungsfreunde machte er Stalin als «Dschingis Khan der Industrialisierung» verächtlich. Das Ziel des Verfahrens bestand nun darin, eine leuchtende Gestalt aus der frühen Sowjetzeit zu zeigen, die Sozialismus mit Wohlstand und Toleranz mit wirtschaftlicher Eigeninitiative verknüpfen wollte und daher als Vorläufer im Kampf gegen die Kommandowirtschaft geeignet war. Weniger direkt beabsichtigt, aber zumindest in Kauf genommen wurde ein anderer Effekt der Rehabilitierung: Die Bloßstellung des politischen Systems in der Stalinzeit, seinerzeit die Grundlage für die Herrschaft und Privilegierung der Nomenklatura, bedeutete das Aufkommen der moralischen Frage nach der Legitimation der Machtelite. Und Glasnost in dieser Frage wurde wiederum dringend als Gegengewicht zu den geheimen Kulissenspielen des Apparats gebraucht. Alles in allem: *Prozes poschjol*, der Prozess war in Gang gekommen. Schon bald sollte er sich als unumkehrbar erweisen, und ausgerechnet im Jahr 1988 geriet er immer mehr außer Kontrolle.

Der gordische Knoten

Eine frühe Überraschung

In einem Punkt gab es zwischen den einander befehdenden Strömungen der Machtelite über einen langen Zeitraum hinweg Konsens: bei der Bekämpfung der Korruption. Die von Jurij Andropow in Gang gebrachten, unter Konstantin Tschernenko immer wieder verschleppten Ermittlungen wurden von Michail Gorbatschow neu aufgegriffen. Neben den Moskauer Seilschaften, deren Fäden bis zu den Familienangehörigen des verblichenen Staats- und Parteichefs Breschnew reichten, und dem bereits erwähnten Klüngel in der Region Krasnodar konzentrierte sich die Fahndung auf die kaukasischen und zentralasiatischen Republiken. Eine besondere Bedeutung kam der berüchtigten «Baumwollaffäre» in Usbekistan zu. Dort hatte die Parteiführung jahrelang, wenn nicht gar jahrzehntelang Berichte über die Produktion ihres wertvollsten Agrarprodukts gefälscht und unrechtmäßig Subventionen kassiert. Insgesamt wurde dem Staatshaushalt damit ein Jahresverlust von einer Viertelmilliarde Rubel zugefügt – ungefähr so viel wie die jährlichen Kosten des Afghanistankriegs. Allerdings zählte, wenn es um quantitative Erfolge in der Produktion ging, das Aufrunden von Zahlen in der Sowjetunion noch lange zu den Kavaliersdelikten, und wenn jemand diesem Problem nachgehen wollte, brauchte er dazu Anstand, Mut und auf jeden Fall Rückendeckung von ganz oben.

Über diese Voraussetzungen verfügte offenbar der Staatsanwalt für besonders wichtige Angelegenheiten, Telman Gdljan – der Vorname des 1940 geborenen Juristen war eine Geste der Ehrerbietung gegenüber Ernst Thälmann (der Dissident Schores Medwedew ist nach dem 1914 ermordeten französischen Sozialistenführer Jean Jaurès benannt). Gdljan entdeckte sehr bald, dass es in Usbekistan um mehr ging als um die Irreführung der Behörden in puncto Planerfüllung. Vielmehr entstand im Verlauf von rund achthundert Strafverfahren das Bild einer kriminellen Vernetzung von großen Teilen der Nomenklatura, inklusive der

Eine frühe Überraschung

Polizei und der Verwaltung des Innenministeriums, die sich der Spekulation und der *Beschädigung des sozialistischen Eigentums* widmete. Das Grundkapital der Mafia stammte aus den staatlichen Zahlungen für teilweise nicht gelieferte Baumwolle. Mit Geld, Gold, Teppichen und Schmuck konnte man Wohnung, Datscha, Auto, Doktortitel und die Sicherung eines lukrativen Postens «organisieren».

Im benachbarten Tadschikistan war es gang und gäbe, dass hochgestellte Funktionäre und Intellektuelle außer der Reihe staatliche Wohnungen bekamen, während die durchschnittliche Wartezeit für gewöhnliche Sterbliche bis zu zwanzig Jahre betrug. In der 600 000 Einwohner zählenden Hauptstadt Duschanbe, beispielsweise auf der Nazim-Hikmet-Straße im Stadtzentrum, wohnten noch Dutzende von Familien in Zelten. In Kasachstan verteilte man lediglich ein Fünftel der zur Verfügung stehenden Wohnungen auf Basis offizieller Wartelisten – alles andere wurde über «besondere Kanäle» vergeben. Der Wohnungsbau konnte in keiner Weise mit den gestiegenen Ansprüchen Schritt halten, zumal die neuen Häuser sehr bald wieder baufällig wurden. Indessen hatten die zentralasiatischen Sowjetrepubliken den höchsten Bevölkerungszuwachs der Union und verfügten gleichzeitig über die geringste durchschnittliche Wohnraumfläche. In Tadschikistan waren es in den Achtzigerjahren pro Kopf 8,75 Quadratmeter, in Lettland hingegen 18,2, in Estland sogar 19,8. Die zentralasiatische Korruption profitierte ähnlich wie die im ganzen Imperium von den Privilegien der Machtelite und der Mangelwirtschaft. Telman Gdljans Bericht erwähnt nur am Rande zwei spezifische Momente: den familiären Charakter der Seilschaften und die Tatsache, dass die Paten der usbekischen Mafia die Loyalität ihrer Kumpanen auch durch Hinweis auf muslimische Traditionen – bedingungslosen Respekt gegenüber Älteren – erzwingen konnten.

Obwohl es in der gesamten Sowjetunion innerhalb der höchsten Nomenklatura wenig Rotation gab, zeichneten sich die zentralasiatischen Staaten doch durch besonders lange Amtszeiten ihrer lokalen Führer aus. So verbrachte der usbekische Parteiführer Scharif Raschidow 25 Jahre an der Machtspitze, bevor er vor den Anschuldigungen im Verlauf der Baumwollaffäre 1983 in den Freitod flüchtete. Der tadschikische KP-Chef Djabar Rassulow hatte bis zu seinem Tod 1982 21 Jahre in seiner Funktion verharrt, und sein kasachischer Kollege Dinmuhammed Kunajew hielt sich ebenfalls ein Vierteljahrhundert auf seinem Thron. Diese Menschen waren, hierarchisch betrachtet, ebensolche Funktionäre wie jeder Erste Sekretär einer beliebigen Region, repräsentierten aber ihre Nation gegenüber der Zentralmacht in Moskau und gleichzeitig die Zentralmacht an der Peripherie. Sicherlich wollten sie in ihrer engeren Heimat nicht einfach als Moskaus Statthalter dastehen, sondern eher den lokalen Sitten entsprechen. Dazu gehörte beispielsweise die ausufernde orientalische Gastfreundschaft, die dem offiziell gepredigten sowjetischen Puritanismus entgegenstand.

Als Michail Gorbatschow an einen Generationenwechsel auch in den östlichen Republiken dachte, wusste er, dass solche Pläne kaum ohne Widerstand realisierbar sein würden. In Moskau kannte man den Clancharakter der dortigen Machtstrukturen. Daher ging Gorbatschow sehr behutsam vor, als er – wahrscheinlich informell – die jüngeren Kader der Kasachischen KP Anfang 1986 dazu ermunterte, den korruptionsverdächtigen alten Parteichef Kunajew im Februar auf dem Parteitag in Alma-Ata (heute Almaty) abzulösen. Der zweite Mann der Kasachischen KP und gleichzeitige Regierungschef der Republik, Nursultan Nasarbajew, forderte seinen politischen Ziehvater, den er in einer fulminanten Rede für die lokale Misswirtschaft verantwortlich machte, zum Rücktritt auf. Offensichtlich aber verfügte Kunajew über die besseren Beziehungen, denn seine Leute überredeten am späten Abend und in der Nacht die Delegierten, den Boss am nächsten Tag in Schutz zu nehmen, was auch gelang. Nasarbajew konnte nur ganz knapp seine Position halten. Dieses Fiasko versuchte Gorbatschow noch im selben Jahr zu korrigieren. Am 16. Dezember, am Tag seines historischen Anrufs beim Akademiemitglied Sacharow, schlug er dem Politbüro die Absetzung des kasachischen Parteiführers vor – in dessen Abwesenheit. Parallel dazu zwang das lokale ZK in Alma-Ata Kunajew im Rahmen einer halbstündigen Sitzung zur Abdankung. Nachfolger wurde Georgij Kolbin, wahrscheinlich ein Kandidat Eduard Schewardnadses, dessen Stellvertreter er in Tiflis gewesen war. Kolbins Ernennung erwies sich, unabhängig von seinen Qualitäten, sehr bald als fatale Fehlentscheidung.

Als die Nachricht vom Machtwechsel die kasachische Öffentlichkeit erreichte, kamen zunächst zahlreiche Schüler und Studenten auf den Breschnewplatz, heute Platz der Republik, vor dem ZK-Gebäude. Die

Menschenmassen wurden innerhalb kurzer Zeit immer größer und füllten bald die ganze Innenstadt. Der Protest galt der Tatsache, dass ein Politiker die Führung der Republik übernehmen sollte, der dort nie gelebt hatte und die Verhältnisse nicht kannte. Die Demonstranten übergaben sogar eine Liste mit Vorschlägen für aus ihrer Sicht geeignete Kandidaten, unter denen es auch Russen gab, die in Kasachstan ansässig waren. Alles verlief zunächst friedlich. Man bat den gestürzten Parteichef, vom Balkon des ZK-Gebäudes aus die Gemüter zu beruhigen. Dieser wäre dazu auch bereit gewesen, wurde dann aber höflich hinwegkomplimentiert. Dabei wollte die Menschenmenge ausschließlich ihn hören und konnte nicht beruhigt werden. In den frühen Abendstunden bat die in Panik geratene Parteiführung – auch Kunajews Erzrivale Nasarbajew war dabei – Moskau um militärische Verstärkung. Diese wurde sofort gewährt.

Als am nächsten Tag Tausende auf dem Platz erschienen und Losungen skandierten: *Jedem Volk die eigene Führung! Keine Privilegien für eine Nation! Nieder mit dem Großmachtwahnsinn! Wir wollen Selbstbestimmung*, entschied der inzwischen eingeflogene Krisenstab mit dem Politbüromitglied Solomenzew und dem stellvertretenden KGB-Chef Filipp Bobkow an der Spitze, alle weiteren Demonstrationen mit Gewalt zu verhindern. So kam es zu der berüchtigten Operation «Schneesturm 86»: Spezialeinheiten des KGB, der Polizei und der Armee verwandelten Alma-Ata für drei Tage in ein Schlachtfeld. Die erregten Demonstranten bekämpften die aus sibirischen Garnisonen, Perm und anderen Städten hinzugezogenen Militärs mit Steinen, während diese sich mit Riemen, Schlagstöcken, Wasserwerfern und Pionierspaten «verteidigten». Das tragische Ergebnis waren drei Tote, 1137 Verwundete, 2200 Verhaftete – 90 Prozent von ihnen Kasachen. Solomenzew behauptete in seinem Abschlussbericht, die Demonstrationen seien Ausschreitungen von Hooligans, Alkoholikern und Drogensüchtigen gewesen – die offizielle medizinische Expertise widersprach dieser Aussage. Das Politbüro beruhigte eher sich selbst als die Öffentlichkeit mit der Verlautbarung, in der kasachischen Hauptstadt habe eine nationalistische Demonstration stattgefunden.

Im Sommer 1987 fand der Prozess gegen einige Beteiligte statt, und es wurden ein Todesurteil und mehrere schwere Gefängnisstrafen zwischen sieben und fünfzehn Jahren verhängt. Der zum Tode verurteilte zwanzigjährige Kairat Ruksulbekow wurde in zweiter Instanz zu zwanzig Jahren Freiheitsentzug begnadigt, starb aber bald darauf unter dubiosen Umständen im Gefängnis von Semipalatinsk. Ein paar Jahre später wurde das kasachische Wort «Scheltoksan» (dt. Dezember) – zum Gründungsmythos der kasachischen nationalen Bewegung. Dinmuhammed Kunajew wurde in den Neunzigerjahren zum Nationalhelden erklärt, die ehemalige Karl-Marx-Straße trägt heute seinen Namen. Ruksulbekow erhielt ebenfalls ein Heldendenkmal. Nur die kasachischen «Dezemberleute» fühlen sich aufgrund der monarchisch inszenierten Alleinherrschaft des Hauptgewinners Nasarbajew bis heute um ihre Träume betrogen.

Mit Gorbatschow selbst hat diese traurige Geschichte nicht sehr viel zu tun. Damals hatte er noch genug Macht, um sich bei solchen Konflikten bedeckt zu halten, obwohl er in den krisenhaften Tagen gründlich über alle Ereignisse in Alma-Ata informiert worden war. Und doch: Zum ersten Mal musste Gorbatschow Entscheidungen treffen, um fatale Folgen früherer Fehlentscheidungen zu korrigieren. Einige Monate später hatte er Distanz zu den Geschehnissen gewonnen und äußerte sich dazu vor dem Politbüro am 11. Juni selbstkritisch, wenn auch im Pluralis majestatis: *Bei der Geschichte in Alma-Ata handelten wir zuerst, und erst danach begannen wir mit dem tiefen Studium des Problems. Es ist gut, dass wir überhaupt damit begonnen haben.* Er kam sogar zu einer späten, aber dennoch richtigen Einsicht: *Strafaktionen in der nationalen Frage sind besonders gefährlich. Gleich entstehen dadurch «Heilige» und «Märtyrer».* Im Nachhinein fragt man sich nur, warum er Kairat Ruksulbekow nicht durch eine Amnestie daran gehindert hat, zum Märtyrer zu werden.

Erstaunlich wenig Sorgen bereitete Gorbatschow die Tatsache, dass er durch die undemokratische Art der Ausführung eines sicherlich richtigen und zeitgemäßen Beschlusses, nämlich der Ablösung Kunajews, selbst einen Konflikt entfacht hatte und diesen dann nur noch mit Gewalt lösen konnte. Noch viel beunruhigender war allerdings an seiner Äußerung, dass der Generalsekretär und seine Mitarbeiter das Menetekel an der Wand völlig übersehen hatten. Sie ahnten nicht, dass mit der Tragödie des Scheltoksan die nationale Frage am Horizont erschienen war und dem gesamten Prozess der Perestroika eine neue, von niemandem geplante Richtung verleihen sollte.

Entstehung eines Flächenbrands

Überhaupt schlug während jener Sitzung im Kreml die Stunde der Halbwahrheiten. Der ZK-Sekretär Georgij Rasumowskij berichtete über Maßnahmen zur Beilegung des Konflikts um die erzwungene Wachablösung in Alma-Ata beziehungsweise über die ungeahnte nationale Dimension dieses Komplexes. Zum ersten Mal wurde versucht, eine Art soziologische Deutung der Ereignisse zu geben.

RASUMOWSKIJ *Wir liefern der Republik unentgeltlich Waren für 60 Milliarden Rubel. In der Arbeiterklasse der Republik stellen die Kasachen zwei Prozent. Die Überzeugung ist weit verbreitet, dass Kasachstan das ganze Land ernähre (...) und Kunajew der Vater der Nation sei. Von ihm stammt die Linie des nationalen Protektionismus. Die Kriminalität wächst. (...) Im Massenbewusstsein ist die Idee fest verankert, dass alle Muselmanen, unabhängig von der politischen und sozialen Ordnung, Brüder sind. Frauen sind durch den Kinderreichtum aus der Gesellschaft ausgeschlossen. Daher die ganze Einschüchterung und die Lebendigkeit des Islams. Daher auch der Nationalismus.*

JAKOWLEW *Der nationalistische Impuls kommt von oben – von der lokalen Intelligenzija, dem Partei- und Staatsaktiv. Die Behörden verhalten sich wohlwollend gegenüber den nationalistischen Erscheinungen. Gott sei Dank, dass sie wenigstens nicht über die Vernichtung der Sowjetunion sprechen.*

GORBATSCHOW *Welchen Gott meinst du? Vielleicht konkreter...* (Lachen)
JAKOWLEW *Allah.*
GORBATSCHOW *In dieser Frage gibt es für uns nur einen Gott – Lenin. Wäre es ihm seinerzeit gelungen, die nationale Politik Stalin gegenüber in Schutz zu nehmen, dann gäbe es nicht das, wovon wir heute reden.*

Die Berufung auf Lenin bezog sich auf eine Affäre aus dem fernen Jahr 1922. Hohe Parteifunktionäre, unter ihnen die Georgier Stalin und Ordschonikidse und der Pole Dzierżyński, seines Zeichens Chef der Geheimpolizei GPU, reisten damals nach Tiflis, um in der georgischen KP für Ordnung zu sorgen und eine als nationalistisch verfemte Fraktion auszuschalten. Im Verlauf des Streits scheute sich Ordschonikidse nicht einmal vor Handgreiflichkeiten. Lenin protestierte aufgebracht gegen das Verfahren der drei assimilierungswütigen Emissäre. *Unter solchen Umständen*, so der Brief, den er auf dem Krankenbett diktierte, *ist es nur natürlich, dass sich die Rechtfertigung der «Freiheit des Austritts aus der Union»* – ein im Verfassungsentwurf der UdSSR kodifiziertes Grundrecht – *als ein wertloser Fetzen Papier herausstellen wird, der keinen Schutz bieten wird für die nichtrussischen Einwohner Russlands vor der Invasion jenes wahren Russen, des Großrussen, des Chauvinisten, ja eigentlich Schurken und Gewalttäters, wie es der typische russische Bürokrat ist. (...) Da stellt sich die Frage, (...) ob wir die Maßnahmen genügend sorgfältig getroffen haben, um die Nichtrussen nachhaltig vor dem wahren russischen Derschimorda zu schützen.* Derschimorda ist eine Figur aus Gogols Komödie «Der Revisor» von 1835, ein besonders grober Polizist.

Es gibt keine Veranlassung, die Echtheit der Lenin'schen Empörung zu bezweifeln. Wenn der Führer der Oktoberrevolution etwas wirklich hasste, dann war es die zaristische Willkür, die das «einheitliche und unteilbare» Russische Reich zum Völkergefängnis machte. Gleich nach der Machtübernahme deklarierte Sowjetrussland die Unabhängigkeit aller Länder, die früher in das Imperium einverleibt worden waren, unter ihnen Finnland, Polen, die baltischen Länder und die kaukasischen Völker. Obwohl diese Politik im Verlauf des Bürgerkriegs und der Intervention gewissen Schwankungen unterlag, schien Moskau damals nur ungern in die Fußstapfen seiner historischen Vorgänger treten zu wollen. Unter anderem wurde auch die Souveränität der kaukasischen Republiken akzeptiert – allerdings nicht für sehr lange. Die Feldzüge der Roten Armee hatten den Unabhängigkeitsträumen dieser kleinen Länder ein jähes Ende gesetzt, und es war nur ein schwacher Trost, dass sie im Namen einer proletarischen Weltrevolution und nicht im Namen einer imperialen Idee bürgerlicher oder monarchistischer Prägung unterworfen worden waren. Hinzu kam noch, dass sich die Moskauer Zentrale auch in die territorialen Streitigkeiten der annektierten kleinen Republiken einmischte, indem sie zum Beispiel das mehrheitlich armenisch bewohnte Gebiet Berg Karabach als zu Aserbaidschan gehörig erklärte – eine Zeitbombe, die erst ein gutes halbes Jahrhundert später explodierte. In diesem Sinne hatte Gorbatschows Gott seinen Gläubigen eine Falle gestellt, in die sie erst in den Achtzigerjahren hineintappten.

Handelte Lenin noch teilweise gegen seine eigenen ursprünglichen Prinzipien, so fühlte sich sein Nachfolger Stalin an keine heiligen internationalistischen Ideen gebunden und vertrat hemmungslos despotische und imperiale Interessen. Während des Zweiten Weltkriegs ordnete er Massendeportationen ganzer Nationen nach Sibirien und Zentralasien an, weil sie der Kollaboration mit den deutschen Okkupanten bezichtigt worden waren. Unter anderem traf diese zwangsweise Umsiedlung im Herbst 1944 die Krimtataren, mit 22 Prozent nach den Russen die zweitgrößte Volksgruppe auf der Halbinsel. Sie teilten ihr Schicksal mit den Krimdeutschen, während die Juden, Folge der Eroberung der Krim durch deutsche Truppen, vom Holocaust dezimiert worden waren. Dementsprechend verschob sich die ethnische Struktur der Region zugunsten der Russen, die bis heute auf der Halbinsel die Mehrheit bilden. Umso absurder war die Entscheidung Nikita Chruschtschows, die Krim 1954 zum Jahrestag des 300. Jubiläums der Vereinigung der Ukraine mit dem Russischen Reich einfach der Ukrainischen Sowjetrepublik zu schenken.

Die Krimtataren, deren Rückkehr in ihre Heimat trotz der Rehabilitierung im Jahre 1956 verhindert wurde, setzten ihre Proteste in der Ära Breschnew fort und fanden einen moralischen Unterstützer in der Person des zum Dissidenten gewordenen Generals Pjotr Grigorenko, bis dieser 1977 nach jahrelanger psychiatrischer Zwangsbehandlung in den Westen abgeschoben wurde. In der neuen Ära meldeten sie ihren Wunsch zur Repatriierung wieder an. 1987 organisierten sie, ungehindert von den Behörden, die größte Massenpetition der sowjetischen Geschichte. Sie erschienen mit der Namensliste direkt vor der Kremlmauer und drohten in einen kollektiven Hungerstreik zu treten. Die Losung «Vaterland oder Tod!» hatten sie aus dem Vokabular von Fidel Castros bärtigen Guerilleros. Nun musste Gorbatschows schwerfälliges Team die Folgen von Stalins Brutalität und Chruschtschows «Großzügigkeit» gleichzeitig ausbaden.

Aus dem Protokoll der Sitzung des Politbüros vom 9. Juli 1987:

LUKJANOW *Hinter der Bittschrift an den Obersten Sowjet stehen ungefähr 350 000 Menschen. (...) Nebenbei gesagt, gab es während des Krieges unter den Tataren auf der Krim viele Verräter.*

GORBATSCHOW *Und wo gab es keine Verräter? Und die Wlassow-Anhänger?*
Dabei handelte es sich um die sogenannte Russische Befreiungsarmee, von Generalmajor Wlassow geführt, ca. 100 000 ehemalige Kriegsgefangene und Zwangsarbeiter.
LUKJANOW *Aber es gab doch in der Wehrmacht eine tatarische Division.*
GORBATSCHOW *Es gab auch eine kalmückische Division. Sie war in Stawropol aktiv. Trotzdem haben wir Kalmückien wiederhergestellt. Was war so außergewöhnlich an dem Benehmen der Tataren? Ein Teil von ihnen kollaborierte mit den Deutschen, die anderen kämpften gegen die Deutschen, wie alle. Und es gab viele Helden unter ihnen. (...) Könnte man sie nicht in Usbekistan ordentlich ansiedeln? Was meinst du?*
Frage an den KGB-Vorsitzenden Tschebrikow.
TSCHEBRIKOW (...) *Wahrscheinlich müssen wir für sie auf der Krim einen autonomen Bezirk organisieren. Ansonsten werden wir immer wieder auf das Problem zurückkommen müssen. Aber Scherbizkij ist dagegen.*
Scherbizkij war der ukrainische Parteichef.
GORBATSCHOW *Auch das ist Demokratie.*
TSCHEBRIKOW *Und was machen wir mit der Südküste der Krim? Die Tataren kommen zurück und sagen: Das ist mein Haus, gebt es zurück. Gleichzeitig muss man die Frage der Deutschen lösen. Und davon gibt es zwei Millionen...*
SOLOMENZEW (...) *Ich bin nicht für den autonomen Bezirk. Die nationale Zusammensetzung der Krim hat sich stark verändert. Vor dem Krieg lebten dort 13 Prozent Ukrainer, heute sind es 26 Prozent, die Russen waren 49 Prozent und sind heute 68 Prozent. Und die Übergabe der Krim an die Ukraine verlief keineswegs unter Beifallsbekundungen. Man hat Sewastopol weggegeben, die Stadt des russischen Ruhmes. Wir haben ein von Lenin unterzeichnetes gutes Dekret. Wenn wir nach Lenin leben wollen, dann müssen wir uns auf dieses Dekret stützen.*
Das Dekret stammte aus dem Jahr 1921 und legte die Bildung der Autonomen Republik Krim im Rahmen der russischen Sowjetrepublik fest.
GORBATSCHOW *Du bist also der Meinung, dass die Krim wieder Teil der Russischen Sowjetrepublik werden sollte, wie es in Lenins Dekret stand?* (...) *Vom historischen und politischen Standpunkt aus wäre es richtig, die Krim an Russland zurückzugeben. Aber die Ukraine wird dagegen angehen...*
WOROTNIKOW *Am besten wäre es, diese Frage zu verschieben. Damit wir*

nicht noch ein großes «ukrainisches» Problem schaffen. Ich bin für den autonomen Kreis, aber zunächst schaffen wir (für die Tataren) in Usbekistan Bedingungen. Und ich bin gegen die gleichzeitige Lösung des deutschen Problems.

SCHEWARDNADSE *Ich bin dafür, in Usbekistan Bedingungen zu schaffen. Und dann erlauben wir, stufenweise auf die Krim umzuziehen, wer will und kann.*

JAKOWLEW *Zum Beispiel eine 15 bis 20 Jahre anhaltende Übergangsphase des Umzugs auf die Krim anzuordnen. Aber zunächst Usbekistan.*

GORBATSCHOW *Es wird uns nicht gelingen, der Entscheidung zu entgehen. Die Idee der Wiederherstellung der Krimautonomie ist nicht realistisch. Unter Lenin war es eine ganz andere Situation. Heute kann man die Krim den Tataren unmöglich überlassen. (...) Die Rückgabe der Krim an die Russische Sowjetrepublik würde einen Riss dort schaffen, wo wir ihn am wenigsten brauchen – im slawischen Kern des «sozialistischen Imperiums». (...) Man muss in Usbekistan Bedingungen für ein pulsierendes Leben der Tataren schaffen, für sie sorgen. Wer bereits auf der Krim ist, soll auch dort leben, und ihm muss auch geholfen werden. Aber unsere Arbeit müssen wir in die Richtung fahren, die Umzugsbewegung aufzuhalten. Das deutsche Problem werden wir jetzt nicht antasten. Wenn die Kommission in der tatarischen Frage ihre Fähigkeiten zeigt, können wir sie auf die Deutschen umstellen.*

Dieser Diskurs am Vorabend des Ausbruchs heftiger ethnischer Leidenschaften im Sowjetreich erinnert ein wenig an Simultanschach. Der Großmeister Gorbatschow und seine Schüler spielten die möglichen Kombinationen auf dem Schachbrett durch und kamen zu dem besorgniserregenden Schluss, dass jeder neue Zug einen nächsten Zugzwang auslösen würde. Gleichwohl unterliefen ihnen zwei Denkfehler: Erstens gingen sie davon aus, dass sie in der nationalen Frage relativ frei handeln könnten und damit die eigentlichen Hauptakteure seien. So überlegten sie beispielsweise, für die Krimtataren, die offenbar, so das indirekte Eingeständnis, bisher keine «Bedingungen» hatten, an ihrem usbekischen Verbannungsort «Bedingungen zu schaffen», das heißt, sie positiv zu diskriminieren. Dabei ignorierten sie, dass die Betroffenen selbst nur eine Lösung ihres Schicksals im Auge hatten, nämlich die Wiederherstellung des Status quo ante, und kalkulierten auch die Reaktion der usbekischen Mehrheit nicht ein. Das reflexartig Sowjetische in ihrer Denkweise ließ sie die Tatsache übersehen, dass in den späten Achtzigerjahren einfach nicht mehr ging, was früher ein Kinderspiel gewesen war: Hunderttausenden von Menschen ihren Wohnort zuzuweisen. Der zweite, wirklich fatale Denkfehler war die Annahme, dass zentrifugale Tendenzen zwischen der großen Mutternation und den mehr als hundert kleinen Völkerschaften eine Gefahr für das Imperium seien – die Möglichkeit, dass die verschiedenen Ethnien auch untereinander Probleme haben könnten, kam gar nicht in den Blick. Daher taten die Parteiführer – das galt auch schon für die Ära der Stagnation – alles Mögliche, um die Republiken, autonomen Gebiete oder Kreise durch diverse Vergünstigungen an die Zentrale zu binden und ihnen «Bedingungen zu schaffen», die in der russischen Sowjetrepublik häufig weit schlechter waren. So war die Lebensmittelversorgung im Baltikum zum Beispiel meist besser als in Russland. Auch die weit verzweigte Korruption der zentralasiatischen Lokalpaschas war nichts anderes als ihre Anbindung an Moskau durch relativ lockere Handhabung der Verpflichtungen, die sie als Vasallen hatten. Das Werben um die Gunst der Zentrale und noch mehr um deren Dotationen war für alle Führer der Verwaltungseinheiten der UdSSR typisch, aber die Rivalität der nationalen Autonomien aktualisierte zwischen den Akteuren mitunter vorsowjetische, gar archaische Animositäten.

Der kaukasische Kreidekreis

Das Gespräch begann ohne Umschweife und hatte einen offenen, manchmal auch harten Charakter, obwohl es in freundschaftlichem Ton verlief, erinnerte sich Gorbatschows Berater Georgij Schachnasarow. Am 26. Februar 1988 empfing der Generalsekretär im ZK-Sitz am Alten Platz zwei prominente Vertreter der armenischen Intelligenz, die Lyrikerin Silwa Kaputikjan und den Publizisten Sorij Balajan. Die Einladung sollte demonstrieren, welch besondere Bedeutung die Kremlführung der kaukasischen Drei-Millionen-Republik Armenien beimaß. Gorbatschow setzte seinen ganzen persönlichen Charme ein, rezitierte ein Gedicht Kaputikjans und wusste zu erzählen, seine Gattin Raissa, inzwischen Vorsitzende der 1986 gegründeten Sowjetischen Kulturstiftung, sei ihre Verehrerin. Dies muss nicht unbedingt der Fall gewesen sein, aber gerade in dieser Zeit sahen die Gorbatschows in den Kulturschaffenden ihre wichtigsten Verbündeten, da sie vermuteten, diese seien für Konfliktlösungen besser geeignet als die hölzernen Funktionäre. Und diesmal ging es um eine Kollision, deren beängstigende Dynamik innerhalb eines Monats vom rhetorischen Schlagabtausch zu physischer Gewalt zu führen drohte.

Bereits im Sommer 1987 hatten armenische Intellektuelle die «Rückgabe» des 150 000 Einwohner zählenden, zu 70 Prozent von Armeniern bewohnten Autonomen Landkreises Berg Karabach gefordert, einer Enklave der Sowjetrepublik Aserbaidschan. Für Aufsehen sorgte eine Erklärung von Gorbatschows Wirtschaftsberater Abel Aganbegjan während seines Besuchs in Paris, wo er sich unter anderem mit der dortigen armenischen Diaspora traf. Der Spitzenfunktionär armenischer Herkunft behauptete in der französischen KP-Zeitung «L'Humanité», rein ökonomisch spreche so gut wie nichts gegen eine «Wiedervereinigung» Karabachs mit dem Mutterland. Aganbegjans hohe Position erweckte zwangsweise den Eindruck, der Kreml stehe zumindest stillschweigend hinter einem solchen Vorstoß. Das emotionale Argument der «historischen Rechte» auf das Gebiet lag ohnehin seit Jahrzehnten in der Luft und verschaffte sich Gehör besonders zu den Jahrestagen des Genozids 1915, bei dem vermutlich weit mehr als eine Million Armenier dem geplanten Massenmord durch die Armee des Osmanischen Reichs zum Opfer gefallen waren. Im April 1965 sammelte man 40 000 Unterschriften auf einer Petition mit der territorialen Forderung gegenüber dem offiziell als Bruderland geltenden Aserbaidschan. Diese Aktion konnte man noch als «inoffiziell» abtun. Dasselbe galt für einzelne Publikationen wie etwa einen auch Russisch erschienenen Essay von Sorij Balajan mit dem Titel «Herd» (in der Bedeutung von «Heimstatt» und als solche ein Verweis auf armenische Traditionen), dessen nostalgische Passagen über frühere armenische Gebiete in Aserbaidschan selbst in ihrer von der Zensur gekürzten Version eine Flut der Empörung in der benachbarten Sowjetrepublik auslösten.

Nun aber war es so weit: Der Landkreissowjet von Berg Karabach entsandte am 20. Februar 1988 eine Bittschrift an die Obersten Sowjets in Moskau und Eriwan, in der die Entlassung der Enklave aus der Sowjetrepublik Aserbaidschan sowie deren Aufnahme in die armenische SSR beantragt wurde. Bei der darauf folgenden Großkundgebung einen Tag später konnte man auf dem Theaterplatz der armenischen Metro-

Stepanakert, Hauptstadt der armenischen Enklave Berg Karabach in der aserbaidschanischen Sowjetrepublik

pole in Berg Karabach, der 50 000-Einwohner-Stadt Stepanakert, in der dicht gedrängten Menschenmenge nicht einmal mehr einen Stecknadelkopf unterbringen. Viele Tausende hörten den Koryphäen der Schreiberzunft zu: dem sehr maskulin auftretenden Publizisten, Ökologen, Arzt und Spitzensportler Balajan und der betagten Poetin Kaputikjan, deren äußere Erscheinung der britische Journalist Tom de Vaal mit emphatischen Worten so schilderte: *Mit ihrer Stupsnase, den grünen Augen und dem elegant aufgesteckten grauen Haarschopf erinnerte sie an eine Grande Dame vom Hof Ludwigs XIV.* Die beiden verkörperten jene Sternstunde, welche das Volk, wenn auch nur für kurze Zeit, in die Rolle des Hauptakteurs der Geschichte brachte. Diesmal waren es in Stepanakert 30 000 Demonstranten – praktisch alle bewegungsfähigen Einwohner der Stadt. Sie marschierten unter Transparenten mit der Aufschrift «Lenin, Partei, Gorbatschow» und skandierten die Losung «Miazum» (dt. «Vereinigung»). Am Tag darauf demonstrierte man in dem von Stepanakert 340 Kilometer weit entfernten Eriwan für dasselbe Ziel – ebenfalls in Gorbatschows Namen und unter seinem Porträt.

Allerdings berief sich auch die aserbaidschanische Seite bei den ersten Kundgebungen in Baku auf Moskau. Inzwischen hatte sich der Ton der Auseinandersetzung verschärft. Kaputikjan bezeichnete in ihrer Rede die ungeliebten Nachbarn als «Türken», was kein nationalbewusster Aserbaidschaner akzeptieren konnte: *Seit dem 4. Jahrhundert dulden wir diese Türken, wie lange müssen wir sie noch aushalten?* Gleichzeitig drohte das aserbaidschanische ZK-Mitglied Mahomed Assadow angesichts der armenischen Sezessionsbestrebungen: *Wir verwandeln Karabach in einen einzigen armenischen Friedhof* – für jeden Armenier ein direkter Hinweis auf das Jahr 1915. Auch solche Phrasen, die nicht folgenlos blieben, gehörten zur Rhetorik des Hasses, wie er unterhalb der offiziell verkündeten Völkerfreundschaft wie Glut unter der Asche schwärte. Bereits im Januar 1988 erschienen die ersten armenischen Flüchtlinge aus Berg Karabach in den beiden Hauptstädten Eriwan und Baku. Es war also die richtige prophetische Eingebung, als Gorbatschow die Unterredung mit den armenischen Emissären mit den Worten eröffnete: *Jetzt ist es das Wichtigste, den Brand zu löschen!*

Im Prolog der Brecht'schen Parabel *Der kaukasische Kreidekreis* streiten sich zwei grusinische Kolchosen um ein Tal. Ihnen wird daraufhin ein Stück aus dem mittelalterlichen Georgien vorgespielt, mit Dorfrichter Azdak im Mittelpunkt, der im Streit zweier Mütter um ein Kind unter Anwendung seiner Bauernschläue Recht spricht. Die europäische Version des Topos fußt eindeutig auf dem Alten Testament, in dem der König Salomon mit weniger Didaktik, dafür mit mehr Humanität als Meister Brecht den Streit zweier Mütter um ein Kind entschieden hat. Die höchst unbequeme Rolle von Azdak oder Salomon fiel nunmehr dem Generalsekretär zu, wobei die beiden «Mütter» sichtlich bereit waren, für ihr heiliges Eigentum aufs Ganze zu gehen. Gorbatschow ging es, bei aller ehrlich gemeinten Sympathie für das Leiden des armenischen Volkes, vor allem darum, die gefährliche Eskalation des Konflikts, dessen verhängnisvolles Tempo zu stoppen. Ein Zugeständnis an Armenien hätte bedeutet, dass der Kreml die Veränderung der bestehenden Grenzen zur Disposition stellte – die Folgen waren wenig kalkulierbar.

Silwa Kaputikjan wäre sogar mit einer Kompromisslösung einverstanden gewesen. Schließlich, so ihre Meinung, war die territoriale Frage an und für sich nicht so wichtig: *Wir sind es gewohnt, auf einer steinigen Landfläche von weniger als 30 000 Quadratkilometern zu leben, und wenn wir weitere 4500 Quadratkilometer hinzufügen, werden wir auch dadurch nicht zu China* ... Der Mutter der armenischen Literatur ging es eher um jenen Nationalstolz, den die Armenier mit dem bildhaften Ausdruck beschreiben, man wolle dem heiligen Berg Ararat, auf dessen biblischem Gipfel allerdings zur großen Trauer der Nation schon lange die Halbmondfahne wehte, «ohne Scham in die Augen blicken können». Silwa Kaputikjan hatte aber Angst, mit leeren Händen nach Eriwan zurückzukehren, wo die «antitürkische» Stimmung mit jeder Minute dem Siedepunkt näher kam. Deshalb erwiderte sie Gorbatschows Vorschlag, «den Brand zu löschen», mit der Replik: *Gut, aber womit? Gebt uns Wasser! Gebt wenigstens ein Versprechen, irgendwelche Hoffnung. Ich gehe zu den Leuten auf dem Theaterplatz, was aber sage ich ihnen?* Hier mischte sich Georgij Schachnasarow ein, selbst Nachkomme von Karabach-Armeniern: *Sagen Sie Ihnen, dass es bald eine Konferenz über die nationale Frage geben wird. Dort werden wir die Lösung finden.* Gorbatschow versprach tiefgreifende Reformen in Kultur und Wirtschaft – mit Letzteren meinte er die Erleichterung der direkten Handels- und Investitionsbeziehungen zwischen Karabach und Armenien. Er versprach 400 Millionen Rubel, eine enorme Summe für das kleine Gebiet. *Ich möchte in Karabach eine kleine Renaissance sehen*, verabschiedete er sich von den beiden Gästen. Die Lyrikerin resümierte: *Er hat mir einige Eimer Wasser gegeben, um den riesigen Brand zu löschen.*

Trotzdem gelang es den Emissären nach ihrer Rückkehr, die Gemüter vorerst zu beruhigen. Balajan bat auf dem Theaterplatz, Kaputikjan im Fernsehen darum, Meetings und Streiks für einen Monat auszusetzen. Diese Atempause wäre auch der aserbaidschanischen Seite zugutegekommen, um bei jeder zu erwartenden Lösung das Gesicht wahren zu können. Allerdings erwies sich die bereits in Gang gekommene Dynamik der Feindschaft als eine, die Vernunftargumenten nicht mehr zugänglich war. Drei Tage nach der Rückkehr der Eriwaner Delegation begann das katastrophale Ereignis, das als Pogrom von Sumgait in die Geschichtsbücher eingehen sollte.

Das 250 000 Einwohner zählende Industriezentrum in der Nähe der aserbaidschanischen Hauptstadt Baku bestand aus trostlosen Plattenbauten im Zentrum und elenden Baracken an der Peripherie. Sumgait war aufgrund der chemischen Abfälle der dortigen Erdölraffinerie eine der am meisten verschmutzten Städte der UdSSR. Eine traurige Spitzenposition nahm die Stadt auch in Bezug auf Krankheiten, Kindersterblichkeit, Alkohol- und Drogenkonsum pro Kopf der Bevölkerung ein. Erbaut wurde Sumgait in den Sechzigerjahren teilweise durch Gefangene der aserbaidschanischen Zuchthäuser, die sich nach ihrer Freilassung in der neuen «sozialistischen Stadt» niederließen. Außerdem lebten hier 20 000 Armenier, von denen viele als Techniker oder Ingenieure in der Raffinerie oder als Lehrer, Ärzte und Krankenschwestern arbeiteten. Allerdings nahm die Anzahl dieser Minderheit aufgrund der armseligen Infrastruktur und gelegentlicher ethnischer Reibereien ständig ab. Die Spannungen waren also seit Jahrzehnten da, aber zu einem Ausbruch kam es erstmals Anfang 1988, als die erste Welle der aserbaidschanischen Flüchtlinge aus Armenien, wo sie die Minderheit darstellten und sich vor dem Zorn der Mehrheit fürchteten, Sumgait erreichte. Die sicher übertriebene, obwohl emotional verständliche Schilderung der von den Armeniern erlittenen Demütigungen erhitzte die Atmosphäre bis zum Siedepunkt. Schließlich zog eine mehrere Tausend Köpfe starke fanatisierte, betrunkene und plündernde Meute durch die Stadt, die vor allem Armenier suchte und sie an Ort und Stelle zusammenschlug oder gar tötete. Als endlich Armeeeinheiten erschienen, gab es bereits 26 armenische und aserbaidschanische Tote und Hunderte von Verletzten. Vor allem aber schwand für lange Zeit die Hoffnung, den Konflikt zwischen den beiden Nationen auf dem Verhandlungsweg lösen zu können.

Der Brandlöscher Gorbatschow geriet zum ersten Mal seit seinem Amtsantritt zwischen zwei Feuer. Die aserbaidschanische Seite verurteilte ihn als Gönner der Armenier, die in ihren Augen ohnehin Günstlinge einer antiaserbaidschanischen Weltverschwörung waren. Aber auch die Armenier beschuldigten ihn, ihre Landsleute nicht rechtzeitig und effektiv genug in Schutz genommen zu haben. Manche Kritik war auch schwerlich von der Hand zu weisen: Das Zögern des Generalsekretärs mit dem Truppeneinsatz in Sumgait und auch die allzu lasche Art des Eingreifens konnte von den Pogromrittern geradezu als Ermunterung missverstanden werden. Hier hatte der greise Gromyko recht, der die Anwendung «dosierter Gewalt» in extremen Situationen für zulässig hielt. Es stellte sich nur die Frage, wer – und nach welchen Kriterien – diese Gewalt «dosieren» sollte und ob ein Aufmarsch der

Militärs nicht unumkehrbar auf den ganzen Prozess der Perestroika zurückgeschlagen hätte.

Gorbatschow erlebte Karabach als persönliches Versagen und machte daraus im engsten Kreis auch kein Hehl. Am 9. Oktober 1988 zeichnete der Berater Tschernjajew in seinem Tagebuch beinahe Intimes über den seelischen Zustand seines Chefs auf: *Am Freitag rief Gorbatschow Schachnasarow und mich zu sich. Er küsste Schachnasarow zum 64. Geburtstag auf die Stirn. Dann sprachen wir über seine bevorstehende Reise zur UNO und gleichzeitig nach Kuba und London. Plötzlich brach es aus ihm wegen Karabach heraus: «Ich will, dass es menschlich zugeht, dass es nicht zum Blutvergießen führt, dass sie ein Gespräch miteinander beginnen. (...) Es handelt sich um ein völlig korrumpiertes Publikum. Demirtschjan sammelt die Seinen, Baku mobilisiert die Seinen, die armenischen Intellektuellen sind bankrott, sie können so gut wie nichts vorschlagen, was zu einer Lösung führen könnte. Aber auch ich selbst weiß keine Lösung. Wenn ich eine gewusst hätte, hätte ich auf keine Beschlüsse Rücksicht genommen, auf nichts, was es gibt, was bereits entstanden ist ... Aber ich weiß nichts!*

Dieses einzigartige Geständnis ehrt zweifellos den Menschen Gorbatschow, bedeutete jedoch für den Politiker ein böses Omen für beinahe vorprogrammierte weitere Niederlagen. Der Kampf um die alle Probleme lösende Perestroika verwandelte sich in ein verzweifeltes Ringen mit den unerwarteten Nebeneffekten der Reformen.

Unterwegs zwischen Inland und Ausland

Das Problem Karabach begleitete den Generalsekretär auch auf seiner Reise nach Jugoslawien. Das Regierungsflugzeug startete am 13. März. Es war eine groß angelegte Staatsvisite mit Dutzenden von Teilnehmern und einem Marathonprogramm in Belgrad, Dubrovnik und Ljubljana. Gorbatschow wurde ausdrücklich warm empfangen, die Führer des Landes erwarteten sowjetische Hilfe für ihre marode und bis zu den Ohren verschuldete Ökonomie, die Gesellschaft erhoffte sich neue Impulse für Reformen, die seit Titos Tod 1980 längst fällig gewesen wären. Fast könnte man sagen, die Visite mündete in den gewöhnlichen Triumphzug, der Gorbatschow als Propheten außerhalb des eigenen Landes jederzeit und überall erwartete. Zwischen den beiden Ländern gab es eine bislang wenig wahrgenommene Ähnlichkeit: Beide waren Vielvölkerstaaten und hatten zunehmend Probleme mit dem Zusammenleben verschiedener Ethnien. Kurz vor den ersten Verhandlungen mit der jugoslawischen KP fand in Belgrad eine Pressekonferenz mit Gorbatschow statt, bei der ebendieser Aspekt eine exklusive Rolle spielte.

FRAGE *Sind Sie beunruhigt von den nationalen Problemen in der Sowjetunion?*

GORBATSCHOW *(...) In Ländern wie der Sowjetunion und Jugoslawien leben seit Jahrhunderten viele Völker zusammen. Dies ist einerseits ein riesengroßer Reichtum, andererseits verlangt es ständige Aufmerksamkeit der staatlichen Behörden für die entsprechenden Fragen und die Schaffung von Bedingungen, unter denen sich alle Völker wohlfühlen. (...) Denn was geschah in Armenien, was für eine Diskussion hat man in Aserbaidschan geführt? Worum ging es? Niemand hat dort die Frage nach der Sowjetmacht, nach dem Austritt aus der Sowjetunion, nach dem Sozialismus gestellt – nein! Man hat auch die Rolle der Partei anerkannt, die Politik bejaht, die sie seit Lenin in der Sphäre der Beziehungen zwischen den Nationen vertreten hat. (...) Es sind Probleme aufgetaucht. Darum handelt es sich.*

FRAGE *In Jugoslawien gibt es auch Probleme nationaler Art, wie bei Ihnen. Werden Sie diese Probleme im Rahmen von Verhandlungen angehen?*

GORBATSCHOW *Sagen Sie mir, wo gibt es keine Probleme? Nennen Sie mir nur ein solches Land. Ich will direkt aus Jugoslawien unverzüglich dorthin fahren, ohne in Moskau zwischenzulanden.*

Das hieß, und dies konnte der Aufmerksamkeit der Journalisten kaum entgehen, dass der sowjetische Parteichef beunruhigt war. Er wartete begierig auf Nachrichten aus Eriwan und Baku. Selbst seine Entscheidung, zunächst nach Moskau zu fahren anstatt, wie ursprünglich geplant, nach Armenien und Aserbaidschan durchzustarten, hing mit einer Nachricht aus Eriwan zusammen. Dort entstand in jenen Tagen ein partei- und staatsunabhängiges «Karabach-Komitee» – heute nennt man so etwas NGO –, das nun das Entscheidungsmonopol des Kremls eo ipso in Frage stellte. Ein Zwischenaufenthalt unter diesen Bedingungen wäre sofort einer Aufwertung des Komitees gleichgekommen. Vor allem aber musste man die Angelegenheit mit dem Politbüro erörtern, das immer seltener am Lenin'schen Donnerstag zu seinen Sitzungen zusammenkam, sondern sich eher den aktuellen Ereignissen anpasste. Ansonsten herrschte im Regierungsflugzeug auf dem Rückweg eine aufgelockerte Stimmung. Anders als zu Breschnews Zeiten saßen die Delegationsmitglieder gesellig beisammen, und diesmal konnten sie sogar ungehindert ihren Cognac genießen, da Jegor Ligatschow, «der Vater der Nüchternheit der Nation», wie ihn der Premier Ryschkow spöttisch nannte, nicht mitgereist war.

Raissa Maximowna war von dieser Szene so angetan, dass sie im Verlauf der freundlichen Unterhaltung anmerkte: *Ich glaube, Mischa, das sind alles Genossen, auf die man sich verlassen kann. Gorbatschows Team ist endlich komplett.* Schachnasarow fiel sofort auf, dass sein Chef daraufhin *ausdrücklich schwieg. Sein Gesichtsausdruck zeigte, dass diese Einflüsterung ihn unangenehm traf. Vielleicht nicht wegen des Inhalts – wahrscheinlich ging ihm Ähnliches durch den Kopf –, sondern eher wegen gekränkter Eitelkeit. Außerdem war es nicht seine Art, sich gegenüber irgendjemandem offen wohlwollend zu zeigen. Diese Gewohnheit entstammte seinem langjährigen Training im Parteiapparat, wo es unangebracht schien, in den Beziehungen zwischen Vorgesetzten und Mitarbeitern Emotionen zu zeigen.* Der getreue Helfer des Generalsekretärs fügte gleich hinzu, dies sei das einzige Mal gewesen, dass Raissa Maximowna sich erlaubt habe, ihrem Gatten *in Anwesenheit anderer Menschen einen Rat zu geben.* In die Politik hat sie sich womöglich niemals direkt eingemischt, aber sie nahm auch kein Blatt vor den Mund und kannte keinen Spaß, wenn es um ihren geliebten Mann ging. Dies betraf auch die vom ersten Augenblick der Ära Gorbatschow an entstehenden noch relativ gutmütigen Witze. Der Diplomat Oleg Grinewskij zeichnete am Rande der Genfer Abrüstungsverhandlungen im Winter 1985 dazu eine Anekdote auf.
Am Morgen während des Frühstücks in der sowjetischen Villa (...), wo man unter sich war, erzählte das Akademiemitglied Arbatow, das zur Begleitung gehörte, folgenden Witz: «Wissen Sie, Michail Sergejewitsch, was die Gemeinsamkeit zwischen Ihnen und Lenin ist?» Und er gab gleich selbst die Antwort: «Beide sind Juristen, beide kahlköpfig, und beide haben einen Romanow vertrieben». Nikolaus II. war der letzte Zar der Romanow-Dynastie, und Romanow hieß auch der Leningrader

Parteiführer, den Gorbatschow schon bald nach seiner Wahl aufs Altenteil geschickt hatte. *Gorbatschow hatte noch kaum Gelegenheit gehabt, auf diesen Scherz zu reagieren, als man bereits die beleidigte Stimme der Gattin Raissa Maximowna hörte, die stets eifersüchtig darauf achtete, dass ihr Mann eine gute Figur machte: «Und wir hatten gedacht, dass ihr gemeinsamer Charakterzug das tiefe Denken und das revolutionäre Handeln sei...»*

Das Heikle an dieser Episode hing nicht so sehr mit Raissa Maximownas mangelndem Sinn für den Witz als vielmehr mit ihrem Rollenverständnis als Beschützerin ihres Ehemannes zusammen – und das in einem Kreis, der damals noch Gorbatschow gegenüber loyal war. Ohnehin war sie durch ihre Selbstinszenierung als First Lady in einer prekären Position. Die familiäre Situation der früheren Sowjetführer war in der Öffentlichkeit niemals thematisiert worden – Chruschtschow war der Einzige, der seine Nina Petrowna ab und zu auf Auslandsreisen mitnahm. Reisen von Politikern ins westliche Ausland in Begleitung ihrer Familienangehörigen, dies immerhin in einem Staat, der seine Bürger erst nach langen Schikanen die Grenze passieren ließ, wirkte in der Öffentlichkeit wie eine Ohrfeige.

Und dann kamen noch die Gerüchte über die Shoppingtouren der First Lady hinzu. Dabei begleitete Raissa Maximowna ihren Mann nicht nur nach Paris, London oder New York, sondern auch nach Tschernobyl, und es gab medizinische Gutachten, denen zufolge ihre verhängnisvolle Leukämie wahrscheinlich nicht unabhängig von diesem Ausflug ins Niemandsland ausgebrochen war. Außerdem begleitete sie ihren Mischa zu den immer stürmischer werdenden Kongressen seiner Partei und machte sich Sorgen, ob er von den offenen Anfeindungen nicht allzu sehr mitgenommen wurde. Schließlich harrte sie neben ihm 1991 während der drei schrecklichen Tage des Putsches aus, was ihre Gesundheit letztendlich ruinierte. Die Beziehung zwischen Raissa und Michail war von Anfang bis Ende die seltene Symbiose von Menschen, die für Freud und Leid ein gemeinsames Konto haben.

Gorbatschow musste noch lange nach Raissas Tod 1999 den Ressentiments und falschen Legenden über seine Frau widerstehen. In einer Rundfunksendung vom Frühjahr 2005 stellte ihm ein Journalist die Frage, ob nicht seine Gattin die eigentliche Autorin der Antialkoholkampagne gewesen sei. Gorbatschow antwortete mit einem langen

Stoßseufzer: *Arme Raissa Maximowna! Was man alles über sie erdichtet! Sie hat die Politik schrecklich gehasst, die ihr den Mann weggenommen hat, und hat es begrüßt, als ich dreimal aus der Politik weggehen wollte, obwohl ich dann nicht endgültig heraus konnte. Dabei war das Erscheinen von Raissa Maximowna im Rampenlicht eine zweite Perestroika – und was für eine! Sie hat die Ehre und Würde der Frauen erhöht, sogar die Ehemänner haben sich verändert. Und doch im Grunde nur Neid, nur Neid. Wie jung sie sei, und mit dem Mann zusammen. Hat Glück gehabt. Alsdann, machen wir sie fertig... Warum fliegt sie immer mit? Niemand stellte die Frage, warum die Sekretärinnen, die Stenotypistinnen mit ihren Chefs fliegen, niemand stellte die Frage. Aber eine Ehefrau! Was ist das für eine Sache – eine Ehefrau reist mit ihrem Ehemann irgendwohin?* ...

Vor seiner Abreise nach Jugoslawien nahm Gorbatschow die aktuellen Zeitungen mit, um sie in einer ruhigen Minute durchblättern zu können. Er kam aber erst auf dem Rückweg dazu, als er sich nach dem geselligen Zusammensein mit den Begleitern in sein persönliches Abteil zurückziehen konnte. Während der Lektüre stieß er auf die «Sowetskaja Rossija», offizielles Organ der Russischen Sowjetrepublik, in deren Ausgabe vom 13. März sich in der Rubrik «Leserbriefe» ein ellenlanger Artikel mit dem Titel *Ich kann meine Prinzipien nicht aufgeben* fand. Der Name der Autorin, Nina Andrejewa, sagte Gorbatschow nichts, und auch ihre Bezeichnung als Dozentin der Leningrader Technischen Hochschule namens «Lensowet» erwies sich für ihn nicht als weiterführend. Umso aufschlussreicher war der Text selbst.

Die Autorin des Aufsatzes lieferte als Erste eine zusammenhängende Kritik der Perestroika, aber noch mehr der Glasnost aus radikalkommunistischer Sicht. Anhand der damals populären politischen Theaterstücke von Michail Schatrow griff sie alle Versuche an, siebzig Jahre Sozialismus infrage zu stellen. Ihr Plädoyer für Stalin war geradezu sensationell, dies vor allem angesichts der schamhaften Behandlung dieses Themas seit dem Sturz Chruschtschows. Dabei stützte sie sich auf eine für den Georgier schmeichelhafte Aussage des Erzfeindes Winston Churchill, die aus den idyllischen Tagen der Jaltakonferenz im Februar 1945 stammte. Andrejewa ahnte, sicherlich nicht ganz zu Unrecht, hinter dem Antistalinismus, der die sowjetischen Medien überschwemmte, einen Angriff auf die gesamte Ideologie des Systems. Als Dozentin klagte sie besorgt über die ungehemmten Gespräche ihrer Studenten *über das Mehrparteisystem, über die Freiheit der religiösen Propaganda, über die Reisefreiheit und Aufenthalte im Ausland, über das Recht zur breiten Erörterung sexueller Probleme in der Presse, über die Notwendigkeit der Dezentralisierung der Kulturlenkung, über die Ablösung der allgemeinen Wehrpflicht.*

Aus Andrejewas Sichtweise, die Bilanz der Sowjetmacht sei trotz aller «Fehler» durchweg positiv, folgte die orthodox-marxistische Gretchenfrage nach dem Klassencharakter der Bewegung, die nun alles «umbauen» wolle: *Welche Klasse oder Schicht der Gesellschaft stellt die führende und mobilisierende Kraft der Perestroika?* Ohne die geringste positive Konnotation charakterisierte sie Gorbatschows Projekt als *linksliberalen Intelligenzlersozialismus*, dessen Wurzeln sie bei Trotzki einerseits, der vorrevolutionären reformistischen Sozialdemokratie andererseits sah. Sie erinnerte daran, wie seinerzeit Lenin gegen die Gefahr angekämpft hatte, die er in allzu freimütigen Publikationen bürgerlicher Autoren für die proletarische Diktatur sah. Wladimir Iljitsch warnte vor diesen Intellektuellen, die, wie er behauptete, *für die Erziehung der Massen nicht mehr geeignet waren als notorische Schänder in der Rolle von Aufsehern in Erziehungsanstalten für Minderjährige. Das revolutionäre Proletariat sollte diese Menschen höflich aus dem Land komplimentieren.* Diese Idee Lenins war im Dezember 1922 auch praktisch umgesetzt worden, als auf Grundlage eines Regierungsbeschlusses 164 Wissenschaftler und Schriftsteller auf einem Schiff gewaltsam aus Sowjetrussland ausgebürgert wurden. Andrejewa schlug nunmehr die Wiederholung dieser Verfahrensweise vor. Der schreckliche Leserbrief endete frech mit einem Zitat aus Gorbatschows Rede auf dem Februarplenum des Zentralkomitees, aber eindeutig gegen ihn gewendet: *Wir müssen auch im geistigen Bereich, oder vielleicht erst recht hier, in unserem Handeln hauptsächlich von unseren marxistisch-leninistischen Prinzipien geleitet werden. Prinzipien, Genossen, sind ebendarum Prinzipien, weil sie nicht aufgegeben werden dürfen.*

Schattenboxen um die Partei

Selbstverständlich glaubte Gorbatschow keinen Augenblick daran, dass das Erscheinen des Leserbriefes in der «Sowetskaja Rossija» mit ihrer 4,5 Millionen starken Auflage einzig und allein eine Frucht der blühenden Pressefreiheit gewesen wäre. Er bezweifelte sogar, dass die Dozentin, die er verächtlich als *Kommissarin im Jackett* bezeichnete, imstande war, Autorin dieses *Manifestes gegen die Perestroika* zu sein. In Wirklichkeit war der Text *Ich kann meine Prinzipien nicht aufgeben* tatsächlich geistiges Eigentum der damals Fünfzigjährigen. Die Frau hatte die Leningrader Blockade als Kind miterlebt und dabei ihren Vater und zwei Geschwister verloren. Andrejewa gehörte ähnlich wie ihr Mann, der an derselben Technischen Hochschule dialektischen und historischen Materialismus lehrte, zur untersten Schicht der Nomenklatura, die dem System selbstlos und in fanatischer Treue ergeben war. Der Chefredakteur Walentin Tschikin – übrigens bis heute auf demselben Posten bei derselben Zeitung – fand den Text in Ordnung und druckte ihn, abgesehen von stilistischen Kleinigkeiten, wortgetreu ab. Mag sein, dass dies ein damals verbreiteter journalistischer Kunstgriff war – schließlich brachte auch die ultraliberale «Ogonjok» stalinistische Leserbriefe, um die Authentizität ihrer Materialien zu erhöhen.

Doch die Auswahl des Zeitpunkts der Publikation konnte kein Zufall sein: Gorbatschow befand sich in Jugoslawien, sein Chefideologe Jakowlew in der Mongolei. In ihrer Abwesenheit las Jegor Ligatschow den Artikel und empfahl seine Verbreitung der Nachrichtenagentur TASS, was dazu führte, dass ihn Dutzende lokaler Zeitungen von Sachalin bis Estland nachdruckten. Aufgrund der gewohnten sowjetischen Rituale konnte durch diese Multiplizierung der Eindruck entstehen, hinter der unbekannten Dozentin stünden einflussreiche Kräfte, die auf solche Weise signalisieren wollten, dass endlich mal wieder andere Töne erforderlich seien. Nun entschloss sich der Generalsekretär zu einem Trick. Ohne die nächste Sitzung des Politbüros abzuwarten, versammelte er am 23. März 1988 seine Genossen in der Pause eines großen Kolchoskongresses im Zimmer des Präsidiums und erfragte ihre Meinung zur Publikation der «Sowetskaja Rossija». Seinen üblichen Monolog, der das Ergebnis der Diskussion bereits vorweggenommen hätte, ließ er diesmal weg. Anatolij Tschernjajew beschrieb die famose Begegnung.

WOROTNIKOW *Die «Ogonjok» hat schon wieder diesen Sojfer hervorgekramt, diesen Schurken. Was sollen wir mit dieser Presse machen? ... Denn etwas muss getan werden ...*
Walerij Sojfer, Genetiker und Dissident, hatte im Januar 1988 einen langen Artikel über Stalins Lieblingswissenschaftler Lyssenko veröffentlicht und damit einen Günstling und wissenschaftlichen Scharlatan entlarvt, der 1948 einen vernichtenden Feldzug gegen die Genetik als «bürgerliche Pseudowissenschaft» führte. Die Kampagne hatte für viele Vertreter dieser Disziplin mit Lagerhaft und Berufsverbot geendet.
GORBATSCHOW *Was denn? Schließlich haben sie auch andere Wissenschaftler veröffentlicht, welche die Publikation angegriffen haben ... Was willst du überhaupt? Die einen denken so, die anderen anders. Sie sind doch Wissenschaftler. Das ist ihr Gebiet. Sollen sie ... Wieso bist du so nervös? Wir können nicht so verfahren wie einst ...*
LIGATSCHOW *Ja, auch die Presse beginnt denen* (den Antistalinisten) *aufs Maul zu hauen ... Seht ihr, in der «Sowetskaja Rossija» stand ein Artikel. Ein sehr guter Artikel. Unsere parteiliche Linie.*
WOROTNIKOW *Stimmt! Ein wahrer, richtiger Artikel. So muss man es machen. Denn sie sind bereits völlig außer Rand und Band geraten ...*
GROMYKO *Ja. Ich denke auch, der Artikel ist gut. Er rückt alles zurecht, wo es hingehört.*
GORBATSCHOW *Ich habe ihn nur beiläufig durchgesehen vor meiner Abreise nach Jugoslawien.*
ALLE *Es lohnt sich! Lesen Sie aufmerksam!*
GORBATSCHOW *Ich habe ihn auch gelesen während des Rückflugs ...*
Alle fallen einander ins Wort und loben den Artikel unisono.
GORBATSCHOW *Aber ich habe eine andere Meinung ...*
WOROTNIKOW *Nanu!*
GORBATSCHOW *Was nanu?*
Peinliches Schweigen, alle sehen einander an.
GORBATSCHOW *(...) Das ist ein Artikel gegen die Perestroika. (...) Es riecht nach Spaltung. (...) Ich klammere mich nicht an meinen Stuhl. Aber solange ich auf diesem Stuhl sitze, werde ich die Ideen der Perestroika schützen ... Nein! So geht es nicht. Besprechen wir die Sache im Politbüro.*

Dieses phantastische Katz-und-Maus-Spiel hatte Gorbatschow gewonnen. Zwei Tage später zwang er auf der Sitzung des Politbüros alle Anwesenden dazu, sich von Andrejewas Aufsatz zu distanzieren. Man entschied sich dafür, dass Jakowlew in der «Prawda» in einem grundsätzlichen Text die offizielle Parteilinie in Schutz nehmen sollte. Dies geschah auch, allerdings in Form eines redaktionellen Artikels unter Pseudonym und ohne direkte Erwähnung der Kontrahentin. Obwohl der Generalsekretär hinter der Intrige, wohl nicht ganz unbegründet, Ligatschow ahnte, wollte er den bisher loyalen Genossen nicht in eine prekäre Lage bringen. Auch Chefredakteur Tschikin musste nicht den Hut nehmen, und der schockierte Worotnikow mit seinem «Nanu» wurde beschwichtigt, obwohl er wahrscheinlich von diesem Augenblick an Gorbatschows Intimfeind war. Nina Andrejewa zitierte man, mag sein, aus kosmetischen Gründen, sogar «zur Klärung eines Sachverhalts» in das «Große Haus», Sitz des Leningrader KGB, doch nach kurzem Verhör brachte man sie freundlich in einem großen, schwarzen Auto wieder nach Hause. Wenn es stimmt, dass sie sich in der Technischen Hochschule für das nächste Semester zwangsweise beurlauben lassen musste, so schmückt dies die Perestroika nicht besonders. Trotzdem kam sie glimpflich davon, wenn man bedenkt, was ihr wegen solch massiver Abweichung von der Generallinie des ZK zur Zeit ihres Idols Stalin hätte passieren können.

Wie wir sehen, behandelte Gorbatschow seine Kollegen nach ihrem Sündenfall mit Samthandschuhen. Dies tat er nicht nur aus seinem vom Grundsatz her liberalen Naturell heraus, sondern auch in dem Bewusstsein, dass die Ablösung einzelner unsicherer Kantonisten ihn nicht vor der Wiederholung putschartiger Überraschungen bewahren würde. Wie seinerseits Chruschtschow, so war auch er umgeben von Menschen, die jederzeit bereit waren, ihn unter Druck zu setzen oder beim Auftauchen eines neuen Herrn von einem Tag auf den anderen zu verraten. Das von Raissa Maximowna im Flugzeug so hoch gerühmte Team bestand lediglich aus ein paar Verbündeten im Politbüro wie Jakowlew, Ryschkow und Schewardnadse sowie aus Helfern wie Tschernjajew, Medwedew oder Schachnasarow.

Besonders letzterer, den Gorbatschow liebevoll «Schach» nannte, ahnte wohl, wie knapp die Gnadenfrist des Neubeginns von 1985 bemessen war. Als Konklusion der Affäre um Andrejewa schrieb er in sein Tagebuch: *Ich glaube, weder Gorbatschow noch wir alle konnten die Bedeutung dieses Auftritts voll einschätzen.* (...) *Die Parteihierarchie rebellierte noch nicht gegen den Generalsekretär, aber warnte ihn ernsthaft, indem sie erklärte: «Du hast nun genug herumgetollt – na gut, wir machen kein Attentat auf dich, aber die Grenze der erlaubten Reformerei ist überschritten, und es ist höchste Zeit, den Rückwärtsgang einzulegen, solange es noch nicht zu spät ist.»* In diesem Moment war es noch nicht zu spät: Die Spitzen waren bereit, zur alten Ordnung zurückzukehren, und auch die unteren Schichten hätten nichts dagegen gehabt, denn die Reformen hatten ihnen keine rasche Verbesserung ihrer Lebensbedingungen gebracht und verhießen auch für die Zukunft wenig Gutes.

Bereits während des Februarplenums, aber besonders nach der Affäre um Nina Andrejewa dachte Gorbatschow darüber nach, wie er den Prozess, der nun begonnen hatte – «prozes poschjol» – unumkehrbar machen konnte. Dazu gehörten die Reform des politischen Systems, die Trennung der Aufgabenbereiche von Partei und Regierung, der Ausbau der Rechtsstaatlichkeit und die Schaffung eines Gegengewichts zur Allmacht der Apparate. Um letzteres zu realisieren, war eine alte Losung der Bolschewiki wieder aufgewärmt worden – «Alle Macht den Sowjets!» –, ein Slogan der Oktoberrevolution, den im Land *Sowjet*union niemand ablehnen konnte. Dabei war allgemein bekannt, dass diese Institutionen keine Volksvertretungen, sondern Ableger der Einparteienherrschaft waren. Der letzte Versuch der Arbeiter-, Bauern- und Soldatenräte, reale Macht auszuüben, war im Januar 1921 in der Forderung der bereits erwähnten Aufständischen in Kronstadt kulminiert: «Sowjets ohne Kommunisten» – für Gorbatschow, den orthodoxen Leninisten, ein Sakrileg. Gleichzeitig gelangte er gemeinsam mit seinen Beratern allmählich zu der Erkenntnis, dass die zum Ritual erstarrten Wahlen zum Obersten Sowjet über neue Formalien, wie zum Beispiel das Aufstellen von mehreren Kandidaten, glaubwürdiger gestaltet werden könnten.

Um die neuen Ideen durch die schwerfälligen Mühlen des Apparats zu bringen, entschied sich der engere Kern um den Generalsekretär, eine Parteikonferenz einzuberufen, was laut Statut der KPdSU zwischen zwei Parteitagen möglich war, wenn wichtige Fragen erörtert werden sollten. Neben mantraähnlichen Zusicherungen, dass an der «führenden Rolle» der Partei nichts verändert werden solle und dass alle geplanten Reformen «sozialistischen Charakter» hätten, mussten die Initiatoren möglichst schnell handeln – sie mussten das Zeitfenster erwischen, in dem die Jasagerreflexe der Funktionäre noch eine einhellige Abstimmung garantierten. Die Thesen zur XIX. Parteikonferenz passierten tatsächlich auch alle Riffe und wurden zum Grunddokument der Riesenveranstaltung, die vom 28. Juni bis zum 1. Juli 1988 im Großen Kremlpalast stattfand. Im Nachhinein erscheint diese Tagung, die damals in der freien Welt Furore machte, als eine bis ins Letzte durchorganisierte Verlautbarungsveranstaltung mit wenig offener Kritik.

Besonders geglättet wirkten die Wortmeldungen der Parteichefs aus den Krisenregionen. So versicherte der Erste Sekretär des ZK der KP Armeniens den Versammelten, die Ereignisse in Berg Karabach seien einzig auf die fehlerhafte Politik seiner Vorgänger zurückzuführen. *Wenn die ehemalige Führung des ZK der armenischen KP und die des ZK der KP Aserbaidschans (...) rechtzeitig von Lenins zwischennationalen Positionen aus die erforderlichen gemeinsamen Schritte unternommen hätten, dann hätte sich die Lage in der Region nicht so zugespitzt. Wir arbeiten jetzt mit dem ZK der KP Aserbaidschans zusammen und koordinieren unsere Tätigkeit.* Sein Kollege aus Baku schob die Verantwortung für die «tragischen Ereignisse in Sumgait» ebenfalls den früheren Parteiführungen in die Schuhe und versicherte den 5000 Delegierten: *Wir haben die Sache in die Hand genommen, um die Lage sowohl in politischer als auch in sozialer, aber auch in ökonomischer Hinsicht zu korrigieren.* In diesen Tagen erreichte die Zahl der aserbaidschanischen Flüchtlinge 20 000, die der armenischen 10 000.

Traditionell war auch der Aufbau der einzelnen Wortmeldungen: Lobpreisung der historischen Bedeutung der Konferenz, vollständige Identifikation mit Gorbatschows Referat, Erfolgsmeldungen über die Produktion, Schilderung der ökonomischen Schwierigkeiten als vorübergehendes Phänomen und am Ende ein triumphaler Schlusssatz. So sagte zum Beispiel der kasachische Parteichef Kolbin, der zuvor mit keiner Silbe auf den nationalen Konflikt in seiner Republik eingegangen war: *Der Kurs, den die Partei eingeschlagen hat, (...) findet im Herzen eines jeden Kommunisten, eines jeden sowjetischen Menschen Unterstützung, weil es der echte Kurs Lenins ist. Wenn wir ihm folgen, werden wir sicher siegen* (Applaus). Geradezu erholsam wirkte das Wortduell zwischen Boris Jelzin und Jegor Ligatschow am letzten Tag der Parteikonferenz. Dabei verhielt sich Gorbatschows Antipode aus dem Vorjahr wie ein reifer, ruhiger Oppositionspolitiker. Er nahm den Faden der Kritik an Ligatschow auf, betonend, dass er *mit ihm gleiche Ansichten in strategischer Hinsicht (...) zu den Aufgaben der Perestroika habe*, und fuhr dann fort: *Wir haben unterschiedliche Auffassungen die Taktik der Perestroika betreffend, in Fragen der sozialen Gerechtigkeit und bei der Einschätzung seines Arbeitsstils.*

Jelzin schlug direkte, geheime und allgemeine Wahlen in zwei Wahlgängen von unten nach oben für alle Parteiorganisationen, Gewerkschaften, den Komsomol und den Obersten Sowjet vor. In allen Ämtern inklusive dem des Generalsekretärs wollte er das exakt einzuhaltende Alterslimit auf 65 Jahre festsetzen. Er empfahl, alle langjährigen Mitglieder der Führungsgremien, die für die üblen Zustände im Land mitverantwortlich waren, aus ihren Ämtern zu entfernen. Er forderte genaue Abrechnungen, was die Parteigelder betraf, und die Liquidierung jeglicher Sonderversorgung für die, wie er spöttisch bemerkte, «angeblich hungernde Nomenklatura». Diesen Rundumschlag, der mitnichten auf allgemeine Begeisterung stieß, beendete er mit der Bitte, ein paar Worte in eigener Sache sagen zu dürfen. Den lautstarken Protest, der sich daraufhin erhob, wehrte der Generalsekretär persönlich ab.

GORBATSCHOW *Boris Nikolajewitsch, sprich, die Leute wollen es (Applaus). Ich glaube, dass wir den Schleier des Geheimnisses um den Fall Jelzin lüften sollten. Alles, was Boris Nikolajewitsch für notwendig hält, soll er sagen. (...) Bitte, Boris Nikolajewitsch.*
JELZIN *Genossen Delegierte! Rehabilitierungen nach 50 Jahren sind nun zur Gewohnheit geworden, und das tut der Gesundheit der Gesellschaft gut. Dennoch bitte ich persönlich um politische Rehabilitierung schon zu Lebzeiten. (...) Ihr wisst, dass mein Beitrag beim Oktoberplenum (1987) als «politisch fehlerhaft» eingeschätzt worden ist. Doch die von mir im Plenum vorgebrachten Fragen sind unzählige Male von der Presse und von den Kommunisten aufgeworfen worden. In diesen Tagen sind alle diese Fragen von dieser Tribüne aus im Referat und in den Diskussionsbeiträgen ebenfalls vorgebracht worden. Ich bin der Meinung, dass mein Fehler einzig darin besteht, dass ich nicht zeitgemäß aufgetreten bin, sondern noch vor der Feier zum 70. Jahrestag der Oktoberrevolution.*

LIGATSCHOW *Die Zeit ist einfach reif dafür, offen zu sagen, warum mir meine Rede jetzt nicht leicht fällt. Weil ich es war, der ihn als Mitglied des Sekretariats und danach des Politbüros empfohlen hat. Worauf stützten sich meine Überlegungen damals? Darauf, dass Boris Nikolajewitsch Jelzin ein Mensch voller Energie ist und damals (...) über reiche Erfahrungen verfügte. (...) Es stellte sich heraus, dass seine Energie nicht schöpferisch war, sondern zerstörerisch wirkte. Seine Beurteilungen des Prozesses der Perestroika sowie der Arbeitsauffassungen und Methoden (...) waren unbegründet und irrig.*

Danach erinnerte Ligatschow in nicht besonders geschmackvoller Weise daran, dass Jelzin als Parteichef des Swerdlowsker Gebiets, einer vorwiegend industriellen Region, bei der Versorgung ausschließlich auf die Zuweisung staatlicher Lebensmittelkontingente setzte, während er selbst als Spitzenfunktionär im sibirischen Tomsk sein Gebiet aus eigener Produktion mit Lebensmitteln versorgt habe.

Gorbatschow gefiel sicherlich diese Ranküne seiner beiden Gegner, wobei er in Jelzins Rückkehr zur großen Politik die Bestrafung des illoyalen Jegor Kusmitsch Ligatschow sah. Dieser fühlte gewiss die Zweideutigkeit der Situation, denn er betonte seine Rolle als Königsmacher nicht nur gegenüber dem Abtrünnigen vom Oktober 1987, der nun recht behalten sollte, sondern auch gegenüber dem Generalsekretär selbst. Er formulierte dabei sehr vorsichtig, entsprechend seiner berühmten Maxime «Man darf nirgendwo reingehen, bevor man nicht weiß, wie man rauskommt»: *Und nun kam die Zeit des Plenums des ZK (...) vom März 1985, jenes Plenum, auf dem die Frage über den Generalsekretär des ZK beschlossen wurde. Man muss hier die ganze Wahrheit aussprechen: Es waren sehr sorgenvolle Tage, und ich befand mich mitten im Zentrum dieser Ereignisse. Ich habe also durchaus die Legitimation, mir ein Urteil zu bilden. Es hätten auch völlig andere Beschlüsse gefasst werden können. Eine solche Gefahr war durchaus gegeben. Ich möchte euch sagen, dass dank der festen Positionen der Politbüromitglieder, der Genossen Tschebrikow, Solomenzew, Gromyko, (...) auf dem Märzplenum des ZK die einzig richtige Lösung bestätigt wurde* (Applaus).

Die Doppelbödigkeit dieser Stellungnahme war nicht zu übersehen. Die Träger der aufgelisteten Namen und auch Ligatschow selbst, Jahrgang 1920, befanden sich auf Jelzins Abschussliste teils als Mitverantwortliche von Fehlentscheidungen, teils als Überschreiter des von ihm gesetzten Zeitlimits von 65 Lebensjahren. Aber ein Pfeil richtete sich auch gegen Gorbatschow, der seine Macht, so Ligatschows indirekte Botschaft, ausgerechnet diesen genannten Personen zu verdanken hatte – ob wirklich im März 1985 auch «völlig andere Beschlüsse» möglich gewesen wären, ist eher zu bezweifeln. Schließlich steckte in Ligatschows Tirade noch eine weitere unausgesprochene Botschaft: Wenn er sich in der Person von Jelzin bitter geirrt hatte, was er selbstkritisch vor 4000 Kommunisten eingestand, dann konnte sich «im Prinzip», wie Radio Eriwan sagen würde, auch seine Option für den angeblich von ihm erkorenen Parteichef als Fehleinschätzung herausstellen.

Der gordische Knoten des Jahres 1988 konnte theoretisch niemals gelöst werden. Man fand gut klingende Formulierungen wie «Mehr Demokratie!», man konnte den Worten «Rechtsstaat», «Pluralismus» oder gar «Marktwirtschaft» das Beiwort «sozialistisch» vorausschicken. Aber die Frage nach der Macht der Partei blieb unbeantwortet. Die Genossen waren diesbezüglich ernsthaft in die Bredouille geraten, wie aus einigen Kostproben ihrer Reden deutlich wird, in denen sie sich ihren Vorbehalten widmeten. Der ukrainische Parteichef Scherbizkij: *Es fehlt der Mechanismus, wie bei der Demokratisierung die politische Macht der Partei erhalten bleiben soll.* Jurij Solowjow, Leningrader Parteisekretär: *Über das Einparteiensystem muss man nicht gedämpft, sondern offen reden, denn die KPdSU ist imstande, die Vielfalt der Meinungen zu garantieren.* Gromyko: *Über die führende Rolle der Partei muss man nicht verschämt, sondern stolz sprechen.* Und wieder Scherbizkij: *Wie wird es mit der führenden Rolle aussehen, wenn es kein Fleisch gibt?*

Gorbatschow sah nach und nach die Fruchtlosigkeit der ideologischen Debatten ein und hatte immer weniger Lust, die parteiinternen Konflikte durch diplomatisches Geschick oder durch Kaderwechsel zu lösen. Zu dieser Zeit wusste er bereits, dass die Prozesse in der Gesellschaft völlig unabhängig von denen in der KPdSU abliefen. Einerseits gab es de facto eine Pluralisierung des politischen Lebens, andererseits war der Apparat mit den akuten sozialen und politischen Sorgen des Riesenlandes überfordert. Erschwerend kam hinzu, dass sich die Krise in den Satellitenstaaten des Warschauer Paktes verschärfte. Der Aufbruch zu neuen Wegen, der im Frühjahr 1985 so hoffnungsvoll begonnen hatte, verwandelte sich aufgrund der unerwarteten Schwierigkeiten und Kollisionen in eine Suche nach dem Ausweg, und in manchen Teilen des Riesenreiches gab es sogar eine kopflose Flucht in Richtung des vermeintlichen Notausgangs.

Das Jahr der Wende

Pluralismus – aber mit wem?

Zu der Zeit, als in Polen die regierenden Generäle bereits den berühmten Runden Tisch für die Verhandlungen mit der unabhängigen Gewerkschaft Solidarność bei der Möbeltischlerei Henrykow in Auftrag gegeben hatten und die ungarische KP sich neuerdings mit der Frage beschäftigte, welche Zukunftschancen sie wohl bei einem eventuellen Verzicht auf ihre führende Rolle hätte, zerbrach sich Michail Gorbatschow den Kopf, wie er die Quadratur des Kreises bewerkstelligen könnte. Die Affäre um Nina Andrejewa, aber auch der Verlauf der 19. Parteikonferenz zeigte, wie dünn das Eis war, auf dem sich seine Perestroika bewegte. Während er früher nach dem alten Muster gedacht hatte, dass man nur die richtige Linie finden müsste – alles Weitere könnten dann die Kader entscheiden –, musste er nun einsehen, dass dies zu kurz griff. Der Austausch eines Ligatschow durch Jakowlew, die Absetzung eines konservativen aserbaidschanischen Parteichefs zugunsten eines fortschrittlichen konnten letztlich so gut wie nichts bewirken: Selbst wenn sie gewollt hätte, war die Nomenklatura nicht imstande, die Reformen mitzumachen. Dies lag, wie Schachnasarow erklärte, in der Natur der Dinge: *Der einwandfreie Mechanismus, der früher die Befehle des Kremls praktisch an jede Arbeitsstelle weitergeleitet hatte, streikte, und es folgten Unterbrechungen. Dieser Mechanismus war ursprünglich für die Bedürfnisse der totalen Macht und der zentralisierten Marktwirtschaft geschaffen worden, zu etwas anderem war er außerstande, und nun forderte man von ihm, in die entgegengesetzte Richtung zu wirken. (...) Bei dieser Art der Direktiven versuchte der Landkreis- oder Bezirksparteisekretär vor allem zu klären, ob die Parteispitze nicht verrückt geworden oder der Kreml nicht von den Agenten des Imperialismus besetzt worden war. (...) Die Erfahrensten unter ihnen dachten nicht ohne Grund, dass der reformatorische Eifer bald nachlassen würde, weshalb man abwarten müsse, wohin der Zug fährt.*

In dieser Zeit, als die Perestroika, wenn auch mit großen Opfern, noch rückgängig gemacht werden konnte, suchte Gorbatschow nach einem gesellschaftlichen Gegengewicht, mit dem der Apparat unter Druck gesetzt werden konnte. Die orthodoxe Kirche war für eine Rolle wie die der katholischen Kirche in Polen nicht geeignet, denn die jahrzehntelange Unterdrückung, gepaart mit einem äußerst primitiven Atheismus, und dessen Berührungsangst mit dem als nicht existent deklarierten Gott ließen den Geistlichen keinen Spielraum außer dem der geheimdienstlich observierten Seelsorge. Wie kleinmütig die offizielle Kirchenpolitik war, zeigte die Debatte 1988 um «1000 Jahre Christianisierung», ein Jubiläum, das dem Image der Sowjetunion weltweit mehr Nutzen bringen konnte als der 70. Jahrestag der Oktoberrevolution. Um der Kirche nicht allzu viele propagandistische Pluspunkte zu überlassen, plante man ursprünglich die zentralen Feierlichkeiten im Konzertsaal des Hotels Sowetskaja, etwas außerhalb des Stadtzentrums. Walentin Falin, Direktor der Nachrichtenagentur Nowosti, witterte in diesem Vorgehen eine riesengroße Blamage und schrieb einen Brief an Gorbatschow, in dem er ihm vorschlug, für das bedeutende Ereignis das Bolschoj-Theater zur Verfügung zu stellen und, wenn dies irgend möglich war, eine Live-Übertragung zuzulassen. Man einigte sich schließlich auf diesen Ort, von dem aus eine ausführliche Live-Reportage gesendet wurde. Gorbatschow konnte bei den Feierlichkeiten wegen «allzu großer Beschäftigung» nicht erscheinen, und er delegierte Raissa Maximowna als Präsidentin der Sowjetischen Kulturstiftung dorthin.

Obwohl bei dem Jubiläum auch der Vater der vatikanischen Ostpolitik, Kardinal Agostino Casaroli, anwesend war und sogar vom Generalsekretär empfangen wurde, entwickelten sich die Beziehungen zwischen den Repräsentanten des Vatikans und des sowjetischen «neuen» Denkens eher schwerfällig. Die Ursache lag erstens darin, dass die im Ergebnis des Zweiten Weltkriegs durchgeführte polnisch-sowjetische Grenzziehung keine Rücksicht auf die bestehenden Diözesen genommen hatte, zweitens war die unter Stalin vollzogene Zwangsvereinigung der ukrainischen katholischen Kirche, etwa fünf Millionen Gläubige, mit der orthodoxen Kirche für Rom nach wie vor inakzeptabel. Unter diesen Umständen verfehlten auch wohlgemeinte Gesten Gorbatschows völlig ihre Wirkung, so zum Beispiel die Genehmigung, Bibeln zu drucken, oder auch die Rückgabe einiger alter Klöster an die katholische Kirche. Zwar konnten Gorbatschow und Papst Wojtyla von ihrem gesellschaftlichen Rang her miteinander verglichen werden, doch war der russische Patriarch Pimen, der unter dem staatlichen Druck viel gelitten hatte und in seiner Jugend zweimal verhaftet worden war, zu keiner Zeit eine Entsprechung des polnischen Kardinals Glemp – Pimen war zwar fast ein Märtyrer, aber hatte keinen messbaren Einfluss auf die Öffentlichkeit. So erfolgte durch das Millennium keine Veredelung des kommunistischen Hauptslogans, wie sie der Volksmund prophezeit hatte: *Proletarier aller Länder, um Gottes Willen, vereinigt euch!*

Noch komplizierter stand es mit den politisch Andersdenkenden und der als Samisdat bekannten zweiten Öffentlichkeit. Nachdem die Staatsmacht auch nach Stalins Tod dem widerständigen Milieu mehrfach zugesetzt hatte und unter anderem zahlreiche regimekritische Schriftsteller, Wissenschaftler und andere Intellektuelle in Straflager und psychiatrische Anstalten verbracht oder ins Exil getrieben hatte, gab es in der Sowjetunion nicht einmal ansatzweise eine dialogfähige Gruppe wie die tschechoslowakische, ungarische oder die DDR-Opposition. Dem KGB-Chef Andropow gelang es in den späten Siebzigerjahren immerhin, ohne spektakuläre Prozesse auszukommen, die das Image des Helsinki-Unterzeichners UdSSR gefährdet hätten. 1976 gab es rund tausend Personen im Riesenreich, die aufgrund von angeblich staatsfeindlichen Tätigkeiten ihre Strafe verbüßten. Der Status «politische Gefangene» existierte im sowjetischen Sprachgebrauch so gut wie nicht. Als ihre Hauptaufgabe betrachtete die Staatssicherheit die «Prävention», das heißt Druck, Drohung und Erpressung, mit der man die unruhigen Bürger zu beschwichtigen suchte. Gleichzeitig wurden 68 000 sogenannte «operative Vorgänge» geführt – erstaunlich wenig für ein Land mit 280 Millionen Bürgern. Wie viele Spitzel, Zuträger und offiziell verpflichtete Informanten seinerzeit für das KGB arbeiteten, ist nicht einmal annähernd bekannt.

Die einzige relevante Bevölkerungsgruppe, über deren negative Einstellung zum Regime man Konkretes wusste, waren die jüdischen Bürger, die oftmals mit Vehemenz ihre Ausreise in die «historische Heimat» forderten. Auch dieses Erbe der Stagnation musste die alt-neue Führung verwalten. Gorbatschows Problem lag darin, dass er im Sinne seines «Neuen Denkens» den Antragstellern elementare Rechte nicht verweigern konnte, gleichzeitig aber war ihm keineswegs egal, dass sowjetische Staatsbürger en masse ihrem Land den Rücken kehren wollten. Vor allem aber war ihm daran gelegen, sich ein klares Bild über die zugrunde liegenden Probleme zu verschaffen, die in den sowjetischen Medien höchstens unter «antizionistischem» Vorzeichen überhaupt Erwähnung fanden. Dem heiklen Thema widmete er im August 1987 eine Sitzung des Politbüros mit dem Tagesordnungspunkt «Vorbeugung gegenüber der Emigrationsstimmung».

SKLJAROW *Auswanderung in zehn Jahren: 230 000, davon 70 000 Rentner, 36 000 Hochschulabsolventen, 6000 Mitglieder der KP, 12 000 Komsomolzen. Hauptgründe für die Alija: keine Möglichkeiten zum Erlernen der Muttersprache und der jüdischen Kultur, Störungen des beruflichen Aufstiegs im akademischen Bereich.*
LIGATSCHOW *Man braucht mehr Juden in Funktionen. Teilhabe von Vertretern der nationalen Minderheiten im Kampf gegen die Emigrationsstimmung – wenn die Leute «ihren Mann» an führender Stelle sehen, schöpfen sie mehr Vertrauen in die Institutionen.*
TSCHEBRIKOW *Ungefähr 400 000 können noch ausreisen. Und 400 000 Juden haben bereits eine Einladung – von Verwandten in Israel.*
GORBATSCHOW *Ihr werft alles auf einen Haufen. Ihr habt kein System, keine Analyse.*

Diese gereizte Anmerkung des Parteichefs bezog sich hauptsächlich auf die Unfähigkeit seiner Kollegen, verschiedene Ebenen von Relevanz auseinanderzuhalten und etwas mehr als nur eine oberflächliche Behandlung der Symptome vorzunehmen. Er ahnte immer mehr, dass man den jüdischen Exodus nicht aufhalten konnte, ohne sich mit dem historischen Kern des Problems zu befassen. So behauptete der Propagandachef, die sowjetischen Juden hätten zu wenige Möglichkeiten, sich ihre Sprache und Kultur anzueignen. Warum sprach dann der KGB-Chef nicht darüber, weshalb seine Behörde noch vor anderthalb Jahren Menschen aus dem einzigen Grund verhaften ließ, dass sie Privatstunden in Iwrit genommen hatten? Wieso sagte man in dieser Runde kein kritisches Wort über die antizionistischen Kampagnen der Siebzigerjahre, die Schließung von Synagogen – sogar noch in dem als jüdisches Schaufenster geltenden «Autonomen Landkreis» Birobidschan? Und was hinderte die führenden Organe der Partei im Verlauf der Rehabilitierung von Stalins Opfern daran, trotz genauer Kenntnis der Sachlage nicht gleich 1987, sondern erst Ende 1989 die Urteile in den Schauprozessen gegen das Jüdisch-Antifaschistische Komitee, viele davon Todesurteile, für null und nichtig erklären zu lassen? Warum hatten sie nicht sofort versucht, die nationalen Krämpfe zu lösen, bevor sich diese, wie im Kaukasus, in Kasachstan oder anderswo, mit explosiver Sprengkraft Luft verschafften? Immer mehr musste Gorbatschow einsehen, dass er es nicht nur mit dem Teufel der Politik, sondern mit Clio, der Muse der Geschichte, zu tun hatte.

Die neue Dissidentenszene der Siebzigerjahre taugte wenig als Ansprechpartner für die reformwilligen Machthaber. Die in höchstens ein paar Tausend Exemplaren erscheinenden Journale wie «Merkurij», «Lewij poworot» (Wende nach links), «Swidetel» (Der Zeuge) sowie die politisch mehr an den Menschenrechtsgruppen orientierten Zeitschriften «Express-Chronik» oder «Glasnost» wurden von den Behörden nicht mehr behindert, erreichten jedoch nur eine sehr begrenzte Öffentlichkeit. Dasselbe galt für das lose Netzwerk von Klubs, die ebenfalls nicht verfolgt, aber auch im juristischen Sinne nicht anerkannt waren – daher die offizielle Bezeichnung «nejformaly» (die Informellen). Diese Gruppen, wie zum Beispiel «Epizenter», «Kollektiv», «Rettung» oder «Che-Guevara-Klub», nutzten bewusst eine Rechtslücke. Ein Sprecher des «Klubs sozialer Initiativen», der 47 Gruppen vereinigte, erklärte dazu: *Es gibt eine sehr gute demokratische Regel – was nicht verboten ist, ist erlaubt.*

Dies passte vor allem aufs Schreiben, nicht aber auf die damals typischen kleinen Kundgebungen («Piquets») und auf die Mahnwachen, die meist ökologischen Inhalts waren. Jeder und alles, was in Bewegung kam, berief sich selbstverständlich auf Perestroika, Glasnost und die von der Partei verkündeten ewigen Lenin'schen Prinzipien. So entstand beispielsweise in Moskau eine «Volksfront» – die dem Vokabular des internationalen Kommunismus entliehene Bezeichnung sollte offensichtlich dazu dienen, die Akzeptanz der Gruppierung in Funktionärskreisen, trotz der oppositionellen Inhalte, zu erhöhen. Ein Führer dieser

Gruppe erinnerte sich anhand einer Kundgebung im Sommer 1988 auf dem Puschkinplatz mit einer Prise Zynismus an die Nachahmung der Formen offizieller Politik: *Gorbatschows Porträt wurde damals als eine Art Instrument angewendet. Wenn uns die Polizei angreift, heben wir Gorbatschows Porträt über den Kopf – soll nur jemand wagen, es anzutasten.* So zogen sie durch die Innenstadt mit dem Bild des Generalsekretärs, das man in jeder großen Buchhandlung für ein paar Kopeken kaufen konnte, und zwar noch in dessen von der Zensur kanonisierten ursprünglichen Form ohne das berühmte Feuermal auf der rechten Stirnhälfte, das hier noch einwandfrei wegretuschiert worden war. Zu Gorbatschows Ehre sei gesagt, dass er später die Beschönigung seiner sowjetischen Fotos untersagte – gewiss auch dies ein Zeichen seiner Intelligenz.

Die braven Ikonenträger sangen das Revolutionslied «Warszawianka» und forderten die Einheit der Partei und des Volkes, was die Polizei nicht daran hinderte, sie auseinanderzutreiben. Allerdings blieb diesen paar Dutzend Mutigen das böse Schicksal ihrer Vorläufer erspart: Am 9. Januar 1905 waren Tausende von St. Petersburger Arbeitern mit dem Porträt des Zaren vor das Winterpalais gezogen, um ihre friedliche Petition zu überreichen, wurden jedoch von mörderischem Kartätschenfeuer empfangen. Nein, Gorbatschow instruierte bereits während der Affäre mit den Krimtataren seine Polizisten, diese nicht als Menschen zweiter Klasse zu behandeln. Innenminister Alexandr Wlassow beruhigte: *Wir lernen, unter den Bedingungen der Demokratie zu arbeiten.* Die Arbeit war nicht leicht. Das Megafon verkündete -zigmal mit eintöniger Stimme: *Bürger, euer Meeting ist gesetzeswidrig. Wir bitten euch, auseinanderzugehen und den normalen Straßenverkehr nicht zu behindern!* Dabei merkten die Ordnungshüter nicht, dass sie selbst es waren, die den Puschkinplatz blockierten. Der Augenzeuge Sergej Mitrochin berichtete: *Die Manifestation erinnerte an einen Archipel, umschlungen von einem Meer blassblauer Uniformen.*

Problematisch bei den «Informellen» waren ihre innere Spaltung und die massiven Kämpfe um die «führende Rolle», daneben ihr widersprüchliches Verhältnis zu den aktiven alten Dissidenten, darunter Walerija Nowodworskaja und Fjodor Grigorjanz, mit deren rigoroser Ablehnung der kommunistischen Reformelite, in der sie zu Recht ihre früheren Peiniger sahen. Vielleicht verlangsamten diese internen Gegensätze auch die Parteibildung, die zunächst als «Demokratischer Bund», später «Volksfront», begann, allerdings ohne von den «Demokraten mit Parteibuch» wirklich akzeptiert zu werden. Was aber dieser Bewegung am meisten fehlte, war das einigermaßen stringente Programm, das sie dem unpräzisen und sich fortwährend ändernden Konzept der Gorbatschow'schen Perestroika gegenüberstellen konnte. Auch das Idol Andrej Sacharow stellte nur allgemeine politische Forderungen wie die nach dem Rechtsstaat, nach Einführung demokratischer Institutionen und Anerkennung der Menschenrechte, blieb jedoch dem Dilemma «Sozialismus oder Kapitalismus» verhaftet – blieb bei seinen alten Vorstellungen von der Konvergenz der beiden Systeme. Er war zweifellos eine der wenigen authentischen moralischen Autoritäten der «Informellen», konnte jedoch bis zu seinem Tod im Dezember 1989 keine tonangebende Rolle bei der Pluralisierung der sowjetischen Gesellschaft spielen.

Die 1987 von dem Historiker und Dissidenten Arsenij Roginskij gegründete Menschenrechtsorganisation «Memorial» war schon eher geeignet, als Partner der Gorbatschow'schen Programmatik in Erscheinung zu treten. In ihrer Anfangsphase, also vor der offiziellen Registrierung im Frühjahr 1989, lag der inhaltliche Schwerpunkt auf der Erforschung der Stalin'schen Repressalien, der Rehabilitierung der Opfer und diesbezüglicher Veröffentlichungen. In ihrer reiferen Form betrachtete sie auch die Wahrung der Menschenrechte für die Lebenden als besonderes Tätigkeitsgebiet, wodurch sie internationale Anerkennung, aber keine offizielle Akzeptanz in Russland selbst gewann. Obwohl die Anfänge von «Memorial» stark mit dem Anliegen Gorbatschows zusammenhingen, die «weißen Flecken» der sowjetischen Geschichte sichtbar zu machen, ging diese Organisation doch wesentlich weiter als selbst die mutigsten Repräsentanten der sowjetischen «Vergangenheitsbewältigung». Außer für die Opfer der parteiinternen Säuberungen interessierten sich die Historiker der Gruppe sehr für das Schicksal der in den Sog des Terrors geratenen kleinen Leute und ihrer Familienangehörigen und bedienten sich dabei, auch aufgrund der zunächst spärlichen Archivlage, vorwiegend der Methode der «Oral history». Noch wichtiger war die Tatsache, dass ihre besondere Aufmerksamkeit der Struktur des Gulag und des bisher in der legalen Öffentlichkeit völlig unbekannten sowjetischen Strafsystems galt. So war es kein Wunder, dass «Memorial» den Konservativen im Politbüro sowie dem KGB ein Dorn im Auge war. Als diese Kräfte die Legalisierung der Organisation nicht mehr verhindern konnten, versuchten sie auf der Grundlage eines Berichts des KGB-Vorsitzenden Wladimir Krjutschkow, die «Freiwillige historisch aufklärende Gesellschaft», wie sich «Memorial» vollständig nannte, von der politischen Opposition zu trennen bzw. deren Tätigkeit auf die Errichtung eines Denkmals für die «Opfer des Personenkults und ihre Angehörigen» zu beschränken. Selbst dieses hohe Ziel, das bereits unter Chruschtschow beschlossen, dann aber auf die lange Bank geschoben worden war, hätte «Memorial» gemeinsam mit Veteranenverbänden, Komsomol und Gewerkschaft realisieren müssen. Der Sinn dieser Maßnahme lag nach Auffassung des KGB darin, *die Gründung einer gesellschaftlichen und politischen Organisation zu verhindern, die sich gegenüber den Partei- und sowjetischen Organen konfrontativ verhält*. Die Meinungen hierüber waren allerdings geteilt.

MEDWEDEW *«Memorial» sollte zu einer sozialen Stiftung werden, in der unterschiedliche gesellschaftliche Kräfte zusammenwirken.*
LIGATSCHOW *Die Gesellschaft «Memorial» sollte kaum den Weg zur Schaffung einer zentralisierten Organisation gehen.*
GORBATSCHOW *Dieser gesellschaftlichen Bewegung muss ein demokratischer Charakter verliehen und ihre Tätigkeit mit der «Kommission der unschuldig Verurteilten» verknüpft werden.*

Zwei Monate später hielt die Gesellschaft ihren Gründungskongress im Moskauer «Dom Kino» (Kinohaus) ab. Beteiligt war die Crème de la crème der sowjetischen Intelligenz. Der Generalsekretär ließ persönliche Grüße ausrichten und versprach, die Gesellschaft in die Arbeit der entsprechenden Kommission des Kongresses der Volksdeputierten einzubeziehen. So gelang es einer der wenigen Organisationen, die bis heute existieren, zur Zeit der Perestroika Fuss zu fassen, ohne ihr ursprüngliches Credo aufgeben zu müssen.

«Memorial» bedeutet eigentlich «Denkmal», und das Wort «Gedächtnis» wurde in diesen Jahren des erweckten historischen Bewusstseins zum Schlüsselbegriff der Weltdeutung. Der russische Ausdruck hierfür, das Wort «Pamjat», wurde aus einem zweibändigen Werk gleichen Titels entliehen. In diesem historischen Essay versuchte der 1984 verstorbene Romancier Wladimir Tschiwilichin, die durch die sowjetische «internationalistische» Weltanschauung verdrängte oder unterdrückte russische Tradition zu rehabilitieren. Die Bezugnahme auf russische Kultur und Vergangenheit suchte und fand ihre Nischen zuvor in den halbwegs legalen Bestrebungen zum Schutz von Baudenkmälern oder durch eine rein kulturwissenschaftliche Sicht auf die Rolle der mittelalterlichen orthodoxen Kirche, die den Anspruch hatte, die atheistischen Empfindlichkeiten des Staates möglichst nicht zu tangieren. In Akademikerkreisen gab es auch einen «Russischen Klub», und zahlreiche Autoren schrieben tendenziöse Romane, in denen sie die Bedrohtheit Russlands durch westliche Geheimdienste und im Lande tätige kosmopolitisch-freimaurerisch-zionistische Agenten thematisierten.

Die eigentliche Stunde der «Pamjat» schlug mit der Perestroika. Die relativ kleine Gruppe hatte ihren Sitz in einem entlegenen Moskauer Kulturhaus und veranstaltete bereits im Herbst 1985 vor einem Auditorium von vier- bis fünfhundert Leuten ökologische und historische Debatten, deren Tonbandmitschnitte in eingeweihten Kreisen verteilt wurden und auch an die westliche Öffentlichkeit gelangten, wo sie für eine Weile großes Aufsehen erregten. Selbstverständlich verstand sich auch der neue Führer der Organisation «Pamjat», der Kunstfotograf Dmitrij Wassiljew, als glühender Anhänger der neuen Zeiten, wobei er dies mit kaum verhülltem Spott so erklärte: *Die Lage ist inzwischen so kompliziert geworden, dass ich ständig Lenins Arbeiten studiere, um nicht irgendwie in Verdacht zu kommen. Ich bin kein Parteimitglied, halte mich aber für einen parteilosen Bolschewiken, einen Leninisten. Ich studiere die Werke meines Führers, um mit denjenigen kämpfen zu können, die unter dem Deckmantel seiner Ideen ihre schreckliche und schmutzige Arbeit gegen unser Land verrichten.* Dann packte Wassiljew sein eigentliches Anliegen aus: Er berief sich auf die «Protokolle der Weisen von Zion», eine Fälschung der zaristischen Geheimpolizei Ochrana, deren absurde Verschwörungstheorien er nun auf die sowjetischen «Zionisten» anwenden wollte. Sie seien diejenigen gewesen, die den braven russischen Menschen das Saufen beigebracht hätten und junge Leute in Konflikte mit dem System trieben, um sich dann selber nach Israel abzusetzen, während ihre Opfer in Lagern landeten. Diese Verschwörer hätten, so Wassiljew, das weit verzweigte Moskauer Metronetz vorsätzlich so gebaut, dass sie unter Umständen die wenigen heil gebliebenen russischen Kulturdenkmäler zielgerichtet vernichten könnten.

Selbstverständlich suchten auch die Pamjat-Leute nach den von Gorbatschow apostrophierten «weißen Flecken» in der sowjetischen Geschichte. Für sie ging es dabei jedoch um die Traditionen des letzten Zaren, dem von den Bolschewiki hingerichteten Nikolaus II., und seines Ministerpräsidenten, dem vom «jüdischen Agenten» ermordeten Pjotr Stolypin – in Wirklichkeit waren hier Mitarbeiter der Ochrana am Werk gewesen. Auch der revolutionäre Terror war in dieser russisch-chauvinistischen Sicht überwiegend Ausländern zuzuschreiben: dem polnischen Tscheka-Chef Dzierżyński, den «latyschskije strelki», Lenins lettischen Leibwächtern, und selbstverständlich den jüdischen Volkskommissaren Trotzki und Sinowjew, während Stalin trotz seiner georgischen Abstammung den großrussischen Nationalisten beinahe als Landesvater erschien. Der politische Obskurantismus, erweitert durch Elemente des Satanismus, sollte hier die mehr als mäßig informierten Staatsbürger mit einer Ersatzideologie bedienen. Die Handlungsempfehlungen – der Schutz russischer Baudenkmäler, die Wiederherstellung alter Kirchen und das gleichzeitige Läuten von fünfzig Kirchenglocken zur Abwehr einer Grippeepidemie – waren Vehikel, mit denen die Bürger aus dem anstrengenden Hier und Jetzt in eine nie dagewesene russische Idylle gebeamt werden konnten.

Umso erstaunlicher war, dass eine kleine Ad-hoc-Kommission, bestehend aus Ligatschow, Tschebrikow und Jakowlew, die sich mit der «Patriotischen Vereinigung Pamjat» befassen sollte, ein beruhigendes Gutachten verfertigte, mit dem Gorbatschow sichtbar zufrieden war. *Pamjat ist eine zu 90 Prozent gesunde Organisation*, attestierte der Generalsekretär, *aber eine kleine Schicht, die dort dominiert, will sie monarchistisch und antisowjetisch instrumentalisieren. Das muss man sehen, um nicht alles über einen Kamm zu scheren: Gerechte und Ungerechte.* Das mächtige Politbüro sah auch nichts Besonderes darin, dass Boris Jelzin, damals noch Moskauer Parteichef, während einer nicht genehmigten Protestkundgebung Wassiljews Leute empfing, sie freundlich anhörte und mit «Doswidanija» verabschiedete. Ein paar Tage danach löste die Polizei eine Demonstration der Liberalen um Galina Starowojtowa auf – diese hatte allerdings im Sommer 1987 nicht mehr und nicht weniger als den Verzicht auf die führende Rolle der Partei gefordert. Pamjat hielt noch einige Jahre lang die Gemüter in Aufregung, und die von der Gruppe ausgelösten Pogromängste, unabhängig davon, wie berechtigt sie waren, beschleunigten in der UdSSR den Prozess der jüdischen Auswanderung. Später übernahmen zahllose kleine faschistische Sekten das Erbe der «patriotischen Gesellschaft», schließlich auch der Jurist Wladimir Schirinowski, der sich 1987 noch als Demokrat benahm oder verstellte.

Michail Gorbatschow, der sich als standfester Internationalist verstand und jeden, auch den russischen Nationalismus strikt ablehnte, sah in der westlichen Entrüstung über den neuen Rechtsextremismus in der UdSSR nur einen Propagandatrick. *Wie viel Papier erhalten wir über «Pamjat»*, beschwerte er sich, *man versucht uns in jeder Weise einem Härtetest zu unterziehen. Im Westen haben sie bereits unsere Rollen verteilt: Gorbatschow sei für die Westorientierung, er sei der neue Peter der Große, Ligatschow sei ein Anhänger der Russifizierung, Jakowlew vertrete eine Freimaurergruppe und verfolge kosmopolitische Ziele, während Ryschkow ein Technokrat und Gegner jeder Ideologie sei.* Seine damalige Lieblingsidee, die heilige Einheit der Partei gegen die Intrigen des Klassenfeindes zu hüten, paarte sich mit einer fatalen Naivität, was die tiefere Bedeutung der Wiederkehr alter Phänomene betraf – im Fall der Schwarzhemden um Wassiljew das Revival der Schwarzen Hundertschaft, einer extrem chauvinistischen und judenfeindlichen Bewegung der Vorrevolutionszeit. Gorbatschow hatte auch keine Vorstellung davon, dass die unerledigten nationalen Komplexe der Russen nicht weniger explosiv waren als die der Armenier und Aserbaidschaner.

Eines aber muss er bereits damals geahnt haben: Um Spielraum zu gewinnen, brauchte er ein polarisiertes Kräftefeld, und da es nicht einmal entfernt ausgereifte pluralistische Strukturen im Lande gab, blieb dem Vater der Perestroika nichts anderes übrig, als diesen Pluralismus über bestehende Institutionen künstlich zu erschaffen. Viel Zeit hatte er nicht mehr. Die von ihm ins Leben galvanisierte freie Presse begann auch ihm gegenüber Töne anzuschlagen, die in freieren Gesellschaften als natürlich gelten, in der damaligen Sowjetunion aber noch Sensationswert hatten. Laut einer Umfrage der Wochenzeitung «Argumente und Tatsachen» vom November 1988 hatte sich sein «Rejting» seit der

19. Parteikonferenz verändert: Bis dahin hatte Gorbatschow nach Peter dem Großen und Wladimir Iljitsch Lenin den dritten Platz eingenommen, doch nun folgte nach dem Gründer des Sowjetstaates an dritter Stelle das Akademiemitglied Andrej Sacharow, während sich sein Befreier aus der Verbannung in Gorki mit dem vierten Platz zufriedengeben musste.

Das Pluralisierungswerk

Erwägen muss man hierbei, so lehrt uns Niccolò Machiavelli, *dass ein Mann nichts unternehmen kann, wo die Einleitung schwieriger, das Gelingen zweifelhafter und die Ausführung gefährlicher ist, als eine neue Ordnung der Dinge einzuführen. Der Neuerer hat alle zu Feinden, die in der alten Ordnung der Dinge ihren Vorteil finden, wogegen er in denen, welchen die neue Ordnung zugutekommen würde, nur laue Verteidiger findet. Diese Lauheit hat ihren Grund zum Teil in der Furcht vor den Gegnern, die die Gesetze auf ihrer Seite haben, zum Teil in der Ungläubigkeit der Menschen, die an den Vorteil der Neuerungen nicht eher fest glauben, bis sie eine untrügliche Erfahrung sehen. Die Folge davon ist, dass die Feinde bei jeder Gelegenheit leidenschaftlich angreifen, die andern nur lau verteidigen, und dass auf diese Art Haupt und Verteidiger in Gefahr sind unterzugehen.*

Die Art und Weise, wie Gorbatschow und seine engsten Mitarbeiter, ohne den Rahmen des Einparteiensystems zu verlassen, aus der Abstimmungsmaschinerie Oberster Sowjet einen «Kongress der Volksdeputierten der UdSSR» schufen, der zu einer diskutierenden und Alternativen anbietenden Körperschaft wurde, ist von vielen Autoren beschrieben worden. Die genaueste deutschsprachige Schilderung stammt aus der Feder von Helmut Altrichter in seiner Chronik *Russland 1989, Untergang des sowjetischen Imperiums*. Demgemäß sollten die Mandate von 2250 Abgeordneten zwischen den gesellschaftlichen Organisationen verteilt werden. Innerhalb dieses Systems sicherte sich die KPdSU 100 Direktmandate, die das Politbüro durch alle Gremien, von den Grundorganisationen bis zum ZK-Plenum, wählen ließ. Aber auch in Dutzenden anderer Organisationsstrukturen – in der Akademie der Wissenschaften, dem Schriftstellerverband, in Komsomol und Frauenrat, in verschiedenen national-territorialen Einheiten, Großbetrieben und Kolchosen – verfügten die Kommunisten über ihre gewohnten Vorteile, und andere Parteien hatten keine Möglichkeit, über diesen Weg ins Parlament zu kommen. Folglich waren 85 Prozent der gewählten Volksdeputierten Mitglieder der KPdSU – mehr als unter Breschnew oder Tschernenko. Lediglich im Baltikum konnten sich die oppositionellen «Volksfronten» einen erheblichen Anteil der Stimmen sichern: In Litauen errangen sie 31 von 42 Mandaten, in Estland 15 von 21, in Lettland sogar 25 von 29.

Wirklich neu war in dem von Gorbatschow konzipierten System nur, dass in den einzelnen Wahlkreisen mehrere miteinander rivalisierende Kandidaten auftraten. Dies bedeutete vor allem, dass nicht jeder Landkreis- oder Stadtparteichef automatisch durchkam – er stand also nicht von vornherein auf der privilegierten Liste, die der Volksmund als «Rote Hundertschaft» bezeichnete. Über die freien Wahlen der Moskauer Parteiorganisation gewann unter anderem Boris Jelzin 90 Prozent der Wählerstimmen, während die Akademie der Wissenschaften sich nach langem Hin und Her dazu durchrang, Andrej Sacharow auf ihre Kandidatenliste zu setzen. Wichtig war, dass die offiziellen Kandidaten der Partei in Moskau, Leningrad und anderen Zentren massenhaft ihren Herausforderern unterlagen und damit ihre Legitimation als Machthaber verloren.

Was aus heutiger parlamentarischer Sicht bestenfalls wie ein zweifelhafter Kompromiss mit der Nomenklatura aussieht und ein wenig dem fast gleichzeitig entstehenden polnischen «Vertragsparlament» ähnelt, in dem sich die Kommunisten 65 Prozent der Sitze im Sejm garantieren ließen, wirkte damals auf die sowjetische Parteispitze wie ein Nervenzusammenbruch, der einer dringenden Therapie bedurfte. Wie schwer es der Psychiater Gorbatschow hatte, zeigt das Protokoll der Sitzung des Politbüros, die für Dienstag, den 28. März 1989, den Tag nach Bekanntgabe der Wahlergebnisse, anberaumt worden war.

WOROTNIKOW *Wir alle leiden mit den Genossen, die nicht durchgekommen sind. Wir dürfen die Aktivisten, die nicht gewählt wurden, in keinem Fall verunsichern, damit sie nicht das Gefühl haben, dass das Verhältnis zu ihnen verändert wurde. (...) Besonders groß ist die lokale Unzufriedenheit. Man ist empört über die Medien, die eine negative Einstellung zu den Parteikadern verstärken. Vierzehn Kommandeure der Militärbezirke sind durchgefallen.*

RASUMOWSKIJ *30 Gebiets- und Stadtparteisekretäre sind nicht durchgekommen.*

LIGATSCHOW *Die Hauptursache war die Haltung der Medien in Bezug auf die Parteigeschichte, auf die Arbeit der Partei. Im Bewusstsein der Menschen haben sich negative Standpunkte angehäuft, und das ist sehr gefährlich. Wir müssen daran erinnern, dass auch in Ungarn 1956 und in der Tschechoslowakei 1968 alles mit den Medien begann. Repressalien brauchen wir nicht, aber Macht müssen wir ausüben. Ich meine, in Bezug auf einige wohlbekannte Presseerzeugnisse.*

PUGO *Viele Angriffe auf die Partei. Und es besteht die Gefahr, dass die Wahlergebnisse als Niederlage der Partei gedeutet werden. (...) Im Baltikum haben die Volksfronten alles erreicht, was sie wollten. Uns steht ein nationalistischer August bevor.*

Damit meinte der Vorsitzende der Zentralen Kontrollkommission den 50. Jahrestag des Hitler-Stalin-Paktes, der am 24. August 1939 das Schicksal der damals noch unabhängigen baltischen Republiken besiegelt hatte. In der Tat gab es Ende August 1989 eine gigantische Menschenkette von Tallinn bis Vilnius mit der Forderung der Unabhängigkeit von Moskau.

LUKJANOW *Ein Fünftel der Sekretäre der Parteiorganisationen sind nicht gewählt worden. Nun gibt es Gespräche: Das ZK habe die Parteiorganisationen ihrem Schicksal ausgeliefert, habe die Parteisekretäre den Demagogen zum Fraß vorgeworfen. (...) Man muss Maßnahmen ergreifen gegen «Memorial» und «Pamjat». Beide nähern sich dem Status von antisowjetischen Organisationen.*

Gorbatschow und seine Anhänger, vor allem Jakowlew und Schewardnadse, lehnten diese Vorwürfe ab und interpretierten die Wahlergebnisse vom Grundsatz her als Votum für die Perestroika. Sie leugneten auch, dass die Niederlage vieler konservativer Parteikandidaten eine Folge der diabolischen Machenschaften der Medien sei. Trotzdem argumentierten sie mit schlechtem Gewissen. Einerseits wurden bei diesem Urnengang nicht nur die Kader der «Stagnation», sondern teilweise bereits die Repräsentanten der Perestroika abgewählt. Selbst die dem Plenum des Zentralkomitees vorgelegte Privilegiertenliste, also die Liste der hundert kommunistischen Deputierten, die in jedem Fall gewählt werden mussten, sorgte für mancherlei Überraschungen: Von den 641 Stimmberechtigten hatten 78 gegen den konservativen Ligatschow votiert, und

Der Kreml-Kongresspalast: Hier fand der erste Kongress der Volksdeputierten 1989 statt

der Radikalreformer Jakowlew hatte 59 Neinstimmen erhalten. Das beste Ergebnis hatte Ministerpräsident Ryschkow mit nur zehn Gegenstimmen, und auch Gorbatschow kam gut weg – nur zwölf ZK-Mitglieder wollten ihn nicht auf der Hunderterliste sehen. Andererseits aber zeigte sich in dem ruhmlosen Abgang vieler alter Funktionäre der allgemeine Vertrauensschwund, der vor allem durch wachsende Versorgungsprobleme und die sichtbare Verschlechterung der Lebensbedingungen ausgelöst worden war. Für die direkt Betroffenen, die nunmehr allein von der Gunst der Partei abhängige Nomenklatura, kam mit dieser ersten, fast freien, beinahe demokratischen Wahl die Frage von Sein oder Nichtsein auf. Dies begriffen sie bereits am Tag der Eröffnung des Kongresses der Volksdeputierten im Kreml am 25. Mai, obwohl ihr oberster Vorgesetzter versuchte, ihnen den Rutsch in die Demokratie zu erleichtern. Georgij Schachnasarow benannte die Doppeldeutigkeit der Situation für jene herrschende Klasse, der er selbst seit Jahrzehnten angehörte:

Zwar setzte man die Mitglieder des Politbüros zum ersten Mal in der sowjetischen Geschichte nicht in das Präsidium auf der großen Bühne des Kongresspalastes, wo sie, wie es üblich war, mit stehendem, stürmischem Applaus begrüßt worden wären. Vielmehr mussten sie sich mit der bescheidenen rechten Tribüne zufriedengeben oder gar im Saal un-

ter den «gewöhnlichen» Deputierten Platz nehmen. Dafür konnten sie sich aber während der Tagungspausen in dem an die Bühne anschließenden bequem eingerichteten Raum versammeln, um ihre Meinungen über den Verlauf des Kongresses auszutauschen, sich zu erholen und zu erfrischen. Das Buffet der Mitglieder des Präsidiums befand sich eine Etage tiefer und war bescheidener, zweitklassig ausgestattet. Die großen schwarzen ZILs (Staatslimousinen) rollten nach wie vor zu dem für das Publikum verschlossenen Seiteneingang wie in den guten alten Zeiten. Vielleicht riskierte Gorbatschow es nicht oder schämte sich nur, seinen Kollegen zu sagen, dass es höchste Zeit wäre, sich zum Volk herabzulassen.

Schachnasarow sagte kein Wort über das dritte Buffet, das im Foyer des Erdgeschosses Tausenden von einfachen Deputierten vorbehalten war. Diese Funktionäre stellten die damals so genannte aggressiv-gehorsame Mehrheit, die bereit war, jeden parteioffiziellen Antrag abzustimmen und etwaige kritische Reden mit Zwischenrufen zu quittieren. Es störte sie nicht so sehr die Tatsache, dass sie in diesem an Erfolgsmeldungen gewöhnten Saal manch unangenehmen Satz hören mussten, der früher höchstens im Samisdat zu lesen war, sondern vielmehr die Möglichkeit, plötzlich einem bislang unbekannten Element, der diesmal realen Volksmacht, wehrlos ausgeliefert zu sein. Je mehr die «Avantgarde der Arbeiterklasse» an realer Kraft und Ansehen verlor, desto mehr fühlten sich ihre hauptberuflichen Kader abhängig von der lächelnden Sphinx mit dem Feuermal, von dem verhassten, aber gefürchteten weichen Diktator an ihrer Spitze. Die Jüngeren konnten wenigstens aufgrund des Gesetzes «über die wirtschaftliche Tätigkeit des Komsomol» versuchen, ins Management zu wechseln, aber den Älteren blieb nichts anderes übrig als die zähneknirschende Anpassung an die Generallinie. Der Generalsekretär wiederum war gefangen zwischen seiner Partei und der winzigen parlamentarischen Opposition, die am letzten Sitzungstag des Kongresses als «Interregionale Gruppe» um Sacharow und Jelzin gebildet worden war. Allerdings hielt das historische Jahr 1989 für den Schöpfer der spätsowjetischen Demokratie noch eine weitere, nicht nur russische Agenda bereit.

Weg von den Satelliten

Der Berater Schachnasarow registrierte bereits 1986 eine gewisse Änderung der protokollarischen Formalitäten bei jeder sowjetischen Visite in den Bruderstaaten. *Damals entstand ein Ritual dieser Reisen, das sich von dem Breschnew'schen unterschied. Obwohl die «Ouvertüre» der Verabschiedung des Leaders scheinbar nach demselben Schema vor sich ging, konnte das erfahrene Auge eines Sowjetologen manche Nuance bemerken. Zum Beispiel nahm man nicht alle Mitglieder des Politbüros mit, und was die Hauptsache war – man kam ohne Umarmungen und Küsse, mit einfachem Händedruck aus.*

An zeitgenössischen Fotos lässt sich belegen, dass die Abschaffung der allzu körperlich werdenden Brüderlichkeit, dieser für Kameraleute und Fotografen so verlockende Moment, nicht ohne Schwierigkeiten vor sich ging. Erich Honecker hing geradezu an der grotesken politischen Intimität und hätte die Verweigerung des Kusses nicht ohne Grund als Zeichen der Abkühlung der exklusiven Beziehungen wahrgenommen.

Gorbatschows Biograf Andrej Gratschow ist der Meinung, dass der Wunsch nach militärischer Nichteinmischung bereits in der Zeit der Stagnation heranreifte, als Michail Gorbatschow noch in der großen Politik so gut wie nichts zu sagen hatte. Im Herbst 1980, als der Kreml bereits in die afghanische Falle gegangen war und das polnische System dem enormen Druck der Solidarność zunächst nachgab, war man sich wenigstens im «Nussbaumzimmer» darüber einig, dass eine erneute sowjetische Invasion an der Weichsel, die Eröffnung einer zweiten Front neben dem Hindukusch, so gut wie undenkbar war. Daher mahnte Leonid Breschnew den polnischen Parteichef Stanisław Kania: *Ihr müsst mit eurer Konterrevolution selbst fertig werden. Wir marschieren nicht mit Truppen ein.* Und obwohl er etwas inkonsequent hinzufügte: *Wenn es aber sein muss, marschieren wir auch ein*, blieb es eine Tatsache, dass General Jaruzelski, Kanias Nachfolger, mit der Verhängung des Ausnahmezustands vom Dezember 1981 sowohl der UdSSR als auch seinem Volkspolen, vielleicht aber auch ganz Europa einiges erspart hatte.

Es ging bereits damals nicht nur darum, im Fall der Fälle Panzer als Revolutions-Exportartikel zu liefern, sondern um die Garantie der

Funktionsfähigkeit der Systeme, die nach dem Zweiten Weltkrieg von der UdSSR als roter Gürtel an den Grenzen zum kapitalistisch-imperialistischen Umfeld errichtet worden waren. In den Sechzigerjahren kam noch Kuba dazu, das wie eine schwimmende Festung des Kommunismus in 120 Kilometer Entfernung vor den Küsten der USA Washingtons ruhigen Schlaf störte. Das Anliegen, aus der gefürchteten Isolation herauszukommen, ließ sich die führende sozialistische Macht einiges kosten und duldete deshalb keine Abweichung der Verbündeten von der gemeinsamen Linie. Neben der Drohung mit Panzern erwies sich der Erdölhahn als effektives Druckmittel auf die Bruderstaaten – die Sanktionierung ketzerischer Äußerungen oder diplomatischen Fremdgehens durch Einschränkung der Energieversorgung. Aufgrund der in den meisten kleinen Ländern herrschenden Rohstoffarmut und des chronischen Devisenmangels reagierten diese auf jede Kürzung der sowjetischen Lieferungen sehr empfindlich. Und da die Ressourcen der UdSSR bereits in den späten Siebzigerjahren fast erschöpft waren, tolerierte die Supermacht die Kreditaufnahmen ihrer Satellitenstaaten beim Klassenfeind, obwohl dies auch ohne direkte Absicht der Geberländer eine gewisse politische Abhängigkeit nach sich zog. Im Jahr von Gorbatschows Amtsantritt betrugen die roten Zahlen der Mitgliedstaaten des Warschauer Paktes insgesamt 80 Milliarden Dollar – Polen und Ungarn waren die Spitzenreiter. Mit ebenso vielen Milliarden, wenn auch in Rubeln, standen die mehr oder weniger treuen Verbündeten beim Kreml in der Kreide.

So kann es nicht weitergehen, donnerte Gorbatschow gleich nach der Wahl zum Generalsekretär. *Wir zerreißen uns einfach. In den Beziehungen zu den sozialistischen Staaten müssen wir zum gegenseitigen Interesse übergehen. Außerdem müssen wir keine Verantwortung für die weitere Entwicklung ihrer inneren Lage auf uns nehmen.* Diese Worte fehlen im Protokoll des Politbüros – wahrscheinlich fielen sie nicht im Sitzungssaal, sondern im eher für Informelles vorbehaltenen Nussbaumzimmer. Ähnliches verzeichnete aber auch der damalige Leiter der internationalen Abteilung des ZK, Wadim Medwedew, im Oktober 1985 von einer streng vertraulichen Beratung mit den Parteichefs des Warschauer Paktes in Sofia: *Wir behandeln die Probleme der sozialistischen Ländern wie unsere eigenen, haben aber das Recht auf eine ähnliche Bereitschaft von ihrer Seite.*

Die Verarmung und Verschuldung der Bruderländer seit den späten Siebzigerjahren war ein offenes Geheimnis, ebenso wie die sowjetische Komponente dieses Prozesses, nämlich die stockende Erfüllung der ökonomischen Verpflichtungen ihnen gegenüber. Nun wurden alle unangenehmen Fragen während der Arbeitstreffen und Tagungen des RGW sowie der informellen Beratungen der ZK-Sekretäre thematisiert, wobei die ökonomischen Debatten immer wieder ins Politische übergingen. Das Ergebnis war eine wachsende Zurückhaltung gegenüber der neuen Generallinie der KPdSU seitens der Ostblockfunktionäre, die bis dahin kaum offene Kritik gewagt hatten.

In den letzten Monaten 1986, während eines Treffens in Moskau, registrierten die Sowjets bereits die Reaktionen ihrer Partner. *Die Distanzierung von uns merkt man bei Honecker, Kádár und Schiwkow. Mit Honecker haben wir Meinungsverschiedenheiten in Bezug auf den Überbau, die immer freier werdende Presse und Literatur der Sowjetunion. Er ist unzufrieden mit unserem Vorgehen gegenüber Sacharow. Kádár und Honecker glauben nicht, dass bei uns der Prozess nicht mehr rückgängig zu machen wäre. Husák streut Komplimente, tritt jedoch gegen alles Neue bei sich zu Hause auf. Schiwkow sagt: Euer Chruschtschow hat mit seinen Reformen* den Volksaufstand *1956 in Ungarn ausgelöst. Und jetzt soll angeblich Gorbatschow die sozialistische Gemeinschaft destabilisieren.*

Selbst mit Kádár war der Chef unzufrieden, obwohl er den ungarischen Parteiführer als einen «weisen und flexiblen Politiker» lobte: *Allerdings hat er wenig Vorstellungen darüber, was ihn in seiner Heimat erwartet. Ich habe ihm gesagt: Die USA hat Ihnen doch den Vorschlag gemacht: Brecht mit der Sowjetunion, und wir retten euch! Darauf spielte ich an, als ich sagte: Es reicht aus, gleichzeitig auf zwei Stühlen zu sitzen.*

Am meisten ärgerte sich Gorbatschow über den rumänischen Diktator Nicolae Ceauşescu: *Er ist schlechter als je. (...) Er redete viel Überflüssiges, mit viel Demagogie. Zum Beispiel: «Über die Perestroika muss man in taktischer Hinsicht sprechen, während unsere Strategie zum Kommunismus führt!» Er warf sogar einen Schatten auf die Perestroika: «Was ist hier», fragte er, «eigentlich umzubauen? In Rumänien hat man schon lange umgebaut!» Gebt ihm gleich einen Orden für die Demokratie, während in seinem Lande eine Diktatur von lauter Ceauşescus herrscht! Er ist für einen Sozialismus mit Erbrecht, für einen dynastischen Sozialismus.*

Unabhängig von seinen Sympathien oder Antipathien beschloss Gorbatschow, dabei zu bleiben, keine neue Breschnew-Doktrin, diesmal mit umgekehrtem Vorzeichen, auf autoritär geführte Bruderländer anzuwenden, um seine demokratischen Prinzipien durchzusetzen. Er hoffte auf die verlockende Wirkung der Perestroika in der Öffentlichkeit der Warschauer-Pakt-Staaten, andererseits sahen er und noch mehr sein gewaltiger KGB-Apparat trotz aller erklärten «Nichteinmischung» den Ereignissen in der Nachbarschaft keineswegs tatenlos zu. In einigen Fällen ging er so weit, dass er bei der Schwächung und dem Sturz seiner von ihm als perestroikauntauglich eingestuften hochrangigen Verbündeten mitwirkte. Im Umfeld der Ostblockführer suchte er eifrig nach potenziellen Thronfolgern für die Machthaber, die von Breschnew oder gar Chruschtschow seinerzeit eingesetzt worden waren. Dabei machte er seinen persönlichen Einfluss geltend, bediente sich aber auch süffisanterer, zum Beispiel geheimdienstlicher Methoden.

Denkzettel für Prag

Bei seinen Visiten im In- und Ausland suchte Gorbatschow, umringt von Sicherheitsleuten, den «Kontakt mit der Straße», um seine persönliche Wirkung zu erhöhen – gewiss auch aufgrund seiner persönlichen Eitelkeit. Diese den erstarrten Protokollmöglichkeiten des Ostblocks widersprechende Methode wollte er nach Leningrad und den baltischen Hauptstädten auch in Prag ausprobieren. Kurz zuvor hatte man ihm berichtet, dass in der Moldaustadt illegale Karikaturen an die Hauswände geklebt worden seien, auf denen Husák und andere Führer der tschechoslowakischen KP zu sehen waren mit dem Text: «*Sie alle hätten von Mischa was verdient*», nämlich eine ordentliche Tracht Prügel. Mit diesem ihm schmeichelhaft erscheinenden Nimbus fuhr er im April 1987 in die ČSSR und badete in Popularität: *Eine schwindelerregende Verbrüderung kam zustande. Man rief mir zu: Bleiben Sie mindestens für ein Jahr bei uns! (...) Es war immer heikel, wenn ich in der Öffentlichkeit erschien. Die Menschen skandierten: «Gorbatschow! Gorbatschow!» Husák steht neben mir, als wäre er abwesend. Ich versuchte ihn nach vorne zu drängen, indem ich die ganze Zeit wiederholte: «Ich und*

Genosse Husák ...» Aber das wurde von niemandem angenommen. Dabei musste Gorbatschow klar sein, dass die Leute Husák vor allem als Mann der Invasoren vom August 1968 sahen, während der Repräsentant des Staates, der seinerzeit die Invasion angeordnet hatte, wie ein verspäteter sowjetischer Alexander Dubček auf dem Wenzelsplatz spazieren ging.

Der ebenfalls anwesende Wadim Medwedew, der soeben begonnen hatte, die Kontakte zu den sozialistischen Staaten zu sanieren, war schwer beeindruckt: *Dies war etwas Fantastisches. Wie die tschechoslowakischen Freunde uns später sagten, war seit langen Jahren zum ersten Mal die Organisationsarbeit der Partei mit den spontanen Äußerungen der Gefühle des Volkes zusammengeflossen.* Wären die tschechoslowakischen Genossen ehrlich gewesen, was ihnen aus naheliegenden Gründen nicht möglich war, dann hätten sie den Zeitpunkt genauer benennen können: Diese so lange vermisste Harmonie hatte es im Frühjahr und Sommer 1968 gegeben, bevor in Prag die Panzer auf den Straßen rollten. Die Manifestation der Begeisterung für Gorbatschow, so erzählt der entzückte Medwedew, *war gleichzeitig die offene Bejahung dessen, was bei uns im Lande geschehen ist und Ausdruck der Unzufriedenheit mit der Führung des eigenen Landes, der leidenschaftliche Wunsch, dass die Tschechoslowakei aus der eigenen sozialen und politischen Stagnation herauskommt. (...) Husák hatte irgendwie ein verlorenes Gesicht, und obwohl ihn Gorbatschow mit allen Mitteln ins Gespräch mit dem Volk einbeziehen wollte, (...) nichts half: Das Volk verhielt sich so, als würde es seinen eigenen Führer gar nicht bemerken.*

Husák zog sehr bald die Konsequenzen. Während der Feierlichkeiten zum Jahrestag der Oktoberrevolution erfreute er Gorbatschow mit der Nachricht, dass auf dem bevorstehenden Dezemberplenum seiner Partei die Grundsätze der Perestroika erörtert werden sollten und dass er selbst eine Entscheidung in Bezug auf seine eigene politische Zukunft erwäge. Der Vater der Perestroika hütete sich, die zu erwartenden personellen Neubesetzungen zu kommentieren, sondern sagte nur auf seine freundlich-rätselhafte Art: *Niemand außer dem Genossen Husák kann besser den Augenblick erspüren, in dem diese Frage vom Standpunkt der Interessen des Landes sowie der eigenen persönlichen Interessen gelöst werden kann.* Am 17. Dezember überließ Husák «aufgrund von Alters- und Gesundheitsproblemen» die Parteigeschäfte seinem Stellvertreter Miloš Jakeš. Das Amt des Staatspräsidenten blieb ihm aus Gründen der Pietät erhalten. Es folgten weitere Wachablösungen, aber das Reformwerk bewegte sich bis zum Spätherbst 1989 keinen Millimeter weiter. Dazu hätte man auch andere Namen gebraucht, vor allem den von Alexander Dubček, dessen Prager Frühling jedoch aus sowjetischer Sicht immer noch als Konterrevolution galt. Gorbatschow selbst war, so sagt er in seinen Erinnerungen, damals bereits anderer Meinung, ebenso wie er auch den ungarischen Volksaufstand nicht mehr so pauschal verurteilte wie seine Vorläufer. Darüber sprach er aber nicht offen, um den alten Herren an der Moldau und der Donau *keine zusätzlichen Schwierigkeiten zu bereiten.*

Das Desaster von Bukarest

Es war keine besondere Kunst, dem grauen, nicht besonders machthungrigen Husák die Show zu stehlen. Weit weniger triumphal verlief Gorbatschows Fahrt nach Bukarest im Mai 1987, die er gemeinsam mit Raissa Maximowna unternahm. Er selbst berichtete dem Politbüro davon in emotional gefärbten Tönen. Das war kein Wunder, hatte doch bereits seine erste Begegnung mit dem Conducator nach Tschernenkos Beerdigung bleibende Antipathien in ihm hervorgerufen. Er stellte damals die Frage, um wie viele Jahre der Warschauer Pakt nach seinem Auslaufen verlängert werden sollte. *Als ich mich an Ceauşescu wandte, verhielt er sich ausweichend… Er hätte sehr entschieden antworten müssen, dass wir alle in der Frage der Unterzeichnung des Protokolls zur Fortsetzung des Warschauer Pakt einig seien (…) Ceauşescu schluckte die Worte hinunter und sagte nichts.*

Diese beiden Menschen passten auch rein physiognomisch nicht zueinander: Das großflächige, runde Gesicht des Sowjetfunktionärs mit den weit geöffneten Augen und dem selbst bei ernsthaftem Ausdruck kaum versteckten schlauen Lächeln war wie ein Antipode der hageren Züge des rumänischen Diktators mit engen Augenschlitzen und saurem Lächeln. Die atmosphärischen Störungen waren von Anfang an da. Sie schlugen sich, wie dies oft der Fall ist, auch im Protokoll des Gorbatschow-Besuchs in Bukarest nieder.

Erstens hatte Gorbatschow aus Sicherheitsgründen sein eigenes Auto aus Moskau mitgebracht, was Ceauşescu als Affront empfand. Zweitens erschien dessen Ehefrau Elena nicht am Flughafen Otopeni, was einer Beleidigung der sowjetischen First Lady gleichkam. Um die Spannung ein wenig abzuschwächen, schlug das Außenministerium dem Bukarester Bürgermeister vor, beim Empfang im Rathaus die Auflistung von Elenas sämtlichen Titeln – Mitglied des ZK, des Staatsrats, Vorsitzende der Akademie der Wissenschaften, Professorin etc. – wegzulassen, damit Raissa Maximowna nicht zu kurz käme. Allerdings wagte der erste Mann der Stadt nicht, die «Mutter der Nation», auch dies ein offizieller Titel, um ihre schöne Ehrenliste zu berauben. Während des üblichen Damenprogramms, des Besuchs einer Trikotagenfabrik und des Pionierpalastes, kamen die beiden Frauen sich auch nicht näher. Raissa wusste aus der russischen und sowjetischen Tradition nur allzu gut, was Potemkinsche Dörfer sind, und hörte die üblichen Propagandafloskeln aus dem Mund der knochentrockenen Funktionärsfrau mit steinernem Gesicht an.

Der Männerteil des Programms war ebenfalls wenig ermunternd und stand im Zeichen der Lügenmärchen. Gorbatschow hatte keine Möglichkeit, mit seinem persönlichen Charme auch die Bukarester zu entzücken. So erzählte er es im Nachhinein dem Politbüro: *Als Ceauşescu und ich an das Publikum herantraten, reagierten die Leute wie ein aufgezogener Leierkasten: «Ceauşescu-Gorbatschow! Ceauşescu-Frieden!» Ich kam ihnen näher und fragte sie: «Kennt ihr auch irgendwelche anderen Wörter?» Später stellte sich heraus, dass diese Schreier in einem Autobus speziell herangefahren worden waren. So etwas hinterlässt einen quälenden Eindruck! Wie kann man das Volk so erniedrigen? (...) Man stellt sich die Frage: War es überhaupt notwendig, diese Reise zu unternehmen?* Das beruhigende Fazit: *«Ich glaube, gerade in dieser Situation war es notwendig.»* Ein besonderes sowjetisches Paradoxon bestand darin, dass zu diesem Anlass der Vater des «Neuen Denkens» dem von ihm verachteten Conducator den Leninorden überreichte.

Der frisch gebackene Träger des Leninordens musste sich begleitend allerdings einiges anhören. Nach dem Besuch eines Lebensmittelmarktes, den man extra zu diesem Anlass mit Waren vollgestopft hatte, meldete der sowjetische Parteichef seine Skepsis in Bezug auf die wirkliche Versorgungslage an. Der Conducator war außerdem darüber empört, was sein sowjetischer Kollege in einem Betrieb über Glasnost in der UdSSR sagte. Als es zum letzten Programmpunkt kam, einem traulichen

Abendessen, bei dem nur noch die Dolmetscher anwesend waren, war Gorbatschow bereits außer sich. Raissa versuchte ihn zu beruhigen: *Reg dich nicht auf, Michail Sergejewitsch, du weißt doch, mit wem wir es zu tun haben!* Gewiss meldete der Dolmetscher des Conducators diese Äußerung im Nachhinein seinem Chef. Während des Essens griff der Gastgeber die zu scharfe Stalin-Kritik in der Sowjetunion an, während Elena und Raissa heftig über die Frage aneinandergerieten, in welchem der beiden Länder die Leute besser lebten.

Niemand in der Politik, auch nicht der Präsident der USA, kann seine Verbündeten frei wählen. So war auch Gorbatschow aufgrund seiner «Neutralität» noch mehr als zwei Jahre lang gezwungen, die aggressiven Frechheiten dieses «Bruders» zu ertragen und ihm noch Erdöl und andere Brennstoffe zu liefern. Ganz ohne Höflichkeiten verlief vielleicht nur ihr letztes Treffen am 4. Dezember 1989, als Ceaușescu bereits der letzte noch an der Macht festhaltende Staats- und Parteichef des Ostblocks war. Er kam, um Gorbatschow des Verrats zu bezichtigen. Über die Debatte wurde kein Protokoll erstellt und auch wenig in Erfahrung gebracht, denn, so berichtete der sowjetische Diplomat Walerij Mussatow, *die beiden schrien einander so laut an, dass die Leibwächter ab und zu besorgt die Tür öffneten*. Dann warf der Conductor eine Flasche Champagner zu Boden, schlug die Tür hinter sich zu und eilte davon. Er ließ sich nicht einmal zum Flughafen Wnukowo eskortieren. Gorbatschow sagte im Freundeskreis achselzuckend: *Nicolae wird schlimm enden...* Genau drei Wochen später, am 25. Dezember 1989, wurde er von einem selbst ernannten rumänischen Militärgericht zum Tode verurteilt und sofort erschossen. Gorbatschow gratulierte telegrafisch dem Nachfolger Ion Iliescu. An der sowjetisch-rumänischen Grenze stellte man Lazarette zur Versorgung der Verwundeten aus dem Nachbarland bereit, und schon am 26. Dezember kamen die ersten elf Waggons mit Hilfslieferungen aus der Sowjetunion in Rumänien an.

Kádárs Sturz

Das wichtigste Spannungselement zwischen dem neuen sowjetischen Parteichef und seinen osteuropäischen Partnern war die Differenz im Lebensalter. Durchschnittlich ging es um zwanzig Jahre Unterschied und die damit verbundenen Erfahrungen. Honecker, Husák, Kádár und Schiwkow waren im Schatten von halbgottähnlichen Statthaltern Stalins aufgewachsen. Die Kaprizen von älteren Kremlherren waren sie gewohnt, und in Gorbatschow sahen sie bestenfalls einen naiven Jüngling, der keine blasse Ahnung vom wahren Klassenkampf hat. Auch János Kádár, der reformfreudigste und flexibelste unter den Ostblockführern, fühlte sich besonders wenig mit dem Neuen verwandt. Der gelernte Schreibmaschinenmechaniker war ein puritanischer Geist, der zu Hause keinen Fernseher hatte und sein Abendessen am liebsten in der Küche verzehrte, wo er den Paprikaspeck mit einem Taschenmesser aufschnitt. Es war ihm zuwider, wie sein sowjetischer Gegenpart, mit seinen Ideen Erfolg heischend, wie auf einer Konzerttournee die große weite Welt bereiste. Jenseits des Pomps sah er in dieser Politik bloß konzeptionsloses Improvisieren. Eigentlich wusste er nicht, was für ihn bedrohlicher war: ein Scheitern der Perestroika in Moskau am konservativen Widerstand, was auch seinen Spielraum erheblich eingeengt hätte, oder ein Triumph der Glasnost in den von ihm misstrauisch beäugten Budapester Medien. Auf der Suche nach «weißen Flecken der Geschichte» würden sie früher oder später seine Person und Politik entdecken. Zwar hielt er den sowjetischen Führer für *einen sympathischen Menschen*, fand es aber dennoch schlecht, dass dieser *oberflächlich ist und nichts bis zu Ende denkt.* Die immer böser werdenden Vorahnungen teilte er mit ganz wenigen, so mit dem Ministerpräsidenten Károly Grósz: *Mein Alter,* sagte er zu ihm, *Gorbatschow wird die Sowjetunion verlieren. Nicht er führt, sondern er wird geführt. Er lässt sich von den Ereignissen treiben. Er verschleudert das Land, ohne etwas dafür zu bekommen.*

Diese prophetischen Worte gelangten ziemlich schnell an die Adresse des solcherart schlecht Beredeten – in den verbrüderten Parteien mangelte es nie an Zuträgern. Auch Gorbatschow hatte einiges an Kádár auszusetzen und wusste, dass er in dessen Umfeld genug Menschen finden würde, die kritisch über den Parteichef dachten. Am 17. März 1988 behauptete Kádár bei einem Arbeitsgespräch mit den leitenden Kadern der Industriebetriebe: *In Ungarn gibt es in keinem Sinne eine Krise. Wir haben große und schwierige Probleme und müssen große und schwierige Aufgaben mit konsequenter, hartnäckiger Arbeit und Erneuerung unseres Methoden und unseres Stils lösen.* Erstaunlich kurz nach diesem hurraoptimistischen Statement machte Medwedew aufgrund einiger *aus Ungarn über verschiedene Kanäle eingetroffenen Informationen* direkt seinem obersten Chef Meldung. Die nicht genannten, offensichtlich hochrangigen Informanten stellten dem Mann, der 32 Jahre lang unumstrittener Herrscher der Volksrepublik gewesen war, eine vernichtende politische Diagnose: *Der ungarische Führer empfindet nicht mehr die in der Stimmung der Gesellschaft und der Partei entstehenden Veränderungen. Seine Reden strotzen nur so von Gemeinplätzen, seine Gesprächspartner sagen, dass sie von dem Ersten Sekretär nichts Neues zu hören bekommen, dass er außerstande ist, die Politik der Partei zu erneuern, was zuzugeben er sich jedoch weigert.* Medwedews Vorschlag an Gorbatschow: *Über zuverlässige Kanäle könnte man Kádár die Auffassung vermitteln, dass diese Situation nichts Gutes verspricht, auch ihm persönlich nicht. Gleichzeitig müsste in akzeptabler Form geäußert werden, dass wir dem Genossen Grósz und einigen anderen ungarischen Führern politische Unterstützung gewähren.*

An der Donau wurde das Drehbuch wiederholt, dessen Erprobung bereits an der Moldau erfolgreich gewesen war. Im Mai 1988, am Vorabend der Landeskonferenz der Ungarischen Sozialistischen Arbeiterpartei, landete ein Militärflugzeug mit KGB-Chef Wladimir Krjutschkow an Bord. Der Geheimemissär, der in den Oktobertagen 1956 als Botschaftssekretär neben Jurij Andropow gearbeitet hatte und János Kádár persönlich kannte, war gekommen, um dem ungarischen Parteichef politische Sterbehilfe zu leisten. Obwohl die Parteikonferenz die bittere Pille der «freiwilligen» Abdankung Kádárs durch dessen einstimmige Wahl zum Ehrenvorsitzenden zu versüßen suchte – also die schmerzstillende Variante aus Prag anwendete –, brauchte Kádár weitere psychologische Unterstützung, um den Machtverlust zu ertragen. Michail Gorbatschow, eigentlicher Vater der Idee einer Wachablösung in Budapest, führte mit dem Gestürzten ein Telefongespräch, in dem bei aller Peinlichkeit ein Funke von politischer Kultur aufblitzte, wie sie in den sozialistischen Verwandtschaftsbeziehungen bisher unbekannt war.

GORBATSCHOW *(...) Ich verstehe, dass Ihnen Ihre Entscheidung nicht leicht fiel. Wahrscheinlich gingen ihr schwere Überlegungen voraus. Diese Tatsache zeugt von der politischen Weisheit von Ungarns Führer, meines Freundes János Kádár. Hauptsache, dass dabei die Interessen des Landes und der*

Partei berücksichtigt wurden. Ich sage ehrlich, dass ich keine andere Entscheidung erwartet habe.
KÁDÁR *Ich habe lange überlegt.*
GORBATSCHOW *Es ist selbstverständlich, dass damit unsere gemeinsame Sache nicht beendet ist. Auch unsere politischen und menschlichen Beziehungen bleiben erhalten. Ich möchte es sehr. Ich freue mich, Sie in Zukunft wieder zu sehen und mit Ihnen Meinungen auszutauschen.*
KÁDÁR *Danke. Ihre Worte haben mich bewegt.*
GORBATSCHOW *Einige Worte über unsere Angelegenheiten. (...) Die Partei und unser Land befinden sich in Bewegung. Wir leben in schwierigen, aber großartigen Zeiten: Wir müssen der Perestroika zum Gelingen verhelfen. (...) Ich freue mich über das Gespräch mit Ihnen. Ich umarme Sie innig und wünsche Ihnen Erfolg und gute Gesundheit.*
KÁDÁR *Ich danke für dieses mir und meinen Genossen so wichtige Gespräch. Ich wünsche Ihnen alles Gute. Nehmen Sie meinen warmen Händedruck. Bitte richten Sie auch Raissa Maximowna meinen Gruß aus!*

Nichteinmischung als Einmischung

Der rumänische Diktator befand sich eindeutig am negativen Rand der Skala von Gorbatschows Vorlieben, und im Nachhinein kann man mit Sicherheit behaupten, dass General Wojciech Jaruzelski der einzige Ostblockführer war, mit dem ihn ein freundschaftliches Verhältnis verband. Dies hatte einerseits biografische Gründe: Der junge Offizier aus dem polnischen Kleinadel war zusammen mit seinem Vater 1940 nach Sibirien zur Zwangsarbeit deportiert worden und galt durch dieses Leid, das er mit vielen Sowjetmenschen teilte, fast als Ehrenrusse. Im engeren Kreis nannte man ihn auch auf russische Art «Wojciech Wladislawowitsch». Der wichtigere Grund für die Nähe der beiden Politiker lag aber in der Tatsache, dass der General im Unterschied zu den anderen Ostblockführern in Gorbatschows Perestroika die Chance erblickte, die durch den Ausnahmezustand 1981 verdrängten Probleme zumindest abschwächen zu können.

Daher handelte er in einer gewissen Parallelität zu Moskau und hatte fast keine Illusionen, was die Rettung des Sozialismus als sozioökonomische Formation betraf. Perestroika, Glasnost und «Neues Denken» übersetzte er einfach in Reform, Öffnung und Dialog mit den bisher ausgegrenzten, aber politisch relevanten Kreisen der Gesellschaft. Auch bezogen sich die Hoffnungen der polnischen Gesellschaft nicht auf irgendwelche ideologischen Traumbilder von einem dritten Weg, sondern einfach auf Unabhängigkeit und Rückkehr zur parlamentarischen Demokratie. Die Möglichkeit, trotz aller tragischen Erfahrungen zueinander zu finden, hing auch mit der Art des Militärputsches vom Dezember 1981 zusammen. Schließlich war dieser rabiate Schritt eine innere Angelegenheit gewesen – Bilder von sowjetischen Panzern, wie in Budapest 1956 oder Prag 1968, belasteten die Machthaber zu keiner Zeit. Vielmehr hatten sie den Ausnahmezustand als «polnische Lösung» verkauft, durch die sie angeblich einem sowjetischen Einmarsch bewusst vorbeugen wollten. Mag sein, dass dies nur eine Ausrede war, aber weder Kádár noch Husák hatten die Möglichkeit, sich eines solchen Arguments zu bedienen.

Dementsprechend verlief Gorbatschows Warschau-Besuch im Juli 1988 in einer relativ erwartungsvollen, aber vorsichtigen Atmosphäre. Die gemütliche Seite schilderte der polnische Ministerpräsident Mieczysław Rakowski: *In der Jezuickastraße bemerkte Gorbatschow ein Café und bekam plötzlich Lust, einen Kaffee zu trinken. Wir setzten uns an einen Tisch, die reichlich überraschten Bodyguards an einen anderen. (...) Als der Kaffee serviert war, wollte Gorbatschow Sahne dazu. Die war auch vorrätig. Vom Café aus gingen wir zum Altmarkt. Eigens für Gorbatschow spielte dort die Straßenkapelle «Sto lat» den damals berühmten Schlager von Andrziej Rosiewicz «Der Frühling kommt von Osten» mit dem gezielten Refrain «Michail, Michail!». Gorbatschow war gerührt. Nun musste man etwas in den Hut werfen, doch weder er noch Raissa hatten Geld bei sich. Ich gab Frau Gorbatschowa also einen Fünfhunderter mit der Bemerkung, ich würde mich in Moskau melden.*

Weniger idyllisch waren die offenen Fragen, die bei den Gesprächen mit Intellektuellen auftauchten – vor allem die Frage nach den Tätern von Katyn, wo 1940 Tausende polnischer Offiziere auf Befehl der sowjetischen Staatssicherheit ermordet worden waren. Obwohl auf Jaruzelskis Bitte hin bereits 1987 eine sowjetisch-polnische historische Kommission gebildet worden war, erwies sich die Angelegenheit für Moskau als verfänglich. Ebenso heikel waren die gleichzeitigen Recherchen nach den Originalakten des Molotow-Ribbentrop-Paktes mit besonderem Bezug auf die Geheimklausel, die über das Schicksal Polens und der daran angrenzenden Regionen entschieden haben soll. Offensichtlich war dieser Problemkreis für den sowjetischen Parteichef vor allem im Hinblick auf eventuelle baltische Reaktionen noch eine zu heiße Kartoffel. Dabei erwarteten viele, unter ihnen auch Rakowski, dass er in seiner groß angekündigten Rede im Sejm mit der historischen Wahrheit herausrückte, was er zum großen Leidwesen der polnischen Führung nicht tat. Auf die insistierende Frage, warum diese Angelegenheit, in der es um die tiefe Kluft zwischen den beiden Völkern ging, nicht vorrangig behandelt würde, antwortete Gorbatschow im Oktober 1988, bereits als Staatschef: *Habt Geduld.* Jedenfalls wussten die Warschauer Machthaber bereits, dass sie nun freie Hand von Moskau bekämen, um den Dialog zwischen Regierung und Opposition mithilfe der katholischen Kirche und damit den ersten osteuropäischen Demokratisierungsprozess einzuleiten.

Im Gegensatz zu Polen hatte die offizielle ČSSR panische Angst vor Moskaus Passivität. Ebenso wie über dem Prager Frühling von Anfang an das Damoklesschwert der Invasion geschwebt hatte, so fühlten sich die «Normalisierer», die nach der Invasion an die Macht gekommen waren, nun von der Vorstellung bedroht, die Staaten des Warschauer Paktes könnten eventuell im Falle einer Wiederholung der «Konterrevolution» von 1968 *nicht* einmarschieren. Miloš Jakeš' Mannschaft wollte im Grunde nur minimale kosmetische Reformen betreiben und begann in ihrer Nervosität sogar die sowjetische Perestroika anzugreifen. Der Ideologiechef des Zentralkomitees, Jan Fojtík, stellte die rhetorische Frage: *Warum sollen wir aus kleinen Schwierigkeiten größere machen? Wenn jemand der Meinung ist, dass wir in einer Pfütze stehen – bedeutet dies vielleicht, dass wir in eine noch größere Pfütze steigen sollten?* Jakeš klammerte sich an seinen Glauben in die Segnungen der Lebensmittelversorgung: *Der Fleischkonsum in der Tschechoslowakei liegt bei 90 Kilogramm pro Einwohner und steigt ständig. Die Leute fressen in sich hinein, was geht, und verlangen immer mehr; zur Arbeit haben sie aber immer weniger Lust. De facto beträgt die Wochenarbeitszeit dreißig Stunden.* Selbst der als nüchtern geltende Spitzenfunktionär und spätere Regierungschef Ladislav Adamec war der Meinung, solange die Läden voller Waren seien, habe die Oppositionsbewegung Charta 77 so gut wie keine Chancen. Und doch gaben die tschechoslowakischen Machthaber nicht ganz die Hoffnung auf, dass der Große Bruder sie letztendlich nicht im Stich lassen würde. Dabei mehrten sich die Zeichen, dass Moskau an einem Weiterregieren der alten Garde kein Interesse mehr hatte. Medwedew, Jakowlew und der sowjetische Botschafter in Prag, Wiktor Lomakin, ermahnten einer nach dem anderen die tschechoslowakischen Kollegen, Lehren aus der polnischen, ungarischen und schließlich – denn nun war es bereits so weit – DDR-Krise zu ziehen und «in die sowjetische Pfütze zu steigen». Anders jedoch als in den erwähnten Ländern war es hier unmöglich, eine Perestroika-Mannschaft aufzubauen, und das war kein Wunder: Politische Reformen bedeuteten für die Herrscher an der Moldau die Rückkehr zu Dubček und jenem von ihnen für immer verdammten Frühling. Der sowjetische Parteichef wusste genau, dass eine Versöhnung zwischen den Erneuerern von 1968 und den «Männern des 21. August» unmöglich war. Trotz wiederholter Lippenbekenntnisse zugunsten der Jakeš-Männer sah er in ihnen nur arrogante, hasserfüllte Betonköpfe, wie er im engsten Genossenkreis Anfang Januar 1989 zugab: *Unsere Perestroika wird dort wild gehasst (...) von der gesamten Bande, die 1968 an die Macht kam und dann von Breschnew begünstigt wurde (...) Sie prophezeit unseren Untergang.* Hier war Moskaus Politik relativ einfach: Man informierte sich genauestens über die jeweilige Lage bei der lokalen KGB-Agentur, pflegte informelle Kontakte mit allen Strömungen der Partei und wartete ruhig auf das Ereignis, das zum Kollaps führen würde.

Die Erwartung der tschechoslowakischen KP-Elite, ausgerechnet von einem Menschen Hilfe zu bekommen, der in seinem eigenen Reformwerk unvergleichlich weiter ging, als dies der arme Alexander Dubček je zu träumen gewagt hätte, war von komischer Tragik. Fojtík muss etwas Böses geahnt haben, denn er versuchte bereits im Spätherbst 1989, mit Medwedew Tacheles zu reden. Schließlich waren sie ebenso wie Gorbatschow und Mlynář Kommilitonen, nur nicht an der Lomonossow-Universität, sondern an der Moskauer Parteihochschule «Akademie der Gesellschaftswissenschaften». So musste Medwedew doch ein Ohr für seinen ideologischen Sandkastenfreund haben, als dieser ihm seine Seele zu Füßen legte: *Was wollt ihr eigentlich von uns? Wollt ihr uns über Bord werfen? Wenn ja, dann sagt das gleich. Wir waren immer von irgendwem abhängig, unsere Souveränität ist ein relativer Begriff. Dreihundert Jahre gehörten wir zu den Habsburgern, zwanzig Jahre waren wir abhängig von Frankreich und England, und als uns unsere berühmten Alliierten im Stich ließen, nahmen uns die Deutschen ein. Nun waren wir vierzig Jahre lang unter euch, aber wenn ihr uns loswerden wollt, so reicht ein Wort. Nur könnt ihr sicher sein, dass wir dann mit der Krone des heiligen Wenzel zu den Westdeutschen gehen ...*

Mit dieser schwejkschen Tirade entpuppte sich die immer wieder beschworene Bündnistreue des tschechoslowakischen Regimes als eine der historischen Varianten des Ausgeliefertseins der Kleinen an die Großen. Der offizielle Slogan der Partei hieß jahrzehntelang: *Mit der Sowjetunion für ewige Zeiten und nicht anders!* Nun stellte sich heraus, dass die Steine nicht nur am Grund der Moldau wandern und dass die Zeiten eben alles andere als ewig sind.

Eher anekdotisch, aber für Gorbatschow nicht untypisch war in diesem Zusammenhang das eine Mal, als er für jemanden von den Politikern persönlich einspringen wollte. Bald nach dem Zusammenbruch der tschechoslowakischen Parteiherrschaft telefonierte der neue KP-Chef Karel Urbánek mit Alexandr Jakowlew, um die neue Lage zu besprechen. Zur selben Zeit hielt sich Gorbatschows Jugendfreund, der Exilpolitiker Zdeněk Mlynář, in Moskau auf. Offensichtlich im Auftrag des Generalsekretärs stellte Jakowlew die Frage, ob Mlynář in der jetzigen Situation eine Rolle in der ČSSR spielen könnte. Urbánek antwortete, als ginge es nicht um einen seit Jahrzehnten von der KPČ verleumdeten und verdammten Dissidenten. «Ja», sagte er mit kaum verhülltem Zynismus, Mlynář sei auf jedem parteilichen oder staatlichen Posten wünschenswert, und dies sei sogar die optimale Lösung in der jetzigen Situation. *Unter anderem auch als Präsident?*, hakte Jakowlew nach, was Urbánek wieder eifrig bejahte. Man suchte sehr nach authentischen Persönlichkeiten, aber die Zeit der Reformkommunisten war vorüber. Der Wenzelsplatz stellte die Forderung: «Havel na hrad – Havel auf die Burg!» Und Gorbatschow musste einsehen, dass Zdeněk Mlynář gegenüber diesem Idol, dem Schriftsteller und charismatischen Regimekritiker Václav Havel, keine Chance hatte.

Noch ein Dominostein: Bulgarien

Moskaus ältester und treuester Vasall Todor Schiwkow wurde beinahe operettenhaft gestürzt. Nachdem dieser kleinkarierte und primitive Bürokrat im Sommer 1989 unter dem Vorwand der Reisefreiheit 350 000 Angehörige der türkischen Minderheit aus dem Lande vertrieben hatte, fand sein Außenminister Petar Mladenow, selbst an der Sache mitschuldig, dass es nun reichte. Der Staatsstreich spielte sich bis dahin aber nur in seinem Kopf ab. Er brauchte dringend Gorbatschows «da», und sei es auch in Form eines stummen Kopfnickens. Bei einem Regierungsbesuch in Moskau behauptete er, bereits nach dem Verlassen des Verhandlungsraumes dort ein Buch vergessen zu haben, und kehrte in das Büro des Generalsekretärs zurück. Dort teilte er Gorbatschow den Plan einer Politbürositzung mit, auf der Schiwkow abdanken sollte. Unter den wenigen Eingeweihten befand sich der sowjetische Botschafter in Sofia und Gorbatschows Sicherheitsberater, Wiktor Scharapow, seines Zeichens Generalmajor des KGB. Scharapow besprach direkt mit Schiwkow dessen Rücktritt, sodass die kleine Palastrevolution kaum Zeit in Anspruch nahm. Der Betreffende zeigte sich sogar erleichtert über den reibungslosen Vorgang. «Wir bleiben Freunde», versicherte er den Putschisten und lud sie zu Kaffee, Wein, Whisky und Cognac in seinen Besprechungsraum ein. Vielleicht ohne es zu wissen, feierten sie in eine historische Nacht hinein, denn an diesem Donnerstag, dem 9. November 1989, fiel die Berliner Mauer.

Das deutsche Finale

Gorbatschows ehemals enger Mitarbeiter Walentin Falin, später dessen beinharter Gegner, erinnerte gerne daran, dass der Generalsekretär und Präsident in der deutschen Frage vom ursprünglichen Standpunkt aus eine Wende von 180 Grad vollzogen habe. *Er begann als überzeugter Verteidiger von «gesetzmäßigen Rechten und Interessen eines Volkes, das 27 Millionen Leben zum Zerschlagen des Faschismus hergegeben hatte».* Die Wahrheit dieser Behauptung wird zweifellos noch überzeugender, wenn wir hinzufügen, dass sie für die gesamte Nachkriegsgeneration sowjetischer Politiker typisch war, und auch die Westalliierten und späteren Gegenspieler der UdSSR sahen die Sache nicht anders. Der

Ostblock, erst recht «Mitteldeutschland» beziehungsweise die «SBZ», galt als Kriegstrophäe, und der sowjetische Gewinn am Helsinki-Abkommen der KSZE von 1975 war die Anerkennung der Unveränderlichkeit der europäischen Grenzen. Als Gegenleistung für die Bestätigung des Status quo zeigte sich Moskau bereit, einige unangenehme, wenn auch nicht hundertprozentig ernst gemeinte Forderungen in Bezug auf die Menschenrechte zu akzeptieren.

Formal gesehen verlief der Prozess der Perestroika-Auswirkungen in der DDR ähnlich wie in fast allen anderen Ostblockstaaten. Der Apparat wehrte sich gegen die Reformen, der Kreml bewegte öffentlich nicht einmal den kleinen Finger, um seine Linie durchzusetzen, und die politische Wende in der DDR verlief ohne direkte sowjetische Beteiligung. Allerdings entstand gleich nach dem Zusammenbruch des Honecker-Systems eine Frage, die in keinem anderen der ehemaligen Satellitenstaaten in dieser Form gestellt wurde: Hat die Wende eine Folge für die Staatlichkeit der DDR, oder zieht sie nur die bereits aus Polen und Ungarn bekannten, mehr oder weniger liberalen Veränderungen nach sich? In den Tagen der Revolutionseuphorie waren sehr viele Bürgerinnen und Bürger der Meinung, unter ihnen auch Regimegegner, dass eine demokratische, pluralistische DDR mit teilweise sozialistischen Zügen durchaus Bestand haben könnte. Erstaunlicherweise erwiesen sich in dieser Frage manche Spitzenkader weitsichtiger als sonst. So entstand zwischen Gorbatschow und Egon Krenz, dem neu ernannten Parteichef der SED, bei seinem Antrittsbesuch in Moskau am 1. November 1989 ein merkwürdiger Dialog.

GORBATSCHOW *Wir versuchen unsere Verpflichtungen gegenüber der DDR zu erfüllen. Unsere Rohstofflieferungen sind eine große Erleichterung für euch.*
KRENZ *Wir sind der Sowjetunion sehr dankbar für diese Lieferungen. (...) Wir gehen davon aus, dass die DDR ein Kind der Sowjetunion ist, jedoch müssen anständige Leute ihre Vaterschaft anerkennen oder wenigstens dem Kind seinen Vatersnamen belassen. Heiterkeit.*
GORBATSCHOW *Gestern hat Jakowlew Brzezinski empfangen, und die sind, wie ihr wisst, Köpfe mit «globalen Gehirnen». Nun sagte Brzezinski, wenn die Ereignisse heute eine Wende genommen hätten, die eine deutsche Vereinigung zur Realität machen würde, das wäre ein Ärgernis für vie-*

le. (...) Du musst wissen: Keine ernsthaften politischen Akteure, weder Thatcher noch Mitterrand, Andreotti oder Jaruzelski (...), streben nach Deutschlands Vereinigung. (...) So, ich wiederhole, am wichtigsten für uns ist es jetzt, dieselbe Linie in den deutschen Angelegenheiten weiterzuführen, wie wir dies bis heute mit Erfolg getan haben.

Laut Protokoll verlief übrigens das Gespräch der «globalen Gehirne», der Dialog über die DDR zwischen Alexandr Jakowlew, Vorsitzender der Kommission zur Rehabilitierung der Opfer politischer Repressionen, und dem amerikanisch-polnischen Politologen Zbigniew Brzezinski, etwas anders:

BRZEZINSKI *Ich weiß nicht, was geschieht, wenn die DDR aufhört zu existieren. Es wird ein einheitliches und starkes Deutschland geben.*
JAKOWLEW *Trotzdem werden wir dort unter keinen Umständen Truppen einmarschieren lassen.*
BRZEZINSKI *Ich glaube, das braucht man auch nicht. Es gibt immer auch politische Möglichkeiten.*
JAKOWLEW *Aber dort wird jetzt mit ziemlich großen Menschenmengen demonstriert.*
BRZEZINSKI *Das sind doch Preußen. Ihrer Natur nach sehr disziplinierte Menschen.*

In demselben Plauderton verhandelte das sowjetische Politbüro die bevorstehende Großkundgebung vom 4. November in Berlin.

KRJUTSCHKOW *Morgen geht eine halbe Million auf die Straße in Berlin...*
GORBATSCHOW *Hoffst du, dass sich Krenz halten kann? Egal, ohne Hilfe der BRD können wir sie trotzdem nicht über Wasser halten.*
SCHEWARDNADSE *Besser wäre, sie räumen die Mauer selbst weg.*
KRJUTSCHKOW *Räumt man sie weg, wird es für die Ostdeutschen schwer sein.*
GORBATSCHOW *Der Westen will keine Vereinigung Deutschlands, möchte dies aber mit unseren Händen verhindern, um uns mit der BRD in Konflikt zu treiben, um einen Kuhhandel zwischen der UdSSR und Deutschland auszuschließen.*

Es ist schon merkwürdig, dass Egon Krenz mit seiner erstaunlich intelligenten Frage nach der «Vaterschaft» der UdSSR keinen Argwohn schöpfte, als Gorbatschow neben den immer spärlicheren Rohstofflicferungen als wichtigste Bedingung für das Weiterbestehen der DDR die tatsächlich vorhandenen Vorbehalte gegenüber einem allzu großen Deutschland erwähnte. Der Sowjetstaat war zu diesem Zeitpunkt bereits weit davon entfernt, irgendwelche Garantien außerhalb seiner Grenzen zu übernehmen. Als einzigen maßgeblichen Partner in der «deutschen Frage» betrachtete Moskau die Bundesrepublik. Wenn zu einem bestimmten Zeitpunkt das Prinzip der Nichteinmischung in die Politik der Bruderländer hundertprozentig funktionierte, dann war das am Abend des Mauerfalls. Als Günter Schabowski im Ostberliner Pressezentrum mit seinem stotternd vorgetragenen Statement den bewegtesten Karneval der deutschen Nachkriegsgeschichte auslöste, versuchte Krenz seinen Chef Gorbatschow telefonisch zu erreichen. Er wollte wenigstens im Nachhinein seinen Segen bekommen, scheiterte aber am hartnäckigen Widerstand der Moskauer Telefonzentrale, Michail Sergejewitsch wegen solcher Lappalien zu wecken. Auch Sowjetbotschafter Wjatscheslaw Kotschemassow probierte vergeblich, seinen Vorgesetzten Schewardnadse in Moskau zu kontaktierten, und verfügte schließlich eigenmächtig die Öffnung des Brandenburger Tores, das nicht zu den offiziellen Grenzübergängen gehörte. Angesichts der hartnäckigen Unerreichbarkeit des Kremls kann sogar der Verdacht aufkommen, dass die amtlichen Aufzeichnungen über das Treffen zwischen Krenz und Gorbatschow vom 1. November 1989 unvollständig sind. Vielleicht können die Archive noch mit Überraschungen aufwarten.

Jeder Ökonom konnte berechnen, dass die Maueröffnung, unabhängig von ihrem moralischen Stellenwert, auch den wirtschaftlichen Ruin der DDR bedeutete und dass die Katastrophe nur noch eine Frage der Zeit war. Auch zeigten sich die sowjetischen Partner von den Hilferufen des neuen DDR-Regierungschefs Hans Modrow wenig überrascht. In Anwesenheit von Gorbatschow, Ryschkow, Schewardnadse und Falin erörterte der frühere Dresdner Bezirksparteichef die noch dramatischer gewordene Situation, verursacht durch versprochene, aber ausgebliebene sowjetische Rohstofflieferungen. Nun war in der DDR sogar die nächste Ernte 1990 gefährdet.

MODROW *Eine ziemlich schwierige Situation entstand wegen der offenen Grenze. Jetzt gilt der offizielle Umtauschkurs, eine DDR-Mark gleich drei BRD-Mark, der kommerzielle Kurs hingegen ist eins zu acht. (...) All unsere Sozialpolitik konnte nur unter den Bedingungen geschlossener Grenzen wirksam sein. Jetzt wenden sich alle unsere sozialen Errungenschaften gegen uns, da die von uns festgesetzten niedrigen Preise für Waren ausschließlich die Spekulanten begünstigen. Für Westmark kaufen sie unsere Waren spottbillig auf. Außerdem beschäftigen sich mit Spekulation auch DDR-Bürger, die jetzt frei in Westberlin und BRD Arbeit nehmen dürfen. (...) Ich glaube, dass unsere jetzige Begegnung nach ihrem Charakter und ihrer Bedeutung so ist, wie sie noch nie war. Ich habe alles so erzählt, wie es ist. Leider kann ich nichts anderes sagen.*

GORBATSCHOW *Ich schätze die Ehrlichkeit Ihrer Information. Wir folgen demselben Prinzip: die Dinge real zu sehen, sie real einzuschätzen, ob sie angenehm sind oder nicht. Ohnedies gibt es keine Realpolitik. (...) Ich weiß auch, dass euer Land jetzt von der Euphorie der Wiedervereinigung ergriffen ist. Aber selbst in der BRD weiß man: Wenn die jetzigen Prozesse einen unkontrollierbaren Charakter annehmen, dann wird das auch für die BRD und ganz Europa schwere Folgen haben. (...) Ich bin mit Ihnen auch darin einverstanden, dass die DDR jetzt eine schicksalhafte Periode erlebt. Und deswegen kann ich Ihnen, Genosse Modrow, nur sagen: Lassen Sie sich nicht stören, halten Sie sich konsequent.*

Dass Modrow mit leeren Händen aus Moskau zurückkam, hat ihn selbst kaum verwundert. Was er aber nicht ahnen konnte, war die Tatsache, dass er und sein Staat bereits vier Tage zuvor auf der Sitzung des Politbüros vom 26. Januar 1990 schlicht abgeschrieben worden waren. KGB-Chef Krjutschkow sprach klare Worte: *Die Tage der SED sind gezählt. Sie ist weder Hebel noch Stütze für uns. Modrow ist eine Übergangsfigur, hält sich aufgrund von Zugeständnissen, bald aber wird es nichts mehr geben, was man noch zugestehen kann. (...) Allmählich müssen wir unser Volk auf Deutschlands Wiedervereinigung vorbereiten. (...) Es ist notwendig der aktive Auftritt zum Schutz unserer Freunde, der ehemaligen Mitarbeiter des KGB und unseres Innenministeriums in der DDR.* Gorbatschows Abschlussrede klang eher wie eine melancholisch-musikalische Zusammenfassung der trockenen Worte seines Obersten Geheimpolizisten, eines Mannes, der anderthalb Jahre später Spiritus Rector des Putsches gegen ihn sein würde:

Die Prozesse in Deutschland bringen uns, unsere Freunde und auch die westlichen Mächte in eine komplizierte Lage. Die SED befindet sich im Zerfall. Nun ist klar, dass die Vereinigung unvermeidlich ist, und wir haben kein moralisches Recht, uns ihr zu widersetzen. Unter diesen Bedingungen müssen wir maximal die Interessen unseres Landes verteidigen, die Anerkennung der Grenzen garantieren, einen Friedensvertrag mit dem Austritt der BRD aus der NATO oder mindestens mit dem Auszug der ausländischen Truppen und der Entmilitarisierung von ganz Deutschland erreichen. (...) Unsere Gesellschaft wird schmerzhaft auf die Abtrennung der DDR und noch mehr auf deren Verschlucken durch die BRD reagieren. Millionen von Frontsoldaten leben noch unter uns. (...) Das Bewusstsein unserer Gesellschaft wird ein schwieriges Trauma ertragen müssen. Aber es gibt keine andere Möglichkeit, und wir müssen auch dies überleben.

Diese Sätze nahmen das Ende der DDR vorweg. Alles, was danach geschah und in der Historiografie akribisch und kritisch erörtert wurde, war nur noch Spekulation darüber, wie dieser Erdrutsch diplomatisch ausgehandelt werden und in einigermaßen geschmackvollen Formen vor sich gehen könnte. Tatsache blieb, dass die Sowjetunion mit diesem Schritt zu einer einsamen Supermacht ohne Imperium geworden war und dass, wie Andrej Gratschow scharfsinnig bemerkte, die Zerstörung des seligen «antifaschistischen Schutzwalls» mitten in Berlin auch einen Riss in der Kremlmauer verursachte.

Der Oberste Kommunist als Held der freien Welt – so etwas kann nur die Geschichte auf die Bühne bringen. Während einer offiziellen Italienreise im Dezember 1989 machte der Sowjetführer in Mailand halt. Was ihn dort empfing, schilderte der anwesende Berater Tschernjajew als eine Art Massenhysterie. *Das Auto konnte sich kaum durch die Menge bewegen. Und als er auf der Piazza La Scala ausstieg, um über die Galerie zum Rathaus zu gelangen, geschah etwas Unvorstellbares. Die Polizei konnte die dichte Menge nur mit ungeheurer Mühe auseinanderhalten, um ihm den Weg für diese paar Schritte frei zu machen. In den Fenstern, auf den Balkonen, unter den Säulen der Galerie, überall hingen eng zusammengepresste Menschen und schrien «Gorbi! Gorbi!» (...) Im Rathaus konnte Gorbatschow seine vorbereitete Rede vor*

Schreck kaum halten, die Worte schienen ihm auszugehen. Als er wieder auf der Straße war, drängten Frauen, ihrer Kleidung nach sichtbar aus der höheren Gesellschaft, zum Auto, mit Tränen in den Augen, um wenigstens das Fenster zu berühren... Tschernjajew fand für diesen Enthusiasmus auch die wahrscheinliche Erklärung: *Wir wussten nicht und konnten nicht verstehen, welchen Schrecken wir viele Jahre lang über Europa verbreitet hatten, mit unserer Militärmacht, mit dem Jahr 68 in der Tschechoslowakei, mit unserem Afghanistan, und welche Angst wir den Europäern mit der Aufstellung der SS-20 eingejagt hatten. Und dann hat Gorbatschow all diesen Schrecken weggeräumt, und unser Land ist in den Augen Europas normal, ja, sogar unglücklich geworden...»*

Was aber den Gefeierten persönlich betraf, so sagte er damals zum ersten Mal seinen engsten Mitarbeitern Tschernjajew, Schachnasarow und Jakowlew: *Ich habe meine Sache getan* – mit der eindeutigen Konnotation, nun gehen zu wollen. Damals handelte es sich möglicherweise nur um Müdigkeit. Das Tempo, das er selbst dem historischen Jahr diktiert hatte, war ungeheuerlich. Vor allem hinderte sein Verantwortungsgefühl ihn daran, einfach zurückzutreten – auch hatte er berechtigte Angst davor, welche Kräfte freigesetzt würden, wenn er sich vorschnell aus der Politik entfernte. Böse Zungen wussten aber auch zu berichten, dass die Entscheidung, vorerst im Kreml zu bleiben, auf der höchstmöglichen Machtebene getroffen wurde – auf der Sitzung des «Familien-Politbüros», das heißt im Gespräch mit Raissa Maximowna.

8

Die einsame Supermacht

Das Elend rückt näher

Was wird aus der Versorgung der Bevölkerung? Wo sind die Waren des täglichen Bedarfs? Die Lage wird mit jedem Tag schlechter. Wir bitten zu erklären, warum die Rationierung des Zuckerverkaufs von 2 Kilogramm auf 1,5 Kilogramm pro Kopf gesunken ist, schreiben die Werktätigen aus dem südrussischen Pawlowsk im Herbst 1989 in einem Brief an das Zentralkomitee. *In unserer Stadt sind die Haushalts- und Toilettenseife sowie das Waschpulver aus den Regalen verschwunden. Als Zucker zur Mangelware wurde und rationiert werden musste, hatten wir Verständnis für diese Entscheidung. Aber jetzt, wo die lokalen Behörden eine derart miserable Norm für Seife und Waschpulver festgelegt haben, sind wir äußerst empört*, schreiben die Einwohner der ukrainischen Stadt Alexandrowsk. Aus der 70 000 Einwohner zählenden Stadt Apatiti auf der Halbinsel Kola beschwert sich eine Hausfrau: *Ich habe nichts, womit ich den fünf Monate alten Jegorka ernähren könnte. Es gibt in der Stadt weder Kindersäfte noch Fruchtmus oder irgendwelche Breie für Kleinkinder.* Nicht alle reagierten so moderat, geradezu noch verständnisvoll. In den Tagen, als Erich Honecker die gesamte Stasi, Volkspolizei und zusätzlich 360 000 brav Spalier stehende «gesellschaftliche Kräfte» einsetzen ließ, damit die 4000 Ehrengäste zum 40. Jubiläum seines Staates, unter ihnen Gorbatschow, nichts von den inneren Unruhen des Landes bemerkten, tobte in der UdSSR die bisher heftigste Streikwelle ihrer Geschichte, und das ausgerechnet unter den Bergleuten von Donezk.

Die Arbeitsniederlegung der 500 000 Bergarbeiter, die einst zur bestbezahlten sowjetischen Arbeiteraristokratie gehörten, hatte kaum etwas mit dem Inhalt der Lohntüten zu tun. Ausschlaggebend war vielmehr das menschenunwürdige Angebot an Konsumgütern, wobei Konsum hier als ein elementarer Prozess verstanden werden muss, der Arbeitskräften überhaupt die Chance gibt, sich physisch und psychisch zu regenerieren. Symbolträchtig war unter anderem die Forderung der Bergleute nach Seife, ihr Anspruch auf körperliche Sauberkeit. Das politische Element dieser Bewegung kam darin zum Ausdruck, dass die Kumpel die Erfüllung ihrer Bedingungen nicht mehr von den lokalen Behörden erwarteten, sondern eine direkte Begegnung mit Gorbatschow anstrebten – sie erklärten sich sogar bereit, die Reisekosten der Moskauer Delegation selbst zu decken. Später entsandten sie eine Abordnung in die Hauptstadt, und als diese mit Vereinbarungen zurückkehrte, die von Gorbatschow und Regierungschef Ryschkow unterzeichnet worden waren, verwandelte sich der Protest in eine euphorische stadtweite Feier. Dabei ging es nicht um die zugesagten Lebensmittellieferungen – die Vereinbarungen wurden niemals vollständig erfüllt –, sondern vor allem darum, was der Leiter des Streikkomitees in den bewegten Worten zum Ausdruck brachte: *Zum ersten Mal fühlten wir uns nicht als graue Masse, sondern als Menschen. Nicht als Sklaven, sondern als Persönlichkeiten, die fähig sind, in Einigkeit, Disziplin und Solidarität zu siegen. Danke, Brüder, für die Einigkeit. Danke für das Vertrauen.*

Das alles aber änderte nichts an der trostlosen Lage der sowjetischen Wirtschaft am Ende der Achtziger- und Anfang der Neunzigerjahre. Die wegen der Ölpreissenkung ausgebliebenen Einnahmen hätte man nur durch radikale und rechtzeitige Maßnahmen ausgleichen können. Notwendige Preiserhöhungen stießen bei der Bevölkerung an die Grenzen der Belastbarkeit, und die Einstellung großer Investitionsvorhaben wäre auf den Widerstand der lokalen Industriekapitäne getroffen und hätte außerdem zu Arbeitslosigkeit geführt. Die «Oboronka», der Rüstungskomplex, galt immer noch als unantastbar, obwohl seine Aufrechterhaltung auf dem bisherigen Niveau wegen der fortschreitenden europäischen Entspannung inzwischen als absurd erschien. Schließlich blieb noch die Aufnahme weiterer Kredite als Möglichkeit übrig, aber auch diese begann ihre natürlichen Grenzen zu erreichen. Die massiv steigende Verschuldung der Sowjetunion – 1985 hatte sie noch 20 Milliarden Dollar betragen, 1990 bereits 100 Milliarden – löste Hemmungen bei den großen westlichen Geldinstituten aus. So empfahl die Deutsche Bank im Mai 1990 den Machthabern in Moskau, sich direkt an die Regierungen der freien Welt zu wenden, damit diese Garantien für weitere Anleihen gewährten. Dies musste allerdings auf höchster Ebene geschehen. Als Hauptadresse wurde Bundeskanzler Kohl angegeben, und das nicht von ungefähr: Die Verhandlungen über die deutsche Wiedervereinigung zwischen ihm und dem sowjetischen Präsidenten waren in der Vorbereitungsphase. Soweit es um Kreditwürdigkeit ging, betrachtete man im Westen Gorbatschow immer noch als Hauptpfand. Allerdings hatte sich auch die Situation des Staats- und Parteichefs, vorsichtig ausgedrückt, nicht zum Besten gewandelt. Während der traditionellen Kundgebung am 1. Mai wurde massenhaft seine Abdankung gefordert, was Michail Sergejewitsch dazu veranlasste, die Tribüne des Mausoleums demonstrativ zu verlassen. Die peinliche Szene, die an den Auszug eines empörten Lehrers aus dem Klassenzimmer erinnerte, wurde vom Fernsehen direkt übertragen.

Es begann nun eine neue Ära, wie Tschernjajew bereits Ende Januar 1990 feststellte. *Osteuropa bröckelt ganz von uns ab, und das unaufhaltsam. Und es wird immer mehr sichtbar, dass das «gesamteuropäische Haus» – falls es dieses überhaupt geben wird! – ohne uns, ohne die UdSSR entsteht, und wir sollten einfach in seiner Nachbarschaft so leben, wie wir können. Überall fällt die kommunistische Bewegung in sich zusammen.* Ja, ohne die Satelliten war auch der Mikrokosmos sinnlos geworden. Übrig geblieben war ein Staat im latenten Zerfall, mit einem Führer an der Spitze, dem Wolf Biermann vor Jahren in einem Lobgesang den Stoßseufzer sandte: *Oj oj Gorbi! Armer Supermann!* Auf der Lust an jeder emphatischen Begegnung mit den Partnern jenseits des zerstörten Eisernen Vorhangs lag jedes Mal der Schatten der ernüchternden Rückkehr in die Heimat. *Michail Sergejewitsch kühlt in der Außenpolitik ab*, registriert der Berater am 21. April 1990, dem Vorabend von Lenins 120. Geburtstag. *(...) Ich brachte ihm die Übersicht der für Mai und Juni geplanten Besuche. Delors – weg. Mitterrand – eine matte Handbewegung (ich war empört, denn Mitterrand hatten wir bereits das Datum mitgeteilt). Delegation der Sozialistischen Internationale – weg damit, Kinnock ebenfalls.* Und er fügt hinzu: *Wie gut wäre es, wenn Margaret,* gemeint war die britische Ministerpräsidentin Thatcher, *auf die Reise nach Kiew und Bush auf die Begegnung verzichten würde...*

Je tiefere Einsicht er in die hoffnungslose Zerrüttung seines Landes erwarb, desto weniger Lust hatte er, die Sowjetunion ausländischen Kollegen zu zeigen. Das grandiose Werk – der Abbau der stalinistischen Kommandowirtschaft, die Anerkennung der Menschenrechte und die

Schaffung demokratischer Institutionen, die ihn in der Welt so beliebt und berühmt machten – drohte zu Hause im Chaos unterzugehen. Im fünften Jahr Perestroika roch die Freiheit nach Blut.

Massaker in Tiflis

Ein Jahr zuvor, Anfang April 1989, hatte Gorbatschow London besucht und dort mit Margaret Thatcher gute Gespräche zur nuklearen Abrüstung geführt. Die Eiserne Lady hatte ihm nebenher zugeflüstert: *Bei den nächsten Wahlen gehe ich weg.* Gorbatschow kommentierte: *Ich glaube, sie hat viele Kopfschmerzen wegen Nordirland. Selbstverständlich habe ich taktisch manövriert in Bezug auf ihre dortige Politik. Sie hat es verstanden und sagte zu mir: «Ich weiß, dass auch Ihnen der Kopf wehtut, wenn Sie an die Zukunft der UdSSR denken.»* Thatchers Sorgen waren nur allzu verständlich. Trotz beginnender Geheimverhandlungen zwischen irischen und britischen Vermittlern tobte seit Jahrzehnten auf der Grünen Insel der Kampf zwischen bewaffneten Gruppen von Katholiken und Protestanten. Noch im selben Jahr forderte der Terror elf Tote bei einer Gedenkfeier in Ulster. Und als Gorbatschow in Wnukowo aus dem Regierungsflugzeug stieg, hatten die auf ihn wartenden Mitglieder der Führung Düsteres mitzuteilen: Einheiten der Sowjetarmee hatten die georgische Hauptstadt Tiflis auf Ersuchen der dortigen Parteiführung besetzt.

Bald darauf, in der Nacht vom 8. auf den 9. April, kamen bei Zusammenstößen zwischen Demonstranten und Militäreinheiten 17 Personen ums Leben, davon 16 Frauen, und Hunderte wurden verletzt beziehungsweise erkrankten an Vergiftungssymptomen. Als Waffen waren geschärfte Spaten eingesetzt worden, aber auch ein Tränengas namens Tscherjomucha (= Faulbeere) spielte bei der Auflösung der Demonstrationen eine Rolle. Dieses chlorhaltige Kampfmittel hatte man früher ausschließlich bei Rebellionen in Gefängnissen und Straflagern verwendet. Die Tragödie war erschütternd, kam aber keineswegs unerwartet.

Auf den Konflikt um Berg Karabach und das Pogrom gegen Armenier in Sumgait folgte eine Reihe noch schrecklicherer Zusammenstöße zwischen ethnischen Gruppen, so in Nowij Usen (Kasachstan), Fergana (Usbekistan), Kischinour (Moldawien), Suchumi (Abchasien), Baku (Aserbaidschan) und Zchinwal (Südossetien). Bis zum Jahre 1990 wurden 4648 blutige nationale Kämpfe registriert, und die Anzahl der ethnischen Flüchtlinge gab man mit mehr als 600 000 an. Obwohl nur ein winziger Teil dieser Ereignisse direkt gegen die sowjetisch-russische Zentralmacht gerichtet war, rüttelte jedes von ihnen am Bestand des Staates und am Sicherheitsgefühl der Staatsbürger. Das Erscheinen von 60 000 mehrheitlich kaukasischen Flüchtlingen im ohnehin überbevölkerten Moskau löste bald Reibungen zwischen den Stadtbewohnern und den teilweise auf dem Schwarzmarkt Arbeit suchenden Immigranten aus. Die blutige Nacht von Tiflis zeigte jedoch in aller Klarheit ein Phänomen der Gorbatschow'schen Politik auf, das der immer mehr zum verzweifelten Gegner werdende Jegor Ligatschow mit einer neuen Wortschöpfung als «Schwächeherrschaft» (russ. slabowlastije) bezeichnete.

Typisch für diese Art von Konfliktbehandlung war, dass die Verantwortung der einzelnen Akteure im Nachhinein kaum rekonstruiert werden konnte. Gorbatschow hatte für die Tage seiner Londonreise ein beinahe perfektes Alibi – «beinahe» deshalb, weil die Kundgebungen der «informellen» Opposition unter Führung des früheren Dissidenten (und späteren Diktators) Swiad Gamsachurdia bereits am 4. April angefangen hatten. Es war bekannt, dass dem harten Kern der «Volksfront» die Idee einer tätlichen Auseinandersetzung mit den Ordnungskräften nicht ganz fern lag. Ebenfalls war bekannt, dass die Forderungen zur Wiederherstellung der 1921 verlorengegangenen Unabhängigkeit die Rechte der zur Grusinischen SSR gehörenden Autonomen Provinz Abchasien unberücksichtigt ließen, was weitere Kollisionen nach sich ziehen konnte. Zudem hatte man einige Erfahrungen mit dem kaukasischen Temperament, spätestens seit den fünf Märztagen des Jahres 1956, als die georgische Jugend gegen die Anprangerung von Stalins Personenkult protestierte, die sie als ehrverletzend für die Nation betrachtete. An den Unruhen hatten sich damals etwa 40 000 Bürger beteiligt, und die Zahl der Opfer lag wegen der militärischen Einmischung bei über 200 Toten und Verletzten. Schon allein deshalb wäre nach den bedrohlichen Vorzeichen eine direkte Telefonverbindung zu Gorbatschow nach London erforderlich gewesen.

Gorbatschow hingegen überantwortete Ligatschow die Geschäftsführung während seiner Abwesenheit. Dieser befahl dem Verteidigungsminister Jasow den Einmarsch von Truppen nach Georgien – und fuhr dann in den Urlaub! Über Tiflis verhängte man ein Ausgehverbot, das die Demonstranten kein bisschen beeindruckte. Jedenfalls standen sie Tag und Nacht vor dem Regierungsgebäude, Aug in Auge mit den verängstigten Polizisten und den Soldaten, die keinen Schießbefehl hatten. Allerdings erwogen die Genossen des Politbüros auf ihrer Sondersitzung auf dem Flughafen Wnukowo die Möglichkeit, den in Georgien sehr populären Schewardnadse nach Tiflis zu schicken, damit er die Gemüter seiner Landsleute beruhigte. Diese Mission wurde jedoch aus nicht ganz eindeutigen Gründen abgepfiffen. Nun war Marschall Jasow mit Spaten und Tränengas an der Reihe – eine Aktion, die dazu geeignet war, die Feindschaft zwischen Georgien und der UdSSR, sogar noch der jetzigen Russischen Föderation für Jahrzehnte in Zement zu gießen.

Welche Rolle spielte bei alledem Michail Gorbatschow? Erstens war er als Staatschef ab ovo gefragt: Er hätte angesichts der explosiven Situation jede Kommunikationsstörung in seinem Verfügungsbereich ausschließen müssen, und sei es durch Absage der Londonreise – wenn jemand, dann hätte Frau Thatcher ganz gewiss hierfür Verständnis gehabt. Zweitens hätte der Präsident eindeutige Befehle geben und deren Nichterfüllung ebenso sanktionieren müssen wie jegliche Kompetenzüberschreitung – in der verhältnismäßig harmlosen Affäre um Mathias Rusts Landung auf dem Roten Platz hatte er sich adäquat verhalten. Was nun Georgien betraf, so hatte er auch jeden Grund, die miserable Zuarbeit des KGB zu hinterfragen – er beschränkte sich jedoch auf ein mildes Kopfschütteln. Die nächste Politbürositzung, auf der auch Tiflis verhandelt wurde – Ligatschow befand sich immer noch im Urlaub –, endete mit einem merkwürdigen «Unentschieden» zwischen Jasow und dem Partei- und Staatschef.

GORBATSCHOW *Dmitrij Timofejewitsch, von nun an darf sich die Armee an solchen Dingen nicht ohne Beschluss des Politbüros beteiligen.*
JASOW *Jedenfalls wollen wir die Truppen nach dem Rückzug nicht sehr weit weg von Tiflis stationieren.*

Die Tragödie von Baku

Möglicherweise tat der Abbau der Berliner Mauer und des Eisernen Vorhangs in Osteuropa seine Wirkung, als am 31. Dezember 1989 mehrere große, teilweise bewaffnete Gruppen aus der aserbaidschanischen

Stadt Nachitschewan in einer dramatischen Aktion auf mehreren Hundert Kilometern Länge den Drahtverhau an der sowjetisch-iranischen Grenze zerstörten, um sozusagen mit ihren Brüdern und Schwestern in Persien frei verkehren zu können: Im Gottesstaat lebten sieben Millionen Aserbaidschaner, fast ebenso viele wie in der ASSR selbst. Politisch ordneten sich die Grenzverletzer der «Aserbaidschanischen Volksfront» zu, die sich mit ihrer Forderung der Ablösung von Moskau gute Chancen bei den für März 1990 anberaumten freien Parlamentswahlen ausrechnen konnte. Umso absurder und tragischer war die Tatsache, dass extremistische Strömungen innerhalb der Volksfront Anfang Januar ein furchtbares Pogrom gegen die in Baku lebenden Armenier anzettelten, dessen Brutalität die Augenzeugen tief erschütterte: Menschen wurden aus den höchsten Etagen der Häuser auf die Straße gestoßen, manche bei lebendigem Leib mit Benzin übergossen und angezündet oder einfach totgeschlagen. Die Vandalen und Mörder bedienten sich öffentlich zugänglicher Adressenlisten armenischer Einwohner.

Gorbatschow war zwischen seiner eigenen Gewaltgegnerschaft und der wiederholten Herausforderung seitens der Gewalttäter hin und her gerissen. Kollegen im Politbüro, diesmal nicht nur Krjutschkow, sondern auch der liberale Jakowlew, ermunterten ihn, das «Tiflis-Syndrom», dem er offenbar verfallen war, zu überwinden. Die in die aserbaidschanische Hauptstadt geschickten Emissäre, Verteidigungsminister Jasow und Innenminister Wadim Bakatin, forderten klare schriftliche Instruktionen, um nicht, wie ein Jahr zuvor im Fall Georgiens, die undankbare Rolle der Sündenböcke auf sich nehmen zu müssen. Die entsprechende Vollmacht erteilte ihnen Gorbatschow erst, als ein panischer Hilferuf aus Baku eintraf: Die Demonstranten wollten den Regierungssitz stürmen. So sagte er den Ministern am Telefon, wie wir von Andrej Gratschow wissen: *Fliegt sofort los, der Befehl kommt nach.* Und er gab seinem Stellvertreter Lukjanow den lustlosen Ukas: *Anatolij, bereite den Text vor!*

Selbstverständlich konnte die Zentrale weder bei der Demontage der Grenze, einer Verletzung der Souveränität des eigenen Landes, noch bei der massenhaften Ermordung armenischer Sowjetbürger ein Auge zudrücken. Aber die Truppenkonzentration von 50 000 Soldaten um Baku, der Sturm der Stadt am 19. Januar 1990 (Operation «Schlag»), die völlig sinnlose Sprengung der Fernsehzentrale und die an Budapest

1956 erinnernden rollenden Panzer – all dies trug allzu eindeutig die Handschrift einer Soldateska, die der ganzen Volksfront, den radikalen und gemäßigten Kräften gleichzeitig den Garaus machen und die Wiederherstellung der alten Ordnung herbeiführen wollte. Diese wurde kurzfristig auch wiederhergestellt, nicht aber der Frieden. Die Militäraktion forderte 117 Todesopfer, ließ 700 Verwundete zurück und ebnete, wie auch ein Jahr zuvor in Georgien oder noch früher in Kasachstan, letzten Endes den Weg für neue nationalistische Diktaturen mit ehemaligen lokalen KP-Bonzen als Paschas an der Spitze. In diesem Sinne waren die sowjetischen Befriedungsversuche kein Löschen einer Feuersbrunst, sondern eher ein Spiel mit dem Feuer.

Die Sezession des Baltikums

Offensichtlich hatte der meistgereiste sowjetische Führer aller Zeiten nicht durchweg Glück mit seinen Fahrten. Als Gorbatschow Mitte November 1988 von einem, so seine Auffassung, erfolgreichen Besuch am Ural zurückkehrte, warteten auf dem Flughafen die drei Spitzenfunktionäre Tschernjajew, Schachnasarow und Jakowlew, die soeben von einer Inspektionsreise in den baltischen Ländern zurückkamen. In Estland, Lettland und Litauen waren sie von Piquets, kleineren Kundgebungen, geradezu verfolgt worden, wobei diese fast gleich klangen: «*Russen, haut ab! KGB, MWD, Sowjetarmee – nach Moskau! Nieder mit dem Moskauer Diktat! Sofortiger Austritt aus der Union! Volle Souveränität!*» Der schockierte Gorbatschow wollte seinen Ohren keinen Glauben schenken und hakte bei den drei Beratern, deren Meinung für ihn ausschlaggebend war, hartnäckig nach: Ist es möglich, dass die Balten uns wirklich verlassen wollen? Tschernjajew äußerte sich dazu später wie folgt: *Ich habe ihm geantwortet, ich denke, ja. Die Sache muss ziemlich weit gediehen sein, wenn selbst eine so hoch dekorierte Schauspielerin wie die großartige und von allen geliebte Artmane öffentlich über «40 Jahre Okkupation Lettlands» redet. Daraufhin antwortet er – ob er sich dumm stellt oder ernsthaft so denkt: «Wenn sie sich von der übrigen Union abschneiden, dann gehen sie zugrunde.» Selbstbetrug, Naivität* ...

Vija Artmane war eine der populärsten sowjetischen Schauspielerinnen, eine Zeit lang Kandidatin des Politbüros der lettischen KP.

Gorbatschow hatte im Februar 1987 Lettland und Estland besucht und war mit seinen Eindrücken zufrieden. Vielleicht glaubte er damals noch an die «Spontaneität» seiner Straßengespräche mit den von den lokalen Funktionären präsentierten «einfachen Sowjetmenschen». Aber die Nachrichten über die Unruhe vorerst in intellektuellen Kreisen musste er gekannt haben, und den KGB-Vorsitzenden Tschebrikow hielt er für glaubwürdig. Offensichtlich akzeptierte er zu Beginn auch die Berichte von dessen Nachfolger Krjutschkow, aber mit der Zeit wurde er argwöhnisch. Zwar gab der Geheimpolizist Nr. 1 zu, dass in manchen Kreisen der Intelligenzler antisowjetische Stimmungen existierten, versicherte aber dennoch seinem Chef, die Bevölkerung der drei kleinen Staaten sei «im Wesentlichen» für die Aufrechterhaltung der Sowjetunion, und im Übrigen seien sie allesamt leidenschaftliche Befürworter der Perestroika. Die Redewendung «im Wesentlichen» war in der sowjetischen Rabulistik sehr oft mit dem Wort «keineswegs» gleichbedeutend.

Aufgrund anders gearteter Informationen, die an ihn gelangt waren, richtete Gorbatschow im April 1989 auf der Sitzung des Politbüros direkt das Wort an Krjutschkow: *Ich schaue dich an, Wladimir Alexandrowitsch! Wenn es um die Analyse der Situation im Baltikum geht, kann ich gleich unterscheiden, was die Wahrheit ist und was uns als Wahrheit aufgetischt wird. Es ist sehr wichtig zu wissen, wie viel Prozent der Unruhen im Baltikum mit den tieferen Strömungen in der Nation zusammenhängen.*

Bei Gorbatschow waren durchaus ein Stück Selbstbetrug und Naivität, vor allem aber sein mangelndes Gespür für die nationale Frage im Spiel. Irreführend war die nationale Bewegung am nordwestlichen Rand der Union schon allein deshalb, weil sie sich von der kaukasischen oder zentralasiatischen stark unterschied. Erstens waren die Volksfronten Estlands und Lettlands sowie die litauische Sammelbewegung Sajudis trotz der vielen Ausrufezeichen in ihren Slogans friedfertig und verhandlungsbereit. Zweitens richtete sich ihr Programm nur auf die Loslösung von der UdSSR und in keiner Weise gegeneinander oder etwa gegen die 200 000 Köpfe starke polnische Minderheit in Litauen. Auch Spannungen gegenüber der russischen Minorität waren in dieser Zeit kaum zu spüren. Die baltischen Freiheitsbestrebungen wurden hauptsächlich von den osteuropäischen Vorbildern inspiriert. Andererseits waren sie in ihrer

Absicht, die Souveränität und den mehr oder weniger funktionierenden Parlamentarismus der Zwischenkriegszeit wiederherzustellen, absolut entschlossen und zu keiner Zwischenlösung bereit. Das war es, was dem fanatischen Kompromissschmied Gorbatschow merkwürdig erschien. Daher beauftragte er statt Krjutschkow diesmal Raissa Maximowna, die Wirtschaftschefin der Sajudis, Kazimira Prunskienė, zu befragen. Die geheime Frauendiplomatie erbrachte ein bitteres Resultat: Die litauische Politikerin bestätigte, dass das Endziel der baltischen Bewegung die Trennung von der UdSSR sei, wie dies auch das am 8. August 1989 proklamierte Gesetz zu Litauens Souveränität zum Ausdruck brachte. Das «Was» war somit geklärt – es blieb nur noch das «Warum» übrig.

Die baltischen Sezessionisten operierten juristisch mit dem in jeder sowjetischen Verfassung (1918, 1936 und 1977) verankerten Recht auf Selbstbestimmung der Sowjetrepubliken, inklusive der Freiheit des Austritts aus der Union. Dieses Lenin'sche Prinzip war reiner Zierrat und wurde niemals angewendet, was aber nicht bedeutete, dass es offiziell je infrage gestellt werden konnte. Stärker war das historische Argument, dass die estnischen, lettischen und litauischen Parlamente im August 1940 den Antrag auf die Aufnahme in die Sowjetunion mitnichten aus freien Stücken, sondern unter dem Druck der sowjetischen Invasion und der ungültigen kommunistisch organisierten Wahlen gestellt hatten. Die Vereinigung mit Moskau war im Grunde eine direkte Folge des Nichtangriffspakts zwischen Ribbentrop und Molotow, dessen Geheimklausel die Interessensphären der beiden Großmächte ausdrücklich untereinander aufteilte. Dementsprechend hätte der Status der baltischen Länder nach dem Zweiten Weltkrieg ebenso neu verhandelt werden müssen, wie auch die Unabhängigkeit Polens zumindest formal wiederhergestellt wurde. Nun machte man, Erscheinungsform der Glasnost im Baltikum, die damaligen Geheimakten mehrsprachig zugänglich, darunter den äußerst peinlichen Beistandspakt der SU mit den baltischen Ländern vom Oktober 1939, dessen Zusicherungen Moskau schon fast gebrochen hatte, bevor die Tinte auf dem Papier trocken war.

Gorbatschows Sicht ging hingegen von der Annahme aus, dass die Sowjetunion ein rechtmäßiges Gebilde sei, das auch die Zugehörigkeit der baltischen Staaten legitimiere. Im Rahmen seiner ehrlichen Empörung über die Stalin'schen Verbrechen verurteilte er sicherlich die Massendeportationen auch der baltischen Völker, die Zwangskollektivierung sowie die Prozesse im Rahmen der Kampagne gegen den «bürgerlichen Nationalismus». Bei seinem Besuch in Litauen im Januar 1990 meinte er den richtigen Ton gefunden zu haben. Er schlug neue, freiere Formen der Koexistenz aller Teile der Union vor, versuchte die ökonomische Zusammenarbeit als eine Art europäischer Integration darzustellen und verfiel dabei in eine recht nebulöse Rhetorik zwischen «Internationalismus» und zu Dankbarkeit verpflichtender russischer Großzügigkeit: *Wir alle sind voneinander abhängig. (...) Nehmen wir die Verteidigung, die Kommunikation, die Häfen, die unser riesengroßes Land mit der Welt verbinden. Unser Land investierte Mittel, damit es diese Häfen gibt, damit es diese Verbindungen gibt. Was davon hat eure Republik bekommen? Ich muss sagen, nicht alles, aber viel. Und im Ganzen habt ihr mehr Valuta von der Union bekommen, als ihr Valuta-Exportgüter hergestellt habt. Und es entsteht die Frage: Wie werden wir weiterbauen, wenn wir über die Selbstständigkeit reden? Ich glaube, wenn wir dies auf dem Niveau politischer Definitionen, marktschreierischer Losungen entscheiden wollen, dann wird es außer Schaden nichts geben. Wenn wir aber die Realität im Blick behalten und den Weg einer realen Politik suchen, dann werden wir uns weiterbewegen. (...) Ihr seid frei. Auch ich bin frei. Alle um uns herum sind frei. Aber leben müssen wir wohl zusammen. Unsere Freiheit und Interessen müssen einander angepasst werden. (...) Selbst in der Familie gelingt nicht alles einfach. Und zwischen den Völkern?*

Wenn es so etwas wie eine spezifisch sowjetische politische Blindheit gab, dann war diese Tirade sicherlich Ausdruck der Umnachtung. Die Vertreter eines Volkes, dessen soeben thematisiertes größtes nationales Trauma die Einverleibung durch die UdSSR war, in dieser Weise, auch noch mit geschenkten Valuta winkend, zur Kooperation aufzufordern – das war etwa so geschmackvoll wie die Aufforderung einer Frau zum Tanz nach ihrer Vergewaltigung. Die Absurdität der Gorbatschow'schen Rede wurde durch ihren Anlass noch unterstrichen. Im Dezember 1989 tagte der XX. Kongress der Litauischen Kommunistischen Partei und beschloss mit überwältigender Mehrheit, aus der Mutterpartei KPdSU kollektiv auszutreten. Gleichzeitig wurde der Artikel aus der litauisch-sowjetischen Verfassung gestrichen, der, ähnlich wie in den Grundgesetzen aller Sowjetrepubliken sowie in der Gesamtkonstitution der UdSSR, die führende Rolle der Partei garantierte. Dieses Vorgehen, das kein sowjetischer Nostradamus hätte prophezeien können, war nichts als das Nebenprodukt eines Wahlkampfes, das dem KP-Chef Algirdas Brazauskas dazu verhelfen sollte, sich nicht allzu weit abgeschlagen von dem Sajudis-Führer Vytautas Landsbergis wiederzufinden. Jedenfalls war es ihm gelungen, sich mit diesem Wagnis in das Herz seiner Landsleute hineinzustehlen – ein Platz, den er bis zu seinem Tode im Juni 2010 innehatte.

Und doch gab es selbst in dieser heiklen Geschichte neben dem ungeschickt, inadäquat, ja albern handelnden Gorbatschow auch einen anderen, menschlich bedauernswerten und dadurch glaubwürdigen Präsidenten. In diesen Tagen erlebte er nicht nur eins zu eins die Verlogenheit seines Kanzleichefs Boldin, der ihm haufenweise Grußtelegramme aus dem Baltikum lieferte, oder des KGB-Chefs Krjutschkow mit seinen Lügenmärchen von einer Menge moskautreuer Kommunisten in Litauen, sondern er ahnte auch seine erste historische Niederlage im Kampf um die Sowjetunion voraus. Er versuchte noch, die Balten mit einer Wirtschaftsblockade unter Druck zu setzen, nutzte sogar seinen Einfluss bei westlichen Staatsmännern wie Mitterrand, um Sajudis etwas milder zu stimmen, aber im Grunde begann er von den drei kleinen Republiken Abschied zu nehmen, wohl wissend, wie seine Genossen in Moskau darauf reagieren würden. Auf dem Weg zum Flughafen Vilnius saßen hinter dem Fahrer drei Personen in der Limousine: Brazauskas, Raissa Maximowna und Michail Sergejewitsch. Zuerst hätten sie alle geschwiegen, berichtet der Gorbatschow-Vertraute Gratschow. Dann sagte der Präsident halblaut vor sich hin: *Was ist eigentlich in sie gefahren?* Und dann, ohne Pause: *Es wäre gut, etwas zu trinken.* Zu dieser Stunde begann in Baku das Pogrom gegen die Armenier.

Die russische Karte

Befürchtungen, dass der Dissens der einzelnen Republiken und die ethnischen Konflikte eine russische Trotzreaktion auslösen könnten, kamen relativ früh. Im Dezember 1988 sprach Gorbatschow mit Tschernjajew über die Verstärkung des russischen Großmachtchauvinismus als Reaktion auf das baltische Problem. Der Berater war der Meinung, dass der neue russische Nationalismus nicht mehr auf dem Prinzip des «einheitlichen und unteilbaren» Imperiums bestehen würde, sondern vielmehr mit der Losung antreten könnte, dass sich all diese Esten und Armenier doch zum Teufel scheren sollten. Keiner der beiden ahnte aber, dass die Bühne, von der aus man diese neuartige Forderung in die Welt schreien würde, nur der frei gewählte Kongress der Volksdeputierten sein konnte. Die beleidigten Töne stammten auch nicht aus dem Mund von Berufspolitikern, sondern von Männern der Feder, die eigentlich hätten wissen müssen, was das gesprochene und geschriebene Wort bewirken kann. So sprach der Schriftsteller und Volksdeputierte Walentin Rasputin im Juni 1989 von der Tribüne des Kongresspalastes im Kreml:

Der Russlandhass verbreitet sich im Baltikum und in Georgien, dringt auch in andere Republiken ein, in einige mehr, in andere weniger, aber überall ist er bemerkbar. Die antisowjetischen Losungen vereinigen sich mit den antirussischen. Emissäre aus Litauen und Estland reisen mit ihnen, Einheitsfront schaffend, nach Georgien. Von dort aus fahren die örtlichen Agitatoren nach Armenien und Aserbaidschan. Das ist kein Kampf mit dem bürokratischen Mechanismus, das ist etwas anderes. Hier auf dem Kongress sieht man gut die Aktivität der baltischen Deputierten, die auf parlamentarischem Wege Verfassungsänderungen vorschlagen, die ihnen ermöglichen, von diesem Land Abschied zu nehmen. (...) Ich überlege: Vielleicht wäre es besser für Russland, aus der Union auszutreten, wenn ihr es für alle eure Probleme anklagt und wenn Russlands Unterentwicklung und Schwerfälligkeit eure fortschrittlichen Bestrebungen verhindert. Vielleicht wäre es so besser. Nebenbei gesagt, könnte dies viele Probleme lösen, sowohl gegenwärtige als auch zukünftige ...

Der große Schriftsteller befand sich hier ganz auf dem Niveau der Verschwörungstheorien der Pamjat-Leute, insbesondere was die angebliche Verbrüderung der Kaukasier betraf. Jedenfalls lieh er seine Stimme dem traditionellen russischen Selbstmitleid, wie es bereits zu Breschnews Zeiten gediehen war, damals allerdings noch ohne Tribüne. In den Sechziger- und Siebzigerjahren fand man als geeignete Sündenböcke für die sowjetischen Missstände die Länder der Dritten Welt («die Neger»), nicht zuletzt Kuba, dessen Zuckerernte Moskau großzügig aufkaufte. Selbstverständlich schimpfte der «Normalbürger» in den Lebensmittelschlangen nach 1980 auf die undankbaren polnischen «Konterrevolutionäre» und bedachte nicht, dass die ausgedehnte «internationalistische» Hilfeleistung für Polen Teil einer durchaus großrussisch inspirierten Staatsraison war. Der Komplex «Wir helfen allen, und keiner liebt uns» gehörte fest zur Mentalität des in seinen Konsumwünschen gedemütigten Homo sowjeticus. Innerhalb des Landes, ob auf der Insel Sachalin oder an der Rigaer Bucht, ging es ständig um die zentralisierte bürokratische Redistribution, bei der sich alle Völker als benachteiligt empfanden und von den anderen hintergangen fühlten.

Der andere schreibende Volksdeputierte Wassilij Below befasste sich während der zweiten Session des Kongresses, im Dezember 1989, ebenfalls mit dem Problem «aus russischer Sicht» und zog gleich die politischen Konsequenzen: *Ich bin der Meinung, dass die Vergeudung von Russlands Naturschätzen fortgesetzt wird. Ströme von Erdöl und Gas, Millionen Tonnen von Mineralien und Erz, Millionen von abgeholzten Fichten fließen und fließen in die anderen Republiken und ins Ausland. Das russische Volk ist betrogen, Russland beleidigt und erniedrigt. Ich muss die Forderungen wiederholen, die in Tausenden von Briefen und Telegrammen meiner Wähler und Leser gestellt worden sind. Erstens: Die Russische Föderative Sozialistische Sowjetrepublik muss einen eigenen staatlichen Status erhalten...* Diese völlig absurd klingende Losung, «Russlands Unabhängigkeit von der Sowjetunion», erschien anfangs vielen als Hirngespinst eines Lyrikers, der sich in die Politik verirrt hat. Schließlich sang man landesweit die 1944 komponierte Hymne, die trotz der von Stalins Namen gesäuberten neuen Redaktion immer noch mit den Zeilen anfing: *Vor Russland, dem großen, auf ewig verbündet, / steht machtvoll der Volksrepubliken Bastion. / Es lebe, vom Willen der Völker gegründet, / die einige und mächtige Sowjetunion!* Mittlerweile war in dieser Konstruktion das Wort «ewig» fraglich geworden. Die russische Karte lag plötzlich auf dem Tisch und wartete auf einen ernstzunehmenden Spieler, der sie als Trumpf verwenden konnte.

Stilübungen um eine Machtabgabe

Gorbatschow wollte von einer Unabhängigkeit Russlands nichts hören und das Imperium nach wie vor zusammenhalten, und sei es aufgrund eines neuen Bundesvertrags – diese Idee stammte von der estnischen Volksfront in deren eher halblauten Phase, noch bevor sie zur «singenden Revolution» überging. Gleichzeitig schwand seine Popularität angesichts leerer Regale und wachsender allgemeiner Unsicherheit rapide. War er auf der ersten Session des Kongresses der Volksdeputierten im Frühjahr 1989 noch mit 96 Prozent der Stimmen zum Vorsitzenden des Obersten Sowjets gewählt worden, so erhielt er im März 1990, als das Amt des Präsidenten kreiert wurde, nur noch 59 Prozent Unterstützung. Allerdings gab es zwischen den beiden Abstimmungen ein historisches Ereignis: Am 11. März beschlossen die Deputierten, den Artikel 6 über die führende Rolle, also das Machtmonopol, der Partei aus der Verfassung zu streichen. Wie überall in Osteuropa, innerhalb der UdSSR zuvor in Litauen, wurde dieser Akt vorgenommen, als die KP ihre Kontrolle über die Gesellschaft längst eingebüßt hatte. Bezeichnenderweise musste jedoch diese Entscheidung vom Politbüro zuvor erst ausdiskutiert werden. Dies geschah am 22. Januar 1990, genau vier Tage, bevor das Gremium einhellig die DDR in die Wüste schickte. In eigener Sache ging es zögerlicher zu.

RYSCHKOW *Praktisch sind wir bereits zum Mehrparteiensystem übergegangen. Ich sehe keinen anderen Weg. Die Volksfronten haben sich in politische Organisationen verwandelt. Entweder wir akzeptieren das nicht, oder aber wir gehen zu breiterem Demokratismus über mit den anderen Parteien. Das ist eine prinzipielle Frage. Man muss klar bestimmen, mit wem wir kämpfen und mit wem wir uns einigen können. Die anderen Parteien außer Gesetz zu stellen ist eine unrealistische Sache. Und man muss klarstellen, dass die KPdSU bei Aufrechterhaltung ihres Standpunkts bereit ist, mit anderen Parteien zusammenzuarbeiten.*
LIGATSCHOW *Man muss das Einparteiensystem beibehalten und gleichzeitig eine Nationale Bürgerfront gründen, in der wir alle gesunden Kräfte vereinen. Und die Kommunisten verfügen darin über Schlüsselpositionen. Es muss klargestellt werden, dass die Beteiligung von Kommunisten in antisozialistischen Organisationen mit der Mitgliedschaft in der KPdSU unvereinbar ist.*
WOROTNIKOW *Wir müssen uns mit dem Artikel 6 auseinandersetzen, aber dies nicht direkt mit dem Mehrparteiensystem verbinden. Sind wir, ist das Volk dazu bereit? Haben wir genug politische Kultur, um die KPdSU ohne juristische Garantien zu lassen? Wir dürfen die Parole des Mehrparteiensystems in diesem Augenblick auf keinen Fall verkünden.*

JAKOWLEW *Wir können nicht so tun, als wäre gar nichts geschehen. Wir müssen ehrlich sagen, dass die KPdSU um die Teilhabe an den staatlichen Organisationen mit den anderen wetteifern wird. Man muss die rechten Parteien verbieten und nur Organisationen zulassen, die an den schöpferischen Aktivitäten teilhaben können.*

SAJKOW *Ich bin gegen das Mehrparteiensystem. Wenn wir es proklamieren, wird es den Parteikomitees schlecht gehen. Sie werden zerrieben.*

MEDWEDEW *Man kann es nicht so formulieren, ob wir es zulassen oder nicht zulassen. Unsere Position richtet sich nicht auf das Mehrparteiensystem. Alle Parteien leben für den Kampf um die Macht. Wir müssen über die Demokratisierung der Gesellschaft nachdenken. Wenn wir die Gesellschaft nicht umbauen, wenn wir die Partei nicht umbauen, dann führt kein Weg am Mehrparteiensystem vorbei.*

SCHEWARDNADSE *Der bereits existierende politische Mehrparteienpluralismus muss anerkannt werden. Wir müssen klar über die Streichung des Artikels 6 aus der Verfassung sprechen.*

KRJUTSCHKOW *Wenn wir den Artikel 6 nicht beibehalten, dann ist das Mehrparteiensystem unvermeidlich. Und dies versetzt der Partei einen Schlag.*

LUKJANOW *Man muss eine Allunionsfront der Werktätigen zum Schutz der Perestroika mit der KPdSU im Mittelpunkt schaffen.*

GORBATSCHOW *Wir müssen betonen, dass das Mehrparteiensystem allein kein Allheilmittel ist. Das Wesentliche liegt im System. (...) Wir haben es mit einer Dezentralisierung zu tun, und es fehlt an ausgleichenden Mechanismen. Das ist die Frage, die wir nicht verschieben können. Man braucht eine starke Exekutive. Wie soll der Staatschef heißen: Vorsitzender oder Präsident? Vielleicht ein Kabinett mit präsidialen Funktionen auf dem Gebiet der Wirtschaft und Sicherheit.*

Die Genossen müssen während dieses Diskurses Tantalusqualen gelitten haben, etwa so, als müssten geborene Monarchisten und Angehörige des Hofadels eine Debatte über die Republik führen oder Kirchenfürsten über die Einführung des Atheismus in Priesterseminare reden. Man war bereit, die unlösbare Frage lieber einem aus dem eigenen Kreis kommenden Philippe Égalité zu überantworten. Die Funktionäre handelten eindeutig unter dem Druck der Angst, aber nicht vor den Informellen, Volksfronten oder der soeben in Entstehung befindlichen oppositionellen Interregionalen Deputiertengruppe. Vor allem nach der Massenkundgebung in Moskau am 25. Februar 1990 mit 200 000 geschätzten Teilnehmern hatten sie Albträume von einer Revolte à la Bukarest: Es quälte sie die nackte Angst vor dem Volk. Der Leningrader Parteisekretär Boris Gidaspow, ein aus der Industrie kommender Funktionär und ansonsten ein harter Bursche, gab auf einer Sitzung zu: *Ich fahre jeden Morgen zur Arbeit und sehe die Schlangen vor den Geschäften – hundert, manchmal tausend Menschen. Und ich denke: Jemand wirft plötzlich einen Stein in das Schaufenster, und in Leningrad bricht die Konterrevolution aus. Und wir können das Land nicht retten.*

Gorbatschow beteiligte sich kaum an der Diskussion über die Aufgabe der «führenden Rolle» der Partei, obwohl er zweifelsohne Initiator des diesbezüglichen «Entwurfs der Plattform der KPdSU zum ZK-Plenum» war. Sein Beitrag erschöpfte sich darin, den eigenen Bewegungsspielraum durch eine starke Präsidentschaft zu erhöhen, ohne die Partei als Hinterland aufzugeben. So wollte er maßgeblichen Einfluss ausüben auf so wichtige Angelegenheiten wie die Sicherung der elementaren Lebensmittelversorgung, die Regelung der Eigentumsverhältnisse und die neue Föderation. Er wollte Reformen durchführen und gleichzeitig Feuerwehr spielen. Der Nomenklatura garantierte er trotz der Streichung ihres Monopols immer noch starke Machtpositionen. Formal stützte er sich auf den Obersten Sowjet, während ihm qua Verfassung die wirklichen Machtorgane unterstanden – Armee, KGB und Innenministerium.

Die Frage, ob Gorbatschow zu dieser Zeit bereits eine innere Wandlung zum Sozialdemokraten vollzogen hatte oder zum «Verräter» wurde, wie dies unter anderem Ligatschow behauptete, und gegenüber der Partei nur noch eine Hinhaltetaktik betrieb, lässt sich schwerlich beantworten. Selbst die nächste Umgebung rätselte darüber. Einerseits sagte er zu seinen Beratern: *Ich bin bereit, so weit zu gehen, wie ihr es euch nicht vorstellen könnt.* Andererseits vollzog er gegenüber seinen Gegnern zweideutige Gesten: Fanatische Großrussen lud er in seinen Präsidentenbeirat ein, und den Tag des Sieges im Mai 1990 feierte er mit Helden der Sowjetunion, unter ihnen Marschällen und Generälen, wohl wissend, wie es um deren Stimmung seit dem angekündigten Rückzug aus Osteuropa bestellt war. Regelmäßig befand er sich auf Sitzungen des Politbüros mit Menschen, die er am liebsten in Rente geschickt hätte. Mehr noch: Er bereitete eifrig den XXVIII. Parteitag der ihrer Exklusivmacht beraubten KP vor und wollte, zumindest in seinem offiziellen Duktus, dass dieser «ein großer Erfolg» würde. Offensichtlich, und dies erklärt teilweise den Erfolg seiner auf Messers Schneide balancierenden Taktik, war er selbst ambivalent und hatte nur eine einzige wirkliche Priorität: den Zusammenhalt der Sowjetunion um jeden Preis und möglichst ohne Gewalt. In diesem ohnehin komplizierten Prozess passierte nun jener politische GAU, den er schon lange befürchtet hatte – die Verselbstständigung des russischen Nationalismus, dessen Protagonist der wie ein Phönix aus der Asche erstandene Erzfeind wurde.

Boris Jelzin oder
Der Beginn einer Doppelherrschaft

Ursprünglich hatten sich um den früheren Moskauer Parteichef in dessen Interregionalen Gruppe ehemalige Gorbatschow-Anhänger gesammelt, die das Tempo der Perestroika als zu lasch und die Bindungen des Generalsekretärs und Präsidenten an den Apparat für zu eng erachteten. Hilfstrupp dieser parlamentarischen Opposition waren über einen längeren Zeitraum hinweg die Informellen, und die Zugehörigkeit von Andrej Sacharow verlieh ihnen ein außerordentliches moralisches Gewicht. Nach dem Tod des Bürgerrechtlers im Dezember 1989 absorbierte Jelzins Bewegung den größeren Teil der Dissidenten, während eine Minderheit bei dem intransigenten Antikommunismus und in zunehmender Isolierung verblieb. Gorbatschows neostalinistische Gegenspieler hingegen wählten lieber den machtgeschützten Raum, obwohl auch hier einige linkskommunistische Sekten entstanden waren. Was die hauptberuflichen Funktionäre in Machtnähe hielt, war außer den üblichen Vorteilen ihre gemeinsame Auffassung über die Notwendigkeit der Beibehaltung des Sowjetstaates. Mit der Zeit aber verstärkte sich vor allem nach der Verselbstständigung der litauischen KP die Tendenz, eine eigene Russische Kommunistische Partei zu gründen, wogegen sich Gorbatschow mit Händen und Füßen, aber letztlich erfolglos sträubte.

Der Präsident – und dies war eine seiner kapitalen Fehleinschätzungen – hielt nicht allzu viel von Jelzins politischen Fähigkeiten und menschlichen Qualitäten. Nach dessen relativ moderater Entfernung aus dem engen Machtbereich sagte er zu ihm in einem Gespräch unter vier Augen: *Vergiss nicht, Boris Nikolajewitsch, in die Politik lasse ich dich nicht rein!* Jelzins Auftritte auf der Parteikonferenz 1988 oder als Deputierter 1989 empfand er allerdings als nützliches Gegengewicht in seinem eigenen Kampf mit der innerparteilichen Fronde. Die massenhafte Abwanderung der wissenschaftlichen und künstlerischen Elite in Jelzins Lager verletzte seine Eitelkeit, aber er sah darin eher einen Beweis für typische Schwankungen der Intellektuellen. Dabei entging ihm völlig die geradezu charismatische Ausstrahlung des Swerdlowskers auf die einfachen Menschen, wobei er nicht einmal annähernd die rhetorischen Fähigkeiten seines Gegners erreichte – aber auch nicht benötigte. Schachnasarow hatte das Phänomen besser erkannt, und er ist in diesem Punkt schon allein deshalb glaubwürdig, weil er in seinen Memoiren keineswegs mit Lobgesängen auf Gorbatschow selbst gespart hat. So schätzte er Gorbatschows Rivalen zunächst rein phänotypisch: *Seine mächtige Statur, der edle weiße Haarschopf, offener Blick der ausdrucksvollen grauen Augen, stolze Körperhaltung – all dies machte einen erfreulichen Eindruck. Die Frauen waren ganz verrückt nach ihm, aber auch Männer geizten nicht mit Ruhmesworten.* Noch mehr beeindruckt war der Präsidentenberater von Jelzins Auftritt auf dem Kongress der Volksdeputierten in der Rolle des Oppositionsführers, und er gestand seinen Kollegen, ihn gerne in Gorbatschows Lager gewusst zu haben.

Er war der Meinung, dass Jelzin geeignet wäre, als Motor der demokratischen Reformen zu dienen: *Die Kraft seines militanten Temperaments und die Tatsache, dass er an keine Verantwortung für den allgemeinen Gang der Angelegenheiten im Lande gebunden ist, könnten ihn befähigen, energischer und mutiger aufzutreten. Gorbatschow könnte dann die Reaktion abwarten und dementsprechend den Waghalsigen unterstützen oder wegen seines übertriebenen Schwungs rügen. Ein solches Tandem könnte lange bestehen.* Da jedoch Schachnasarow auch Jelzins intellektuelle Schwächen und politische Konzeptionslosigkeit kannte, wollte er wissen, was Russlands beste Köpfe an ihm (und immer weniger an Gorbatschow) anziehend fanden. In einer Kongresspause entstand darüber ein Gespräch zwischen ihm und dem Ökonomen und späteren Moskauer Bürgermeister Gawriil Popow.

SCHACHNASAROW *Warum haben die Demokraten Jelzin zu ihrem Führer auserkoren, was finden sie an ihm?*
POPOW *Er gefällt dem Volk. Er ist mutig, er haut das System stärker als alle.*
SCHACHNASAROW *Aber sein politisches Potenzial ist nicht besonders groß.*
POPOW *Er muss sich auch nicht anstrengen, das ist bereits unsere Sorge.*
SCHACHNASAROW *Gawriil Charitonowitsch, aber was macht ihr, wenn er, wie man sagt, seinen eigenen Weg gehen wird?*
Schachnasarow spielte hier auf eine angebliche Äußerung des jungen Lenin an, nachdem sein Bruder Alexandr wegen eines Attentatsversuchs auf den Zaren hingerichtet worden war: «Wir werden den eigenen Weg gehen.»
POPOW *Ach was, mein Täubchen! In diesem Fall schütteln wir ihn einfach ab, und basta!*

Das mit dem Abschütteln war natürlich ein eitler Traum der Intelligenzija. Einer der leidenschaftlichsten Parteigänger Jelzins, der Ökonom Jegor Gajdar, den er 1992 kurzfristig sogar zum Regierungschef erkor, schilderte enttäuscht in seinen Erinnerungen Jelzins mit dem Wachstum seiner Macht rapide sinkende Fähigkeit, Kritik oder gar vorsichtige Ratschläge anzunehmen. Dieser hochbegabte, blitzschnell denkende, aber unausgeglichene, alkoholkranke Mann mit chronisch beleidigtem Ehrgeiz folgte längst seinem eigenen Weg. Im Jahre 1990 fand er auch den kürzesten Modus der Profilierung: Er wollte einfach russischer Staatschef werden – nicht mehr und nicht weniger. Der historische Augenblick war geschickt gewählt. Von Moldawien bis hin zum Land der Tataren hatten 1990 Dutzende kleiner Landesteile ihre Souveränität erklärt – der Vorgang ist als «Parade der Souveränitäten» in die Geschichte eingegangen. Gleichzeitig nahm das neu geschaffene russische Parlament, ein Pendant des Kongresses der Volksdeputierten, mit großer Mehrheit eine Erklärung an: *Der erste Kongress der Volksdeputierten der RSFSR im historischen Bewusstsein seiner Verantwortung für Russlands Schicksal und unter Respektierung der souveränen Rechte aller der UdSSR angehörenden Völker, den Willen der Völker der RSFSR zum Ausdruck bringend, verkündet feierlich die staatliche Souveränität der Russischen Sowjetischen Föderativen Sozialistischen Republik auf deren ganzem Territorium und erklärt gleichzeitig, in der Zusammensetzung der erneuerten Union der SSR einen demokratischen Rechtsstaat zu schaffen.*

Das Territorium der frisch gebackenen Republik war geografisch zu großen Teilen identisch mit dem Staat UdSSR und hatte mit Moskau dieselbe Hauptstadt. Die «erneuerte Union der SSR» existierte noch nicht, aber allein der Anspruch, einem noch zu schaffenden Staatsgebilde anzugehören, hatte etwas Ultimatives an sich. Es war auch absehbar, dass der künftige Präsident dieser Republik kein anderer als Boris Jelzin sein würde. Die Präsidentenwahlen fanden im Juni 1991 statt, und der russische Staatsgründer gewann sie mit 57 Prozent der Stimmen – ungefähr demselben Stimmenanteil, den sein Gegner ein Jahr zuvor als sowjetischer Präsident erhalten hatte. Jedenfalls musste Gorbatschow von nun an in Jelzin nicht nur einen erfolgreichen Oppositionsabgeordneten, sondern einen potenziell neuen, mächtigen Staatschef sehen. Um den Seelenzustand ihres Gatten besorgt, fragte nun Raissa Maximowna den Berater, was er über Jelzins Auftritt in der neuen Rolle dachte. Schachnasarow antwortete: *Das ist eine Kriegserklärung, nicht die erste. Aber noch kein Beginn der Kampfhandlungen. (...) Man muss mit den Republiken an dem Bundesvertrag arbeiten.* Darauf bemerkte Gorbatschows Frau düster: *Ich fürchte, dass man die Sache nicht lange verschieben kann. Dieser Mann spielt Vabanque.*

Im Sommer 1990 sah es für kurze Zeit so aus, als könnten die beiden Präsidenten noch ohne Dolmetscher miteinander reden. Jelzins Wirtschaftsexperten Stanislaw Schatalin und Grigorij Jawlinskij erarbeiteten ein sogenanntes 500-Tage-Programm zur wirtschaftlichen Sanierung, praktisch eine Schocktherapie mit schnellem Übergang zur Marktwirtschaft, die von den meisten Ökonomen für völlig utopisch gehalten wurde. Gorbatschow akzeptierte anfangs das Projekt, wahrscheinlich in der Hoffnung auf eine Waffenpause im Krieg gegen Jelzin. Als dann aber der Oberste Sowjet die «500 Tage» zu Recht als sozial unverträglich ablehnte und die Rückkehr der auf sechs Jahre berechneten Reform des Ökonomen Leonid Abalkin vorschlug, eröffnete der russische Präsident erneut das Gefecht. Diesmal stellte er im eigenen Parlament den Antrag, Russland solle es grundsätzlich verweigern, sich der sowjetischen Zentrale zu unterwerfen.

Dies geschah am 16. Oktober 1990, in einem Monat, der für Gorbatschow angenehm begonnen hatte. Am 4. Oktober sonnte er sich als Ehrengast an der Seite von Bundeskanzler Helmut Kohl bei den Feierlichkeiten zu Deutschlands Wiedervereinigung. Am 15. Oktober erhielt er die Nachricht, dass man ihm in Oslo den Friedensnobelpreis verliehen hatte. Ob Jelzin ihm gerade diese Freude nehmen wollte, sei dahingestellt – es wäre seinem nachtragenden Charakter nicht ganz fremd gewesen. Gewiss in böser Absicht handelte aber die andere Seite, die offiziell zu Gorbatschows «Anhängerschaft» zählte. Wie der empörte Tschnernjajew berichtete, teilte die Armeeführung am 23. Oktober mit, Atomversuche auf der Insel Nowaja Semlja im Nordpolarmeer abhalten zu wollen, genau an dem Tag, der für die Nobelpreisrede ursprünglich vorgesehen war. KGB-Chef Krjutschkow legte in diesen Tagen jeden Morgen «Briefe der Werktätigen» auf den Schreibtisch des Präsidenten. Einige Kostproben: *Herr Generalsekretär, ich gratuliere Ihnen zum Preis der Imperialisten dafür, dass Sie die UdSSR zerstört und Osteuropa verkauft haben, die Rote Armee zerschlagen haben, alle Ressourcen den Vereinigten Staaten und die Medien den Zionisten überlassen haben.* Eine andere Botschaft: *Herr Nobelpreisträger, wir gratulieren Ihnen dazu, dass Sie das Land auseinandergetrieben haben. Sie haben den Preis des Weltimperialismus und Zionismus verdient für den Verrat an Lenin und am Oktober.*

Ebenfalls auf Gorbatschows Schreibtisch landete ein KGB-Bericht, dem zufolge 90 Prozent der Sowjetbürger die Verleihung des Nobelpreises an ihn verurteilten. Der Berater Tschernjajew hakte bei seinem Chef nach, warum sein führender Geheimpolizist eigentlich diese Informationen sammle und ihm regelmäßig auftische. Gorbatschow stellte mit traurigem Kopfschütteln die Gegenfrage: *Meinst du, dass ich mir darüber keine Gedanken mache?*

Vilnius: der Tiefpunkt

Die auf den 11. März 1990 datierte Souveränitätserklärung der Litauischen Republik sprach von der Wiederherstellung der Staatsform, wie sie vom litauischen Sejm 1918 festgesetzt worden war, und betrachtete die Zeit nach 1940 als eine der illegitimen Fremdherrschaft und Annexion. Damit verpasste die Unabhängigkeitsbewegung Sajudis der Zentrale in Moskau einen kaum erträglichen Tiefschlag und beeinträchtigte die eigene Manövrierfähigkeit. Außerdem entwickelte die Führung der früheren SSR eine gesetzgeberische Tätigkeit und schuf Fakten und Akten, die selbst einem etablierten Staat zur Ehre gereicht hätten. Allein im ersten Halbjahr ihrer Existenz erließ die Republik mehr als tausend Dokumente, deren Mehrzahl die Unterschrift von Landsbergis trug, dem Vorsitzenden ihres Obersten Sowjets. Diese Texte wurden auf Litauisch und Russisch veröffentlicht. Größtenteils befassten sich die verschiedenen Verordnungen mit dem Aufbau des neuen Apparats, heraldischen Lösungen für die Staatswappen des Landes und der Städte oder mit der Verleihung der Staatsbürgerschaft an einzelne Antragsteller. Heikel wurde es, wenn direkte sowjetische Interessen betroffen waren. Dies war der Fall bei dem Beschluss über die Grenzziehung zur UdSSR vom 20. März, die Unterstützung der Militärdienstverweigerung von litauischen Jugendlichen in der Sowjetarmee vom 9. April oder die Einführung der eigenen Wehrpflicht vom 17. Juli. Eher formal fragwürdig, aber nicht unwichtig war die Betitelung der Kremlführer in den direkt an sie gerichteten Botschaften. So hieß der Präsident in einem Brief «Ihre Exzellenz» ohne direkte Anrede, «Sehr geehrter Michail Sergejewitsch» oder gar «Verehrter Präsident», während man bei westlichen Adressaten die korrekte protokollarische Form beachtete.

All dies soll nicht bedeuten, dass die litauischen Briefschreiber ihre Gegner aus reiner Höflichkeit als «Werte Genossen» hätten bezeichnen sollen, und es muss nicht extra betont werden, dass sie historisch im Recht und auch ihre Bestrebungen zur Wiederherstellung der nationalen Würde völlig legitim waren. Dennoch mussten sie sich der Tatsache bewusst sein, dass ihnen ein langer Nervenkrieg bevorstand, dessen Spannungen die Bevölkerung stark in Mitleidenschaft ziehen würden. Diesmal setzte der Kreml keine scharfen Spaten und kein Tränengas «Tscherjomucha» ein, sondern antwortete mit einer gnadenlosen Wirtschaftsblockade und militärischen Isolierung der abtrünnigen Provinz. Und an dieser «weichen» Variante waren nicht nur die Hardliner der Armee und des KGB beteiligt, sondern auch Gorbatschow selbst. Man rechnete offensichtlich damit, dass die ökonomischen Schwierigkeiten die Geduld der Menschen auf die Probe stellen und die Regierung ins Wanken bringen würden. Diese Rechnung schien aufzugehen, als Anfang Januar Straßenproteste wegen massiver Preiserhöhungen die litauische Ministerpräsidentin Prunskene zum Rücktritt zwangen. Das Einlenken des Kabinetts schien nicht unwahrscheinlich, denn die Sajudis-Führung hatte bereits mehrmals angedeutet, während laufender Verhandlungen von weiteren Akten der Gesetzgebung abzusehen. Offensichtlich erwartete der sowjetische Präsident in dieser Situation eine nicht ganz freiwillige, dennoch gütliche politische «Lösung» der baltischen Krise.

Seine Feinde im Machtbereich wollten aber weiter gehen und den Präsidenten selbst unter Druck setzen. Dmitrij Jasow sah das Problem bereits ein Jahr zuvor deutlicher als sein höchster Arbeitgeber: *Wenn nur eine Republik weggeht, ist Gorbatschow am Ende, wenn er aber Stärke anwendet, um dies zu verhindern, dann auch.* In der Tat befand sich Gorbatschow am Vorabend der Ereignisse in Vilnius in einer totalen Umzingelung: auf der einen Seite der Hass der Bevölkerung wegen leerer Regale und die kaum zu bändigende, mit Machtgier gepaarte Rachsucht Jelzins, auf der anderen der Ruhm des Friedensnobelpreises und die anhaltende Begeisterung der freien Welt, der er aber so gut wie nichts mehr anzubieten hatte. Unter diesen Bedingungen war er bereit, Krjutschkows Beteuerungen Glauben zu schenken, dass eine «internationalistische», das heißt sowjettreue Fraktion der litauischen KP bereit sei, zu gegebener Stunde ein «nationales Rettungskomitee» à la Jaruzelski 1981 zu bilden und in Litauen eine von Moskau dirigierte präsidiale Herrschaft zu begründen. Eine derartige Lösung würde dann auch die Volksfronten der beiden schwächeren baltischen Länder Lettland und Estland zur Räson bringen.

Als die Sondereinheiten der Armee und Staatssicherheit mit ihren Panzern am 13. Januar in den Abendstunden vor dem Gebäude der Fernsehzentrale standen, erreichte Gorbatschow auf seiner Datscha die Nachricht, «eine Gruppe von litauischen Arbeitern» habe den bösen Separatisten endlich den Krieg erklärt, und die Lage sei unter Kontrolle. Ob der Präsident diese glatte Lüge schluckte oder nur so tat, kann heute nicht mehr entschieden werden. Jedenfalls stürmte die Armee den Sender und löschte in dieser Nacht vierzehn Menschenleben aus. Ein weiteres militärisches Ziel wurde nicht erreicht und war vielleicht auch nicht intendiert. Das mit Sandsäcken verbarrikadierte Parlamentsgebäude wurde nicht angegriffen. Es fällt schwer, nicht anzunehmen, dass die Angreifer einzig und allein Gorbatschows Reputation zerschlagen wollten, was ihnen mit dessen Hilfe auch gelungen war. Nun bezeichneten Intellektuelle, die Gorbatschow früher nahestanden, ihn als Mörder und Tyrannen, und haufenweise wandten sich politische Mitstreiter demonstrativ von ihm ab – Außenminister Schewardnadse tat dies bereits im Dezember 1990 auf der Sitzung des Obersten Sowjets, wo er vor der

Errichtung einer neuen Diktatur warnte. Der russische Oppositionsführer Boris Jelzin hingegen triumphierte und flog nach Tallinn zu einem Solidaritätsbesuch.

Selbst der getreue Tschernjajew schwankte, denn er konnte sich zu seiner eigenen Entrüstung gut vorstellen, dass sein Idol das Blutbad zumindest in Kauf genommen hatte. Er schrieb sich in einem Brief, den dann aber seine Sekretärin Tamara sorgfältig im Safe verwahrte, damit er nicht so schnell an den Adressaten gelange, die ganze Frustration von der Seele. Der Siebzigjährige fühlte sich zu einer bitteren Bilanz genötigt: *Ich habe Prag nur schwer überlebt. Ich verurteilte die Invasion innerlich und sagte es auch meinen Freunden und meiner Tochter: «Vergiss nicht – ein großes Land hat sich mit Schande bedeckt, und es wird uns keine Verzeihung gewährt werden.» Auch meine äußerste Empörung wegen des Eindringens in Afghanistan verhehlte ich nicht im Kreis der Mitarbeiter der Internationalen Abteilung des ZK – obwohl ich für die Politik, die zu diesen Interventionen führte, nur in dem Maße Verantwortung trug, wie man sie einem einfachen Apparatschik aufbürden kann. Hingegen hatte ich zur Politik der letzten fünf Jahre eine direkte Beziehung. Das war eine Politik, die die Wiederholung von dem, was 1968 oder 1979 geschah, ausschließen sollte. Nun stellte sich heraus, dass dies nicht der Fall ist. Und Berührung mit einer Politik, die ihr eigenes Herzstück verrät, kann ich nicht haben.*

Am Vortag der Explosion im Baltikum fand ein Telefongespräch zwischen George Bush sen. und Gorbatschow statt. Der US-Präsident, der unmittelbar vor Kriegshandlungen gegen den Irak stand, wollte sich einerseits der wohlwollenden Haltung der Sowjets vergewissern, andererseits war er von seinen Geheimdiensten über die kritische Situation in Vilnius unterrichtet worden. Er wollte aber alles aus erster Hand erfahren, wie es unter politischen Freunden, die einander «George» und «Mike» nennen, üblich ist. Der Berater hatte mitgehört und sorgfältig Protokoll geführt.

GEORGE *Mich interessiert selbstverständlich, wie es bei euch geht und was geschieht.*

MIKE *Außer den Marktprozessen, die wir einleiteten, mussten wir extraordinäre Maßnahmen ergreifen, um die wirtschaftlichen Kontakte aufrechtzuerhalten. Also die Prozesse sind widersprüchlich. (...) Wir haben ernsthaf-*

te Probleme im Baltikum, besonders in Litauen, in Georgien und Berg Karabach. Ich versuche alles zu tun, um Steilkurven zu vermeiden, aber das ist nicht leicht.
GEORGE Mich beunruhigen und quälen sogar eure inneren Probleme. Als Außenstehender kann ich nur sagen: Wenn es euch gelingt, die Anwendung von Stärke zu vermeiden, wird das euren Beziehungen zu uns wohltun, und nicht nur zu uns...
MIKE Das ist unser Hauptbestreben. Und wir mischen uns erst in dem Fall ein, wenn Blut fließt oder wenn Unruhen entstehen, die nicht nur unsere Verfassung, sondern auch Menschenleben bedrohen. Jetzt wird auf mich und auf den Obersten Sowjet ein kolossaler Druck ausgeübt, damit wir in Litauen die präsidiale Herrschaft einführen. Ich halte mich noch, aber ehrlich gesagt zeigt sich (...) Landsbergis nicht bereit zu irgendwelchen konstruktiven Bewegungen. (...) Die Situation entwickelt sich ungünstig. (...) Ich versuche alle politischen Möglichkeiten auszuschöpfen, und nur im Fall einer sehr ernsthaften Bedrohung unternehme ich steile Schritte...
GEORGE Ich schätze Ihre Erklärungen.
MIKE Wir werden verantwortlich handeln, aber nicht alles hängt von uns ab. Heute wurde dort bereits geschossen... Ich tue alles, damit die Entwicklung der Ereignisse nicht ins Extrem übergeht. Aber selbstverständlich, wenn eine ernsthafte Bedrohung besteht, dann werden bestimmte Schritte notwendig...

Dieses Gespräch war zweifellos der Tiefpunkt von Gorbatschows Doppelzüngigkeit, mit der er gleichzeitig seinem demokratischen Weltruf und den Ansprüchen der Soldateska genügen wollte. Dass er den US-Präsidenten direkt belog, war noch verzeihlich. Schließlich hatte auch George seinen Mike nicht in alle Einzelheiten seiner bevorstehenden Offensive gegen Saddam Hussein eingeweiht. Aber Gorbatschow muss gewusst haben, dass der «kolossale Druck», der die Auflösung des litauischen Parlaments und eine direkte Präsidentschaft forderte, im Kreml entstanden war und dass die selbst ernannten Retter der Nation niemanden außer sich selbst vertraten. Es war bis zu diesem Tag kein einziger Schuss in Vilnius gefallen – eine wirkliche Bedrohung stellten nur die dorthin abkommandierten sowjetischen Truppen dar. In diesem Moment konnte das Blutvergießen noch vermieden werden, und dass es doch dazu kam, daran trug der Präsident seinen Teil der Verantwortung.

Dies muss deshalb betont werden, um festzustellen, dass sich Gorbatschows Verantwortung darin auch erschöpfte. Einen Befehl, auf die friedlichen Demonstranten das Feuer zu eröffnen, hat er nicht erteilt, und er war von der Nachricht über die Toten ehrlich erschüttert. Stärker erschüttert war nur noch die freie und frei gewordene Welt: Sie erkannte in diesem barbarischen und sinnlosen militärischen Akt den Mann des Friedens mit den funkelnden, lächelnden Augen nicht wieder. Plötzlich schien die uralte Angst vor den Sowjets wieder aktuell zu werden. Als gleichzeitig der Golfkrieg ausbrach, reagierten besonders die Ungarn wetterfühlig: Sie erinnerten sich an die fast mystische Beziehung zwischen der Sueskrise und der sowjetischen Invasion in Budapest im Oktober und November 1956. Selbst der Präsident verstand die Absurdität der Situation, brauchte jedoch noch eine ganze Woche, bis er es schaffte, sich von seinen brutalen Militärs und der freiwilligen litauischen Quisling-Truppe zu distanzieren. Am 22. Januar erklärte er in aller Öffentlichkeit, dass das Toben des Terrors in Vilnius *in keinem Fall der Ausdruck der Präsidentenmacht war*. Dieser Rückzieher war richtig und ehrlich, kam aber zu spät. Für einen Menschen, dem die goldenen Worte «Wer zu spät kommt, den bestraft das Leben» zugeschrieben werden, war diese Verzögerung ein Zeichen des fatalen Umgangs mit dem Teuersten, was es zu schwierigen Zeiten geben kann: mit der Zeit.

Hingegen hatte, wie Andrej Gratschow erwähnt, die misslungene Operation in Vilnius einen beinahe absurden Konstruktionsfehler: Die Organisatoren – Warennikow, Jasow, Krjutschkow und selbst der Lette Pugo – verrechneten sich im Unterschied der Zeitzonen. Ihre Truppen landeten in der litauischen Hauptstadt um eine Stunde zu früh, als die von ihnen erkorenen «gesunden Kräfte» der Werktätigen noch nicht bereit waren, in bescheidener Anzahl vor dem Fernsehgebäude zu erscheinen. Gratschow vertritt die Meinung, dass hier etwas ganz Ähnliches passierte wie im April 1961 in Kuba. Auch die vom Präsidenten Kennedy initiierte Aktion – die Landung der Exiltruppen in der Schweinebucht – war um eine Stunde verfrüht, da die provisorische Regierung noch in Miami saß. Und eine nennenswerte Opposition gegen Castro im Lande gab es damals nur in den Träumen der CIA, die Kennedy in dieses von vornherein zum Scheitern verurteilte Abenteuer stürzte.

Im Falle Gorbatschows erwies sich die Tatsache als besonders verhängnisvoll, dass er außerstande war, sich von den Verbrechern in Vilnius rechtzeitig zu distanzieren, wobei diese Männer identisch waren mit jenen, die einige Monate später den Putsch gegen den Staatschef organisierten. Dass sie dabei nicht weniger ungeschickt handelten als bei der Aktion im Januar, war ein Glück für die russische Demokratie, änderte jedoch am politischen Schicksal des Vaters der Perestroika so gut wie nichts mehr.

9

Zwischen Amt und Würde – ein Abgang

Ein Volk mit zwei Präsidenten

Mit dem Druck auf das Baltikum wollte Gorbatschow Zeit gewinnen: Seinem Plan gemäß sollte im Frühjahr 1991 ein Referendum über das Weiterbestehen der Sowjetunion stattfinden. Die an das Volk gerichtete und schlau gemeinte Frage hieß: «Halten Sie die Beibehaltung der Union der Sozialistischen Sowjetrepubliken als erneuerter Föderation gleichrangiger souveräner Republiken, in der die Rechte und Freiheiten der Menschen jeglicher Nationalität vollständig garantiert werden, für notwendig?» Diese Frage sollte auch in den Republiken gestellt werden, die bereits ihre Souveränität erklärt hatten. Da die Russen die ethnische Mehrheit in der UdSSR stellten, ging er von einem überwältigenden «Ja» aus und hoffte dabei auch auf die Stimmen der nichtrussischen, vor allem der beiden slawischen Nationen Ukraine und Weißrussland.

Diese Rechnung ging nur teilweise auf. An der Volksabstimmung vom 17. März 1991 nahmen von den fünfzehn Republiken nur neun teil: Die drei baltischen Staaten sowie Moldawien, Armenien und Georgien verweigerten die Aufstellung von Landeswahlbüros aufgrund ihrer bereits erklärten Souveränität. Von den Bürgern der neun übrigen Bundesländer, immerhin 148 Millionen Sowjetmenschen, stimmten 113 Millionen Stimmberechtigte für den Erhalt der Union, also 76,4 Prozent. Diese Zahl kann sogar als moralischer Erfolg Gorbatschows betrachtet werden und spricht für den richtigen Machtinstinkt des Präsidenten – immerhin galt die Zustimmung einem Land, in dem das Alltagsleben mit jedem Tag schwieriger wurde und der Staatschef sich nicht gerade auf dem Höhepunkt seiner Popularität befand. Allerdings sollte am selben Tag noch eine andere Frage beantwortet werden, die Boris Jelzin exklusiv an die Wähler der Russischen Föderation richtete: «Halten Sie die Einführung der Position eines Präsidenten der Russischen Sozialistischen Föderativen Sowjetrepublik für notwendig, der durch direkte Abstimmung vom ganzen Volk gewählt wird?» Und da er sich des eigenen Sieges bei einer russischen Präsidentenwahl ziemlich sicher war, bedeutete seine Version der Volksbefragung praktisch: «Wollt ihr mich?» Der Ausgang dieses Volksbegehrens ähnelte der von Gorbatschow initiierten Abstimmung. Von 76 Millionen Bürgerinnen und Bürgern, die an den Urnen erschienen waren, befürworteten 53 Millionen, also 69 Prozent, die russische Präsidentschaft.

Die Motive der Wähler bei diesen zwei Referenden im sechsten Jahr der Perestroika konnten jedoch kaum unterschiedlicher sein. Für die Beibehaltung der UdSSR stimmten vor allem die im Geiste des sowjetischen Patriotismus erzogenen Menschen, die den vom Gorbatschow'schen Reformkurs ausgelösten Zerfallsprozess der Union bremsen wollten. Andere, vor allem die außerhalb ihrer engeren Heimat lebenden Millionen von Russen, hatten einfach Angst, getrennt vom Mutterland unter aserbaidschanische, usbekische oder gar ukrainische Herrschaft zu geraten. Auch unterstützte ein trauriger Rest der gemäßigten Parteigänger des Präsidenten sein Projekt aus reiner Loyalität.

Jelzins Lager war ebenfalls gespalten. Neben den überzeugten Großrussen, die alle anderen Nationalitäten als Sündenböcke für die Schwierigkeiten der Union betrachteten, stimmten hier auch viele Funktionäre und einfache Genossen für die Einführung des russischen Präsidentenamtes. Sie sahen in Gorbatschow den Verräter an den heiligen Idealen und rechneten mit dem Sieg eines halbwegs kommunistischen Präsidentschaftskandidaten, der die Sowjetmacht wenigstens in ihrer Urheimat retten könnte. Eine dritte Kategorie wollte mittels einer starken Hand schlicht die bisherigen Krisenherde Kaukasus, Baltikum und Zentralasien loswerden, wobei viele darauf hofften, dass die beiden slawischen Nationen die historische Bruderschaft letzten Endes nicht aufkündigen würden.

Diese offenkundige Spaltung der spätsowjetischen Gesellschaft zementierte die Doppelherrschaft, die sich bereits mit der Profilierung Jelzins als russischem Oppositionsführer im Kongress der Volksdeputierten abgezeichnet hatte. Als dieser schließlich am 12. Juni mit 59 Prozent, die anderen Kandidaten weit hinter sich lassend, die Wahlen gewann, hatte das arme Volk plötzlich zwei gleichermaßen legitime Präsidenten und eine abstruse Zweistaatlichkeit auf dem Gebiet der Russischen Föderation. Allein dieser Umstand ließ Gorbatschows letzten messbaren Erfolg zu einem Pyrrhussieg werden. In den nächsten Monaten musste er die

Modalitäten der Beibehaltung seines Imperiums, unabhängig vom Volkswillen, mit seinem Widersacher aushandeln. Die Souveränität der zu erneuernden Sowjetunion musste mit derjenigen Russlands und einiger anderer Republiken, die noch zu einer Einigung bereit waren, in Einklang gebracht werden.

Das lange Tauziehen um die neue Staatsform trug nach dem Ort der Verhandlungen den Namen «Prozess von Nowo-Ogarewo». Die Marathongespräche in dem alten Adelsnest, nunmehr Gorbatschows Residenz, 35 Kilometer von Moskau entfernt, drehten sich vordergründig um die Frage nach Föderation oder Konföderation als Modell, was in der Konsequenz selbstverständlich auch die Befugnisse der Teilnehmer stark mitbestimmen würde: Eine Konföderation bedeutete vollständige Souveränität der Beteiligten, eine Föderation hingegen nur eine begrenzte, zum Beispiel einen gemeinsamen Wirtschafts- und Währungsraum. Gorbatschow versuchte vom Einheitsstaat zu retten, was nach seiner Auffassung noch zu retten war. Jelzin erwies sich nicht nur als zäher, sondern auch als äußerst kapriziöser Partner. Bereits angenommene Vereinbarungen betrachtete er plötzlich als ungültig, und immer wieder warf er neue Forderungen in die Debatte. Sein eindeutiges Ziel in diesem Männerkampf bestand darin, seinem Gegner so wenig Macht zu überlassen wie irgend möglich. Diesem Ehrgeiz setzten nur Gorbatschows internationale Akzeptanz und seine besseren Fähigkeiten im direkten Streit gewisse Grenzen. Und der sowjetische Präsident gab nicht klein bei: *Ich lasse mich nicht zu einer englischen Königin machen!*, wiederholte er vor Freunden. In der Endphase wurden die anderen Republiken mit ihrem jeweils eigenen Standpunkt einbezogen, was die Atmosphäre zwischen den beiden Kontrahenten ein wenig befriedete.

Am 8. Mai waren die Konturen einer grundsätzlichen Vereinbarung zur künftigen Staatsform erkennbar. Jelzin kam mit der Siegesmeldung in den Kreml, «seine» Autonomen Republiken – Baschkirien, Tatarstan, Udmurtien, Jakutien und andere – seien bereit, einen Föderativen Vertrag abzuschließen. Wenn die Moskauer Zentrale die Sowjetrepubliken zu einer ähnlichen Vereinbarung bewegen könne, stehe dem großen Konsens nichts mehr im Wege. Die Loyalität von einem Dutzend kleiner Republiken hatte der russische Präsident mit seinem berühmt gewordenen großspurigen Angebot erreicht: *Jeder darf so viel Autonomie in Anspruch nehmen, wie er verdauen kann.* Wenig später schon begannen seine Schwierigkeiten mit Tschetschenien, das mehr Appetit hatte, als es der russischen Zentrale lieb war.

Debattiert wurde vor allem nur um Formalien und Formulierungen. Wie sollte das neue, noch gar nicht geborene Kind heißen – Bund Souveräner Republiken oder Bund Souveräner Staaten? Wie viele Kammern sollten die beiden Parlamente haben? Dies musste noch gründlich ausdiskutiert werden. Die Erarbeitung des Vertragsentwurfs wurde erst am 23. Juli abgeschlossen und der Text am 15. August in der «Prawda» veröffentlicht.

Die Einigung der Erzfeinde schien zu schön, um wahr zu sein. Dies spürte auch Gorbatschow, als er mit seinem Berater Schachnasarow allein war. Sie bereiteten gemeinsam Weisungen für Auszeichnungen und militärische Beförderungen zum 8. Mai vor, dem 51. Jahrestag des Sieges über Hitlerdeutschland. Während dieser manuellen Tätigkeit besprachen sie die jüngste Verhandlungsrunde.

GORBATSCHOW *(seinen Blick vom Papier nicht abwendend) Was denkst du über Jelzin?*
SCHACHNASAROW *Er wird sich bis zum 12. Juni mehr oder weniger artig benehmen. Sobald er zum Präsidenten Russlands wird – falls man ihn wählt –, wird er sich wie früher, wie ein Dampfhammer, verhalten und startet seine letzte Kampagne für die Machtübernahme in der Union.*
GORBATSCHOW *(nickt bejahend) Weißt du, ich glaube ihm kein Wort. Dieser Mensch hat nur eine Leidenschaft – die Macht. Aber wie man mit ihr umgeht, davon hat er keine Ahnung. (...) Wie er ihnen die Souveränität geradezu aufzwang: «Nehmt so viel, wie ihr verdauen könnt!» (...)*
SCHACHNASAROW *Letzten Endes muss jemand die Zeche zahlen.*

Geldnot und Brotmangel

Der Umgang mit der Macht gehörte sicher nicht zu den Stärken des Draufgängers Jelzin – seine acht Jahre dauernde Herrschaft von 1992 bis 2000 sollte hierfür mehr als genügend Beweise liefern. Aber auch der Gorbatschow der ausgehenden Perestroika scheint nicht gerade die Verkörperung des idealen Staatsmannes gewesen zu sein. Zwischen internationaler Diplomatie, dem Elend der Landes-, Partei- und Staatsintrigen, denen er ausgesetzt war, anhaltenden Fehden der Nationalitäten, Selbstbehauptungsversuchen gegenüber den immer weniger wohlgesinnten Medien ließen seine Kraft und sein Konzentrationsvermögen nach, und er fühlte sich allmählich aufgerieben. Ausgerechnet zu einem angenehmen Anlass – der italienische Staatschef Andreotti ließ ihm im Herbst 1990 eine Auszeichnung durch den prestigeträchtigen Preis der Fondazione Fiuggi zukommen – stellte er seinem Berater Anatolij Tschernjajew die ratlose Frage: *Tolja, was soll ich tun? Woran soll ich mich klammern?*

Am meisten machten ihm seine Ökonomen zu schaffen. Der fruchtlose Streit um das Tempo der Reformen – 500 Tage oder sechseinhalb Jahre, Schocktherapie oder schonungsvolle Behandlung –, das Dilemma, den treuen Ryschkow zu behalten oder den unpopulären Ryschkow zu entlassen, das alles waren ephemere Erscheinungen im Vergleich zu der drohenden Katastrophe. Die Ökonomen Aganbegjan und Schatalin formulierten ultimativ: *Die Wahl stellt sich nicht zwischen Sozialismus und Kapitalismus, sondern zwischen Leben und Sterben.*

Die Dankbarkeit von Bundeskanzler Kohl und Außenminister Genscher gegenüber Gorbatschow schien zunächst keine Grenzen zu kennen. Sie schluckten sogar den von höchsten Armee- und KGB-Kreisen eingefädelten Streich, dass man den unter Strafbefehl stehenden ehemaligen SED-Chef Erich Honecker «aus humanitären Gründen» nach Moskau schmuggelte. Auch hatte die Bonner Regierung aus ebenfalls «humanitären Gründen» acht Millionen Ein-Mann-Rationen der Bundeswehr für sowjetische Soldaten und ihre Familienangehörigen zur Verfügung gestellt. Der Inhalt bestand aus Dosenbrot, Hartkeksen, Wurst, Streichkäse, Konfitüre, Zartbitterschokolade, Kaugummi, Teeextrakt, Kaffeeextrakt, Kaltgetränkepulver, Zucker, Speisesalz, Kaffeeweißer, Streichhölzern, Erfrischungstüchern und Toilettenpapier – eine ziemlich exakte Beschreibung der katastrophalen sowjetischen Mangelwirtschaft 1991, also dessen, was man in der Sowjetunion gemeinhin an Lebensmitteln entbehrte.

An der Spitze der gähnenden Warenlücke stand zweifelsohne das Brot, das Getreide, das als menschliche Nahrung und Tierfutter gleichermaßen gebraucht wurde. In ähnlicher Schärfe hatte sich das Problem nur 1918 während des Bürgerkrieges und der gewaltsamen Requirierungen des «Kriegskommunismus» gestellt sowie 1928, dem Beginn der Zwangskollektivierung, die in der Ukraine zu millionenfachem Hungertod («Holodomor») geführt hatte. Dabei hatte die sowjetische Landwirtschaft 1990 eine Rekordernte zu verzeichnen, die theoretisch den Importbedarf ein wenig hätte entlasten können. Dies war vor allem deshalb wünschenswert und lebensnotwendig, weil die Valutavorräte des Staates völlig ausgeschöpft und die Goldreserve von 1990 auf 1991 um ein Viertel gesunken war. Bereits in Auftrag gegebene Importlieferungen wurden aufgrund der sowjetischen Verschuldung gestoppt. Wegen der zu niedrigen Ankaufspreise landeten jedoch nur zwei Drittel der Ernte in den staatlichen Speichern, den großen Rest realisierte man unter günstigeren Bedingungen auf dem Binnenmarkt der jeweiligen Regionen. In der Verweigerung der exakten Planerfüllung zeigten sich sowohl die Abkapselungsversuche der einzelnen Republiken als auch die chronischen Probleme des Transports. Der Futtermangel beeinträchtigte sehr schnell die Tierzucht. Hier zeigte sich ebenfalls die allgemeine Zerrüttung: So sank die Milchproduktion selbst in den dafür berühmten Regionen rapide – in Litauen um 10 Prozent, in Lettland und Estland um 15 Prozent, in Georgien und Armenien um 21 bis 24 Prozent. Die einzige Ware, bei deren Herstellung die Republiken sich eines zweifelhaften Erfolgs rühmen konnten, war das Geld, dessen unkontrollierte Emission durch die «souveränen» Münzen die Inflationsspirale beschleunigte.

In dieser mehr als kritischen Situation entschloss sich der Präsident zu dem für sowjetische Verhältnisse fast revolutionären Schritt, die Bürger zur Kasse zu bitten. Vom 1. April an kam es zu einer Preiserhöhung von durchschnittlich 60 Prozent, wobei allerdings die Preise für Brot und Wurst sich verdreifachten und Rindfleisch sowie Geflügel zweieinhalb Mal teurer waren als zuvor. Da die Regierung jedoch vor politischem Protest und Streiks panische Angst hatte, verwendete man auf soziale Tröstungen fast so viel Geld aus der Staatskasse, wie durch die erhöhten Preise hereingekommen war. Im Ergebnis waren die Regale beinahe ebenso leer wie vorher, und die besser gestellten Bürger versorgten sich auf den Kolchosmärkten oder direkt auf dem Schwarzmarkt, dessen Preisniveau das Sechsfache des staatlichen Handels erreichte. Es wurde mehr und mehr üblich, auf den Datschen Kartoffeln und Gemüse anzubauen. Am 21. Mai erreichte eine Hiobsbotschaft die Zentrale: Die Mehlvorräte der Union waren so geschrumpft, dass sie nur noch für fünfzehn Tage reichten.

Trotz dieser Weltuntergangsnachrichten wurden noch ganz andere

Ansprüche gestellt. Der für die Parteiorganisation zuständige ZK-Sekretär und spätere Putschist Oleg Schenin bat Michail Gorbatschow um 81 Millionen Rubel in konvertibler Währung zwecks Beschaffung von Ausstattungsgegenständen für die Parteidruckereien sowie 17 Millionen zum Einkauf von Drucktechnik für die lokalen Parteiorgane. Außerdem fand er es zweckmäßig, 2500 PKW für Funktionäre «dringend» zur Verfügung zu stellen und auch dafür zu sorgen, dass ihr Gehalt entsprechend den Preiserhöhungen nach oben korrigiert werden konnte. Dieser von Jegor Gajdar mit spürbarer Verblüffung zitierte Antrag zeugte nicht nur von einem fehlenden Proporzgefühl der Nomenklatura, sondern auch von der maßlosen Arroganz eines Repräsentanten der Partei, der sich einerseits hinter dem Rücken des Präsidenten versteckte, andererseits keinen Anlass versäumte, um seiner Politik und ihm persönlich in den Rücken zu fallen.

Die Partei

Obwohl Gorbatschow durch seine Wahl zum Präsidenten als parteiunabhängiger Politiker auftreten sollte, blieb er bis zuletzt Generalsekretär der KPdSU. Die Mehrheit der Delegierten des XXVIII. Parteitags im Juni 1990 stimmte dafür, dass er diesen Posten behielt. Allerdings zeigten sich während dieses letzten Kongresses Zeichen der inneren Auflösung der einst allmächtigen Organisation. Das angekündigte neue Parteiprogramm konnte nicht verabschiedet werden, und das neu gebildete 24-köpfige Politbüro verfügte angesichts des Verlustes der «führenden Rolle» über keine reale Macht außerhalb des eigenen Apparats, was jedoch immerhin noch etwas bedeutete. Symbolisch wichtig war die Tatsache, dass der Delegierte Boris Jelzin und seine Anhänger anlässlich des Parteikongresses demonstrativ ihren Austritt aus der KPdSU erklärten. Diesen Schritt hätte, so die Meinung einiger mit Gorbatschow sympathisierender Zeitzeugen, eigentlich er selbst vollziehen müssen. *Dadurch hätte sich,* so meinte zum Beispiel Tschernjajew, *ein bedeutender Teil der Kommunisten definieren (...), eine Partei Gorbatschows entstehen können.* Warum er dazu nicht in der Lage war, erklärte er selbst damit, dass er nur innerhalb der Partei die Möglichkeit gehabt habe, *das Monster zu zügeln,* also die restaurativen Kräfte der Nomenklatura unter Kontrolle zu halten. Sein letzter Pressechef und Biograf Gratschow war der Ansicht, dass er vor allem an die mehrheitlich ihm gegenüber loyalen und subjektiv anständigen einfachen Parteimitglieder dachte.

Jedenfalls brachten am 24. April 1991 manche Redner des ZK-Plenums auf dem Alten Platz den Parteichef beinahe dazu, den unausgesprochenen Konsens mit den Erzkonservativen aufzukündigen. Bereits am Vortag, auf der Sitzung des Politbüros, gingen sie ihm mit einer Beschlussvorlage auf die Nerven, die seine «volksfeindliche Politik» verurteilte. Auf dem Plenum erfolgte eine massive Attacke der Delegierten aus mehreren Landkreisen auf ihn und seine Mitstreiter. Sie wurden angeklagt als Zerstörer des Landes und der Partei. Nun riss Gorbatschow der Geduldsfaden. Gratschow berichtet:

Ohne Wortmeldung ging er zur Tribüne und knurrte: «Na gut, ich antworte allen!» In dem verstummten Sitzungssaal, der Wutausbrüche des Generalsekretärs nicht gewohnt war, hörte man Ausrufe: «Pause! Pause!» – «Ich werde mich kurz fassen», sagte er, «euch bleibt genug Zeit zum Mittagessen.» Und er sprach betont: «Ich muss konstatieren, dass nach Meinung von ungefähr 70 Prozent der Redner auf diesem Plenum sich das Niveau der Popularität und Autorität des Generalsekretärs fast dem Nullpunkt nähert. Ich bin der Meinung, dass weder der Mann noch die Partei in diesem Zustand belassen werden darf. Das wäre einfach eine Sünde. Ich schlage vor, die Diskussion abzuschließen und die Frage der Ablösung des Generalsekretärs zu entscheiden sowie festzustellen, wer dessen Platz zwischen zwei Parteitagen einnehmen soll. Und wer imstande ist, all den zwei, drei oder vier Parteien Genüge zu tun, die in diesem Saal sitzen. Ich trete zurück!»

Das Plenum zeigte sich völlig verwirrt. Während der Pause verfasste das Politbüro eine schnelle Entscheidung, in der die seit Jahrzehnten erprobte Scheinheiligkeit der KPdSU noch einmal aufflackerte: *Ausgehend von den höheren Interessen des Landes und der Partei wird der von Michail Sergejewitsch Gorbatschow eingereichte Vorschlag zur Abdankung vom Posten des Generalsekretärs des ZK der KPdSU von der Tagesordnung genommen.* Über diesen Antrag stimmten Tausende von Delegierten brav ab, lediglich 13 waren dagegen, und 14 enthielten sich der Stimme. *Michail Sergejewitsch hat wieder sein gewaltiges Talent als Politiker und Tribun gezeigt – das kann er, wenn er in Rage gerät!*, erinnert sich begeistert Tschernjajew. Aber er fügt einen Stoßseufzer hinzu: *Im Allgemeinen war ich aber der Ansicht, er hätte sie lieber alle zum*

Teufel geschickt. Am nächsten Tag wäre nichts von ihnen übriggeblieben. Denn sie werden in der Tat von niemandem gebraucht, außer von der Nomenklatura ...

In diesen Tagen schrieb Raissa Maximowna gemeinsam mit dem Autor Georgij Prjachin, Gorbatschows Pressemitarbeiter, an dem Interviewband *Leben heißt hoffen*, der sehr schnell bei HarperCollins erscheinen sollte. Die Gattin hatte ein Ziel vor Augen: *Ich kann es einfach nicht dulden, dass gegen Michail Sergejewitsch so viele Verleumdungen und Ungerechtigkeiten in Umlauf sind. Ich will mich einmischen. Das Buch soll meine Biografie sein – mit ihm. Ich schreibe quasi über mich selbst, aber im Grunde über ihn.* Gleichzeitig diente aber das Buch, dessen erstes Exemplar sie Anfang August erhielt und mit in den Urlaub auf der Krim nahm, der Stärkung des Präsidentenimages. Gorbatschow war wieder in ein ehrgeiziges Projekt vertieft. Jetzt, wo er seine Feinde in der Partei zum Rückzug zwang, ein gewisses Gleichgewicht zwischen ihm und Jelzin entstand und die Aussichten des Bundesvertrages besser denn je erschienen, wollte er in der großen weiten Welt für die Unterstützung des in Entstehung befindlichen neuen Staatsgebildes werben. Dabei ging es wahrlich nicht mehr um Beschleunigung, um Perestroika, Glasnost oder «das neue Denken für unser Land und die ganze Welt», sondern um das nackte Überleben. *I hope, Reminiscences and Reflections,* so hieß der englische Titel von Raissas Buch, und Gorbatschow war ebenfalls wieder voller Hoffnung, wie immer nach depressiven Pausen. Diesmal richteten sich seine Erwartungen auf London, wohin er zur Eröffnung der Konferenz der sieben führenden Industrieländer am 16. Juli 1991 als Gast eingeladen worden war.

Auf Geldsuche

Der Ökonom Grigorij Jawlinskij, einer der Autoren des Rosskurprojekts «500 Tage», gab auch nach dessen Scheitern die Idee nicht auf, der Sowjetunion oder dem, was davon nach dem Bundesvertrag übrig bleiben sollte, schnell aus der Krise zu helfen. In seiner Eigenschaft als Gorbatschows Berater lud er Mitte Mai zwei Potentaten der amerikanischen Wirtschaftswissenschaften nach Moskau ein, die Harvard-Professoren Jeffrey Sachs und Graham Allison. Der Besuch ähnelte ein bisschen dem Konsilium sowjetischer Nephrologen anno 1983 über die Möglichkeit einer Nierentransplantation für den sterbenden Andropow unter Beteiligung des aus den USA angereisten Dr. Rubin. Doch loteten die Experten noch einige Heilungschancen für die UdSSR aus. Nach ihrem Drehbuch sollte die diesmal wirklich radikale, wenn auch im Unterschied zur «500-Tage»-Kur weit solidere Reform mithilfe der Weltbank und des IWF betrieben werden, und zwar mit finanzieller Unterstützung bis hin zu 150 Milliarden Dollar. Tschernjajew, der in Vertretung des Präsidenten mit den beiden «Boston Boys» sprach, schilderte seinem Chef die Amerikaner recht ironisch: *Allison hat besseren Spürsinn für das «Spezifische» bei uns. Sachs ist Pessimist, obwohl ihn die große Idee – die UdSSR zu retten, um sich selbst, das heißt die USA und die ganze Welt zu retten! – anzieht. Sachs versucht, professoral die spießige Sichtweise des Durchschnittsamerikaners auf uns zu reproduzieren: Werdet ihr uns, also den USA, nicht ähnlich, bekommt ihr keinen Dollar!* Dennoch schien das Rettungspaket Hand und Fuß zu haben, und die halbwegs zustande gekommene Koalition zwischen Gorbatschow und Jelzin ließ das Land kreditwürdiger als bisher erscheinen.

Auch früher schon hatte die Moskauer Führung versucht, kleinere oder größere Kredite lockerzumachen. Kuwait quittierte nach dem Golfkrieg die sowjetische Stellungnahme gegen Saddam Hussein mit einer Anleihe von 500 Millionen Dollar. Südkorea bedankte sich für das als Zwischenstopp deklarierte Treffen zwischen seinem Präsidenten Roh Tae Woo und Gorbatschow, das, um Nordkorea nicht zu brüskieren, auf einer südkoreanischen Insel stattfand, mit einem Drei-Milliarden-Kredit. Auch Bundeskanzler Kohl war bereit, die Kosten des Auszugs der Sowjetarmee aus der ehemaligen DDR nicht nur mit den avisierten 15 Milliarden Dollar zu unterstützen, sondern kräftig nach oben aufzurunden. Das alles war aber nur ein Tropfen auf den heißen Stein, ebenso wie etwa das griechische Angebot, die beginnende Rückzahlung fälliger Handelskreditschulden durch die Sowjetunion nicht nur entgegenzunehmen, sondern auch die inzwischen gestoppten Getreidelieferungen sofort wiederaufzunehmen. Die Regierung, wissen wir von Jegor Gajdar, entschloss sich in ihrer extremen Verzweiflung sogar zu einer Art Bankraub: Sie entnahm dem Safe der Außenhandelsbank zur Deckung ihrer laufenden Kosten sechs Milliarden Dollar, ohne die Besitzer der Einlagen, juristische und natürliche Personen, um Erlaubnis zu fragen. Einer der geschädigten Klienten war Gorbatschow selbst, der die Honorare für seine im Westen veröffentlichten Reden, Beiträge und Interviews dem sowjetischen Geldinstitut anvertraut hatte – ein Zeichen von staatsbürgerlichem Anstand oder vielmehr unerschütterlichem Optimismus.

Es gab auch früher schon einen Versuch, der Misere durch ausländische Hilfe zu entkommen. Im Vorfeld der von Gorbatschow für April 1991 geplanten Reise nach Japan verhandelte Alexandr Jakowlew in Moskau mit dem Sonderbeauftragten der Tokioter Regierung, Hiroshi Kumagai. Die japanische Seite schlug einen mehrstufigen Kreditplan vor, dessen Obergrenze sich bei 22 Milliarden Dollar bewegte. Kumagai hielt jedoch noch mehr für möglich, indem er sich auf die Potenz des Privatkapitals berief, und er gab eine wichtige Erklärung ab: *Japan ist das einzige Land, das imstande ist, der UdSSR wirtschaftliche Hilfe zu gewähren. Dies liegt durchaus in unseren Kräften: Japan finanziert heute 50 Prozent des Budgetdefizits der USA. (...) Aber in Bezug auf die Sowjetunion brauchen wir eine politische Situation, die nur die Regierungen der beiden Länder schaffen können.* Der letzte Satz war eine beinahe poetische Anspielung auf die eigentliche Forderung aller japanischen Regierungen der Nachkriegszeit an die Sowjetunion: Gebt uns unsere Inseln zurück!

Es handelte sich um die vier Kurileninseln Iturup, Kunaschir, Schikotan und Habojama, die nach der Kapitulation Japans, gemeinsam mit dem zuvor von den Japanern okkupierten Südteil der Insel Sachalin, im Einverständnis mit den Alliierten der Sowjetunion zugeschlagen worden waren. Während das Kaiserreich den Verlust Südsachalins einigermaßen verkraftete, wollte es keinen Friedensvertrag mit Moskau unterzeichnen, bevor es die vier Inseln nicht zurückerhalten hatte. Nikita Chruschtschow bot 1956 sogar an, Schikotan und Habojama zurückzugeben, um zwischen die USA und Japan, inzwischen durch den Kalten Krieg verbündet, einen Keil zu treiben. Tokio kehrte daraufhin zu seiner intransigenten Haltung zurück, die es bis dato vertritt. In Wirklichkeit war der Besitz der Kurilen weder für Russland noch für Japan eine Lebensnotwendigkeit, aber innenpolitisch eine heilige Kuh. Dies gab auch der Sonderbeauftragte Kumagai offen zu: *Ökonomisch betrachtet sind diese vier Inseln für keinen einzigen Menschen in Japan interessant. Für Japan ist das ein psychologisches Problem.* Und er ließ

Gorbatschow über Jakowlew vorschlagen, während seines Japanbesuchs im April die Inselfrage und den damit verbundenen Friedensvertrag positiv anzusprechen. Für den Abzug der Militärs und den Umzug der Zivilbevölkerung könne er einen ähnlichen finanziellen Ausgleichsmodus empfehlen, wie dies die Bundesrepublik Deutschland für die Westgruppen der Sowjetarmee vorgesehen hatte. Ohne den Ansatz einer Lösung in der territorialen Frage könne es höchstens – und dies war bereits keine japanische Blumensprache mehr – um eine frei zurückzahlbare Anleihe in Höhe von vier Milliarden Dollar gehen.

Die Berater empfahlen Gorbatschow fast unisono, der japanischen Bitte nachzugeben, und argumentierten teilweise damit, Jelzin würde genauso handeln. Da irrten sie allerdings: Kein russischer Politiker der nächsten zwanzig Jahre war bereit, auch nur auf einen Quadratmeter des «heiligen russischen Bodens» zu verzichten. Obwohl Gorbatschow im Laufe der von Jelzin eingeleiteten «Parade der Souveränitäten» und besonders nach dem Verlust des Baltikums in territorialen Fragen skeptischer geworden war, sah er sich nicht imstande, diese Entscheidung über sich zu bringen. Ohnehin verdächtigte ihn die «patriotische» Presse, dass er die vier Inseln bereits für 250 Milliarden Dollar verscherbelt habe. Kurz vor seiner Abreise, während ihm der Asienexperte des Außenministeriums noch einen Vortrag über das Besuchsland hielt und Raissa Maximowna von der Liste der Mitreisenden zumindest die ihr bekannten offenen Feinde des Gatten streichen ließ, gab es, wie der Berater murrte, *immer noch kein «Konzept» der Visite: die Inseln überlassen oder nicht. Dabei lohnt sich ohne ein derartiges «Konzept» die ganze Reise nicht.* In der Tat brachten die Tage im Land der aufgehenden Sonne nur einen sehr dünnen PR-Erfolg mit sich. Ohne Gegenleistung gibt es in der Politik höchstens freundliche Gesten oder ironische Höflichkeiten.

Der «Spiegel»-Herausgeber Rudolf Augstein, dessen Nachrichtenmagazin mancherlei Interna aus dem Kreml publizierte, wünschte Gorbatschow anlässlich seines Moskaubesuchs im Frühjahr 1991 zum Abschied *viel Erfolg bei Ihrer großen Sache, die sich mit der von Lincoln vergleichen lässt.* Und er fand es wichtig, hinzuzufügen: *Aber ich wünsche Ihnen nicht sein Schicksal.* In Wirklichkeit war Gorbatschow am 7. November des Vorjahres nur knapp dem Attentat eines Schlossers aus Leningrad entgangen. Der offensichtlich manische Attentäter rühmt sich des Mordversuchs bis heute auf seiner Webseite als versuchten «Kampf gegen den Totalitarismus».

Anfang Juni 1991 erhielt Gorbatschow dann von Bush einen Brief, den der Sonderbotschafter Jewgenij Primakow persönlich aus Washington mitbrachte. Die topgeheime Sendung bestand aus einem einzigen Absatz, in dem «George» seinem Freund «Mike» mitteilte, einen neuen Computer erhalten zu haben. Zum Glück war an diesem Tag nicht nur diese Mitteilung des amerikanischen Homo ludens in der Post, sondern auch die offizielle Einladung zum Londoner Treffen der «Sieben».

Gorbatschow hatte ein gehemmtes Verhältnis zu Geld, und seine Verlegenheit stieg mit der Höhe der Summe. Selbst in Telefongesprächen mit seinem Freund «Gelmut» war er nicht imstande, auf dessen direkt insistierende Fragen konkrete Beträge zu nennen, und überließ diese heikle Aufgabe seinen Assistenten. In der äußersten Not des Novembers 1990 ließ er Tschernjajew dem britischen Premier Major telegrafieren: *Lieber John, rette uns!* Vor einer Aussage zur Höhe der rettenden Summe drückte er sich.

Von dem Treffen in London wusste er genau, dass es sich um keine Geberkonferenz handelte. Die «Sieben» koordinierten die gemeinsame Wirtschaftspolitik im Allgemeinen, fassten aber keine Beschlüsse, am allerwenigsten über Kredite für Außenstehende. Die Einladung für Gorbatschow war sehr schmeichelhaft, aber doch eher ein protokollarisches Ereignis. Dennoch geschah es ausgerechnet in London, dass sich Gorbatschow nach allen Spielregeln der internationalen Diplomatie völlig danebenbenahm – oder mit Nietzsches Worten «menschlich, allzumenschlich».

Beim Lunch in der US-Botschaft machte Gorbatschow, der Bush gegenübersaß, nach einem langen Monolog über die Perspektiven der sowjetisch-amerikanischen Zusammenarbeit eine direkt kritische Bemerkung zu dessen Politik und nahm dabei Bezug auf den Golfkrieg. *Was für mich seltsam ist: Man hat 100 Milliarden Dollar aufgetrieben, um einen regionalen Konflikt zu regeln, man treibt Geld auch für andere Programme auf, hier jedoch handelt es sich um das Projekt, wie man die Sowjetunion verändern sollte, damit sie zum organischen Teil der Weltwirtschaft und der internationalen Gemeinschaft wird und keine Gegenkraft, keine Bedrohungsquelle. Dies ist eine beispiellose Aufgabe.*

Die Erwähnung der Summe war kein Ausrutscher. Unter Gorbatschows engen Mitarbeitern sprach man seit dem Konflikt mit dem Irak des Öfteren darüber, um wie viel besser der enorme Geldbetrag, statt ihn in diesen Krieg zu stecken, zur Konsolidierung der UdSSR hätte verwendet werden können. In London aber löste die Bemerkung kaum verhohlene Entrüstung aus. Tschernjajew, der das eigene Gedächtnisprotokoll mit den Aufzeichnungen des Chefdolmetschers verglich, konstatierte die Wirkung: *Bush wurde puterrot, sein Blick dunkel, und er schaute nicht in Gorbatschows Richtung, sondern auf mich, auf Primakow, oder um sich herum, auf die eigenen Leute, Baker, Scowcroft. Er aß nicht mehr, bewegte nur die Kaumuskeln.*

Gorbatschows direkte und plötzliche Fürbitte war ein Rückgriff auf die Urzeiten der Diplomatie. So galt das alte Ägypten im ganzen Orient als Heimstatt unermesslichen Reichtums, als Land, aus dem die Schätze kamen. König Tuschratta von Mitanni (1370–1350 v. Chr.), ein Verbündeter des Pharaos Amenophis IV. (1352–1337), erwartete goldene Statuen als Brautgabe für seine Tochter. Das kleine mesopotamische Reich befand sich vor der Auflösung, wurde von Hethitern und Assyrern bedroht und war auf Hilfe von außen angewiesen. Wie groß die Enttäuschung des Königs war, als er das Hochzeitsgeschenk erblickte, zeigt seine Beschwerde auf der berühmten Tontafel von Amarna: *Ich bat um pure Goldstatuen und erhielt nur vergoldete Statuen aus Holz, obwohl es in Eurem Lande so viel Gold wie Sand gibt ...* In ähnlicher Weise fühlte sich Gorbatschow vom Westen frustriert, da dessen «Brautgeschenk» weit hinter seinen Erwartungen zurückblieb. Ob er die Geschichte aus dem Altertum kannte, sei dahingestellt. Aber das Buch, in dem sie aufgezeichnet ist, gab es in seiner Bibliothek. Von einer Moskaureise in den Sechzigerjahren schrieb er, wie bereits im ersten Kapitel zitiert, an Raissa Maximowna: *Ich habe für dich die Weltgeschichte abonniert – zehn Bände.* Es handelte sich um das von Professor Schukow zwischen 1955 und 1965 herausgegebene Sammelwerk, in dessen erstem Band auch Tuschrattas Keilschriftsendung erwähnt wird.

Emotional kann zu dieser Szene auch jene mystische «Information» beigetragen haben, die der Präsident am Vorabend des Lunches auf irgendeinem diplomatischen Klatschweg erhielt. *Bush sagte den Seinigen (...), Gorbatschow sei müde, genervt, habe die Situation nicht unter Kontrolle, sei nicht mehr selbstsicher – ihn verdächtige er der Untreue und suche mehr Unterstützung. (...) Man müsse auf Jelzin umschalten.*

Mag sein, dass diese Sätze in dieser Form gar nicht ausgesprochen wurden, aber sie passen einigermaßen zu der kühl-zurückhaltenden Replik, mittels derer der amerikanische Präsident Gorbatschows Vorstoß zurückwies: *Wir wollen, dass die Sowjetunion ein demokratisches, marktwirtschaftliches Land wird, das in die westliche Ökonomie integriert werden kann. Letztendlich – aber ich bitte dies nicht als Versuch einer Einmischung in die inneren Angelegenheiten zu verstehen, ich spreche nur von der Wirtschaft – möchten wir eine Sowjetunion vor uns haben, in der die Probleme zwischen der Zentrale und den Republiken erfolgreich gelöst werden. (...) Also: Erstens – Demokratie, zweitens – Markt, drittens – Föderation.* Das höfliche Ultimatum konnte zu dieser Zeit angesichts der Kräfteverhältnisse auf jeden Fall nur gemeinsam mit Jelzin erfüllt werden.

Was das Stichwort «Müdigkeit» betraf, so geisterte dieses tatsächlich in den Köpfen der führenden amerikanischen Politiker herum, aber in einem anderen Sinne. Anfang April kam Richard Nixon, Expräsident der USA, eindeutig im Auftrag Bushs zu einem Besuch in die Sowjetunion. Außer Moskau besuchte er Litauen und Georgien und setzte viele Gespräche mit den dortigen Politikern fort, traf sich auch mit Jelzin. Gorbatschow empfing ihn, sie sprachen anderthalb Stunden lang miteinander, und der sowjetische Staatschef versicherte seinem Gast: *Der Kurs bleibt unverändert, er muss nur stabilisiert werden.* Der Veteran des Kalten Krieges, der die undankbare Rolle des Verlierers im Vietnamkrieg von seinen Vorgängern übernommen hatte und an der Abhöraffäre Watergate gescheitert war, galt in den USA, wie viele ehemalige Präsidenten, als Autorität. Zurück in Washington, informierte er direkt seinen Nachfolger, und da fiel das Wort «Müdigkeit»: Die Sowjetunion sei Gorbatschows inzwischen müde – so hieß Nixons Fazit für das Weiße Haus.

Kurz vor Gorbatschows Urlaub, am 29. Juli 1991, trafen sich die drei Hauptakteure des bevorstehenden Abschlusses des Bundesvertrags, Gorbatschow, Jelzin und der kasachische Staatschef Nasarbajew, zum vertraulichen Gespräch in Nowo-Ogarewo. Sie fixierten alle Details der Unterschriftenprozedur und einigten sich auf personelle Veränderungen, die der Zeremonie am 20. August folgen sollten. Entlassen werden sollten KGB-Chef Krjutschkow, Verteidigungsminister Jasow, Ministerpräsident Pawlow, Innenminister Pugo, Vizepräsident Janajew und noch viele weitere hohe Tiere aus dem Bereich der Nomenklatura. Wahrscheinlich sollte auch das Parlament des Bundes Souveräner Staaten von jemand anderem als dem notorisch unzuverlässigen Anatolij Lukjanow geleitet werden. Die Stimmung war gelöst, man hatte gut gegessen und viel getrunken, und doch dominierte den Abend eine merkwürdige Unruhe, die Jelzin auf den Punkt brachte: *Ich habe den Eindruck, Krjutschkow hört jedes unserer Worte*. Dann witzelten sie noch eine Weile über Wände, die Ohren haben. Tatsächlich war dies auch der Fall.

Das Abhörprotokoll des KGB von dem Gespräch fand man in der letzten Augustwoche im Safe von Walerij Boldin, einem der Rädelsführer des Staatsstreichs, seines Zeichens Leiter des Apparats des Präsidenten.

Die Befreiung aus Foros

Die weit verbreitete Annahme, der Coup d'état des sogenannten «Staatlichen Komitees für den Ausnahmezustand» (russ. Abkürzung GKPT) sei durchweg dilettantisch organisiert gewesen, wird durch die Akten des Verfahrens zumindest vom militärischen Standpunkt aus widerlegt. Am frühen Morgen des 19. August 1991, so lesen wir in Walentin Stepankows Bericht, *setzten sich in Richtung der Hauptstadt die motorisierte Tamaner Schützendivision, bestehend aus einem Aufklärungsbataillon, drei Schützenregimentern und einem Panzerregiment mit 127 Panzern, 15 Schützenpanzerwagen, 144 gepanzerten Transportfahrzeugen, 216 Kraftfahrzeugen, 2107 Mann, sowie eine Abteilung der Kantemirower Panzerdivision mit Aufklärungsbataillon, motorisiertem Schützenregiment und drei Panzerregimentern mit 235 Panzern, 125 Schützenpanzerwagen, 4 gepanzerten Transportfahrzeugen, 214 Kraftfahrzeugen, 1702 Mann in Bewegung*. Der Aufmarsch der Kräfte war beeindruckend und der Überraschungseffekt dazu geeignet, jeden Widerstand von vornherein aussichtslos erscheinen zu lassen.

Die Schwäche des waghalsigen Unternehmens lag eher auf der politischen Seite. Die Organisatoren handelten, ähnlich wie seinerzeit in Vilnius, als sei es ihr einziges Anliegen, dem potenziellen Gegner Angst einzujagen. Ein exaktes Drehbuch der nächsten Schritte gab es nicht. Was mit dem politischen Pluralismus, mit der beginnenden Marktwirtschaft, mit den enormen Auslandsschulden, mit den Medien, mit der

Außenpolitik geschehen sollte, blieb im gesamten Zeitraum unentschieden. Weder die Regierung noch der Oberste Sowjet wurde aufgelöst, und etliche Befehle, die das Komitee erteilte, kamen nicht zur Ausführung. Die vom Zentralen Fernsehen direkt übertragene Pressekonferenz des Putschkomitees bot das lächerliche Bild einer ad hoc zusammengetrommelten Ansammlung von ängstlichen, betrunkenen Männern. Auch der Befehl zur Isolierung des russischen Präsidenten Jelzin blieb unausgeführt, und er stellte sich an die Spitze des Widerstands der Straße und hielt vom Schützenpanzerwagen aus eine bewegende Rede. Das war der eigentliche Höhepunkt seiner politischen Laufbahn: Unabhängig von seinen Beweggründen verkörperte er in diesem Augenblick die Hoffnungen der dahinsiechenden Sowjetunion auf die Perestroika-Demokratie.

Das Weiße Haus, der russische Regierungssitz, wurde von etwa 60 000 Bürgern umrundet. Der unter dem stolzen Code «Operation Donner» exakt geplante Sturm auf das Gebäude wurde zunächst verschoben und am dritten Tag des Putsches schließlich abgeblasen. Für das unvermeidliche Blutvergießen – man hätte mit Tausenden von Toten rechnen müssen – wollte niemand die Verantwortung übernehmen. Erst zwei Jahre später kam jemand auf die Idee, ungeachtet der möglichen Opfer, den Widerstand des unbotmäßigen Obersten Sowjets mit Panzern zu brechen: Auf Befehl Boris Jelzins wurde das Haus am Moskwaufer in Brand gesteckt.

Das Ehepaar Gorbatschow, nunmehr Gefangene in dem luxuriösen, gut bewachten Ferienhaus in Foros auf der Krim, entfaltete in diesen Tagen eine rege Tätigkeit, um die Blockade zu durchbrechen und Gorbatschows Erklärung gegen den Staatsstreich, aufgezeichnet auf einer Videokassette, irgendwie hinauszuschmuggeln. Besonders Raissa Maximowna entwickelte romantische Pläne zur Herstellung der Verbindungen zur Außenwelt und erwies sich als konspiratives Talent – jedenfalls sprach sie nie im geschlossenen abhörbaren Raum, anders als Michail Sergejewitsch während seiner vertraulichen Gespräche vor dem Urlaub. Es ist aber auch möglich, dass die Aktivitäten der Ehefrau dem Zweck dienten, ihren Mann moralisch zu stärken. Jedenfalls nahmen die Ereignisse, noch bevor die Kontaktversuche etwas erbracht hätten, eine erstaunliche Wende. Um fünf Uhr am Mittwochnachmittag erschien vor der Datscha eine Autokolonne, aus der die aus Moskau eingeflogenen

Verschwörer Krjutschkow, Lukjanow, Baklanow, Jasow und andere ausstiegen: geschlagene Leute mit dunklen Gesichtern, die kamen, um sich zu entschuldigen. Gorbatschow stellte die Bedingung, zunächst sein Telefon einzuschalten.

Er sprach sogleich mit Jelzin, Nasarbajew, Krawtschuk sowie mit dem Kommandanten des Kremls, später auch mit George Bush. Mit diesen Gesprächen wollte er gewiss Zeit gewinnen, denn aus dem Fernsehen wusste er bereits, dass eine Delegation des russischen Parlaments unterwegs war, um ihn nach Moskau zurückzuholen. Diese kam schließlich unter der Führung des russischen Ministerpräsidenten Iwan Silajew und des Generals Ruzkoj. Zur Delegation gehörten auch der frühere Innenminister Wadim Bakatin und mehrere Volksdeputierte, die Gorbatschow auf dem letzten Parteikongress und in der Presse des Öfteren kritisiert hatten. *Jetzt aber,* so erinnerte sich der tief bewegte Tschernjajew, *zeigte sich im Unglück, dass sie doch etwas Einheitliches und für das Land deshalb Notwendiges verkörperten. Als ich diese allgemeine Freude und die Umarmungen sah, sprach ich sogar laut aus: «Nun ist die Einigung der Zentrale und Russlands vollzogen, und zwar ohne den Bundesvertrag.»* Der Putschführer Krjutschkow und seine Mitverschwörer wurden inzwischen in einem Nebengebäude festgehalten und auf Jelzins Befehl bereits als Verhaftete nach Moskau gebracht.

Als Gorbatschow mit der russischen Delegation das Regierungsflugzeug in Belbek bestieg, sagte er plötzlich: *Wir fliegen in ein neues Land.* Er ahnte nicht, wie recht er damit hatte.

Der Weg in die Ohnmacht

Kurz nach Mitternacht, als die Gorbatschows in Moskau landeten, wurde dem Präsidenten klar, wer den höchsten Preis für die letzten drei Tage zahlen musste: Raissa Maximowna. Sie erlitt eine zunächst als Schlaganfall diagnostizierte Bluthochdruck-Attacke, hatte Sprachstörungen und ein halbseitiges Lähmungsgefühl. Daher antwortete Gorbatschow auf die Frage seines Chauffeurs, wo er hinfahren solle, sofort: *Auf die Datscha.* Die Demonstranten vor dem Weißen Haus hörten inzwischen aus dem Radio von der Befreiung der Gefangenen von der Krim und skandierten jubelnd: «Präsident! Präsident!» Vergeblich, er verzichtete sogar auf die Chance, sensationelle Interviews zu geben. Das war auch eine Entscheidung – gegen die Möglichkeit, neben Jelzin als Zweiter im Rampenlicht der Öffentlichkeit zu stehen und seiner Ehefrau und sich selbst einen weiteren, wenn auch positiven Schock zu ersparen. Erst am nächsten Morgen erschien er wieder im Kreml, aber zu regelmäßiger Arbeit kam er nicht mehr. Neben schnellen Entscheidungen, Ablösungen und Neuernennungen – je nach der Rolle der Betreffenden während der kritischen Tage – trafen Telefonanrufe von gratulierenden ausländischen Staatschefs und sowjetischen Würdenträgern ein. Die übrige Zeit nutzte der Präsident dazu, einfach das Geschehene immer wieder zu erzählen, um die innere Aufregung ein wenig loszuwerden.

Vielleicht hinderte ihn auch diese Hyperaktivität daran, zu bemerken, wie präzise seine im Flugzeug gesprochenen Worte *Wir fliegen in ein neues Land* waren. Der Ausnahmezustand, dessen erklärtes Ziel die Beendigung des Zerfalls der Sowjetunion war, beschleunigte und vertiefte diesen Prozess noch mehr. Am 20. August proklamierte Estland seine Unabhängigkeit von der Sowjetunion. Am 24. August bekundete die Ukraine ihren Austritt aus der UdSSR. Am 25. August löste sich Weißrussland aus dem Staatenbund, und am 27. August ahmte das moldawische Parlament die Entscheidung der anderen Republiken nach. Am 30. August erschienen Aserbaidschan, am 31. Kirgisien und Usbekistan auf der Landkarte als neue, nicht mehr sowjetische Republiken. Statt des Bundes Souveräner Staaten entstanden souveräne Staaten, die nur durch lose ökonomische Beziehungen miteinander verbunden waren. Das Ziel des Putsches, die Rettung der Sowjetunion, mündete in sein Gegenteil. Einige Beteiligte zogen hieraus auf ihre Art die Konsequenzen: Boris Pugo jagte sich eine Kugel in den Kopf, Marschall Achromejew wählte den Strick. *Ich kann nicht mehr leben, wenn meine Heimat stirbt, wenn all das vernichtet wird, was ich für den Sinn meines Lebens hielt*, erklärte er in seinem Abschiedsbrief.

Ein Putsch mit ungeplanten Folgen ereignete sich nicht zum ersten Mal in der russischen Geschichte. So organisierte der Oberbefehlshaber der russischen Armee, Lawr Kornilow, im August 1917 eine Meuterei gegen die schwache Provisorische Regierung von Alexandr Kerenskij, um das Land vor den Bolschewiki zu retten. Kerenskij ließ die für den Putsch verantwortlichen Generäle verhaften. Er schwächte die Armee und damit sich selbst, was zur Folge hatte, dass er dem Sturm auf das Winterpalais im Oktober 1917 letztlich schutzlos ausgeliefert war. Dass die

Rückkehr aus Kap Foros in ein «neues Land»

Geburt und der Tod des Lenin'schen Staates im Ablauf einander so ähnlich waren – darin zeigte sich nicht einmal die Ironie, sondern der Sarkasmus der Geschichte.

Neben seiner Tätigkeit als Retter der Demokratie nutzte der russische Präsident Gorbatschows unfreiwilliges Fernbleiben von Moskau zum Ausbau der eigenen Machtbefugnisse. Am 19. August stellte Jelzin alle in Russland tätigen Einheiten des KGB, des Innenministeriums und des Verteidigungsministeriums unter die Jurisdiktion der Russischen SSR. Einen Tag später übernahm er den Oberbefehl über alle auf russischem Gebiet stationierten bewaffneten Kräfte der UdSSR. Am 21. August kassierte er sämtliche sowjetischen Betriebe auf seinem Territorium und untersagte den gesamtsowjetischen Behörden, Import- und Zollbestimmungen ohne Koordination mit Russland zu erlassen. Dies konnte zu diesem Zeitpunkt als provisorische Schutzmaßnahme gegen die Vereinnahmungspläne der GKPT erscheinen. Allerdings dachte Boris Jelzin nicht entfernt daran, die enteigneten Institutionen dem zurückgekehrten Präsidenten zurückzugeben, sondern weitete seine Kontrolle im Gegenteil noch über weitere sowjetische Bereiche aus, namentlich über die Archive, die Informatik und das Bankwesen. Er sorgte dafür, dass die Verfügungsgewalt der Zentrale allmählich auf das Gebiet des Kremls beschränkt wurde. Es ging also nicht nur um die Eskalation der eigenen

Machtbefugnisse, sondern auch um die bewusste Demütigung des geschlagenen Gegners.

Ein anderes Gebäude, in dem Gorbatschow ebenfalls ein Büro besaß, der ZK-Sitz auf dem Alten Platz, kam nun nicht mehr für ihn infrage. Während der Sitzung des Obersten Sowjets ließ Jelzin den Widersacher das Protokoll der Regierungssitzung laut verlesen, um ihn in seiner Leichtgläubigkeit vorzuführen – gab das Papier doch Auskunft über all diejenigen, denen Gorbatschow vertraute und die ihn nachweislich verraten hatten. Der gedemütigte Generalsekretär dankte von seinem Posten ab und schlug die Selbstauflösung des Zentralkomitees vor, dessen Mehrheit ihn im Laufe der letzten Ereignisse eindeutig im Stich gelassen hatte. Dennoch vollzog Gorbatschow diesen Schritt mit schlechtem Gewissen: Er hatte Angst, dass die Versiegelung des Portals auf dem Alten Platz, die inzwischen an dem repräsentativen ZK-Gebäude vollzogen worden war und praktisch das Ende der KPdSU und die Übernahme des Vermögens durch Jelzins Mannschaft bedeutete, auf Millionen einfacher Parteimitglieder zurückschlagen könnte, für die er sich nach wie vor verantwortlich fühlte. Die Rolle des Zerstörers der eigenen Partei lag ihm nicht weniger fern als die des Zerstörers der Sowjetunion. Die ihm noch verbleibenden drei Monate an der formalen politischen Macht widmete er dem einzigen Ziel, diesen Prozess zumindest in einem kontrollierbaren Rahmen zu halten.

Formal konnte auch Boris Jelzin nicht umhin, die Ergebnisse des Referendums bzw. der Einigung in Nowo-Ogarewo zu respektieren. Die offene Aufkündigung der Zusammenarbeit mit Gorbatschow hätte er auch gegenüber seinen ausländischen Partnern nicht verantworten können. Schließlich hatte ihn der amerikanische Präsident in einem Telefongespräch am 21. August mit Sätzen gerühmt, die zu etwas verpflichteten: *Sie haben Respekt vor dem Gesetz demonstriert, demokratische Prinzipien verteidigt. Ich gratuliere Ihnen. (...) Sie haben Gorbatschow unversehrt zurückgebracht und wieder auf seinen Posten gesetzt.* Er fügte aber hinzu, vielleicht Böses ahnend: *Erlauben Sie mir, Ihnen einen freundlichen Rat zu geben – ruhen Sie sich jetzt ein bisschen aus, gönnen Sie sich ein Quäntchen Schlaf.* Jelzin war jedoch, wie bekannt, ein notorischer Kurzschläfer und wenig geneigt, Ratschläge anzunehmen.

Der einzige Erfolg des versuchten Staatsstreichs bestand darin, dass die Unterzeichnung des Bundesvertrags am 20. August verhindert worden war. Dieser Erfolg erwies sich als bleibend. Zwar zeitigten die neu aufgenommenen Verhandlungen einige Resultate. Anfang Oktober trafen sich in Alma-Ata die Vertreter von dreizehn früheren Sowjetrepubliken, und Mitte des Monats unterzeichneten acht von ihnen sogar einen Vertrag über die Wirtschaftsgemeinschaft. Aber etwas brachte das Werk ins Stocken: Boris Jelzin kehrte zu seiner früheren Taktik zurück und stellte immer wieder neue Bedingungen. Zum Eklat kam es am 25. November während der Sitzung des Staatsrats in Nowo-Ogarewo. Es ging um die Paraphierung der bereits ausgehandelten neuen Vertragsversion.

GORBATSCHOW *Heute findet die Paraphierung statt. (...) Die Presse debattiert die Bezeichnung Bund Souveräner Staaten. Also bleiben wir dabei?*
JELZIN *Kein konföderativer Staat, sondern eine Konföderation demokratischer Staaten. Sonst ist es möglich, dass Russlands Oberster Sowjet die Ratifizierung ablehnt.*
GORBATSCHOW *Das glaube ich nicht. (...)*
JELZIN *Sie verkennen die Lage. Vor der Paraphierung stelle ich meine Position dar zu diesen und anderen Fragen, wo wir Bemerkungen haben.*
SCHUSCHKEWITSCH *(Weißrussland) Bei uns sind auch Zweifel entstanden. Man muss das Projekt, noch bevor es paraphiert wird, an die Obersten Sowjets der Republiken verschicken.*
NIJASOW *(Tadschikistan) Über den Vorschlag von Boris Nikolajewitsch müssen wir nachdenken.*
KARIMOW *(Usbekistan) Vor der Diskussion im Obersten Sowjet Usbekistans kann ich nicht paraphieren.*
GORBATSCHOW *Entscheidet ohne mich. Die Grundlagen des Dokuments werden so zerstört.*
SCHUSCHKEWITSCH *Dieser Vertrag hat eine größere Bedeutung als die Verfassung. Wir brauchen noch zehn Tage.*
GORBATSCHOW *Das Land befindet sich im Chaos, und wir zögern.*
SCHUSCHKEWITSCH *Ich bin ein überzeugter Anhänger des Bundesvertrags, aber wir brauchen noch zehn Tage.*
JELZIN *Mit einem paraphierten Vertrag vor den Parlamenten zu erscheinen heißt, einen Skandal auszulösen.*

26. August 1991, Oberster Sowjet: Jelzin demütigt Gorbatschow

Gorbatschow musste allmählich begreifen, dass hinter der rhetorischen Diskussion ein Spiel steckte. Die hier Anwesenden und der nicht zufällig fern gebliebene ukrainische Staatschef Krawtschuk wollten nach Jelzins Drehbuch die vorher beschlossene Ratifizierung des Bundesvertrags um jeden Preis mindestens um zehn Tage verschieben. Michail Sergejewitsch selbst und vielleicht die meisten Teilhaber des Streits wussten nicht, worauf der Trick hinauslief, aber er stellte sich strikt dagegen und verfuhr ähnlich wie auf dem Aprilplenum seiner Partei, als seine Politik frontal angegriffen wurde. Er erklärte: *Das alles löst bei mir tiefe Trauer und Enttäuschung aus. Ihr wollt eine Union schaffen wie ein Armenhaus. Dann kommen Kräfte, die leicht die Macht erobern. (...) Ich glaube, es ist besser, wir gehen auseinander. Ich verlasse euch, entscheidet selbst.*

Er verließ den Sitzungssaal und ging in sein Kabinett. Die Verweigerungstaktik war auch diesmal erfolgreich. Nach einer kurzen internen Diskussion entsandten die Teilnehmer Jelzin und Schuschkewitsch, um den Präsidenten zu befrieden und zurückzuholen. Daraus entstand ein Wortwechsel, wie er nicht besser in einem Puschkin-Drama oder einer Mussorgski-Oper zu finden ist.

JELZIN *Nun sind wir dem Khan der Union vorstellig geworden – nimm uns in deine gnädigen Hände.*
GORBATSCHOW *Siehst du, Zar Boris, man kann alles lösen, wenn man ehrlich miteinander arbeitet.*

Die Paraphierung wurde beschlossen und die erfreuliche Nachricht den Medien durch Jelzin mitgeteilt. Auf der geschlossenen Sitzung erörterte er auch sein Schnellprogramm: *Preiserhöhungen mit Kompensation für Gehälter, Renten und Stipendien, freie Preise ab 16. Dezember mit einer wahrscheinlichen Steigerung um das Drei- bis Sechsfache. Dabei ist es wichtig, das Niveau des Konsums mindestens zu zwei Dritteln aufrechtzuerhalten. Die Preise für Produkte wie Erdöl, Kohle, Brennstoffe aller Art, Milch, einige Brotsorten, (...), Salz, Streichhölzer, Kindernahrung und Wodka sind festzusetzen. Mit den Republiken, die den Bundesvertrag nicht unterzeichnen, führen wir am 1. Januar 1992 den Handel auf Weltpreisniveau ein.*

So sprach der russische Präsident. Aber seine Gedanken waren anderswo.

Der Nationalpark Belaweschskaja puschtscha an der weißrussisch-polnischen Grenze war ein beliebter Erholungsort für die Mächtigen der UdSSR, nicht zuletzt für den passionierten Jäger Leonid Breschnew. Das Reservat, einer der wenigen erhalten gebliebenen europäischen Urwälder, erwartete für Anfang Dezember 1991 noble Gäste. Als Erstes kündigte der weißrussische Vizepremier dem Direktor des Nationalparks, Sergej Baljuk, einen Besuch von Boris Jelzin an und erlaubte sich sogar den Scherz: *Boris Nikolajewitsch mag ein bisschen Trinkbares, also wenn ich besoffen bin, setz dich bitte statt meiner an den Tisch.* Aber der russische Präsident kam an diesem 7. Dezember nicht nach Belaweschje, um seinem bekannten Laster zu huldigen. Er kam auch nicht allein, sondern mit seinen Mitarbeitern, dem Juristen Sergej Schachraj, dem Innenpolitiker Gennadij Burbulis, dem Diplomaten Nikolaj Kosyrew und dem Ökonomen Jegor Gajdar. Am selben Tag trafen ukrainische Besucher unter Leitung des Präsidenten Krawtschuk ein, und als Gastgeber der ganzen Veranstaltung fungierte der Weißrusse Schuschkewitsch. Als Erstes verhielten sich die Anwesenden wie das Putschkomitee an jenem Augusttag in Foros: Sie unterbrachen jede Telefonverbindung mit der Außenwelt. Aber sie isolierten sich selbst wegen eines Einzigen in Moskau, der über das Ziel des Treffens nicht vorzeitig etwas erfahren sollte.

Dann merkten sie, dass es ihnen an einer Schreibkraft fehlte und dass sie zum Fotokopieren nur ein Faxgerät zur Verfügung hatten. Direktor Baljuk bot seine Hilfe an – man schickte die unentbehrlichen KGB-Leute zu seiner Sekretärin Jewgenija Patejtschuk in das benachbarte Dorf Kamenjuki und forderte sie auf, sich innerhalb von fünf Minuten fertig zu machen. Unterwegs nahm sie aus dem Reservatsbüro die Schreibmaschine Optima sowie reichlich Papier und Durchschlagpapier mit. Sie hatte eine komplizierte Aufgabe: Es ging zunächst darum, verschiedene Handschriften abzutippen. Sie wusste, was sie schrieb, und war sehr aufgeregt. Erst in den späten Abendstunden des 8. Dezember diktierte ihr Kosyrew die endgültige Version des historischen Dokuments: *Die Union der Sozialistischen Sowjetrepubliken als Subjekt des internationalen Rechts und als geopolitische Realität stellt ihre Existenz ein. Die Hohen Vertragschließenden Seiten bilden eine Gemeinschaft Unabhängiger Staaten.* Die Frage, ob die Vorgesetzten während des Unterzeichnungsrituals betrunken waren, beantwortete Jewgenija Patejtschuk in einem späteren Interview eindeutig verneinend: *Nach dem, was ich sah, ist das die Unwahrheit. Es ist möglich, dass sie danach etwas ausgelassen waren, aber in der Anwesenheit von anderen war nichts dergleichen zu merken. Ich mag keine Unwahrheiten. Mich hat man am Abend nach Hause gebracht. Ich sah noch Jelzin beim Spaziergang auf dem Fußweg. Es fiel Schnee, Frost herrschte, und es war schön im Wald an dem Tag, als die UdSSR endete.*

Dann folgte die heikle Rollenverteilung: Wer sollte wen informieren? Gleich nach der Wiederherstellung der Telefonverbindung rief Jelzin bei Bush an, der die Information mit aller gebotenen Vorsicht einfach nur zur Kenntnis nahm. Als Zweitem wurde dem Verteidigungsminister Jewgenij Schaposchnikow die Botschaft übermittelt, und es wurde ihm sogleich die Ernennung zum Oberkommandierenden der neuen Staatengemeinschaft in Aussicht gestellt. Er wiederum sicherte seine Unterstützung zu. Das Telefonat mit dem Präsidenten der Sowjetunion, nunmehr ein nicht existentes Subjekt des internationalen Rechts, nahm nach einigem Zögern Schuschkewitsch auf sich. Die Anwesenden hörten Gorbatschows empörte Stimme am anderen Ende der Leitung: *Aus welchem Grund? Wieso habt ihr mich nicht vorgewarnt? Warum habt ihr ohne mich die Entscheidung getroffen?* Und obwohl er diese beleidigten Fragen nach und nach allen Unterzeichnern stellte, musste er sich über eines im Klaren sein: Auch der Gründungsakt der GUS diente dem Zweck, ein «Subjekt des internationalen Rechts», ein postsowjetisches Commonwealth zu gründen, das ihn, Michail Sergejewitsch Gorbatschow, aus dem Spiel drängen würde.

Die letzten Telefonate aus dem Kreml führte er mit seinen westlichen Partnern: mit US-Präsident Bush, Bundeskanzler Kohl, Bundesaußenminister Genscher, mit dem französischen Präsidenten Mitterrand und dem britischen Premier Major. Schließlich bereitete er sich gemeinsam mit seinen Beratern auf den Abschied von der bereits nicht mehr sowjetischen Bevölkerung vor. Am 25. Dezember 1991 begann er seine Erklärung zum ersten Mal nicht mit der gewohnten Wendung «Genossen», sondern mit der Anrede: *Liebe Landsleute! Mitbürger! Aufgrund der mit der Bildung der Gemeinschaft Unabhängiger Staaten entstehenden Situation stelle ich meine Tätigkeit auf dem Posten des Präsidenten der UdSSR ein. (...) Ich habe stets gestanden für die Selbstständigkeit und Unabhängigkeit der Völker, für die Souveränität der Republiken. Gleichzeitig stand ich aber auch für den Erhalt des Bundesstaates, die Ganzheit des Landes. Die Ereignisse nahmen einen anderen Weg. Es dominierte die Linie der Aufteilung und Zerstückelung des Landes, womit ich nicht einverstanden sein kann. (...) Ich wünsche euch allen das Beste.*

Jelzin hatte es eilig: Seine Leute erschienen gleich am Tag der Erklärung bei der erschrockenen Raissa Maximowna und forderten sie auf, die Moskauer Dienstwohnung in der Kossyginstraße möglichst schnell zu räumen. Mit diesem sinnlosen und rigiden Vorgehen trafen sie eine ohnehin traumatisierte Person, die nach der Rückkehr von der Krim während eines Weinkrampfs fast alle Briefe und Tagebücher verbrannt hatte, da sie vor den neuen Herrschern nicht weniger Angst hatte als vor den Putschisten.

Jelzin selbst erschien im Kreml, um das Präsidentenkabinett möglichst rasch zu übernehmen. Er versagte sogar seinem Vorgänger, die letzte Pressekonferenz in einer offiziellen Räumlichkeit abzuhalten – Gorbatschow musste auf das Restaurant des Hotels «Oktjabrskaja» ausweichen, und auch das auf eigene Kosten, denn das Präsidentenkonto wurde im Nu gesperrt. All dies schien Gorbatschow nicht mehr zu berühren. Er dachte an seine neue Idee, eine Stiftung zu gründen. Einerseits wollte er die Perestroika authentisch dokumentieren, andererseits war es sein Wunsch, den wenigen, die ihm bis zum Ende treu geblieben waren, eine würde- und sinnvolle Arbeit zu ermöglichen. Die finanzielle Basis sollte von seinen ansehnlichen Tantiemen gebildet werden. Dementsprechend wies er seine Verleger an, die Honorare um Gottes willen nicht zu schnell an die von Jelzin kontrollierten Geldinstitute der GUS zu überweisen.

Sein Weg vom Amt zur Würde begann mit einer Handbewegung, als er auf den Knopf des Aufzugs in seiner zweistöckigen Residenz drückte. Beim Verlassen des ehemaligen Senatsgebäudes mit seinem Kabinett, dem Sitzungssaal und dem Nussbaumzimmer, beim Anblick des winterlichen Moskau befand er sich bereits in der Nachwelt. Einige Stunden später wurde die rote Fahne vom Kremlturm eingezogen und durch die russische Trikolore abgelöst.

10

Epilog

Für Gorbatschows Laufbahn seit dem Dezember 1991 gibt es zahllose Internetseiten. Die Aufgabe dieses Buches bestand jedoch darin, die Handlungen und Gedanken eines Staatsmanns im Rahmen seiner Zeit zu interpretieren. Sein Nachleben in einer anderen Ära gehört selbstverständlich ebenfalls dazu, aber nur so wie ein kluger, ausführlicher Kommentar zu einem fertigen Werk. Ohnehin ergeben sich die Aktivitäten des ersten und letzten Staatspräsidenten der Sowjetunion in den zwei Jahrzehnten nicht zwingend aus der Tatsache, dass er einmal zu den einflussreichsten Männern der Welt gehörte.

1992 gründete er die Gorbatschow-Stiftung, die sich zum Ziel gesetzt hat, sozialwissenschaftliche und politische Forschung zu unterstützen, und leitet sie seither gemeinsam mit seiner Tochter Irina. Ein Jahr später rief er in Kyoto die Umweltschutz-Organisation «Internationales Grünes Kreuz» ins Leben, der inzwischen 31 Länder angehören. Der ehemalige Friedensnobelpreis-Träger beteiligt sich unter anderem führend am Petersburger Dialog, der die Annäherung zwischen den zivilen Gesellschaften in Russland und Deutschland fördern soll. Ab und zu verleiht er sein Gesicht an Werbespots – eine wenig staatsmännische Beschäftigung, die aber der Unterstützung seiner Projekte dient. Schließlich ist er ja auch kein Staatsmann mehr, sondern ein russischer Rentner, der seit dem Tod seiner geliebten Raissa, die 1999 in einer deutschen Krebsklinik starb, allein lebt und seine Freude bei den Enkelinnen Xenia und Anastasia, inzwischen auch der Urenkelin Alexandra, sucht und findet.

Gorbatschow schreibt Bücher: Erinnerungen, Betrachtungen zur Zeitgeschichte und zur künftigen europäischen und russischen Politik. Er beschäftigt sich intensiv mit Musik, tritt in den Medien auf und äußert seine Meinung auch zu aktuellen politischen Fragen: So kritisierte er die militärischen Aktionen der USA in Afghanistan und dem Irak und rügte die zunehmend gewaltbereite und korrupte Praxis seines Nachfolgers Jelzin sowie die Demokratiedefizite des Putinschen Russlands. Eine

Rückkehr in die aktive Politik ist ihm eindeutig misslungen. Bei den Präsidentschaftswahlen 1996 trat er als Kandidat der von ihm gegründeten Sozialdemokratischen Partei auf und erhielt kaum vierhunderttausend Stimmen – ein vernichtendes Fiasko für jemanden, der einmal als Herr der halben Welt galt. Ein seltsames Paradoxon begleitet ihn nach wie vor: Während er im Ausland respektiert und gefeiert wird, bewahrt das Gedächtnis der eigenen Heimat eher die Schattenseiten seiner Perestroika. Die Armseligkeit der leeren Regale am Ende der Achtziger- und Anfang der Neunzigerjahre stellt das weit größere Elend der unmittelbar darauf folgenden Ära in den Schatten. Heute schätzt man in Russland die autoritäre Stabilität des angehenden 21. Jahrhunderts, sozusagen eine Ordnungsmacht mit Internet, weit höher als die chaotische Demokratie der Ära Gorbatschow.

Hans Magnus Enzensberger bezeichnete diejenigen kommunistischen Protagonisten, welche bei dem friedlichen Abbau ihres Systems mitgeholfen haben, als «Helden des Rückzugs». Wenn man diese ironische Sichtweise auf Michail Gorbatschow anwendet, dann müssen wir in ihm einen wahren Napoleon des Rückzugs sehen, dessen Tragik ausgerechnet darin bestand, dass er sozusagen siegreich von Niederlage zu Niederlage marschieren musste. Nur: die Franzosen verziehen ihrem Kaiser wegen Arcole und Wagram die enormen Fiaskos von Borodino und Waterloo und behielten den Verbannten von St. Helena in guter Erinnerung. Der modernere Held hat bisher keine Absolution seitens seiner Landsleute erhalten und muss nun auf das Urteil der Geschichte hoffen.

Die postsowjetische Welt ist von einem eindeutig positiven Bild weit entfernt. Zweifelsohne gehört die Schaffung demokratischer Institutionen und die Sicherung bürgerlicher Grundfreiheiten auf einer Fläche von mehr als 25 Millionen Quadratkilometern sowie der Beitritt der ehemaligen Ostblockländer zur Europäischen Union zu den wichtigsten historischen Ereignissen seit dem Ende des Zweiten Weltkriegs. Aber dieser Prozess ist bei weitem nicht abgeschlossen und schafft neue, ungeahnte Probleme in den frei gewordenen Ländern. Vor allem führte das Ende der Blockkonfrontation mitnichten zu einem stabilen und dauerhaften Frieden in der Welt. Mittlerweile warten ökologische, ökonomische und soziokulturelle Probleme dringend auf ihre Lösung. Dies alles gehört allerdings zur Agenda einer anderen Generation – im ehemaligen Ostblock sind das vor allem junge Menschen, denen die Jahre der Diktatur nur noch vom Hörensagen bekannt sind. Dennoch lastet auf ihnen das schwierige Erbe des 20. Jahrhunderts, ein gewaltiger Berg, den Michail Gorbatschow mit großem Elan und Ehrgeiz, wenn auch mit wechselhaftem Erfolg begonnen hat abzutragen.

Zeittafel

zur politischen Laufbahn von Michail Gorbatschow

1931 2. März	Michail Sergejewitsch wird in dem Dorf Privolnoje, Region Stawropol, Russland, in einer Bauernfamilie geboren
1948	als Schüler erhält er für seine Arbeit im Kolchos eine hohe Staatsauszeichnung
1950	Aufnahme ohne Prüfung in die Jurafakultät der Moskauer Lomonossow-Universität
1952	Eintritt in die Kommunistische Partei der Sowjetunion
1953	Eheschließung mit Raissa Titorenko. Praktikum bei der Staatsanwaltschaft in Molotowsk (Medweschje) in der Region Stawropol
1955–1962	Chef der Jugendorganisation Komsomol der Stadt Stawropol, später der Region Stawropol Geburt der Tochter Irina
1963–1966	Organisationssekretär der KPdSU Region Stawropol
1966–1968	Parteichef der Stadt Stawropol
1967–1970	Zweitstudium an der Landwirtschaftlichen Hochschule Stawropol mit Diplom als Agraringenieur
1970–1978	Parteichef der Region Stawropol
1971	Mitglied des Zentralkomitees der KPdSU
1975	erste (dienstliche) Westreise in die Bundesrepublik Deutschland
1978	Sekretär des ZK der KPdSU, zuständig für die Landwirtschaft
1979	Kandidat des Politbüros, dem damals 14köpfigen höchsten Gremium des Landes
1980	Vollmitglied des Politbüros
1984	Reise nach Kanada und nach London, informelle Verhandlung mit Margaret Thatcher

1985	
11. März	Wahl zum Generalsekretär des ZK der KPdSU
Mai	Antialkoholkampagne
September	Erklärung zum Abschluss des Afghanistankriegs im Politbüro
November	Gipfeltreffen mit dem US-Präsidenten Reagan in Genf

1986	
Januar	Vorschlag zum Abbau der Atomwaffen
Februar	XXVI. Parteitag der KPdSU bestätigt die Reformen («Beschleunigung», «Perestroika»)
26. April	Katastrophe im Kernkraftwerk Tschernobyl
Juli	Interne Erklärung im Politbüro über die grundsätzliche Nichteinmischung der Sowjetunion in die inneren Angelegenheiten der sozialistischen Staaten
Oktober	Gipfeltreffen in Reykjavík mit Reagan
Dezember	Anruf Gorbatschows bei dem verbannten Bürgerrechtler Andrej Sacharow. Ablösung des kasachischen KP-Chefs führt zu Unruhen in Almaty

1987

Mai	Mathias Rust landet mit einem Flugzeug im Stadtzentrum von Moskau – massenhafte Ablösungen in der Militärführung
November	Auftritt Boris Jelzins vor dem Plenum des ZK der KPdSU mit Kritik an Gorbatschows Politik
Dezember	Sowjetisch-amerikanisches Abkommen in Washington über die Beseitigung der in Europa stationierten Mittelstreckenraketen

1988

Februar	öffentliche Erklärung über den Truppenabzug aus Afghanistan. Ausbruch des territorialen Konflikts zwischen der armenischen und aserbaidschanischen Sowjetrepublik wegen der armenischen Enklave Berg Karabach. Trotz Gorbatschows Schlichtungsversuchen kommt es zu einer Verschärfung der Konfrontation, welche vorläufig im Pogrom von Sumgait mündete
März	die Leningrader Hochschuldozentin Andrejewa startet ihren neostalinistischen Frontalangriff gegen die Perestroika in der Zeitung «Sowjetskaja Rossija»
Juni	außerordentliche Parteikonferenz bestätigt trotz einzelner oppositioneller Redebeiträge Gorbatschows Linie
Oktober	Gorbatschow wird zum Vorsitzenden des Obersten Sowjets, d. h. zum Staatschef der UdSSR gewählt
Dezember	Gorbatschow erklärt auf der UNO-Vollversammlung radikale Abrüstungsschritte, u. a. Abzug von Teilen der sowjetischen Streitkräfte aus Osteuropa. Erdbebenkatastrophe in Armenien

1989

März	Die ersten halbwegs pluralistischen Wahlen der sowjetischen Geschichte, bei denen bei zugesicherten Mandaten der Parteiführer sich auch Kandidaten mit eigenem Programm bewerben können
11. April	das Blutbad in Tiflis – die Armee unterdrückt die Demonstration für Georgiens Unabhängigkeit
25. Mai	Der durch die Wahlen legitimierte Kongress der Volksdeputierten bestätigt Gorbatschows Position
7. Oktober	Gorbatschow nimmt an den Jubiläumsfeierlichkeiten der DDR teil – bis Ende des Jahres Zusammenbruch des Ostblocks
Dezember	Gipfeltreffen zwischen Gorbatschow und dem US-Präsidenten George H. W. Bush auf Malta – Erklärung zum Abschluss des Kalten Krieges. Unruhen in Aserbaidschan – die Grenzposten zu Iran werden zerstört

1990

19. Januar	Blutbad in Baku, Militäreinheiten unterdrücken Demonstrationen für die aserbaidschanische Unabhängigkeit
24. Januar	Interner Beschluss des Politbüros des ZK der KPdSU über die sowjetische Einwilligung in die deutsche Wiedervereinigung
11. März	Beschluss des Kongresses der Volksdeputierten über die Streichung der «führenden Rolle der KP» aus der sowjetischen Verfassung. Erklärung des Obersten Sowjets der Litauischen SSR «über die Wiederherstellung der Unabhängigkeit» der Republik
12.–15. März	Gorbatschow wird mit 59 % der Stimmen vom Kongress der Volksdeputierten zum Präsidenten gewählt
Mai	Die Kundgebung zum Tag der Arbeit verwandelt sich in Protest gegen Gorbatschow, der daraufhin die Tribüne des Mausoleums verlässt

Zeittafel

Juni	Russlands Kongress der Volksdeputierten erklärt die russische Souveränität
Juli	Gorbatschow wird zum letzten Mal zum KP-Chef gewählt. Verhandlungen mit Bundeskanzler Helmut Kohl über die deutsche Wiedervereinigung
August	Abschaffung der Zensur durch das neue Pressegesetz
Oktober	Die Verleihung des Friedensnobelpreises an Gorbatschow

1991

12.–13. Januar	Spezialeinheiten der Sowjetarmee erstürmen die Fernsehzentrale in Vilnius – 14 Todesopfer
Februar	Auflösung des Warschauer Pakts
März	17. Referendum: 73 % der Beteiligten sind für die Beibehaltung der Sowjetunion in der Form einer Föderation
Juni	Jelzin wird zum Präsidenten Russlands gewählt
Juli	Gorbatschow in London beim Weltwirtschaftsgipfel
	Abkommen von Nowo Ogarewo über die Vorbereitung eines neuen Bundesvertrags als Kompromiss zwischen Gorbatschow und Jelzin
4. August	Gorbatschow beginnt seinen Urlaub auf der Krim
19.–21. August	Putsch eines selbsternannten «Staatskomitees für den Ausnahmezustand» unter der Führung von KGB-Chef Krjutschkow. Gorbatschow wird isoliert, nach dem Scheitern des Staatsstreichs infolge des Widerstands der Bevölkerung dennoch befreit
24. August	Gorbatschow dankt als Generalsekretär der KPdSU ab. Es beginnt die Selbstauflösung der Partei
	Bis Ende des Monats: Unabhängigkeitserklärung aller Sowjetrepubliken
Oktober	Gorbatschow führt Verhandlungen mit acht Sowjetrepubliken, inklusive Russland, über ein Wirtschaftsabkommen
8. Dezember	Die Vertreter von drei Republiken (Russland, Ukraine und Belarus) erklären nach Geheimverhandlungen in Belaweschje die Auflösung der UdSSR und Gründung einer Gemeinschaft Unabhängiger Staaten
25. Dezember	Gorbatschow erklärt in einer Fernsehansprache seinen Rücktritt als Präsident der Sowjetunion

1992	Gründung der Gorbatschow-Stiftung in Moskau
1995	Veröffentlichung seiner Memoiren
1996	Gorbatschows gescheiterter Versuch zur Rückkehr in die Politik als Präsidentschaftskandidat
1999	Raissa stirbt an Leukämie in einer deutschen Klinik

2011

2. März	80. Geburtstag von Michail Sergejewitsch

Literatur

(Eine Auswahl)

Russisch

Bowin, Alexander, Александр Бовин. XX век как жизнь. Воспоминания. (Das 20. Jahrhundert als Leben. Erinnerungen) 2003.

Falin, Walentin Валентин Фалин: Конфликты в Кремле». Москва, (Konflikte im Kreml) 1999.

Gajdar, Jegor Гайдар Е. Т. Гибель империи. Уроки для современной России. (Der Fall des Imperiums. Lehren für das heutige Russland) 2006.

Gorbatschow, Michail: Горбачев М. С. Собрание сочинений (Sämtliche Werke), 8–12. Bände. Moskau, 2008–2009.

Gorbatschowa, Raissa Горбачева Р. М. «Я надеюсь...» (Ich hoffe) 1991.

Gratschow, Andrej, Андрей Грачев: Михаил Горбачев. Человек, который хотел как лучше. (Michail Gorbatschow, der Mensch, der es besser haben wollte) 2001.

Grinewskij, Oleg, Перелом: От Брежнева к Горбачеву (Der Durchbruch. Von Breschnew bis Gorbatschow) 2004.

Jakowlew, Alexander, Александр Яковлев. Перестройка: 1985–1991, (Die Perestroika) 2008; Реабилитация: как это было (Die Rehabilitierung, wie sie war) 2003.

Medwedew, Wadim, Медведев В. А. Распад. Как он назревал в «мировой системе социализма» (Der Zerfall. Wie er im «Weltsystem des Sozialismus» heranreifte) 1994.

Ryschkow, Nikolaj, Рыжков Н. И. – Главный свидетель. Воспоминания (Der Kronzeuge. Erinnerungen) 2009.

Schachnasarow, Georgij, Шахназарянов С вождями и без них». «Вагриус», 2001 год

Tschasow, Чазов Е. Здоровье и власть. Воспоминания «кремлевского врача» (Gesundheit und Macht – Erinnerungen des «Kremlarztes»)1992.

Tschernjajew, Anatolij, Черняев А. С. 1991 год: Дневник помощника президента СССР. – Республика (Tagebücher des Beraters des Präsidenten der UdSSR) 1997.

Tschernjajew, Loginow u. a. (Hrsg.) Союз можно было сохранить. Белая книга: Документы и факты о политике М. С. Горбачева по реформированию и сохранению многонационального государства. (Man könnte die Union aufrechterhalten. Weißbuch über die Politik von M. S. Gorbatschow zur Reformierung und Aufrechterhaltung des Vielvölkerstaates) 2007.

Tschernjajew, u. a. (Hrsg.) В Политбюро ЦК КПСС ... По записям Анатолия Черняева, Вадима Медведева, Георгия Шахназарова, 1985–1991 (Im Politbüro des ZK der KPdSU. Nach den Aufzeichnungen von Anatolij Tschernjajew, Wadim Medwedew und Georgij Schachnsarow) 1996.

Worotnikow, Witalij, Виталий Воротников: Как хранить память? (Wie man die Erinnerung behält) 2007.

Deutsch

Gorbatschow, Michail, Erinnerungen. 1995.

Jelzin, Boris, Aufzeichnungen eines Unbequemen, 1990.

Mai, Klaus-Rüdiger, Michail Gorbatschow. Sein Leben und seine Bedeutung für Russlands Zukunft, 2005.

Medwedew, Jaures, Der Generalsekretär, 1986.
Ruge, Gerd, Michail Gorbatschow. Biographie,1990.
Altrichter, Helmut, Russland 1989, 2009.
Schachnasarow, Georgij, Preis der Freiheit. Eine Bilanz von Gorbatschows Berater, 1996.
Solowjow, Wladimir/Klepikowa Elena, Der Präsident Boris Jelzin. Eine politische Biographie, 1992.
Stepankow, Walentin, Das Kreml-Komplott: Putschisten, Drahtzieher, Hintermänner, 1992.

Ungarisch

Gorbacsov tárgyalásai magyar vezetőkkel. Dokumentumok az egykori SZKP és MSZMP archívumaiból 1985.1991. Szerkesztette: Baráth Magdolna, Rainer M. János. Budapest 2000 (Gorbatschows Verhandlungen mit ungarischen Führern. Dokumente aus den Archiven der ehemaligen KpdSU und USAP) 2000.
Soproni András: Orosz kultúrális szótár. (Russisches kulturelles Wörterbuch) 2007.

Namensregister

Abalkin, Leonid geb. 1930 – Ökonom 239
Achmatowa, Anna (1889–1966) – Dichterin 55
Achromejew, Sergej (1923–1991) – Marschall, beteiligt am Augustputsch 1991, danach Selbstmord 76, 78, 99, 108 f., 265
Adamec, Ladislav (1926–2007) – Ministerpräsident der ČSSR ab Dezember 1989 209
Aganbegjan, Abel geb. 1932 – Gorbatschows Berater in ökonomischen Angelegenheiten 161, 251
Alexandrow, Anatolij (1888–1982) – Komponist, Autor der sowjetischen Staatshymne 66, 68
Alijew, Gejdar (1923–2003) – sowjetischaserbaidschanischer Politiker 90
Allison, Graham geb. 1940 – amerikanischer Politikwissenschaftler 255 f.
Andrejewa, Nina – Dozentin, Autorin des ersten Zeitungsartikels gegen die Perestroika 1988 170 ff., 174 f., 181, 278
Andreotti, Giulio geb. 1919 – italienischer Politiker 214, 251
Andropow, Jurij (1914–1984) – KGB-Chef 1967–1982, Parteichef 1982–1984 24 f., 47 f., 51, 54, 57, 61, 65, 73, 81 f., 116, 123, 126 f., 134, 150, 183, 206, 256
Arbatow, Georgij geb. 1923 – Politologe 168
Artmane, Vija (1929–2008) – lettische Schauspielerin 226
Augstein, Rudolf (1923–2002) – Gründer des Nachrichtenmagazins «Der Spiegel» 258
Bajbakow, Nikolaj (1911–2008) – Planwirtschaftschef 48, 67
Bakatin, Wadim geb. 1937 – Minister für Inneres der UdSSR 225, 264
Baker, James geb. 1930 – Berater des US-Präsidenten Bush (senior)

Baklanow, Grigorij (1923–2009) – Autor, beteiligt am Manifest gegen Gorbatschow Juli 1991 19, 264
Baklanow, Oleg geb. 1932 – Vorsitzender des Verteidigungsrats 14 f.
Balajan, Sorij geb. 1935 – armenischer Autor, einer der geistigen Führer der Kampagne um Berg Karabach 160–164
Beloussow, Rem geb. 1926 – Ökonom, Mitarbeiter der sowjetischen Botschaft in Ostberlin 107
Below, Wassilij geb. 1932 – sowjetrussischer Autor, 1990 Verfechter der Trennung Russlands von den anderen Sowjetrepubliken 232
Berija, Lawrentij (1899–1953) – einer der gefürchteten Chefs der sowjetischen Geheimpolizei, nach Stalins Tod hingerichtet 58
Biermann, Wolf geb. 1936 – Liedermacher 221
Birjukowa, Alexandra geb. 1929 – Kandidat des Politbüros 27
Bobkow, Filipp geb. 1925 – Armeegeneral, ab 1985 stellvertretender Vorsitzender des KGB 112, 153
Boldin, Walerij (1935–2006) – Leiter des Büros des Präsidenten, beteiligt am Augustputsch 1991 14 f., 230, 262
Bondarew, Jurij geb. 1924 – Autor und Mitglied der Präsidentenbeirats, Juli 1991 Mitverfasser des Manifestes gegen Gorbatschow 19
Bonner, Jelena geb. 1923 – Dissidentin, Witwe von Andrej Sacharow 93 ff.
Bowin, Alexandr (1930–2004) – Journalist, Diplomat 76
Brandt, Willy (1912–1992) – deutscher Bundeskanzler 1969–1974 144
Brazauskas, Algirdas (1932–2010) – 1989 litauischer KP-Chef 230
Breschnew, Leonid (1907–1982) – Parteichef der KPdSU 1964–1982 9, 20,

Namensregister

24 f., 27, 41, 47, 49 ff., 54, 56, 64 ff., 70, 73, 76, 81, 106, 117 f., 126, 134, 138, 150, 152, 157, 168, 193, 197, 200, 210, 231, 270, 280

Brodskij, Josif (1940–1996) – Dichter im Exil, Nobelpreisträger für Literatur 140

Brzeziński, Zbigniew geb. 1928 – polnisch-amerikanischer Politikwissenschaftler 72, 213 f.

Bucharin, Nikolaj (1888–1938) – Altbolschewik, Opfer der Stalin'schen Säuberungen 119, 145–48

Burbulis, Gennadij geb. 1945 – Jelzins Berater, 1991 einer der Organisatoren der Auflösung der UdSSR 270

Bush, George geb. 1924 – ab 1988 Präsident der USA, Gorbatschows Verhandlungspartner im Dezember 1989 18, 69, 221, 243, 259 ff., 264, 271 f., 278

Bykau, Wassil (1924–2003) – weißrussischer Autor, 1989 Volksdeputierter, gehörte zu der oppositionellen «interregionalen Gruppe» 112

Carter, Jimmy geb. 1924 – Präsident der USA 1977–1981 70

Casaroli, Agostino (1914–1998) – Erzbischof, Begründer der «Ostpolitik» des Vatikans 182

Castro, Fidel geb. 1926 – Führer der kubanischen Revolution, 1958–2008 Führer des Landes 52, 100, 157, 245

Ceaușescu, Elena (1919–1989) – Vorsitzende der rumänischen Akademie der Wissenschaften, Ehefrau von Nicolae Ceaușescu, Dezember 1989 hingerichtet 203 f.

Ceaușescu, Nicolae (1918–1989) – ab 1965 Diktator Rumäniens, Dezember 1989 hingerichtet 58, 199, 202 ff.

Che Guevara, Ernesto (1928–1967) – argentinisch-kubanischer Revolutionär, Guerillero 185

Chruschtschow, Nikita (1894–1971) – KP-Chef 1953–1964 16 ff., 25, 38, 41, 47, 54, 58 f., 81, 110, 118, 120, 143 ff., 148, 157, 169, 174, 188, 199 f., 257

Chruschtschow, Sergej geb. 1935 – Sohn von Nikita Chruschtschow, Wissenschaftler 28

Cliburn, Van geb. 1934 – amerikanischer Pianist 78

Delors, Jacques geb. 1925 – französischer Politiker, Präsident der EG-Kommission 221

Demirtschjan, Karen (1932–1999) – 1974–1988 armenischer KP-Chef 166

Djilas, Milovan (1911–1995) – Autor, vormals führender Funktionär der jugoslawischen KP, Autor des Buches «Die neue Klasse» 26

Dmitrij, Wassiljew (1945–2003) – Fotokünstler, Chef der «nationalpatriotischen Front» Pamjat 189 ff.

Dobrynin, Anatolij (1919–2010) – 1962–1986 Botschafter der UdSSR in USA, ab 1985 Gorbatschows Berater 69, 90, 103, 112

Dolgich, Wladimir geb. 1924 – Sekretär der ZK der KPdSU 1987–1990 92, 120 f.

Dorosch, Jefim (1908–1972) – Autor, Begründer der «Dorfprosa» in den Fünfzigerjahren 40

Dubček, Aleksander (1921–1992) – tschechoslowakischer Politiker, Leitfigur des Prager Frühlings, Dezember 1989 Präsident der tschechoslowakischen Nationalversammlung 31, 126, 201 f., 210

Dudinzew, Wladimir (1918–1998) – Autor, 25 Jahre Publikationsverbot 137 f.

Dzierżyński, Feliks (1877–1926) – polnischer Revolutionär, Gründer der sowjetischen Geheimpolizei 155, 190

Falin, Walentin geb. 1926 – 1971–1978 Botschafter der UdSSR in Bonn, Leiter der Internationalen Abteilung des ZK der KPdSU, Gorbatschows Berater 67, 102, 107, 132, 135, 182, 212, 215, 280

Feuchtwanger, Lion (1884–1958) – deutscher Autor, u. a. des sowjetfreundlichen Werks «Moskau 1937» 146

Fojtik, Jan geb. 1928 – 1989 Ideologiechef der Tschechoslowakischen KP 209 f.

Ford, Gerald (1913–2006) – 1974–1976 Präsident der USA 49

Gaddafi, Muammar al geb. 1942 – Staatsoberhaupt von Lybien seit 1969 77, 101 f.

Gajdar, Jegor (1956–2009) – Ökonom,

Namensregister

einer der Initiatoren der Auflösung der UdSSR, 1992 kurzzeitig Ministerpräsident Russlands 61 f., 142, 238, 253, 256, 270
Gamsachurdia, Swiad (1939–1993) – ehemaliger Dissident, erster Präsident der Republik Georgien 223
Genscher, Hans-Dietrich geb. 1927 – 1974–1992 Bundesaußenminister 251, 272
Gidaspow, Boris (1933–2007) – Sekretär der Leningrader Organisation der KPdSU 253
Glemp, Józef geb. 1929 – Erzbischof von Warschau 183
Gorbatschowa, Raissa (1932–1999) – Ehefrau von Michail Gorbatschow, Mitbegründerin der Sowjetischen Kulturstiftung 9, 14, 23, 30, 54, 78, 208
Gordievsky, Oleg geb. 1938 – KGB-Agent im Westen, auf der Flucht 72
Gratschow, Andrej geb. 1941 – Ökonom, Sprecher und Berater von Gorbatschow 31, 46, 78, 104, 197, 217, 225, 230, 245, 253 f.
Gratschow, Pawel geb. 1948 – Armeegeneral, 1992–1996 russischer Verteidigungsminister 99
Grigorenko, Pjotr (1907–1987) – sowjetischer Bürgerrechtler, ab 1978 im Exil 157
Grigorjanz, Fjodor – Dissident 186
Grinewskij, Oleg geb. 1930 – Diplomat, Vertreter der UdSSR bei Abrüstungsverhandlungen in den Achtzigerjahren 65, 70, 75, 123, 168, 280
Grischin, Viktor (1914–1992) – KP-Chef von Moskau, Gorbatschows möglicher Rivale bei der Kandidatur zum Parteichef 24, 53, 56, 81
Gromow, Boris geb. 1943 – Generaloberst, Teilnehmer des Afghanistankriegs 19, 99 f.
Grósz, Károly (1930–1996) – KP-Chef und Ministerpräsident der Volksrepublik Ungarn 1987–1988 205 f.
Honecker, Erich (1912–1994) – Generalsekretär des ZK der SED 105, 197, 199, 205, 213, 219, 251
Husak, Gustáv (1913–1991) – Staatspräsident der Tschechoslowakei 199–202, 205, 208

Hussein, Saddam (1937–2006) – Diktator des Irak 1979–2003 244, 256
Iliescu, Ion geb. 1930 – Staatspräsident Rumäniens 2000–2004 204
Jagoda, Heinrich (1891–1938) – Leiter der NKVD 147
Jakeš, Miloš geb. 1922 – Generalsekretär der KP der Tschechoslowakei ab Dezember 1989 202, 209 f.
Jakowlew, Alexandr (1923–2005), 1973–1983 Botschafter in Kanada, Gorbatschows engster Vertrauter, Vordenker der Perestroika 57, 76, 90, 114, 120–25, 138 f., 141, 145, 147 f., 155, 159, 172, 174, 181, 190 f., 194 f., 210 f., 213 f., 218, 225 f., 234, 257 f.
Jakowlew, Jegor (1930–2005) – Journalist, Redakteur der liberalen «Moskowskije Nowosti» 82
Janajew, Gennadij (1937–2010) – ab 1990 Vizepräsident der UdSSR, Teilnehmer des Augustputsches 1991 13 f., 17, 21, 261
Jaruzelski, Wojciech geb. 1923 – KP-Chef und Staatsoberhaupt von Polen 52, 197, 207 f., 214, 242
Jasow, Dmitrij geb. 1923 – Marschall, Teilnehmer des Augustputsches 1991 15, 21, 133 f., 223 ff., 242, 245, 261, 264, 268
Jawlinskij, Grigorij geb. 1952 – liberaler russischer Politiker 239, 255
Jelzin, Boris (1931–2007) – Präsident Russlands 1991–2000 12 f., 18, 27 ff., 33, 38, 41, 56 f., 61, 82, 91, 111, 120 ff., 125–131, 177 ff., 190, 193, 196, 236–240, 242 f., 247–250, 253, 255 f., 258, 260–273, 275, 278–281
Jens, Walter geb. 1923 – deutscher Autor 18
Juan Carlos I. geb. 1938 – König von Spanien 52
Kádár, János (1912–1989) – ungarischer KP-Chef 1956–1988 16, 199, 204–208
Kamenew, Lew (1883–1936) – sowjetischer Politiker, Opfer der Stalin'schen Säuberungen 118 f.
Kania, Stanisław geb. 1927 – 1980–1981 polnischer KP-Chef 197
Kaputikjan, Silwa (1919–2006) – armenische Autorin, 1988 eine der

Leiterinnen der Kampagne um Berg Karabach 160, 162 ff.

Karimow, Islam geb. 1938 – Präsident des Obersten Sowjets der Republik Usbekistan 268

Kerenskij, Alexander (1881–1970) – März–Oktober 1917 Führer der russischen bürgerlich-demokratischen Revolution, starb im Exil 265

Kinnock, Neil geb. 1942 – Vorsitzender der Labour-Partei und Fraktionsvorsitzender im britischen Unterhaus 1983–1992 221

Kohl, Helmut geb. 1930 – 1982–1998 Bundeskanzler 80 f., 220, 239, 251, 256, 272, 279

Kolbin, Georgij geb. 1933 – Funktionär, Chef der Kasachischen KP 1986–1989, seine Ernennung löste Massendemonstrationen aus 152, 176

Kornilow, Lawr (1870–1918) – Oberbefehlshaber der russischen Armee, meuterte im August 1917 gegen Kerenskis «Provisorische Regierung» 265

Korotitsch, Witalij geb. 1936 – Autor, Chefredakteur des liberalen Nachrichtenmagazins «Ogonjok» 140 f.

Kossygin, Alexej (1904–1980) – 1964–1980 Ministerpräsident der UdSSR 48, 50, 59

Kosyrew, Nikolaj geb. 1934 – sowjetischer Diplomat 270 f.

Kotschemassow, Wjatscheslaw (1918–1998) – Botschafter der UdSSR in der DDR 1989 215

Krenz, Egon geb. 1937 – letzter Parteichef der SED 1989 213 ff.

Kumagai, Hiroshi – japanischer Politiker, 1990 Verhandlungspartner von Gorbatschow 257

Kunajew, Dinmuhammed (1912–1993) – 1960–1986 kasachischer Parteichef, von Gorbatschow wegen Korruption abgelöst 152–55

Kutschma, Leonid geb. 1938 – 1990–2005 Präsident der Ukraine 10

Landsbergis, Vytautas geb. 1932 – Staatsoberhaupt Litauens 1990–1992 230, 241, 244

Lenin, Wladimir (1870–1924) – Führer der Oktoberrevolution 1917, Vorsitzender des Rates der Volkskommissare 25, 34, 41, 43, 54, 71, 85, 88 f., 111, 115, 118, 131 f., 140–146, 155–159, 162, 167 f., 171, 176, 185, 189, 190, 192, 221, 228, 238 240, 266

Ligatschow, Jegor geb. 1920 – 1985–1990 Mitglied des Politbüros der KPdSU 56 f., 67, 71, 82 f., 90, 111, 114, 120, 123 ff., 128 f., 131, 168, 172 ff., 177 ff., 181, 184, 188, 190 f., 194, 223 f., 233, 235

Lincoln, Abraham (1809–1865) – 16. Präsident der USA 258

Lomakin, Wiktor geb. 1926 – Botschafter der UdSSR in der Tschechoslowakei 1989 210

Lucas, George geb. 1944 – amerikanischer Filmemacher 62

Lukjanow, Anatolij geb. 1930 – 1991 Gorbatschows Kommilitone an der Moskauer Universität, 1990 Vorsitzender des Obersten Sowjets, Teilnehmer des Augustputsches 128, 157 f., 194, 225, 234, 262, 264

Lyssenko, Trofim (1898–1976) – führender Wissenschaftler der Ära Stalin 173

Machiavelli, Niccolò (1469–1527) – italienischer politischer Denker 192

Major, John geb. 1943 – 1990–1997 britischer Premierminister 259, 272

Malenkow, Georgij (1901–1988) – sowjetischer Regierungschef 1953–1955 58, 118

Mulroney, Brian geb. 1939 – 1984–1993 Premierminister Kanadas 69

Martschenko, Anatolij (1938–1986) – Autor und Dissident, starb im Gefängnis an den Folgen eines Hungerstreiks 94 f., 97

Martschuk, Gurij geb. 1925 – Präsident der Akademie der Wissenschaften der UdSSR 1986–1991 94

Matlock, Jack geb. 1929 – Botschafter der USA in der UdSSR, Berater des Präsidenten Ronald Reagan 72

McFarlane, Robert geb. 1937 – Berater des Präsidenten Ronald Reagan 72

Medunow, Sergej (1915–1999) – 1973–1982 Parteichef des Gebiets Krasnodar, wegen Korruptionsverdacht abgelöst 46 f.

Medwedew, Wadim geb. 1929 –

Gorbatschows Emissär in den Ostblockländern 13, 64, 101
Medwedew, Zhores geb. 1925 – Autor, Dissident, Biograf von Sowjetführern, u. a. Gorbatschows 150, 174, 188, 198, 201, 206, 210, 234
Suslow, Michail (1902–1982) – langjähriger Ideologiechef der KPdSU 43, 48, 51
Mielke, Erich (1907–2000) – Minister für Staatssicherheit der DDR 1957–1989 80
Mikojan, Anastas (1895–1978) – Altbolschewik, hoher sowjetischer Funktionär 60
Mitterrand, François (1916–1996) – Staatspräsident von Frankreich 1981–1995 221
Mladenow, Petar (1936–2000) – Außenminister Bulgariens unter Schiwkow, danach Staatspräsident 212
Mlynář, Zdeněk (1930–1997) – eine der Hauptfiguren des Prager Frühlings, Gorbatschows Kommilitone an der Moskauer Universität 30 f., 210 f.
Modrow, Hans geb. 1928 – Funktionär der SED, Vorsitzender des Ministerrats der DDR 1990 215 f.
Molotow, Wjatscheslaw (1890–1986) – Altbolschewik, hoher sowjetischer KP-Funktionär unter Stalin, u. a. Außenminister, Vorsitzender des Obersten Sowjets 37, 118, 121, 208, 221
Nadschibullah, Mohammed (1947–1996) – Staatspräsident Afghanistans 1986–1992, 1996 von den Taliban hingerichtet 98
Nasarbajew, Nursultan geb. 1940 – kasachischer Parteichef ab 1989, Regierungschef von Kasachstan seit 1990 13, 152 ff., 261, 264
Nitze, Paul (1907–2004) – amerikanischer Abrüstungsexperte 76
Nixon, Richard (1913–1994) – 37. Präsident der USA 72, 261
Nowodworskaja, Walerija geb. 1950 – sowjetische Journalistin, Dissidentin 186
Ochoa Sánchez, Arnaldo (1930–1989) – kubanischer General, Kommandeur der kubanischen Expeditionstruppen in Angola, 1989 in Kuba zum Tode verurteilt und hingerichtet 101
Ordschonikidse, Sergo (1886–1937) – Altbolschewik, führender sowjetischer Funktionär, starb während des Großen Terrors unter ungeklärten Umständen 128, 155
Owetschkin, Walentin (1904–1968) – progressiver Journalist 40
Papandreou, Andreas (1919–1996) – 1981–1989 Ministerpräsident von Griechenland 53
Pawlow, Walentin (1937–2003) – ab Januar 1991 sowjetischer Ministerpräsident, Beteiligter am Augustputsch 1991 15, 261
Pimen I. (Sergej Iswekow) (1910–1990) – Oberhaupt der Russisch-Orthodoxen Kirche 1971–1990 183
Plechanow, Jurij geb. 1930 – Leiter der für die Sicherheit des Präsidenten zuständigen KGB-Abteilung, Mitbeteiligter am Augustputsch 1991 14, 45
Pointdexter, John geb. 1936 – Admiral, Mitarbeiter des Verteidigungsministeriums der USA, Teilnehmer an den Abrüstungsverhandlungen mit der UdSSR 76
Popow, Gawriil geb. 1936 – Ökonom, Volksdeputierter der UdSSR, später Moskauer Bürgermeister 237
Primakow, Jewgenij geb. 1929 – Stellvertretender Leiter des KGB, später russischer Außenminister 77, 259 f.
Prjachin, Georgij geb. 1947 – Autor, arbeitete an Raissas Gorbatschowas Erinnerungen mit 23, 255
Prunskienė, Kazimira geb. 1943 – 1990–1991 Premierministerin von Litauen 212
Pugo, Boris (1937–1991) – 1990–1991 Innenminister der UdSSR, beteiligt am Augustputsch 1991, danach Selbstmord 15, 245, 261, 265
Putin, Wladimir geb. 1952 – in den Achtzigerjahren KGB-Offizier, 2000–2008 Präsident Russlands, seit 2008 Ministerpräsident 62, 64, 275
Rakowski, Mieczysław (1926–2008) – Ministerpräsident Polens 1988–1989 208 f.
Raschidow, Scharif (1917–1983) – 1959–1983 usbekischer KP-Chef, wegen

Namensregister

Korruption abgelöst, danach angeblich Selbstmord 151
Rasputin, Walentin geb. 1937 – Autor, Mitglied des Präsidentenbeirats, Befürworter der russischen Souveränität, d. h. eines Bruches mit den anderen Republiken der Union 19, 231
Rassulow, Djabar (1913–1982) – tadschikischer KP-Chef 151
Reagan, Ronald (1911–2004) – 1981–1989 Präsident der USA 62, 69 f., 72–78, 108, 277
Ribbentrop, Joachim von (1893–1946) – Außenminister des nationalsozialistischen Deutschland 1938–1945 121, 208, 228
Roginskij, Arsenij geb. 1946 – sowjetischer Historiker und Dissident, Mitgründer des Vereins «Memorial» 187
Roh, Tae-Woo geb. 1932 – 1988–1993 Präsident von Südkorea 256
Romanow, Grigorij (1923–2008) – 1970–1983 Parteichef des Leningrader Gebiets, Gorbatschows Rivale um den Posten des Generalsekretärs 24, 42, 81, 168
Rubin, Albert (1927–2008) – amerikanischer Arzt, untersuchte die Nierenkrankheit von Jurij Andropow 51, 256
Ruge, Gerd geb. 1928 – deutscher Journalist, langjähriger Korrespondent in Moskau, Autor vieler Bücher, u. a. einer Gorbatschow-Biografie 1989 39, 42, 44
Ruksulbekow, Kairat (1966 -1988) – einer der Anführer der Demonstration in Alma Ata 1986, starb im Gefängnis 154
Rust, Mathias geb. 1968 – deutscher Privatpilot, landete im Mai 1987 in Moskaus Stadtzentrum 278
Rybakow, Anatolij (1911–1998) – Autor 138 f.
Ryschkow, Nikolaj geb. 1929 – Vorsitzender des Ministerrats der Sowjetunion 1985–1991 27, 29, 38, 56, 61, 68, 82, 105, 111, 122, 124, 168, 174, 191, 195, 215, 220, 251
Sacharow, Andrej (1921–1989) – Kernphysiker und führender Menschenrechtler 93–97, 116, 152, 187, 192 f., 196, 199, 236, 277

Sachs, Jeffrey geb. 1954 – amerikanischer Ökonom 255 f.
Schabowski, Günter geb. 1929 – Mitglied des Politbüros des ZK der SED 215
Schachnasarow, Georgij (1924–2001) – sowjetischer Politikwissenschaftler, Gorbatschows Berater 12 f., 54, 61, 83, 109, 113, 160, 164, 166, 168, 174, 181, 195 ff., 218, 226, 237 ff., 250
Schachraj, Sergej geb. 1956 – sowjetischer Jurist, einer der Initiatoren der Auflösung der UdSSR 270
Sajkow, Lew (1923–2002) – 1986–1990 einer der Sekretäre des ZK der sowjetischen KP 120
Schaposchnikow, Jewgenij geb. 1942 – Verteidigungsminister August–Dezember 1991 271
Schatalin, Stanislaw (1934–1997) – Ökonom, Akademiemitglied, Verfechter einer gemäßigten Wirtschaftsreform 239, 251
Schatrow, Michail (1932–2010) – Dramatiker, Autor u. a. des Perestroika-Stückes «Weiter, weiter, weiter!» 170
Schenin, Oleg (1937–2009) – 1990 Mitglied des Politbüros, beteiligt am Augustputsch 1991 14, 253
Scherbina, Boris (1919–1990) – Leiter der nach Tschernobyl geschickten Regierungskommission 89
Schewardnadse, Eduard geb. 1928 – Außenminister der UdSSR 1985–1990, später Präsident Georgiens 27, 56 f., 71, 76, 120, 122, 127, 133, 152, 174, 194, 215, 224, 242
Schirinowski, Wladimir geb. 1946 – rechtsradikaler russischer Politiker 191
Schiwkow, Todor (1911–1998) – 1954–1989 bulgarischer KP-Chef 52, 199, 205, 212
Schuschkewitsch, Stanislaw geb. 1934 – weißrussischer KP-Chef 269 ff.
Scowcroft, Brent geb. 1925 – Berater des US-Präsidenten 72, 260
Simjanin, Michail (1914–1995) – 1965–1976 Chefredakteur der «Prawda», 1976–1987 einer der Sekretäre des ZK der KPdSU 97
Sinowjew, Alexander (1922–2006) – Exilschriftsteller 24

Sinowjew, Grigorgij (1883–1936) – Altbolschewik, Opfer der stalinistischen Säuberungen 118 f., 190
Smrkovský, Josef (1911–1974) – Parlamentspräsident der Tschechoslowakei während des Prager Frühlings 22
Sofia geb. 1938 – Königin von Spanien 52
Sokolow, Sergej geb. 1911 – Marschall der UdSSR, 1984–1987 Verteidigungsminister 56, 82, 133
Solomenzew, Michail (1913–2008) – 1983–1988 Mitglied des Politbüros 56, 82, 120 f., 145 ff., 153, 158, 178
Stalin, Jossif (1878–1953) – sowjetischer KP-Chef, Generalissimus, Diktator 24 ff., 28, 36 ff., 40, 54, 58, 81, 92, 101, 118 f., 130, 138, 142–149, 155, 157, 170, 173, 177, 182 f., 185, 187, 190, 194, 204 f., 221, 223, 229, 232
Starodubzew, Wassilij geb. 1931 – 1990 Vorsitzender des sowjetischen Agrarverbandes, Teilnehmer am Augustputsch 1991 27
Starowojtowa, Galina (1946–1998) – russische liberale Politikerin, Vorsitzende der Partei «Demokratisches Russland» 190
Steingrímur, Hermannsson (1928–2010) – Premierminister Islands 1983–1987, Gastgeber des Gipfeltreffens Reagan-Gorbatschow in Reykjavík 75 f.
Stepankow, Walentin geb. 1951 – sowjetischer Jurist 262, 281
Stolypin, Pjotr (1862–1911) – russischer Regierungschef 190
Strauß, Franz Josef (1915–1988) – bundesdeutscher Politiker, CSU-Vorsitzender, bayerischer Ministerpräsident 1978–1988 80 f.
Teller, Edward (1908–2003) – amerikanischer Atomphysiker, geistiger Schöpfer des Phantasieprojekts «Krieg der Sterne» gegen die SU 62, 74
Telman, Gdljan geb. 1940 – sowjetischer Staatsanwalt, Leiter der Antikorruptionskampagne der Achtzigerjahre 150 f.
Thatcher, Margaret geb. 1925 – Premierministerin des Vereinigten Königreichs 1979–1990 79, 139, 214, 221 f., 224, 277
Tichonow, Nikolaj (1905–1997) – 1980–1985 Vorsitzender des Ministerrates der UdSSR 50, 53, 56, 81 f.
Trotzki, Leo (1979–1940) – Altbolschewik und marxistischer Theoretiker, 1940 im mexikanischen Exil in Stalins Auftrag ermordet 118, 130, 143, 171, 190
Tschasow, Jewgenij geb. 1929 – Arzt, behandelte zahlreiche sowjetische und ausländische Politiker 49 ff., 51 f., 53, 280
Tschebrikow, Wiktor (1923–1999) – 1982–1988 sowjetischer KGB-Chef 56, 82, 88, 95, 114, 121 f., 134, 146, 158, 178, 190, 227
Tschernenko, Konstantin (1911–1985) – Generalsekretär der KPdSU 1984–1985 24 f., 50, 52–55, 69, 72 f., 79, 81, 104, 122, 134, 150, 193, 202
Tschernjajew, Anatolij geb. 1921 – Berater von Gorbatschow 9, 13, 21, 104, 108, 124, 134, 166, 172, 174, 217 f., 221, 226, 230, 240, 243, 251, 253 f., 256, 259 f., 264, 280
Uglow, Fjodor (1904–2008) – sowjetischer Mediziner, Begründer der Antialkoholkampagne 64 f., 67
Urbánek, Karel geb. 1941 – Chef der tschechoslowakischen KP ab Dezember 1989 211
Ustinow, Dmitrij (1908–1984) – 1976–1984 Verteidigungsminister 48, 51, 126
Voslensky, Michail (1920–1997) – exilrussischer Historiker («Die Nomenklatura») 26
Warennikow, Walentin (1923–2009) – Armeegeneral, beteiligt am Augustputsch 1991 14, 19, 21, 99, 245
Wassiljew, Dmitrij (1945–2003) – Fotograf, 1985 Gründer der nationalistischen Organisation «Pamjat» 189 ff.
Wyssozkij, Wladimir (1938–1980) – sowjetischer Liedermacher 66
Wojtyla, Karol Józef (1920–2005) – ab 1978 Papst Johannes Paul II. 183
Worotnikow, Witalij geb. 1926 – 1979 sowjetischer Botschafter in Kuba, 1983–1990 Mitglied des Politbüros 27, 52, 55, 82, 126, 174
Yamani, Ahmed geb. 1930 – Ölminister Saudi Arabiens 61